Steffen Guber

Die eigentumsrechtliche Einordnung des Naturgutes Wild
Inhalt des jagdlichen Eigentums oder Allgemeingut?

STEFFEN GUBER

DIE EIGENTUMSRECHTLICHE EINORDNUNG DES NATURGUTES WILD

Inhalt des jagdlichen Eigentums oder Allgemeingut?

Bibliografische Information der Deutschen Nationalbibliothek
Die Deutsche Nationalbibliothek verzeichnet diese Publikation in der Deutschen Nationalbibliografie; detaillierte bibliografische Daten sind im Internet über http://dnb.d-nb.de abrufbar.

Bibliographic information published by the Deutsche Nationalbibliothek
Die Deutsche Nationalbibliothek lists this publication in the Deutsche Nationalbibliografie; detailed bibliographic data are available in the Internet at http://dnb.d-nb.de.

ISBN-13: 978-3-8382-1744-4
© *ibidem*-Verlag, Stuttgart 2022
Alle Rechte vorbehalten

Das Werk einschließlich aller seiner Teile ist urheberrechtlich geschützt. Jede Verwertung außerhalb der engen Grenzen des Urheberrechtsgesetzes ist ohne Zustimmung des Verlages unzulässig und strafbar. Dies gilt insbesondere für Vervielfältigungen, Übersetzungen, Mikroverfilmungen und elektronische Speicherformen sowie die Einspeicherung und Verarbeitung in elektronischen Systemen.

All rights reserved. No part of this publication may be reproduced, stored in or introduced into a retrieval system, or transmitted, in any form, or by any means (electronic, mechanical, photocopying, recording or otherwise) without the prior written permission of the publisher. Any person who does any unauthorized act in relation to this publication may be liable to criminal prosecution and civil claims for damages.

Printed in the EU

Vorwort

Die vorliegende Arbeit wurde im Wintersemester 2021 von der Juristischen Fakultät der Friedrich-Schiller-Universität Jena als Dissertation angenommen. Sie berücksichtigt wesentliche Änderungen der Rechtsprechung und Literatur bis Dezember 2021. Das Manuskript wurde im Frühjahr 2022 leicht überarbeitet.

Meinem Doktorvater, Herrn Prof. Dr. Michael Brenner, danke ich herzlich für die Unterstützung sowie für die wertvollen Hinweise, die wesentlich zum Gelingen dieser Arbeit beitrugen. Ebenso danke ich der Zweitgutachterin, Frau Professorin Dr. Anna Leisner-Egensperger, für die rasche Erstellung des Zweitgutachtens.

Mein Dank gilt insbesondere auch Herrn Prof. Dr. Dr. Sven Herzog, Inhaber des Lehrstuhls für Wildökologie und Jagdwirtschaft der Technischen Universität Dresden, für fruchtbare und interessante Gespräche, die auf die Entstehung der Arbeit von großem Einfluss waren.

Der größte Dank gilt meiner Familie, insbesondere meiner Frau und meinem Sohn, die mich stets unterstützt und motiviert haben.

Berlin, im April 2022   Steffen Guber

Inhaltsverzeichnis

Vorwort V
Inhaltsverzeichnis VII
Abkürzungsverzeichnis XXVI
A   Einführung 1
I   Wild im Spannungsfeld zwischen jagdrechtlichem
    Eigentum, naturschutzrechtlichem Allgemeingut
    und Tierschutz 1
    1. Der Begriff Wild 1
    2. Eigentumsrechtliche Perspektive 2
        a   Eigentumsverständnis der Gesellschaft –
            Wandelbarkeit der eigentumsrechtlichen
            Zuordnungsverhältnisse 2
        b   Tierschutz und jagdliches Eigentum 3
        c   Naturschutz und Eigentum 4
        d   Die jagdrechtliche Hegepflicht als Form einer
            naturschutzrechtlichen persönlichen
            Verantwortung des Jagdrechtsinhabers ... 7
        e   Das Verhältnis von Wald und Wild im Lichte des
            verfassungsrechtlichen Eigentumsbegriffs 8
    3. Zugriffsbefugnisse auf Wild 11
        a   Rechtscharakter von Jagdrecht und Jagd-
            ausübungsrecht 11
        b   Jagdrecht und Grundeigentum 12
    4. Wild als Allgemeingut im System der
        Jagdgenossenschaft 13
    5. Eigentumsrechtliche Bewertung der
        Klassifizierung wildlebender Tiere als Wild ... 14
    6. Jagdliche Nutzung von Wild –
        Bodennutzung des Grundstückseigentümers
        oder bodenunabhängige Nutzung des
        Naturgutes „wildlebendes Tier" –
        ein Perspektivenwechsel 16

VIII

        a   Boden- oder Grundeigentumszentrierte Perspektive..................17
        b   Wildtierbezogene Perspektive.......................17

II   Gang der Untersuchung 18

B   Wild in der Eigentumsordnung des Grundgesetzes............ 23

I   Eigentumszuordnung durch die Qualifikation wildlebender Tiere als Wild i. S. d. § 2 24

    1.   Wirkung der Qualifikation von Tierarten als jagdbare Art (Wild).................24

        a   Einteilung der wildlebenden Tiere in jagdbare (Wild) und sonstige Tiere..................24
        b   Herrenlosigkeit wildlebender Tiere und jagdrechtliche Aneignungsbefugnis....................25
        c   Zwischenergebnis 26

    2.   Gewährleistung des Eigentums und Grenzen der Eigentumsgestaltung durch den Gesetzgeber..................26

        a   Der Streit um den Eigentumsbegriff des Grundgesetzes..................27
        b   Verständnis des BVerfG – Umfang der verfassungsrechtlichen Eigentumsgewährleistung..................27

    3.   Eigentumsrechtliche Rechtsposition – Qualifikation einer Art als Wild 28

        a   Der Begriff subjektives Recht 28
        b   Einordnung von Tierarten als Wild – subjektives Recht in Form eines Herrschaftsrechts 29
            aa. Rechtssatz..................29
                i.   Vollständiger Rechtssatz..................29
                ii.   Unvollständige Rechtssätze..................30
            bb. Einräumen einer Rechtsstellung..................32
            cc. Befugnis, normkonformes Verhalten von Dritten einzufordern..................33
                i   Eigentumsrechtliche Wirkung der Beschränkung der Aneignungsbefugnis

an Wild des Grundeigentümers durch
das jagdrechtliche Raumordnungsrecht 33
ii Ausschluss Dritter durch jagdrechtliche
Aneignungsbefugnis 34
c Abgrenzung Rechtsposition und Chance 34
d Ergebnis subjektives Recht 36
4. Eigentumsrechtliche Einordnung des
Katalogs der jagdbaren Arten –
katalogbezogene Rechtsposition oder tierart-
bezogene Einzelrechtspositionen 37
a Der Katalog jagdbarer Arten als
eigentumsrechtliche Rechtsposition 38
b Die jagdbare Tierart als artbezogene
Einzelrechtsposition 38
c Ergebnis 39
5. Die Qualifikation zum Wild –
Abgrenzung zwischen privatrechtlicher oder
öffentlich-rechtlicher Zuordnung 39
a Die Jagdgenossenschaft –
Beschränkung der jagdrechtlichen
Aneignungsbefugnis des Grundeigentümers 39
b Die Qualifikation zum Wild –
Abgrenzung zwischen privatrechtlicher
oder öffentlich-rechtlicher Zuordnung 40
aa. Interessentheorie 41
bb. Subordinationstheorie 42
cc. Subjektstheorie 43
c Ergebnis 44
6. Eigentumsrechtliche Strukturmerkmale
für die Rechtsposition Wild: Privatnützigkeit –
grundsätzliche Verfügungsbefugnis –
Vermögenswert 44
a Privatnützigkeit – Zuordnungsverhältnis
zu einem Rechtsträger 44
b Grundsätzliche Verfügungsbefugnis 46
c Vermögenswert 47
7. Ergebnis 48

II	Eigentumsrechtliche Zuordnung durch Rechtsverordnung	48
	1. Der eigentumsrechtliche Gesetzesbegriff gem. Art. 14 Abs. 1 S. 2 GG	49
	2. Gesetzesvorbehalt	50
	3. Kriterien der Wesentlichkeit zur Sachbereichsbestimmung	50
	4. Klassifizierung wildlebender Tiere zum Wild im Lichte des Wesentlichkeitsgrundsatzes	52
	a Zulässigkeit der Kürzung des Katalogs jagdbarer Arten durch Rechtsverordnungen gem. Art. 80 GG	52
	aa. Rechtssetzungsbefugnis gem. § 2 Abs. 2	53
	bb. Form der Rechtssetzungsbefugnis	53
	cc. Rechtssetzungsadressaten	53
	dd. Ergebnis	54
	b Klassifizierung wildlebender Tiere zum Wild durch Rechtsverordnung im Licht der Abweichungsbefugnis gem. Art. 72 Abs. 3 Nr. 1 GG	54
	5. Kürzung und Aufhebung der Jagdzeiten im Lichte des Wesentlichkeitsgrundsatzes	55
	a Verkürzung von Jagdzeiten	56
	b Vollständige Aufhebung der Jagdzeiten	56
	c Zwischenergebnis	57
	6. Parlamentsvorbehalt	57
	7. Ergebnis – eigentumsrechtliche Zuordnung durch Rechtsverordnung	58
III	Kürzung des Katalogs jagdbarer Arten – ein Abgrenzungskonflikt zwischen Enteignung und Inhalts- und Schrankenbestimmung des Eigentums	59
	1. Eingriffsbegriff	59
	2. Eingriffsarten	60
	a Inhalts- und Schrankenbestimmung	60
	aa. Inhaltsbestimmung	61
	bb. Schrankenbestimmung	61
	b Die Enteignung	61

IV Kürzung des Katalogs jagdbarer Arten als
    Enteignung 62
1. Entziehung einer Rechtsposition 62
2. Zur Erfüllung öffentlicher Aufgaben 63
3. Das Gemeinwohlinteresse 64
4. Das Merkmal der Güterbeschaffung als Voraussetzung
    des Art. 14 Abs. 3 GG in der Rechtsprechung
    des BVerfG 66
    a   BVerfGE 24, 367 ff. – Deichentscheidung 68
    b   BVerfGE 53, 300ff - Nassauskiesungsentscheidung 70
    c   BVerfGE 83, 201 ff. – Schutz des Vorkaufsrechts
        durch Eigentum 71
    d   BVerfGE 100, 226 ff. – Vereinbarkeit
        denkmalschutzrechtlicher Regelungen
        mit der Eigentumsgarantie 74
    e   BVerfGE 104, 1 - Baulandumlegung 74
    f   BVerfGE 134, 242 – Garzweiler II 75
    g   BVerfGE 143, 246 – Vereinbarkeit des Atomgesetzes
        mit dem Grundgesetz (Atomausstieg) 76
    h   Zwischenergebnis 77
5. Stellungnahme zum Merkmal der
    Güterbeschaffung bei Enteignungen
    gem. Art. 14 Abs. 3 GG 78
    a   Auslegung des Art. 14 Abs. 3 GG 78
        aa. Wortlaut des Art. 14 Abs. 3 GG 78
        bb. Entstehungsgeschichte 79
        cc. Telos des Art. 14 Abs. 3 GG 79
        dd. Zwischenergebnis 81
    b   Güterbeschaffung – Auslegung und Anwendung
        des Enteignungsbegriffs durch das BVerfG 81
        aa. Argument des funktionellen Bedarfs 81
        bb. Abgrenzung Enteignung i. S. d.
             Art. 14 Abs. 3 GG und andere Tatbestände
             zum Eigentumsverlust 82
        cc. Die strafrechtliche Einziehung
             und die Enteignungen i. S. d. Art. 14 Abs. 3 GG 85

XII

        dd. Argument der klaren Abgrenzung von Enteignung und Inhalts- und Schrankenbestimmung 87
        ee. Zwischenergebnis 88
     c Verfassungskonkretisierung als Ausdruck verfassungsimmanenter Rechtsfortbildung 89
     d Verfassungswandel – Ausdruck einer verfassungsübergreifenden Rechtsfortbildung 91
        aa. Bedürfnis des Grundrechtsträgers – Schutzfunktion des Enteignungsbegriffs 92
        bb. Natur der Sache - Gleichheit der vom Schutzbereich des Art. 14 Abs.1 S. 1 GG erfassten Eigentumspositionen 93
6. Ergebnis 94
     a Aushöhlung des Eigentumsschutzes 94
     b Kürzung des Katalogs jagdbarer Arten – Enteignung gem. Art 14 Abs. 3 GG 95

V Kürzung des Katalogs jagdbarer Arten als Inhalts- und Schrankenbestimmung i. S. d. Art. 14 Abs. 1 S. 2 GG? 96

1. Erweiterung des Katalogs jagdbarer Arten 96
2. Kürzung des Katalogs jagdbarer Arten 96
3. Verhältnismäßigkeit der Kürzung des Katalogs jagdbarer Arten 97
     a Legitimes Ziel 97
     b Geeignetheit 98
     c Erforderlichkeit 99
     d Verhältnismäßigkeit im engeren Sinne 99
4. Ergebnis 100

VI Schonzeiten in der eigentumsrechtlichen Eingriffskasuistik 100

1. Die Begriffe Jagd- und Schonzeiten 100
2. Aufheben oder Abkürzen von Jagdzeiten – Inhalts- oder Schrankenbestimmung des Eigentums? 101
3. Aufhebung und Verkürzung der Jagdzeiten in der Rechtsprechung 103

a	Oberverwaltungsgericht Schleswig-Holstein	103
b	Verwaltungsgericht Berlin	105
	aa. Jagdzeit für den Steinmarder	105
	bb. Jagdzeiten für Blässhuhn, Ringeltaube und Stockente	106
c	Entscheidung des Staatsgerichtshofs Hessen	107
d	Zwischenergebnis	109

4. Bündelung von Aufhebung und Verkürzung von Jagdzeiten – kumulativer Eingriff in das grundrechtlich geschützte jagdliche Eigentum 111

a	Adressatenidentität	112
b	Belastungsintensität – der individuelle eigentumsrechtliche Freiheitsraum bei der jagdlichen Nutzung von Wild	112
c	Gleichzeitigkeit der Maßnahmen	113
d	Grundrechtsidentität	113
	aa. Schutzgut	113
	bb. Reichweite des eigentumsrechtlichen Freiheitsraumes bei der Bejagung von Wild	114
	cc. Rechtserheblichkeit der Kumulierung – eine Frage der Normwirklichkeit	115
e	Konnexität – Sach- und Wirkzusammenhang	117
f	Verhältnismäßigkeit	117
	aa. Determinanten der Verhältnismäßigkeitsprüfung	118
	bb. Faktoren des Allgemeinwohls bei der Regelung von Jagdzeiten im Lichte der jagdlichen Verantwortung des Eigentümers	119
	i Allgemeinwohlbezogene Gesetzeszwecke des BJagdG	120
	ii Anwendung jagdzeitenbezogener Allgemeinwohlerwägungen in der Rechtspraxis am Beispiel des Allgemeinwohlbelanges Tierschutz	121
	(1) Entscheidung des HessStGH	121
	(2) Abwägung des VG Berlin	124
g	Ergebnis	125

5. Gebot der Entschädigung – Vollschonung einer Art als ausgleichspflichtige Schrankenbestimmung 125

VII Abweichungsbefugnis der Bundesländer gem. Art. 72 Abs. 3 Nr. 1 GG 127

1. Reichweite der gesetzgeberischen Kompetenz des Bundes im Jagdrecht 127
2. Der Katalog jagdbarer Arten gem. § 2 Abs. 1 als abweichungsfeste eigentumsrechtliche Inhaltsvorgabe? 128
   a Umfang des abweichungsfesten Kerns gem. Art. 72 Abs. 3 S. 1 Nr. 1 GG 129
   b § 2 BJagdG im Spannungsfeld der konkurrierenden Gesetzgebungskompetenz und der Abweichungsbefugnis 130
      aa. Sperrwirkung des § 2 Bundesjagdgesetz 131
      bb. Zwischenergebnis 132
   c Kompetenznorm für die Einschränkung des Katalogs jagdbarer Arten 132
      aa. Regelungsgegenstand, Normzweck, Wirkung und Adressat des § 2 Abs. 1 133
         i Regelungsgegenstand 133
         ii Normzweck 134
         iii Wirkung und Adressat 134
         iv Zwischenergebnis 134
      bb. Begriff des Jagdwesens gem. Art. 74 Abs. 1 Nr. 28 135
      cc. Einschränkungen des Katalogs jagdbarer Arten als Kompetenz gem. Art. 74 Abs. 1 Nr. 14 GG 136
      dd. Zwischenergebnis 137
   d Bundesgesetzliche Inhaltsbestimmung des Eigentums 137
      aa. Verhältnis der Grundrechtsordnung der Länder und des Bundes 138
      bb. Vorrang bundesgesetzlicher Grundrechtsgestaltung 139
3. Ergebnis 140

VIII Die eigentumsrechtliche Unverfügbarkeit von Wild 141

XV

1. Wildlebende Tiere als Gemeinschaftsgut 141
2. Eigentumsrechtliche Verfügbarkeit von wildlebenden Tieren in der Rechtsprechung des BVerfG 143
   a Nassauskiesungsentscheidung – eigentumsrechtliche Prämissen für das Naturgut Grundwasser 144
   b Übertragbarkeit der eigentumsrechtlichen Prämissen für das Grundwasser auf das Naturgut Wild 145
3. Das bürgerlich-rechtliche Eigentumsverständnis der Herrenlosigkeit für wildlebende Tiere als Ausdruck für deren eigentumsrechtliche Unverfügbarkeit. 146
IX Ergebnis B 147

C **Wild und Grundeigentum** **149**

I Einleitung 149
   1. Die Qualifikation Wild als eigentumsrelevante Rechtsposition und Grundeigentum 149
   2. Eigentumsrechtliche Einordnung der Nutzung von Wild 149
   3. Jagdrecht und Jagdausübungsrecht im Spannungsfeld zwischen Privateigentum und öffentlich-rechtlicher Kontrolle 149
II Verfassungsrechtlicher Sonderstatus des Grundeigentums 150
III Verfassungsschutz für Nutzungsmöglichkeiten von Wild 151
   1. Schutz faktischer Nutzungsmöglichkeiten – verfassungsunmittelbarer Nutzungsschutz 152
      a Objektive Nutzungsmöglichkeit als bestandsschutzauslösender Aspekt 153
      b Naturgutsbezogene Rechtskreise für Nutzungen 153
         aa. Rechtskreis der Bodennutzung 154

        bb. Rechtskreis der Wildnutzung 155
    2. Unterschiede zwischen nutzungsbezogenem Rechtskreis und eigentumsrechtlicher Zuordnung eines Naturgutes 155
    3. Einfachgesetzliche Zuweisungsnotwendigkeit für Nutzungen – Normgeprägtheit des Art. 14 Abs. 1 S. 1 GG 157
IV Eigentumsrelevante Rechtspositionen zur jagdlichen Nutzung wildlebender Tiere 158
    1. Bürgerlich-rechtliche Position – Nutzung wildlebender Tiere aufgrund Zuordnung an einen Rechtsträger 158
        a Herrenlosigkeit wildlebender Tiere 158
        b Grundstückseigentum als Rechtsposition zur Vermittlung jagdrechtlicher Nutzungsbefugnisse wildlebender Tiere 159
            aa. Wildlebende Tiere als Bestandteil oder Zubehör eines Grundstücks 159
            bb. Wildlebende Tiere als Früchte eines Grundstücks 159
                i Sachfrucht 159
                ii Rechtsfrucht 160
            cc. Jagdrecht als Bestandteil des Grundstücks 161
        c Zwischenergebnis 161
    2. Jagdrechtliche Positionen zur Nutzung wildlebender Tiere 161
        a Das Jagdrecht 162
        b Das Jagdausübungsrecht 162
    3. Ergebnis 163
V Jagdrecht als verfassungsrechtliches Eigentum 164
    1. Jagdrecht – Ausfluss des Grundeigentums? 164
        a Meinungsdarstellung 165
        b Jagdliche Nutzung – Nutzung des Naturgutes „Grund und Boden" oder Wildnutzung – ein Perspektivenwechsel 165
            aa. Jagd als Form der Bodennutzung 165
            bb. Jagd als Form der Wildnutzung 167

XVII

	cc. Ergebnis 167
c	Die Verbindung von Jagdrecht und Grundeigentum als Ausdruck der Selbständigkeit des Jagdrechts 167
d	Zwischenergebnis 168

2. Das Jagdrecht als selbständige Rechtsposition 169
   - a   Das Jagdrecht als rechtssatzbasierte, eigenständige, gesetzliche Regelung 169
   - b   Leitende Gesichtspunkte des Gesetzgebers bei der Gestaltung des Jagdrechts 170
   - c   Tatbestand des Jagdrechts 171
     - aa. Merkmal des bestimmten Gebietes 171
     - bb. Konkretisierung des „bestimmten Gebietes" 172
     - cc. Jagdrechtsinhaber 173
     - dd. Befugnisumfang 173
     - ee. Zwischenergebnis 174
   - d   Rechtsfolgenanordnung des Jagdrechts 174
     - aa. Jagdbezirksbindung 174
     - bb. Eigenjagdbezirke 174
     - cc. Gemeinschaftlicher Jagdbezirk 175
   - e   Zwischenergebnis 176
   - f   § 6a als Ausdruck eines selbständigen Jagdrechts 177
   - g   Ergebnis – Jagdrecht als selbständige Rechtsposition 179

3. Das Verhältnis von Innehaben und Ausübung des Jagdrechts 180
   - a   Die Unterscheidung von Innehaben und Ausübung einer Rechtsposition in der Eigentumsordnung des GG – Beispiele 180
     - aa. Allgemeines Baurecht 180
     - bb. Erbbaurecht 180
     - cc. Zwischenergebnis 180
   - b   Rechtsinhaberschaft und Rechtsnutzung – eine Abgrenzung von Jagdrecht und Jagdausübungsrecht 180
   - c   Annahme einer Identität von Jagdrecht und Jagdausübungsrecht – ein Widerspruch 182

XVIII

    d   Ergebnis 184

4. Jagdrecht als Ausdruck individueller Persönlichkeitsentfaltung 184

    a   Privatnützigkeit 185

    b   Jagdausübung als Gemeinschaftsaufgabe durch gesetzlichen Abschusszwang gem. § 21 Abs. 2 S. 6 186

5. Grundsätzliche Verfügungsbefugnis über das Jagdrecht 188

    a   Konkrete Zuweisung des Jagdrechts an den Berechtigten 188

    b   Funktionelle Vergleichbarkeit 189

6. Vermögenswert des Jagdrechts 190

7. Ergebnis 191

VI Das Jagdausübungsrecht als verfassungsrechtliches Eigentum 192

    1. Der Status des „Jagdausübungsrechts" in der Auslegung des BJagdG 192

        a   Wortlaut des BJagdG 192

            aa. Definition des Jagdrechts 192

            bb. Keine Definition des Jagdausübungsrechts 193

            cc. Verwendung des Begriffs Jagdausübungsrecht 193

            dd. Ergebnis Wortlaut 194

        b   Systematik 194

            aa. Jagdausübung im Eigenjagdbezirk § 7 Abs. 4 S. 1 194

            bb. Gegenstand der Jagdpacht 195

        c   Historische Auslegung 197

        d   Teleologische Auslegung 198

    2. These eines „Jagdrechts der Jagdgenossenschaften" 199

        a   Erhaltung der Wildbestände – Grund für das System der gemeinschaftlichen Jagdbezirke 199

            aa. Historische Gründe für das Reviersystem 199

            bb. Rechtliche Lösung – „Jagd(ausübungs)recht der Jagdgenossenschaft"? 199

cc. Perspektivwechsel – Gemeindegrenzen
vs. Lebensraum des Wildes... 200
b Die Formulierung „Ausübung des Jagdrechts"................. 201
c Zwischenergebnis 202
3. Die Begriffe Jagdrecht und Jagdausübungsrecht
im Straftatbestand der Wilderei § 292 StGB..................... 203
4. Das Jagdausübungsrecht in der Rechtsprechung............. 203
a Zivilrechtsprechung... 203
aa. Rechtsprechungsdarstellung 203
bb. Stellungnahme 204
b Verwaltungsrechtsprechung 205
c Bundesverfassungsgericht 206
d Zwischenergebnis 206
5. Der Begriff Jagdausübungsrecht – Bezeichnung
für den Gebrauch des Jagdrechts durch Dritte................ 207
a Gebrauch des Jagdrechts durch die
Jagdgenossenschaft.. 207
aa. Die Jagdgenossenschaft als Treuhandmodell
der Grundeigentümer... 208
bb. Die Haftungsverteilung zwischen
Jagdgenossenschaft und deren Mitgliedern
als Ausdruck eines Treuhandmodells 209
b Gebrauch des Jagdrechts durch Verpachtung 210
6. Ergebnis.. 210

D Wild zwischen Eigentums- und Naturschutz...................... 213

I Wild im Spannungsfeld zwischen Art. 14 Abs. 1
und Artt. 14 Abs. 2, 20a GG... 214
1. Eigentumsrechtliche Sozialbindung
gem. Art. 14 Abs. 2 GG... 214
a Kürzung des Katalogs jagdbarer Arten im
Licht der Sozialbindung des Eigentums 215
b Hegepflicht als Ausdruck der Sozialbindung
des jagdrechtlichen Eigentums 216
2. Staatszielbestimmung gem. Art. 20a GG......................... 216
3. Das Verhältnis von Art. 14 GG
und Art. 20a GG 218

4. Ergebnis 219
II Die eigentumsrechtliche Einordnung wildlebender Tiere als Wild im Lichte der Abgrenzung der Rechtskreise Jagdrecht und Naturschutzrecht 219
   1. Trennung der Rechtskreise Jagd- und Naturschutz 220
   2. Die naturschutzrechtliche Unberührtheitsklausel 221
      a Gleichrangigkeit von Naturschutz- und Jagdrecht 221
      b Vorrang des Jagdrechts 222
      c Stellungnahme 222
         aa. Wortlaut 222
         bb. Systematik 223
         cc. Historische Auslegung 224
         dd. Teleologische Auslegung 224
         ee. Jagdrechtliche Unberührtheitsklausel gem. § 44a BJagdG 225
         ff. Ergebnis 226
   3. Artenschutz im Naturschutzgesetz 226
      a Ziele des Naturschutzrecht 226
      b Funktion des Naturschutzrechts 228
      c Der Artenschutzbegriff des Naturschutzgesetzgebers 228
      d System der Schutzkategorien 230
      e Zugriffs-, Besitz- und Vermarktungsverbote 230
      f Verantwortungszuweisung im Naturschutzrecht 232
         aa. Naturschutz als Jedermannsverantwortung 232
         bb. Naturschutz als Staatsaufgabe 233
   4. Artenschutz im Jagdrecht 234
      a Ziele des Jagdrechts 234
      b Funktionen des Jagdrechts 236
      c Schutz durch Nutzung - Ökonomische Funktion der Jagd 237
         aa. Nutzungsbezogene Einordnung wildlebender Tiere als jagdbar im Lichte der Eigentumsgarantie 237

		bb. Naturschutz durch Nutzung 238

- d Artenschutz --
  Ökologische Funktion der Jagd 239
  - aa. Grundsätze deutscher Weidgerechtigkeit 239
  - bb. Hegepflicht 241
  - cc. Störverbote 244
  - dd. Zugriffsverbote 245
  - ee. Die Abschussregelung 245
- e Das Jagdrecht als normativer Ausdruck
  staatlicher Schutzpflichten 249
  - aa. Eigentumsschutz des Jagdrechtsinhabers
    durch die Klassifizierung wildlebender
    Tiere als jagdbar 249
    - i   Eröffnung des Schutzbereichs
        gem. Art. 14 Abs. 1 GG 250
    - ii Eingriff durch Handeln 250
    - iii Eingriff durch Unterlassen –
        staatliche Schutzpflichten 252
  - bb. Eigentumsschutz Dritter 255
  - cc. Schutz der körperlichen Unversehrtheit 257
- f Verantwortungszuweisung im Jagdrecht 262
  - aa. Schutz des Wildes - Jagdschutz 262
    - iv Verantwortungsumfang 262
    - v   Haftungsrisiko bei Nichterfüllung der
        Jagdschutzpflichten 264
  - bb. Eigentumsschutz bei Dritten 265
    - i   Verantwortungsumfang des
        Eigentumsschutzes Dritter 265
    - ii Haftungsrisiko bei Nichterfüllung 265

5. Stellungnahme – Artenschutz im Jagd- und
   Naturschutzrecht 266
   - a Interessenlagen 266
   - b Verantwortungszuweisung 266
   - c Folgen der unterschiedlichen Verantwortungs-
     zuweisung für jagd- und naturschutzrecht-
     lichen Artenschutz 268
   - d Beispiel für jagdrechtlichen Artenschutz 269
   - e Beispiel für naturschutzrechtlichen Artenschutz 270
   - f Ergebnis 270

6. Eine vergleichende Betrachtung des Tierschutzes im Jagd- und Naturschutzrecht im Licht der Artt. 14 Abs. 2 und 20a GG 271
   a   Abgrenzung Tierschutz und Artenschutz 271
   b   Unberührtheit der Rechtskreise Tierschutz und Artenschutz 273
   c   Unberührtheit der Rechtskreise Tierschutz und Jagdrecht 273
   d   Tier- und Artenschutz als gleichrangige Staatsziele gem. Art. 20a GG 274
   e   Tierschutz und Artenschutz – abweichungsfeste Kompetenzen der konkurrierenden Gesetzgebung 274
   f   Regelungen des Tierschutzes im Jagdrecht 275
       aa. Tierschutz als Inhalt der jagdrechtlichen Weidgerechtigkeit 275
       bb. Gebot der Leidensvermeidung für Wild 276
       cc. Verantwortlicher für Tierschutz im Jagdrecht 277
           i   Umfang der Tierschutzverantwortung 277
           ii Haftungsrisiko des Jagdausübungsberechtigten bei Verstoß gegen die tierschutzrechtliche Verantwortung 278
   g   Regelungen zum Tierschutz im Naturschutzrecht 278
       aa. Tierschutz für allgemein geschützte Arten 278
       bb. Tierschutz für besonders und streng geschützte Arten 280
       cc. Verantwortlicher für Tierschutz im Naturschutzrecht 282
   h   Stellungnahme – Vergleich Tierschutz im Jagd- und Naturschutzrecht 282
7. Eigentumsrechtliche Wirkung einer artenschutzrechtlichen Einstufung jagdbarer Tierarten 284
   a   Maßgeblicher Rechtskreis 284
   b   Eingriff 285
   c   Die Sozialbindung des jagdrechtlichen Eigentums 285
   d   Zugriffsbefugnisse 286
       aa. Zugriff auf lebende Individuen 286

bb. Zugriff auf tote Individuen 287
8. Ergebnis 288
III Aufnahme streng geschützter Arten in den
Katalog jagdbarer Tierarten am Beispiel
des Wolfes (Canis Lupus) 288
1. Eigentumsrechtliche Wirkung 288
2. Offenheit des Bundesjagdgesetzes für die
Aufnahme einer streng geschützten Art
durch das Landesrecht 289
3. Kompetenzrechtliche Zulässigkeit der
Qualifizierung des Wolfes als jagdbare Art
durch den Bundesgesetzgeber 289
   a   Gesetzgebungskompetenz des Bundes 289
   b   Einfachgesetzliche Abgrenzung 290
4. Kompetenzrechtliche Zulässigkeit des
Landesgesetzgebers – Zuordnung des Wolfes
zum Jagdrecht gem. Art. 72 Abs. 3 Nr. 2 GG 290
   a   Das Verhältnis von jagdrechtlichem Arten-
       schutz und naturschutzrechtlichem Artenschutz
       im Katalog der Gesetzgebungskompetenz
       der Art. 72 und 74 GG 292
   b   Abweichungsgesetzgebung gem. Art. 72 Abs. 3
       GG und Bindungen der Länder an das euro-
       päische Gemeinschaftsrecht 294
   c   Einfachgesetzliche Abgrenzung
       bundesnaturschutzrechtlicher Artenschutz –
       landesjagdrechtlicher Artenschutz 294
5. Zulässigkeit der Einordnung des Wolfes
als jagdbare Art nach europäischem
Artenschutzrecht 294
6. Gestaltung und Umfang der Eigentümer-
befugnisse – Zugriff und Aneignung von
Wölfen als jagdbare Art 295
   a   Verhältnis von europäischem Artenschutzrecht
       und Art. 14 Abs. 1 S. 1 GG 295
   b   Verpflichtung des nationalen Gesetzgebers zur
       Nutzung europarechtlicher Spielräume bei der

Umsetzung artenschutzrechtlicher Vorgaben
bei der Eigentumsgestaltung 296
 aa. Eigentumsausgestaltung – Wechselbeziehung
  zwischen staatlichem Handeln und
  Grundrechtswahrnehmung 297
 bb. Wolf im Jagdrecht als Eigentums-
  ausgestaltung 297
 cc. Wolf im Jagdrecht – Artenschutz und die
  Wesensmerkmale des Eigentums 298
 dd. Wolf im Jagdrecht – Die Verfassungsgüter
  Artenschutz und Eigentum in praktischer
  Konkordanz 299
   i Jagdausübung auf Wölfe 300
   ii Aneignung von toten Wölfen 301
 ee. Artenschutzrechtliche Voraussetzungen für
  die Bejagung des Wolfes 301
 c Ergebnis 303
7. Die staatliche Handlungspflicht, den Wolf als
jagdbare Art zu klassifizieren und
die Bejagung gesetzlich zuzulassen 303
 a Staatliche Schutzpflicht des Eigentums 304
 b Eingriffsähnliche Vorwirkungen 304
 c Ergebnis – staatliche Handlungspflicht 306

E Zusammenfassung und Thesen 309

I Zusammenfassung 309

1. Wild in der Eigentumsordnung des
Grundgesetzes 309
2. Eigentumsrechtliche Zuordnung durch
Rechtsverordnung – Kürzung des Katalogs
jagdbarer Arten 310
3. Die Kürzung des Katalogs jagdbarer Arten –
Enteignung i. S. d. Art. 14 Abs. 3 GG 310
4. Kürzung des Bundeskatalogs jagdbarer Arten
als abweichungsfeste Regelungsmaterie 312
5. Kürzung des Katalogs jagdbarer Arten nur
durch den parlamentarischen Gesetzgeber 312

6. Das Jagdrecht als maßgebliche Eigentumsposition.. 312
7. Abgrenzung Jagdrecht und Jagdausübungsrecht 313
8. Artenschutz des Wildes im Jagdrecht 314
9. Staatliche Handlungspflichten, streng geschützte Arten, die mit jagdbaren Arten korrelieren, in den Katalog der jagdbaren Arten aufzunehmen und eine Bejagung im Rahmen der zulässigen Ausnahmen zuzulassen 314
10. Zulassung einer Bejagung des Wolfes 315

II Thesen 315

Literaturübersicht 321

Abkürzungsverzeichnis

a. A.	andere Ansicht
a. F.	alte Fassung
Art.	Artikel
AUR	Zeitschrift für Agrar- und Umweltrecht
BauGB	Baugesetzbuch
BB	Betriebsberater (Zeitschrift für Recht und Wirtschaft)
BGB	Bürgerliches Gesetzbuch
BGBl	Bundesgesetzblatt
BGH	Bundesgerichtshof
BGHZ	Entscheidungen des Bundesgerichtshofes
BJagdG	Bundesjagdgesetz
BNatschG	Bundesnaturschutzgesetz
BVerfG	Bundesverfassungsgericht
BVerfGE	Entscheidungssammlung des Bundesverfassungsgerichts
BVerwG	Bundesverwaltungsgericht
DÖV	Die öffentliche Verwaltung (Zeitschrift für öffentliches Recht)
FFH RL	Flora-Fauna Habitat Richtlinie
FUST	Fond für Umweltstudien
GG	Grundgesetz
HessStGH	Hessischer Staatsgerichtshof
JuS	Zeitschrift Juristische Schulung
NuR	Natur und Recht (Zeitschrift – Recht zum Schutz der Natur)
NVwZ	Neue Zeitschrift für Verwaltungsrecht

A Einführung

I Wild im Spannungsfeld zwischen jagdrechtlichem Eigentum, naturschutzrechtlichem Allgemeingut und Tierschutz

Die Diskussionen über die Jagd werden in Deutschland seit langem kontrovers quer durch alle Gesellschaftsschichten geführt.[1]

1. Der Begriff Wild

Im Zentrum der Diskussion über die Jagd steht regelmäßig die Zulässigkeit von Beschränkungen der jagdlichen Zugriffsmöglichkeiten auf wildlebende Tiere, welche als Wild, gem. § 2 Abs. 1 oder § 2 Abs. 2 BJagdG[2] i. V. m. Landesvorschriften, klassifiziert sind.[3] Als Wild sind die Tierarten vom Gesetzgeber eingeteilt worden, welche dem Jagdrecht unterliegen.

Geprägt ist die Diskussion von der eigentumsrechtlichen Perspektive einerseits und tier- und naturschutzbezogenen Erwägungen andererseits.

---

1 *Braun*, S. 144f; *Reichholf*, Relikt aus der Feudalzeit, Spiegel, 27/2012, S. 103; *Herzog*, Kurz vor zwölf, UJ 2010, S. 30ff.; *Sailer*, Das neue Staatsziel und die alte Jagd, NuR 2006, S. 271; *Schwab*, Wie bedroht ist die Jagd, Jäger 2014, S. 30; Alle meine Enden Jagd, Spiegel, 49/1964, www.spiegel.de, Abruf 04.02.2021; *Maylein*, S.723ff zu den Schwierigkeiten der Standortbestimmung der Jagd in der modernen Industriegesellschaft; *Pfannenstiel*, S. 73f; *Reiterer*, S. 15f; *Reiterer*, in: Stubbe, Beiträge zur Jagd- und Wildforschung, Bd. 38, Titel, S. 31 zu Diskussion über die Begriffe Weidwerk und Wildbewirtschaftung, mit dem Ergebnis, welchem zuzustimmen ist, Jagd auch Wildbewirtschaftung ist.; *Ebner/Lammel/Reimoser/Underberg/Burhenne*, S. 27.
2 §§ ohne Gesetzesangaben sind solche des Bundesjagdgesetzes in der Fassung der Bekanntmachung vom 29. September 1976 (BGBl. I S. 2849), das zuletzt durch Artikel 291 der Verordnung vom 19. Juni 2020 (BGBl. I S. 1328) geändert worden ist.
3 In dieser Untersuchung wird die „Klassifizierung" einer wildlebenden Tierart als Wild auch synonym als „Qualifikation" bezeichnet.

2. Eigentumsrechtliche Perspektive

Die eigentumsrechtliche Perspektive hat dabei den verfassungsrechtlichen Schutz des Jagdrechts als Eigentumsrecht gem. Art. 14 Abs. 1 S. 1 GG im Blick.[4] Jede Beschränkung jagdlicher Zugriffsmöglichkeiten auf Wild muss grundsätzlich dem Maßstab standhalten, den Art. 14 GG aufstellt.[5]

a Eigentumsverständnis der Gesellschaft – Wandelbarkeit der eigentumsrechtlichen Zuordnungsverhältnisse

Das Eigentumsverständnis einer Gesellschaft findet Ausdruck in den einfachgesetzlichen Regelungen und den sich daraus ergebenen Zuordnungsverhältnissen.[6] Hauptproblem jeder Eigentumstheorie ist dabei die Rechtfertigung von Privateigentum, wegen des dem Privateigentum immanenten Ausschließungsrechts und wegen der Tendenz privaten Eigentums, soziale Macht über andere zu begründen.[7] Schuppert verweist in seinem Werk „Eigentum neu denken" auf Siegrist und zitiert: *„Die analytische Konzeption von Eigentum als einem „Bündel von Rechten, Berechtigungen und Pflichten" setzt sich seit einigen Jahrzehnten unter Ethnologen, Sozialwissenschaftlern, Kulturwissenschaftlern und Historikern, die sich auf reale Prozesse, Funktionsrechte, Handlungsregeln und soziale Beziehungen konzentrieren und eine kritische Sicht auf die normative Doktrin und Ideengeschichte des Eigentums entwickeln, vermehrt durch. ... Die Bündel bzw. die einzelnen Handlungsrechte repräsentieren in typisierter Form die zu einem bestimmten Zeitpunkt herrschenden sozialen, kulturellen, moralischen und rechtlichen Vorstellungen und Praxisformen legalen und gesellschaftlich legitimierten Eigentums."*[8] In der rechtswissenschaftlichen Literatur hat ein solches Verständnis jedenfalls für die Betrachtung dessen, was als jagdliches Eigentum zu bezeichnen ist,

---

4   Zum Jagdrecht als Eigentumsrecht siehe BVerfG Beschl. v. 13. 12. 2006, Az.: 1 BvR 2084/05, NVwZ 2007, S. 808ff.
5   *Schuck*, in: Schuck, Kommentar zum BJagdG, § 3, Rdn. 4.
6   *Grochtmann*, S. 73f zur Wandelbarkeit des Eigentumsbegriffs.
7   *Schuppert*, S. 64.
8   *Schuppert*, S. 183.

I. WILD IM SPANNUNGSFELD 3

Eingang gefunden. Froese beschreibt das jagdliche Eigentum als einen Sammelbegriff möglicher Eigentumspositionen im Gesamtkontext der Jagd, in Form eines Bündels von Rechtspositionen, welche zum Teil unterschiedlichen Berechtigten zugewiesen sind.[9]

Für die Einordnung wildlebender Tiere als Wild spielen insbesondere Vorstellungen des Tierschutzes sowie des Naturschutzes eine besondere Rolle, so dass auch zu klären sein wird, inwieweit solche Erwägungen sich eigentumsrechtlich auswirken.

b   Tierschutz und jagdliches Eigentum

Tierschutzbezogene Erwägungen finden ihre Ursache in einem Wertewandel der Gesellschaft.[10] Gewandelt hat sich die Einstellung der Menschen zu ihren Mitlebewesen,[11] was an der Neufassung des Tierschutzgesetzes erkennbar wird und in der Konsequenz seinen Ausdruck findet, dass gem. § 17 Nr. 1 TierSchG kein Tier ohne vernünftigen Grund getötet werden darf.

Die gesellschaftlichen Meinungen darüber, welches Motiv ein Tier zu töten noch als vernünftiger Grund gelten kann, gehen auseinander.[12] Ein Beispiel ist die Jagd auf Rabenvögel, welche von Teilen der Gesellschaft als krasser Verstoß gegen das Tierschutzgesetz gesehen wird, mit der Begründung, es gäbe keinen vernünftigen Grund für die Tötung,[13] obwohl andererseits negative Einflüsse hoher Rabenvogelpopulationen auf die Artenvielfalt wissenschaftlich nachgewiesen sind.[14]

---

9   *Froese*, in: Dietlein/Froese, Jagdliches Eigentum, Ebenen und Ebenenverflechtungen des jagdlichen Eigentums, S. 159.
10   *Bode/Emmert*, S. 71.
11   *Kalchreuter*, S. 436.
12   *Herzog*, Tierschutz im Lichte jagdlicher Nachhaltigkeit, S. 19.
13   *Kalchreuter*, S. 436.
14   *Steinbach*, Rabenvögel, DJZ 2004, S. 1, https://djz.de/rabenvoegel-796/, abgerufen am 23.2.2021; Sutor/Reinwald, DJV Empfehlung zur guten fachlichen Praxis bei der Jagd auf Rabenvögel, Berlin 2021, S. 4f mit Beispielen zur Auswirkung von Rabenvogelpopulationen auf die Artenvielfalt.

Der Kolkrabe als ein Beispiel für Rabenvögel gehört bis heute zu den gem. § 2 jagdbaren Arten,[15] ist jedoch in allen Bundesländern ganzjährig geschont.[16] Weitere Arten wie Elstern, Raben- oder Nebelkrähen sind nur dann jagdbar, wenn der Landesgesetzgeber eine entsprechende Zuordnung dieser Arten zum Wild vorgenommen hat.[17] Die Arten unterlagen bis zum Erlass des BJagdG dem Recht des freien Tierfangs[18] und durften von jedermann angeeignet werden. Zurzeit sind die Arten nicht in allen Bundesländern als jagdbare Art eingeordnet.[19]

Es deutet sich die zu klärende Frage an, wie die bundeslandspezifisch unterschiedliche Zuordnung einzelner Arten als Wild eigentumsrechtlich zu bewerten ist, in der vom GG vorgegebenen Eigentumsordnung.

c Naturschutz und Eigentum

Mit der Novelle des Bundesjagdgesetzes 1976[20] hat der Gesetzgeber den Katalog jagdbarer Arten im Vergleich zum Umfang bei Erlass des BJagdG 1952[21] erheblich reduziert.

Während es bei den Haarwildarten Biber, Nerz und Zwergwiesel waren, welche die Qualifikation als Wild verloren, war die Reduzierung der Federwildarten deutlich umfangreicher, wie die in der folgenden Abbildung als gestrichen gekennzeichneten Arten des Katalogs gem. § 2 Abs. 1 i. d. F. 1976 zeigen.

---

15 siehe auch § 2 Bundesjagdgesetz.
16 *Steinbach*, Rabenvögel, DJZ 2004, S. 1, https://djz.de/rabenvoegel-796/, abgerufen am 23.2.2021.
17 *Meyer-Ravenstein*, AgrarR 1995, S. 197ff.
18 *Scherping/Vollbach*, Das Reichsjagdgesetz, § 1, Erläuterung Ziff. 2.
19 z. B.: Brandenburg - § 5 VO zur Durchführung des Jagdgesetzes für das Land Brandenburg v. 28. Juni 2019, GVBL Teil II, Nr. 45, S. 1ff; Bayern - Drucksache 18/7178 Bay. Landtag.
20 Zweites Gesetz zur Änderung des Bundesjagdgesetzes v. 28.9.1976, BGBl Teil I, S. 2841ff.
21 Bundesjagdgesetz v. 29.11.1952, BGBL Teil I, S. 780ff.

I. WILD IM SPANNUNGSFELD

Federwild gem. § 2 BJadG i.d.F. 1952	Federwild gem. § 2 BJadG i.d.F. 1976
Auerwild	Auerwild (Tetrao urogallus L.),
Birkwild	Birkwild (Lyrurus tetrix L.),
Rackelwild	Rackelwild (Lyrus tetrix x Tetrao urogallus),
Haselwild	Haselwild (Tetrastes bonasia L.),
Schneehühner	Alpenschneehuhn (Lagopus mutus MONTIN),
Steinhühner	
Wildtruthühner	Wildtruthuhn (Meleagris gallopavo L.),
Rebhühner	Rebhuhn (Perdix perdix L.),
Wachteln	Wachtel (Coturnix coturnix L.),
Fasanen	Fasan (Phasianus colchicus L.),
wilde Tauben	Wildtauben (Columbidae),
Drosseln (ausser Schwarzdrossel)	
Schnepfen	Waldschnepfe (Scolopax rusticola L.),
Trappen	Großtrappe (Otis tarda L.),
Wachtelkönige	
Kraniche	
Tag- und Nachtraubvögel	Tag- und Nachtraubvögel
Greifvögel ausser Eulen	Greife (Accipitridae)
	Falken (Falconidae)
Schwäne	Höckerschwan (Cygnus olor GMEL.),
Gänse	Wildgänse (Gattungen Anser BRISSON und Branta SCOPOLI),
Enten	Wildenten (Anatinae),
Sumpf- und Wasservögel	Sumpf- und Wasservögel
Säger	Säger (Gattung Mergus L.)
Regenpfeifer	
Triel	
Möwen	Möwen (Laridae)
Alken	
Taucher	Haubentaucher (Podiceps cristatus L.)
Kormorane	
Reiher	Graureiher (Ardea cinerea L.)
Rallen:	Rallen:
Blässhühner	Bläßhuhn (Fulica atra L.)
Teichhühner	
Wasserrallen	
Sumpfhühnchen	
Schreitvögel:	
Störche (ausser Weißstörche)	
Ibiss	
Löffler	
Rohrdommel	
Kolkrabe	Kolkrabe (Corvus corax L.)

Abbildung 1

Als Begründung für die Kürzung des Katalogs jagdbarer Arten führte der Gesetzgeber aus, dass die Disqualifikation der Arten notwendig gewesen sei, da einige der Arten „*im Geltungsbereich des Bundesjagdgesetzes nicht mehr in der freien Wildbahn leben, andere sehr selten geworden oder in ihrem Bestand bedroht oder bereits gefährdet sind.*"[22]

Die Kürzung des Katalogs jagdbarer Arten mit der Novelle des Bundesjagdgesetzes 1976 wie auch die aktuellen Verkürzungen

---

22   BT Drs. 7/4285, S. 12.

von Jagdzeiten zeigen,[23] dass in Deutschland eine Tendenz zur Beschränkung jagdlicher Zugriffsbefugnisse festzustellen ist.[24] Dies ist durch eine Verkürzung der Liste jagdbarer Arten geschehen und erfolgt zunehmend durch Beschränkung der Jagdzeiten[25] sowie Jagdverbote, z. B. in Naturschutzgebieten durch Rechtsverordnungen.[26]

Badura stellt fest, dass die gänzliche Versagung einer Jagdzeit Naturschutz unter gänzlicher Aushöhlung des Jagdrechts bedeute.[27] Die Aufhebung von Schonzeiten bewirke einen Eingriff in das grundrechtlich gewährleistete Eigentum,[28] denn umfasst von der Eigentumsgarantie gem. Art. 14 Abs. 1 GG werden auch die Zugriffsbefugnisse auf Wild.[29]

Ob die Begründung des Gesetzgebers für die auf Bundesebene bisher einmalige Kürzung der Liste jagdbarer Arten zutrifft, dass nur im Geltungsbereich des Naturschutzrechtes bundesweit notwendige Schutzmaßnahmen mit der erforderlichen gleichen Intensität umgesetzt werden können,[30] ist zweifelhaft. Wie noch zu zeigen sein wird, stellt das Jagdrecht mit dem Hegerecht und der He-

---

23 siehe z. B. Entscheidung des HessStGH Urt. v. 12.02.2020; Az.: P.St. 2610, BeckRS 2020, 1557.
24 So in Baden-Württemberg mit dem Jagd- und Wildtiermanagementgesetz von 2014, GBl., S. 550 letzte berücksichtigte Änderung: §§ 33 und 41 geändert durch Artikel 2 des Gesetzes vom 26. Oktober 2016 (GBl. S. 577).
25 Siehe für Hessen: StGH Hessen, Urt. v. 12.2.2020, Az.: P.St. 2610, S. 65 für Baummarder, Iltisse, Hermeline und Mauswiesel, BeckRS 2020, 1557.
26 Für die Verkürzung oder Aufhebung von Jagdzeiten siehe z. B. § 3 Verordnung über jagdbare Tierarten und Jagdzeiten des Landes Berlin v. 21. Februar 2007 (GVBl. S. 114), zuletzt geändert durch Verordnung v. 9. Oktober 2008 GVBl. S. 279; § 3 Verordnung zur Zusammenfassung und Änderung jagdrechtlicher Verordnungen des Landes Hessen v. 10. Dezember 2015, GVBl, S. 670ff.
27 *Badura*, Die Beschränkungen der Jagd durch Regelung von Jagd- und Schonzeiten, Forum Natur, 2003, S. 7
28 *Badura*, Die Beschränkungen der Jagd durch Regelung von Jagd- und Schonzeiten, Forum Natur, 2003, S. 7
29 *Badura*, Die Beschränkungen der Jagd durch Regelung von Jagd- und Schonzeiten, Forum Natur, 2003, S. 4.
30 BT Drs. 7/4285, S. 11f.

gepflicht Instrumente zur Verfügung, welche es im Naturschutzrecht nicht gibt,[31] die jedoch dasselbe Ziel wie das Naturschutzrecht verfolgen.

d   Die jagdrechtliche Hegepflicht als Form einer naturschutzrechtlichen persönlichen Verantwortung des Jagdrechtsinhabers

Die Hege hat gem. § 1 Abs. 2 S. 1 zum Ziel die Erhaltung eines den landschaftlichen und landeskulturellen Verhältnissen angepassten artenreichen und gesunden Wildbestandes sowie die Pflege und Sicherung seiner Lebensgrundlagen.

Die besondere Bedeutung des Hegerechts wird daran deutlich, dass bereits in der Zeit vor Erlass des Bundesjagdgesetzes das Hegerecht als immanenter Bestandteil des Jagdrechts gesehen wurde.[32] Das Reichsjagdgesetz hat in § 4 das Recht und die Pflicht des Jägers, das Wild zu hegen, erstmals gesetzlich festgeschrieben.[33] Mit Erlass des Bundesjagdgesetzes 1952[34] hat der Gesetzgeber den Grundsatz der Hege ausdrücklich als Teil des Jagdrechts in § 1 Abs. 1 verankert und 1976 in § 1 Abs. 1 S. 2 die Hegepflicht als weiteren Inhalt des Jagdrechts ergänzt.[35] Die Festlegung des Jagdrechtsinhabers als Hege-Verantwortlichen verdeutlicht das Ziel der Hege in Form der Sicherstellung einer Nutzung natürlicher Ressourcen orientiert am Grundsatz der Nachhaltigkeit, verbunden mit der Erhaltung der Artenvielfalt und der Diversität.[36] Die persönliche Verantwortungszuweisung in Form der Hegepflicht für das Wild an den Jagdrechtsinhaber wird eigentumsrechtlich zu bewerten sein. Steht doch das mitunter schlichte Innehaben von Eigentum in vielen zentralen Bereichen in enger Verflechtung mit der Frage nach dem Wohle der Allgemeinheit, wie z. B. in Gestalt des

---

31 *Schuck*, in: Schuck, Kommentar zum BJagdG, § 1, Rdn. 16; *Hespler*, Hege, S. 18f zum allgemeinen Begriffsverständnis.
32 *Demange*, S. 8f.; *Müller*, S. 24.
33 *Scherping/Vollbach*, Das Reichsjagdgesetz, § 4, Erläuterung Ziff. 2.
34 BGBl 1952 Teil I, S. 780ff.
35 BT Drs. 7/4287, S. 10.
36 *Schuck*, in: Schuck, Kommentar zum BJagdG,§ 1 Rdn. 16.

öffentlichen Interesses an der Bewahrung einer intakten Umwelt,[37] wozu auch die Erhaltung aller jagdbaren Arten gehört.

e Das Verhältnis von Wald und Wild im Lichte des verfassungsrechtlichen Eigentumsbegriffs

Die jüngste Initiative des Gesetzgebers zur Änderung des Bundesjagdgesetzes wirft die Frage auf, wie das Verhältnis von Wald und Wild eigentumsrechtlich zu bewerten ist. Geplant ist u. a., den in § 1 Abs. 2 geregelten Umfang der Hegepflicht um den folgenden Satz zu ergänzen: „*Sie soll insbesondere eine Naturverjüngung des Waldes im Wesentlichen ohne Schutzmaßnahmen ermöglichen.*"[38] Flankiert wird die geplante Änderung durch eine Anpassung der Regelungen zum Abschuss von Rehwild in § 21 Abs. 2 BJagdG.[39] Rehwild soll danach ebenso wie Schwarzwild ohne Abschussplan bejagt werden und es sollen zwischen Jagdverpächter und Pächter Mindestabschusszahlen vertraglich vereinbart werden.

Die geplante Ergänzung des § 1 Abs. 2 BJagdG wird damit begründet, dass Handlungsbedarf bestehe, da zu hohe Schalenwilddichten eine Naturverjüngung sowie insbesondere die Wiederbewaldung von Flächen, die auch in Folge des Klimawandels durch Dürre, Stürme oder Schädlinge geschädigt sind, gefährden. Zu hohe Schalenwildbestände sollen auch die Ursache dafür sein, dass waldbauliche Maßnahmen, die zum notwendigen Waldumbau ergriffen werden, ihren Zweck verfehlen.[40] Liest man die Begründung zu dem Gesetzentwurf, entsteht der Eindruck, Schalenwild[41] im Wald sei die einzige Ursache für Verzögerungen im Waldumbau. Dass ein solcher Ansatz vollkommen verfehlt ist, dürfte unstrittig sein. Außer Acht gelassen wird dabei auch die eigentumsrechtliche Perspektive.

---

37 *Grochtmann*, Rechtsfragen der Eigentumsdogmatik, S. 15.
38 BT Drs. 19/26024, S. 7; BR Drs. 680/20, S. 1.
39 BR Drs. 680/20, S. 8.
40 BR Drs. 680/20, S. 18.
41 Als Schalenwild werden die dem Jagdrecht unterliegenden Paarhufer bezeichnet, deren Klauen auch „Schalen" genannt werden.

Aus eigentumsrechtlicher Perspektive ist der Grundeigentümer einerseits Waldeigentümer und andererseits Jagdrechtsinhaber, so dass die Frage entsteht, aus welchem Grund der Gesetzgeber dem Jagdrechtsinhaber, der auch Grundeigentümer ist, die explizite Pflicht auferlegen möchte, die Hege des Wildes so durchzuführen, dass eine Naturverjüngung des Waldes im Wesentlichen ohne Schutzmaßnahmen ermöglicht wird, kann doch der Waldeigentümer als Sacheigentümer gem. § 903 BGB grundsätzlich nach Belieben mit der Sache verfahren. Die Grenzen findet der Waldeigentümer im Bundeswaldgesetz. Danach ist der Wald gem. § 1 Abs. 1 Nr. 1 BWaldG wegen seines wirtschaftlichen Nutzens (Nutzfunktion) und wegen seiner Bedeutung für die Umwelt, insbesondere für die dauernde Leistungsfähigkeit des Naturhaushaltes, das Klima, den Wasserhaushalt, die Reinhaltung der Luft, die Bodenfruchtbarkeit, das Landschaftsbild, die Agrar- und Infrastruktur und die Erholung der Bevölkerung (Schutz- und Erholungsfunktion) zu erhalten, erforderlichenfalls zu mehren und seine ordnungsgemäße Bewirtschaftung nachhaltig zu sichern.

Fallen Waldeigentum und Jagdrecht zusammen, bedarf es der geplanten Erweiterung der Hegepflicht sowie der Anpassung der Regelungen für den Abschuss von Rehwild nicht, da zum einen die Verpflichtung des Waldeigentümers, vereinfacht ausgedrückt den Wald zu erhalten und zu verbessern, sich bereits aus dem Waldgesetz, aber auch aus dem Bundesjagdgesetz in der aktuellen Form ergibt. Der Waldeigentümer hat damit alle Möglichkeiten zu entscheiden, wie er sein Waldeigentum, aber auch sein Jagdrecht nutzen möchte. Die Entscheidung, ob eine Naturverjüngung mit oder ohne Schutzmaßnahmen gedeiht, ist Entscheidung des Eigentümers als Ausdruck der durch Art. 14 gewährleisteten Freiheit, wie sie u. a. bezogen auf Grundstücke in § 903 BGB sowie bezogen auf Wild in Form des Jagdrechts in § 1 Abs. 1 ihren einfachgesetzlichen Niederschlag gefunden hat. Die einfachgesetzliche Verschärfung der Hegepflicht flankiert durch den Mindestabschuss für Rehwild würde einen Eigentumseingriff darstellen, welcher verfassungsrechtlich gerechtfertigt sein muss, das heißt geeignet, geboten und angemessen. Kann man die Geeignetheit des Eingriffs vielleicht noch bejahen, so würde eine Rechtfertigung wohl daran scheitern, dass der Eingriff nicht erforderlich ist. An der Erforderlichkeit fehlt es, wenn ein gleich wirksames, aber für den Grundrechtsträger weniger und Dritte und die Allgemeinheit nicht stärker belastendes Mittel zur Erreichung des Ziels zur Verfügung steht.[42] Als milderes Mittel kommt in diesem Fall die Anpassung der waldrechtlichen Regelungen in dem Umfang in Frage, dass alle den Waldumbau beeinflussenden Faktoren berücksichtigt werden. Die Faktoren, welche den Waldumbau beeinflussen sind vielschichtig.[43] Von den unmittelbaren anthropogenen Einflüssen, welche auf das Waldökosystem wirken, dürfte die Bewirtschaftung der Wälder einer der wesentlichsten Faktoren sein.[44] Daneben hat als weiterer unmittelbarer anthropogener Einfluss die Inanspruchnahme des Waldes durch die Bevölkerung für Freizeit-, Erholungs- und Sportaktivitäten in den letzten Jahren zugenommen.[45] Das Wild ist durch die zunehmende Freizeitnutzung des Lebensraumes Wald häufigen Störungen ausgesetzt, welche dazu führen, dass Schäden an Waldpflanzen zunehmen.[46]

Grund für die geplante Änderung des BJagdG kann dann nur sein, dass lediglich ein kleiner Teil der Waldeigentümer die Jagd auf ihren Flächen selbst ausüben[47] darf und damit die Ziele der Waldeigentümer, welche als Grundstückseigentümer immer auch Jagdrechtsinhaber sind, und der Jagdausübungsberechtigten auseinanderdriften. Erreichen Waldeigentümer nicht die Mindestflächengröße, um das Jagdrecht selber ausüben zu dürfen, werden sie Zwangsmitglied in einer Jagdgenossenschaft und ihre Grundflä-

---

42 *Epping*, Grundrechte, Rdn. 55.
43 Zum Waldumbau und den Einflussfaktoren im Einzelnen siehe z. B., *K. von Teuffel* et al (Hrsg.) Waldumbau für eine zukunftsorientierte Waldwirtschaft, Berlin Heidelberg 2005.
44 Bundeswaldbericht 2017, S. 43, abgerufen am 04.06.2021 unter: https://www.bmel.de/DE/themen/wald/wald-in-deutschland/waldbericht2017.html.
45 Bundeswaldbericht 2017, S. 139, abgerufen am 04.06.2021 unter: https://www.bmel.de/DE/themen/wald/wald-in-deutschland/waldbericht2017.html.
46 *Guber*, Totalabschuss, NuR 2014, S. 318, 320, zum Beispiel des Besucherdrucks und Wildverhalten.
47 *Ammer/Vor/Knoke/Wagner*, S. 5.

chen Teil eines gemeinschaftlichen JagdbezirkeS. In gemeinschaftlichen Jagdbezirken steht gem. § 8 die Ausübung des Jagdrechts der Jagdgenossenschaft zu, während das Jagdrecht beim Grundeigentümer verbleibt. Eigentumsrechtlich wird zu prüfen sein, wie das Jagdrecht und das sogenannte Jagdausübungsrecht zu bewerten sind.

3. Zugriffsbefugnisse auf Wild

a   Rechtscharakter von Jagdrecht und Jagdausübungsrecht

Neben der Frage, wie die Klassifizierung von Tierarten als Wild eigentumsrechtlich einzuordnen ist, werden die Zugriffsbefugnisse in das Zentrum dieser Untersuchung zu stellen sein, welche eine Aneignung von Wild legitimieren. Für die Legitimation des Zugriffs auf Wild kommen als Berechtigungen das Jagdrecht sowie das sogenannte Jagdausübungsrecht in Frage.[48] Das Jagdrecht wie auch das Jagdausübungsrecht werden hinsichtlich ihres Rechtscharakters bzgl. der Frage, ob es sich um selbständige Rechte handelt, unterschiedlich bewertet.[49] Dennoch werden beide als Schutzgegenstand des Eigentums gem. Art. 14 Abs. 1. S. 1 GG angesehen.[50] Die Klärung, ob es sich beim Jagdrecht um eine selbständige Rechtsposition handelt, ist jedoch richtungsweisend für die eigentumsrechtliche Einordnung der Klassifizierung wildlebender Tiere als Wild i. S. d. Art. 14 Abs. 1 S. 1.[51] Die besondere Relevanz leitet sich aus dem Verhältnis des Jagdrechts zum Grundeigentum ab.

---

48 BGH, Urteil v. 15.12.2005, Az. Urteil vom 15.12.2005 - III ZR 10/05, Rdn. 20, https://openjur.de/u/81464.html, abgerufen am 23.02.2021.
49 *Froese*, in: Dietlein/Froese, Jagdliches Eigentum, Ebenen und Ebenenverflechtungen des jagdlichen Eigentums, S. 160 für selbständige Rechtspositionen; *Wetzel*, S. 12f zum Meinungsstand bzgl. des Jagdrechts m. w. N.; *Wetzel*, S. 14ff zum Meinungsstand bzgl. der Selbstständigkeit des Jagdausübungsrechts.
50 *Brenner*, DÖV 2014, S.232, 234; BGH Urt. V. 26.2. 1958, NJW, 1958, S. 785; *Schuck*, in: Schuck, Kommentar zum BJagdG,§ 3 Rdn. 4.
51 *Appel*, NuR 2005, S. 427f.

b Jagdrecht und Grundeigentum

Das besondere Verhältnis des Jagdrechts zum Grundeigentum ergibt sich aus § 3 Abs. 1 S. 2. Danach ist das Jagdrecht untrennbar mit dem Grundeigentum verbunden. Rechte, die mit dem Eigentum an einem Grundstück verbunden sind, gelten gem. § 96 BGB als Bestandteile des GrundstückS. Insofern wäre das Jagdrecht Bestandteil des jeweiligen Grundstücks.[52] Dies würde für das Jagdrecht als selbständige Rechtsposition sprechen, denn nur wenn das Jagdrecht selbständig vom Grundeigentum ist, besteht der Bedarf, es mit diesem zu verbinden. Handelt es sich dagegen um eine dem Grundeigentum immanente Nutzungsmöglichkeit, um einen Ausfluss des Grundeigentums, bestünde ein solcher Verbindungsbedarf nicht.[53]

Für die eigentumsrechtliche Bewertung der Einordnung wildlebender Tiere als Wild sowie die Beschränkung der Zugriffsmöglichkeiten in Form von eingeschränkten Jagdzeiten ist die Frage, wie das Verhältnis von Jagdrecht und Grundeigentum ist, von entscheidender Bedeutung. Würde es sich beim Jagdrecht nur um einen Ausfluss des Grundeigentums handeln, so wären Beschränkungen der Jagdzeiten oder eine Kürzung des Katalogs jagdbarer Arten am Maßstab der Beschränkung von Nutzungsmöglichkeiten des Grundeigentums zu bewerten.

Handelt es sich dagegen beim Jagdrecht um eine eigenständige Eigentumsposition, welche neben dem Grundeigentum steht und lediglich mit diesem auf einfachgesetzlicher Ebene verbunden ist, dann wäre der Maßstab für Beschränkungen des Jagdrechts allein der Beschränkungsumfang der Eigentumsposition Jagdrecht, jedoch nicht der Eigentumsposition Grundeigentum.

Auswirken dürfte sich eine solche Unterscheidung vor allem darauf, dass die Einstufung einer Beschränkung des Jagdrechts als Inhalts- und Schrankenbestimmung oder als Enteignung anders zu

---

52 so *Ellenberger*, in: Palandt, § 96, Rdn. 2.; *Fritzsche*, in: BeckOK zum BGB, § 96 Rdn. 3.
53 *Meyer-Ravenstein*, in: Dietlein/Froese, Jagdliches Eigentum, Das Jagdrecht als Teil des Grundeigentums, S. 221.

beurteilen ist, wenn das Jagdrecht ein Ausfluss des Grundeigentums wäre und damit nur eine Nutzungsmöglichkeit von vielen. Handelte es sich beim Jagdrecht um eine selbständige Eigentumsposition, würde jede Beschränkung bei den jagdbaren Arten sich unmittelbar auf die selbständige Eigentumsposition Jagdrecht auswirken, mit der möglichen Folge, dass die Reduzierung des Katalogs jagdbarer Arten als Eingriff in die Eigentumsposition Jagdrecht und nicht in die Eigentumsposition Grundeigentum zu werten wäre. Zentraler Eigentumsinhalt des Jagdrechts ist es jedoch, sich Wild aneignen zu dürfen. Wird dem Eigentümer diese Möglichkeit genommen, dürfte die Grenze zur Enteignung deutlich eher überschritten werden, als dies der Fall wäre, wenn das Jagdrecht nur als Ausfluss des Grundeigentums einzuordnen wäre. Denn jede Einordnung einer Art als Wild wäre eine von der jagdrechtlichen Aneignungsbefugnis getragene Rechtsposition, welche das Bündel der Rechtspositionen jagdlichen Eigentums maßgeblich ausmacht.

4. Wild als Allgemeingut im System der Jagdgenossenschaft

Für die eigentumsrechtliche Einordnung von Wild ist auch abzugrenzen, ob Wild als Allgemeingut zu klassifizieren ist. Dafür kommt es darauf an, ob die jagdliche Nutzung in Form einer öffentlichen Benutzungsordnung geregelt ist. Nach Dietlein/Schwan ist Jagd auf staatliche Ordnung und Aufsicht angewiesen.[54]

Eine solche Benutzungsordnung könnte das Jagdgenossenschaftssystem darstellen, da es sich bei Jagdgenossenschaften um Körperschaften des öffentlichen Rechts handelt. Vergleicht man die Rechtsprechung des BVerfG zur eigentumsrechtlichen Einordnung von Grundwasser, welches als Allgemeingut von überragender Bedeutung eingestuft wurde, so wird auf die Frage einzugehen sein, ob auch das öffentlich-rechtliche Körperschaftssystem der Jagdgenossenschaften Ausdruck des Allgemeingutscharakters von Wild ist, mit der möglichen Folge einer eigentumsrechtlichen Unverfüg-

---

54 *Dietlein/Schwan*, S. 35.

barkeit. Diese Frage stellt sich nicht zuletzt deswegen, weil das Reviersystem und mit diesem die Körperschaft Jagdgenossenschaft deswegen eingeführt wurden, weil die Ausübung des Jagdrechts durch jeden Grundeigentümer zu einer Gefährdung der Wildbestände geführt hat.[55]

In dem Zusammenhang ist auch auf die Rechtsprechung des BVerfG einzugehen, welches im Rahmen der eigentumsrechtlichen Einordnung von Wild zwischen der Güterkategorie der jagdbaren wildlebenden Tiere und der „nicht jagdbaren wildlebenden Tiere" unterscheidet und nur die „nicht jagdbaren Tierarten" aus dem Bereich der eigentumsrechtlichen Zuordenbarkeit ausnimmt.[56]

5. Eigentumsrechtliche Bewertung der Klassifizierung wildlebender Tiere als Wild

Eine weitere zentrale Frage ist, ob die sich aus Gesetzen sowie Rechtsvorschriften ergebene Einordnung bestimmter Tierarten als Wild eine subjektive Rechtsstellungsgarantie konstituiert und die Klassifizierung einer Tierart als Wild damit eine Rechtsposition i. S. d Art. 14 GG darstellt.

Schutzgegenstand des Art. 14 GG sind die auf Grundlage von Gesetzen erworbenen konkreten dem einzelnen Eigentümer in der Weise zugeordneten Rechte, dass er die damit verbundenen Befugnisse nach eigener Entscheidung zu seinem privaten Nutzen ausüben darf.[57] Konkret geht es um die Frage, ob es sich bei der Klassifizierung wildlebender Tiere als Wild um eine eigentumsrechtliche Zuordnung handelt, welche vom Schutzbereich des Art. 14 Abs. 1 S. 1 GG erfasst wird. Diese Frage stellt sich, da wildlebende Tiere gem. § 960 S. 1 BGB herrenlos sind, mit der Qualifikation zu Wild jedoch grundsätzlich der ausschließlichen Zugriffsbefugnis des Jagdrechtsinhabers zugewiesen werden. Eine Eigentumsbegrün-

---

55 *Wetzel*, S. 3; *Rösner*, S. 357; zweifelnd *Dietlein*, in: Dietlein/Froese, Jagdliches Eigentum, Rechtsgeschichte der Jagd, S. 40.
56 BVerfGE Urt. v. 3.11.1982, Az.: 1 BvL 4/78, NJW 1983, 439, wenn die Aneignung gesetzlich verboten ist.
57 BVerfGE 79, 174, 191; *Grochtmann*, S. 67 m. w. N.

dung durch jedermann in Form der Inbesitznahme, wie sie grundsätzlich bei herrenlosen Sachen gem. § 958 Abs. 1 BGB erfolgen darf, ist durch die Klassifizierung als Wild und das damit verbundene ausschließliche Aneignungsrecht des Jagdrechtsinhabers ausgeschlossen. An herrenlosen Sachen kann gem. § 958 Abs. 2 BGB kein Eigentum erworben werden, wenn durch die Besitzergreifung das Aneignungsrecht eines anderen verletzt wird. Handelt es sich bei einem wildlebenden Tier um Wild, so wird bei der Inbesitznahme des Tieres durch einen Dritten, welcher nicht vom Jagdausübungsberechtigten berechtigt wurde, dessen Aneignungsrecht verletzt, welches gem. § 292 StGB strafbewehrt geschützt ist.

Indem der Gesetzgeber dem Grundstückseigentümer, welchem gem. § 3 Abs. 1 das Jagdrecht auf seinem Grundstück zusteht, diesem die Ausübung jedoch auf seinen Flächen, die zu einem gemeinschaftlichen Jagdbezirk gehören, untersagt und die Befugnis der Ausübung auf eine Körperschaft des öffentlichen Rechts, in Form der Jagdgenossenschaft, überträgt, wird für die eigentumsrechtliche Einordnung von Wild zu klären sein, wie dies zu bewerten ist. Dies vor dem Hintergrund, dass der Gesetzgeber in § 3 Abs. 1 S. 2 gleichzeitig feststellt, dass das Jagdrecht untrennbar an das Grundeigentum gebunden ist und gem. § 3 Abs. 1 S. 3 als selbständiges dingliches Recht nicht begründet werden kann. Ein „Jagdrecht der Jagdgenossenschaft"[58] – wie auch immer man es bezeichnen möchte – neben dem oder anstelle vom Jagdrecht des Grundeigentümers gem. § 1 Abs. 1 scheint demzufolge rechtsdogmatisch schwer begründbar. Näher liegt die Annahme eines gesetzlichen Treuhandverhältnisses, in welchem der Jagdgenossenschaft als Treuhänderin der Grundeigentümer eine Nutzung der als Wild klassifizierten wildlebenden Tiere durch Ausübung des Jagdrechts gestattet wird.

---

58 *Wetzel*, S. 12f, zum „Jagdrecht" der Jagdgenossenschaft.

6. Jagdliche Nutzung von Wild – Bodennutzung des Grundstückseigentümers oder bodenunabhängige Nutzung des Naturgutes „wildlebendes Tier" – ein Perspektivenwechsel

Unabhängig davon, wie die Selbständigkeit der beiden Positionen Jagdrecht wie auch Jagdausübungsrecht einzustufen ist, werden beide regelmäßig als Bestandteil des Grundeigentums und als näher ausgeformte Nutzungsrechte an Grund und Boden angesehen.[59] Für die eigentumsrechtliche Einordnung von Wild, welches als selbständiges Naturgut ein Bestandteil der natürlichen Lebensgrundlagen gem. Art. 20a GG bildet,[60] ist zu ergründen, wie der Zugriff auf Wild eine Nutzung an Grund und Boden sein kann, wenn es sich bei Wild und beim Boden um zwei unterschiedliche und selbständige Naturgüter handelt.[61]

Bei der Nutzung von Wild durch Jagd stellt sich die Frage, welches Naturgut im Zentrum der Nutzung steht. Zum Teil wird Jagd als eine dem Grundeigentum immanente Nutzungsform betrachtet und die Verbindung des Jagdrechts mit dem Grundeigentum gem. § 3 Abs. 1 soll lediglich deklaratorische Bedeutung haben.[62] Als Begründung wird angeführt, das Jagdrecht sei lediglich als ein gesetzlich näher ausgeformtes Nutzungsrecht am Grund und Boden zu verstehen.[63] Andererseits steht das Naturgut Wild im Zentrum jagdlicher Betätigung und eben auch der Beschränkungen des Gesetzgebers. Für die Ergründung der Frage, welche Betrachtung für die eigentumsrechtliche Einordnung von Wild maßgeblich ist, bieten sich zwei Perspektiven an, wenn man die jeweiligen Naturgüter in das Zentrum der Betrachtung stellt, zum einen die boden- oder „grundeigentumszentrierte" in Abgrenzung zur anderen, der „wildtierzentrierten" Norminterpretation.

---

59 *Badura*, Die Beschränkungen der Jagd durch Regelung von Jagd- und Schonzeiten, Forum Natur, 2003, S. 4.
60 *Murswiek*, in: Sachs, Kommentar zum GG, Art 20a GG, Rdn. 30.
61 zur Selbständigkeit der Naturgüter Boden und Tiere, siehe *Murswiek*, in: Kommentar zum GG, Art 20a GG, Rdn. 30.
62 *Brenner/Bürner/Kurz* Jagdrecht in Baden-Württemberg, § 3 Rdn. 3; *Brenner*, DÖV 2014, S.232, 234.
63 *Brenner*, DÖV 2014, S.232, 234.

a Boden- oder Grundeigentumszentrierte Perspektive

Die grundeigentumszentrierte Perspektive rückt das Naturgut Boden und damit das Grundeigentum in den Mittelpunkt der Betrachtung. Geht es um die eigentumsrechtliche Einordnung der Jagd und damit letztlich jagdbarer Tiere, so sehen Rechtsprechung[64] und gewichtige Stimmen der Literatur[65] das Jagdrecht als Inhalt und Ausfluss des Grundeigentums, welches nach Verfassungsrechtslage untrennbarer Bestandteil des Grundeigentums sei.[66] Das Jagdrecht soll danach ein näher ausgeformtes Nutzungsrecht an Grund und Boden darstellen.[67] Andere Stimmen der Literatur sehen das Jagdrecht als selbständiges Recht.[68]

Legt man den Begriff der Nutzung zugrunde, wie er sich aus § 100 BGB ergibt, sind Nutzungen die Früchte einer Sache oder eines Rechts sowie die Vorteile, welche der Gebrauch der Sache oder des Rechts gewährt. Das Naturgut Boden ist gem. § 90 BGB eine Sache und der Grundeigentümer ist gem. § 903 S. 1. BGB berechtigt mit der Sache nach Belieben zu verfahren, soweit nicht das Gesetz oder Rechte Dritter entgegenstehen.

b Wildtierbezogene Perspektive

Im Zentrum der wildtierzentrierten Perspektive steht das Naturgut „wildlebendes Tier". Dieser Blick legt die Annahme nahe, dass der Gesetzgeber die Eigentumsordnung von den Bereichen her ausformt, die eigentumsgegenständlich gerade nicht zugeordnet sein sollen. Ein Indiz für die eigentumsrechtliche Unverfügbarkeit kann

---

64 BGH, Urt. v. 26. 2. 1958, Az.: V ZR 123/56, NJW 1958, S. 785, 786.
65 *Schuck*, in: Schuck, Kommentar zum BJagdG, § 3, Rdn. 2; *Brenner*, DÖV 2014, S.232, 234.
66 *Badura*, Die Beschränkungen der Jagd durch Regelung von Jagd- und Schonzeiten, Forum Natur, 2003, S. 4; *Brenner*, DÖV 2014, S.232, 234; BGH Urt. V. 26.2. 1958, NJW, 1958, S. 785; *Schuck*, in: Schuck, Kommentar zum BJagdG, § 3, Rdn. 4
67 *Badura*, Die Beschränkungen der Jagd durch Regelung von Jagd- und Schonzeiten, Forum Natur, 2003, S. 4.
68 *Meyer-Ravenstein* in: Dietlein/Froese, Jagdliches Eigentum, Das Verhältnis von Eigentum und Jagdrecht, 2018, S. 220.

die Einordnung wildlebender Tiere in der bürgerlich rechtlichen Eigentumsordnung sein, welche in § 960 BGB regelt, dass alle wildlebenden Tiere herrenlos sind. Dem Recht kommt die Aufgabe zu, die Nutzung von Naturgütern sachgerecht zu regeln und dadurch ihre Erhaltung langfristig zu gewährleisten.

Es wird zu ergründen sein, welche eigentumsrechtlichen Erwägungen der Zuordnung nur bestimmter Tierarten zum Wild zugrunde liegen. Sieht man jede wildlebende Tierart als eigentumsrechtliche Güterkategorie, stellt sich die Frage, ob der Gesetzgeber durch die Ausklammerung einzelner Tierarten aus dem Bereich der jagdrechtlichen Zuordnung deren eigentumsrechtliche Unverfügbarkeit bestimmt hat.

Will man die eigentumsrechtliche Stellung von Wild in der Eigentumsordnung des Grundgesetzes verorten, so deutet sich an, dass die Liste der jagdbaren Tierarten eine, wenn nicht sogar die wesentliche Regelung ist, welche den Kernbereich dessen, was auch als jagdliches Eigentum bezeichnet werden kann, bildet. Die Wesentlichkeit ergibt sich daraus, dass ohne einen Katalog jagdbarer Arten das jagdliche Eigentum inhaltsleer wäre. Der Katalog jagdbarer Arten würde für das jagdliche Eigentum jedoch nur von untergeordneter Relevanz sein, wenn alle wildlebenden Tiere als grundsätzlich dem Jagdrecht unterfallend anzusehen wären oder dem Rechtskreis des Jagdrechts zugeordnet werden könnten. Aus diesem Grund ist aus der naturgutsbezogenen Perspektive zu hinterfragen, welche eigentumsrechtliche Bedeutung eine gesetzliche Festlegung von Arten als jagdbare Arten, d. h. der Katalog Wild gem. § 2, hat.

II Gang der Untersuchung

Wurde die eigentumsrechtliche Stellung des Jagdrechts im Hinblick auf die Bindung an das Grundeigentum bereits intensiv untersucht,[69] so fehlen Untersuchungen zur eigentumsrechtlichen Einordnung jagdbarer wildlebender Tiere (Wild), in die durch die

---

69 *Schuck*, in: Schuck, Kommentar BJagdG, § 3, Rdn. 2; *Metzger* in: Erbs/Kohlhaas, Kommentar zum BJagdG, § 1, Rdn. 3; *Munte*, S. 115ff; *Wetzel*, S. 9f.

Verfassung vorgegebene Eigentumssystematik des Art. 14 Abs. 1 GG. Diese Lücke soll durch die vorliegende Arbeit geschlossen werden, indem zunächst untersucht wird, wie die Qualifikation wildlebender Tiere als Wild eigentumsrechtlich einzustufen ist (B I).

Eigentum ist gem. Art. 14 Abs. 1 S. 2 GG ein normatives Grundrecht, welches inhaltlich durch den Gesetzgeber ausgeformt wird.[70] Nach Klärung, wie die Klassifizierung wildlebender Tiere als Wild eigentumsrechtlich zu bewerten ist, wird zu ergründen sein, ob die Beschränkung jagdbarer Arten als Eigentumseingriff oder als Inhalts- und Schrankenbestimmung einzuordnen ist. Dabei ist darauf einzugehen, ob der verfassungsrechtliche Gesetzesvorbehalt gem. Art. 14 Abs. 1 S. 2 GG der Bestimmung von wildlebenden Tieren als Wild oder die Beschränkung des Wild-Katalogs durch Rechtsverordnungen anstelle parlamentarischer Gesetze eigentumsrechtlich zulässig ist (B II).

Ein zentraler Punkt ist in diesem Zusammenhang die Beantwortung der Frage, wie die Kürzung des Katalogs jagdbarer Arten (B III-V.) und die Beschränkung von Jagdzeiten (B VI) in Abgrenzung von Enteignung und Inhalts- und Schrankenbestimmung einzuordnen ist.

Die Normativität des Eigentums zeigt bereits, dass vom Verfassungsgeber eine gewisse Veränderung sowie Unterschiede eigentumsrechtlicher Zuweisungen als Inhalt der Grundrechtsgewährleistung angelegt wurden. Vor diesem Hintergrund ist zu ergründen, wie die Abweichungskompetenz der Länder gem. Art. 72 Abs. 3 Nr. 1 GG eigentumsrechtlich zu bewerten ist. Denn diese Abweichungskompetenz führt dazu, dass in einem Bundesland Arten wildlebender Tiere zum Wild gehören, welche in anderen Bundesländern dem Jagdrecht gänzlich entzogen sind oder einer ganzjährigen Schonzeit unterliegen.[71] Im Kern geht es um die Frage, ob im Geltungsbereich des Grundgesetzes unterschiedliche Eigentumsinhalte rechtlich zulässig sind (B VII.).

---

70 *Axer*, in: Epping/Hillgruber, Beck Online Kommentar zum GG, Art. 14, Rdn. 7.
71 Siehe z. B.: Verordnung über jagdbare Tierarten und Jagdzeiten – Berlin – v. 21. Februar 2007, GVBl. Nr. 6 v. 10.03.2007 S. 114; 09.10.2008 S. 279.

Abschließend ist im Kapitel B einzuordnen, wie die Klassifizierung wildlebender Tiere als Wild zur vom Bundesverfassungsgericht festgestellten grundsätzlichen eigentumsrechtlichen Unverfügbarkeit des Naturguts „geschützte wildlebende nicht jagdbare Tiere"[72] zu werten ist (B VIII).

Eine sich durch die gesamte Untersuchung ziehende Frage wird sein, in welcher Gestalt und Form die Nutzung der Naturgüter Wild und Boden vom Eigentumsschutz erfasst wird (C I).

Eine besondere Rolle in diesem Zusammenhang hat das Grundeigentum, so dass dessen verfassungsrechtlicher Sonderstatus im Verhältnis zur jagdlichen Nutzung von Wild darzustellen ist (C II). In dem Zusammenhang ist der eigentumsrechtliche Schutz von Nutzungsmöglichkeiten darzustellen (C III), um anschließend die eigentumsrechtliche Einordnung der Nutzungsmöglichkeiten des Naturgutes Wild zu vertiefen (C IV).

Für die eigentumsrechtliche Einordnung des Naturgutes Wild ist für das Jagdrecht (C V) sowie das Jagdausübungsrecht (C VI) herauszuarbeiten, wie das Verhältnis zum Grundeigentum ist, d. h. konkret, ob es sich beim Jagdrecht oder dem sogenannten Jagdausübungsrecht um eigene Eigentumspositionen handelt oder um einen Ausfluss der Rechtsposition Grundeigentum, welches ein umfassendes Herrschaftsrecht gem. § 903 BGB über das Naturgut Boden darstellt.

Auf Grundlage der eigentumsrechtlichen Einordnung von Wild soll im Kapitel D der Stellung des Wildes im Spannungsfeld zwischen jagdlichem Eigentums- und Naturschutz nachgegangen werden.[73] Hier ist im ersten Schritt zu untersuchen, wie die Stellung des Naturgutes Wild als Inhalt des jagdlichen Eigentums und damit Art. 14 Abs. 1. S. 1 im Verhältnis zur Staatszielbestimmung Art.

---

[72] BVerfGE Urt. v. 3.11.1982, Az.: 1 BvL 4/78, S. 2, AP GG Art. 12 Nr. 51, Beck-online.

[73] Zum Verhältnis von Jagdrecht und Naturschutzrecht umfassend, *Brenner*, Jagdrecht und Naturschutzrecht Teil 1, NuR 2017, S. 145ff; Teil 2 NuR 2017, S. 217ff.; *Möckel/Köck*, Naturschutz- und Jagdrecht nach der Förderalismusreform, 2015, insbesondere S. 92ff.

20a GG ist (D I).[74] Im Anschluss ist auf die eigentumsrechtliche Einordnung von Wild in Abgrenzung der Rechtskreise Jagd-, Naturschutz- und Artenschutzrecht einzugehen (D II). Abschliessend soll die eigentumsrechtliche Perspektive der Aufnahme streng geschützter Arten in den Katalog der jagdbaren Arten am Beispiel des Wolfes (canis lupus) untersucht werden (DIII).

---

74 *Murswiek*, in: Sachs, Kommentar zum GG Art. 20a Rdn. 29.

B Wild in der Eigentumsordnung des Grundgesetzes

Während im römischen Recht die wilden Tiere allgemein Gegenstand eigentumsrechtlicher Betrachtungen waren und ein Zugriff und der damit verbundene Eigentumserwerb jedermann grundsätzlich erlaubt war,[75] wurde im deutschen Recht zwischen jagdbaren Tieren und nicht jagdbaren Tieren unterschieden.[76] Die jagdbaren Tiere bildeten den Gegensatz zu den Tierarten, welche als nicht jagdbare Arten dem freien Tierfang zugeordnet waren.[77] Die jagdbaren Arten durfte[78] und darf[79] sich nur der Jagdrechtsinhaber aneignen,[80] während auf die anderen Arten jedermann zugreifen durfte.[81] Diese Unterscheidung hat sich bis in die heutige Zeit erhalten, was zu der Frage führt, wie die Klassifizierung wildlebender Tiere als jagdbare Art in der Eigentumsordnung des Grundgesetzes einzuordnen ist. Konkret ist zu ergründen, ob die Einordung einer Tierart gem. § 2 als dem Jagdrecht unterfallend als eigentumsrechtliche Zuordnung zu qualifizieren ist und damit eine Rechtsposition entsteht, welche als Eigentum i. S. d. Art. 14 Abs. 1 GG eingestuft werden kann.

---

75 *Westhoff*, S. 11; *Uhde*, S. 18, weist daraufhin, dass der Grundeigentümer jedoch das Recht hatte, ein Betretungsverbot auszusprechen; die Jagd konnte er jedoch nicht untersagen, da es ein Recht auf freien Tierfang gab.
76 *Pfennigsdorf*, S. 12; *Uhde*, S. 118 zur Unterscheidung zwischen jagdbar und nicht jagdbar im deutschen Recht.
77 *Uhde*, S. 118.
78 Heute würde man vom Jagdausübungsberechtigten sprechen.
79 § 1 Abs. 1 S. 1 BJagdG
80 *Pfennigsdorf*, S. 12; *Uhde*, S. 118.
81 *Rösner*, S. 219f, zum Jagdrecht und den landesherrlichen Jagdordnungen.

I Eigentumszuordnung durch die Qualifikation wildlebender Tiere als Wild i. S. d. § 2

Das verfassungsrechtliche Eigentum ist durch Privatnützigkeit und grundsätzliche Verfügungsbefugnis des Eigentümers über den Eigentumsgegenstand gekennzeichnet.[82] Die Eigentumsgarantie erfasst alle vermögenswerten Rechte, die dem Berechtigten von der Rechtsordnung in der Weise zugeordnet sind, dass dieser die damit verbundenen Befugnisse nach eigenverantwortlicher Entscheidung zu seinem privaten Nutzen ausüben darf.[83]

1. Wirkung der Qualifikation von Tierarten als jagdbare Art (Wild)

Für die Klärung, wie die Qualifikation von wildlebenden Tieren zu Wild in der Eigentumsordnung des Grundgesetzes zu verorten ist, soll zunächst auf einfachgesetzlicher Ebene dargestellt werden, wann eine wildlebende Tierart als Wild und damit als jagdbar gilt.

a Einteilung der wildlebenden Tiere in jagdbare (Wild) und sonstige Tiere

Welche Tiere zu den jagdbaren Tieren gehören, ergibt sich aus dem Bundesjagdgesetz, wo in § 2 Abs. 1 der Katalog der jagdbaren Arten festgelegt ist. Die Länder können gem. § 2 Abs. 2 weitere Arten bestimmen, die dem Jagdrecht unterliegen. Tierarten, die dem Jagdrecht unterliegen, werden in § 1 Abs. 1 als Wild legal definiert. Mit der Klassifizierung einer Art als Wild werden die Individuen dieser Art von der ausschließlichen Aneignungsbefugnis des Jagdrechts erfasst. Es stellt sich die Frage, in welchem Verhältnis die ausschließliche jagdrechtliche Aneignungsbefugnis zum zivilrechtlichen Postulat gem. § 960 BGB, der Herrenlosigkeit wildlebender Tiere, steht.

---

82 Axer, in: Epping/Hillgruber, Beck Online Kommentar zum GG, Art. 14, Rdn. 1.
83 BVerfG Beschl. V. 18. 1. 2006 - 2 BvR 2194/99, NJW 2006, S. 1191, 1192.

b Herrenlosigkeit wildlebender Tiere und jagdrechtliche Aneignungsbefugnis

In § 960 Abs. 1 S. 1 BGB[84] hat der Zivilgesetzgeber eigentumsrechtlich auf einfachgesetzlicher Ebene geregelt, das wildlebende Tiere[85] herrenlos sind, solange sie in Freiheit leben. Der Eigentumserwerb an herrenlosen Sachen erfolgt gem. § 958 Abs. 1 BGB durch Inbesitznahme mit Eigenbesitzwillen.[86] Das Eigentum wird jedoch gem. § 958 Abs. 2 BGB nicht erworben, wenn durch die Besitzergreifung das Aneignungsrecht eines anderen verletzt wird.

Für bestimmte Arten wildlebender Tiere hat der Gesetzgeber mit der Einordnung einzelner Taxa als jagdbare Tierarten (Wild) in § 2 BJagdG die Entscheidung getroffen, dass der Jagdrechtsinhaber gem. § 1 Abs. 1 S. 1 die Befugnis hat, sich Individuen solcher Tierarten anzueignen. An diesen Arten kann gem. § 958 Abs. 2 BGB aufgrund des bestehenden Aneignungsrechts des Jagdrechtsinhabers kein Eigentum ohne Einwilligung des Jagdrechtsinhabers von anderen begründet werden, da anderenfalls dessen Aneignungsrecht verletzt werden würde. Das allgemeine Herrenlosigkeitspostulat für wildlebende Tiere des § 960 BGB ist mit der Qualifikation einer Art als Wild demzufolge obsolet. Hammer führt aus, dass der Satz des § 960 Abs. 1 S. 1 BGB in seiner Absolutheit falsch sei, da anderenfalls Normen wie § 958 Abs. 2 BGB, die auch das Aneignungsrecht des Jagdrechtsinhabers schützen, leerlaufen würden.[87]

In seiner Entscheidung vom 19.01.1989 stellt das Bundesverfassungsgericht im Zusammenhang mit geschützten Tieren fest: „Die bürgerlich-rechtliche Eigentumsordnung ist nämlich keine abschließende Regelung von Inhalt und Schranken des Eigentums (BVerfGE 58, 300 a336) = NJW 1982, 745). Vielmehr obliegt es dem

---

84 Bürgerliches Gesetzbuch in der Fassung der Bekanntmachung vom 2. Januar 2002 (BGBl. I S. 42, 2909; 2003 I S. 738), das zuletzt durch Artikel 24 des Gesetzes vom 20. November 2019 (BGBl. I S. 1724) geändert wurde.
85 Für wildlebende Tiere sind gem. § 90a die für Sachen geltenden Vorschriften entsprechend anzuwenden.
86 *Oechsler*, in: Münchner Kommentar zum BGB, § 958, Rdn. 6.
87 *Hammer*, NuR 1992, S. 62, 63.

Gesetzgeber nach Art. 14 I 2 GG, mittels privatrechtlicher und öffentlich-rechtlicher Vorschriften die Rechtsstellung des Eigentümers zu begründen und auszuformen."[88] Kube geht so weit, daraus zu schließen, dass die Güterkategorie der „geschützten wildlebenden Tiere" den Status einer umfassenden eigentumsgegenständlichen Unverfügbarkeit hat.[89] Berücksichtigt man, dass auch jagdbare Arten gem. § 1 BArtschV[90] unter besonderem naturschutzrechtlichem Schutz stehen,[91] ist auf einfachgesetzlicher Ebene zu schauen, wie der das Eigentum inhaltlich gestaltende Gesetzgeber den Umgang mit geschützten Tieren gesetzlich geregelt hat und welche Folgen dadurch für die eigentumsrechtliche Zuordenbarkeit von wildlebenden Tieren entstehen.

c Zwischenergebnis

Mit der Qualifikation wildlebender Tiere als Wild werden diese grundsätzlich von der jagdrechtlichen Aneignungsbefugnis gem. § 1 Abs. 1 erfasst.

Damit ist zu ergründen, wie die Qualifikation einer Art als Wild in den verfassungsrechtlichen Eigentumsbegriff gem. Art. 14 Abs. 1 GG einzuordnen ist.

2. Gewährleistung des Eigentums und Grenzen der Eigentumsgestaltung durch den Gesetzgeber

Dem verfassungsrechtlichen Eigentumsbegriff folgend, wie er vom BVerfG verstanden wird, muss der Begriff des von der Verfassung gewährleisteten Eigentums aus der Verfassung selbst gewonnen werden.[92] Aus Normen des einfachen Rechts, die im Range unter der Verfassung stehen, kann der Begriff des Eigentums im verfassungsrechtlichen Sinn nicht abgeleitet werden.[93]

---

88   BVerfG, Beschl. v. 19.1.1989, Az.: BvR 554/88, NJW 1990, S. 1229.
89   *Kube*, S. 206.
90   Bundesartenschutzverordnung vom 16. Februar 2005, BGBl. I S. 258, 896, in der Fassung gem. Artikel 10 des Gesetzes vom 21. Januar 2013, BGBl. I S. 95.
91   *Pückler*, Der Jäger und sein Recht, 1996, S. 118f.
92   BVerfGE 58, 300, 335.
93   BVerfGE 58, 300, 335.

I. EIGENTUMSZUORDNUNG DURCH GESETZ

a   Der Streit um den Eigentumsbegriff des Grundgesetzes

Gewichtige Stimmen der Literatur bezweifeln den verfassungsrechtlichen Eigentumsbegriff, wie ihn das BVerfG entwickelt hat. Nach dieser Meinung ist Eigentum ein Begriff nach Maßgabe der einfachen Gesetzgebung.[94] Die Darstellung des Streits über die Daseinsberechtigung des verfassungsrechtlichen Eigentumsbegriffs würde den Rahmen dieser Arbeit sprengen.[95]

Nüßgen/Boujon stellen wohl auch zutreffend fest, es gibt keinen absoluten Begriff des Eigentums.[96] Inhalt und Funktion des Eigentums seien der Anpassung an die sich wandelnden gesellschaftlichen und wirtschaftlichen Verhältnisse fähig und bedürftig.[97]

Für die vorliegende Untersuchung der Frage, wie wildlebende jagdbare Tiere in der Eigentumssystematik des Grundgesetzes zu verorten sind, wird das Verständnis des BVerfG zum Eigentumsbegriff zugrunde gelegt.[98]

b   Verständnis des BVerfG – Umfang der verfassungsrechtlichen Eigentumsgewährleistung

Ob eine Position unter den Schutz der Bestandsgarantie fällt, prüft das BVerfG in einer zweistufigen Prüfungsfolge, in Form des Vorliegens einer Rechtsposition im ersten Schritt und deren Qualifizierung als verfassungsrechtliches Eigentum im zweiten Schritt.[99]

Aus der in Art. 14 Abs. 1. S. 1 GG normierten Eigentumsgewährleistung leiten das BVerfG[100] sowie weite Teile des Schrifttums[101] im Rahmen einer teleologischen Auslegung verfassungsun-

---

94   *Papier*, in: Maunz/Dürig, Kommentar zu GG, Art. 14, Rdn. 38 m. w. N.
95   *Grochtmann*, S. 44ff mit einer ausführlichen Darstellung des Streitstandes; *Proudhon*, S. 57ff zum Eigentum als Naturrecht; *Eckl/Ludwig* mit einer Übersicht zu den philosophischen Positionen von Platon bis Habermas, Was ist Eigentum?.
96   *Nüßgen/Boujong*, Rdn. 127.
97   *Nüßgen/Boujong*, Rdn. 127.
98   *Keim* S. 18ff, mit einer ausführlichen Darstellung zum Eigentum als Naturrecht.
99   *Appel*, NuR 2005, S. 427f.
100 BVerfGE 53, 257, 289f.
101 *Grochtmann*, S. 43 m.w.N.

mittelbare Strukturmerkmale ab, die Verfassungseigentum begrifflich ausmachen. Diese Merkmale sind, soweit es um privatrechtlich verwurzelte Positionen geht, Privatnützigkeit und grundsätzliche Verfügungsbefugnis.[102] Weiterhin muss die unter den Schutz der Bestandsgarantie fallende Rechtsposition einen Vermögenswert aufweisen.[103] Diese Prüfungsfolge ist für die Frage der eigentumsrechtlichen Einordnung der Qualifikation wildlebender Tiere als Wild nachzuzeichnen. Im Zentrum steht die Beantwortung der Frage, ob es sich bei der Einordnung einer wildlebenden Tierart als Wild um eine subjektive Rechtsposition handelt, die dem Berechtigten ebenso ausschließlich wie Eigentum an einer Sache zur privaten Nutzung und zur eigenen Verfügung zugeordnet ist.[104]

3. Eigentumsrechtliche Rechtsposition – Qualifikation einer Art als Wild

Für das Vorliegen einer Eigentumsposition ist nach dem BVerfG entscheidend, ob dem Betroffenen gesetzlich ein subjektives Recht eingeräumt wird, von einem anderen ein normkonformes Verhalten verlangen zu können.[105]

a   Der Begriff subjektives Recht

Als subjektives Recht wird eine Rechtsstellung bezeichnet, die einem Rechtssubjekt zur Durchsetzung seiner Interessen nach seinem Belieben eingeräumt wird.[106] Wird dem Einzelnen nicht eine derart durchsetzbare Rechtsstellung verliehen, sondern ist er nur Begünstigter einer Norm, so liegt lediglich ein Rechtsreflex vor.[107] Es werden Gestaltungsrechte sowie Herrschaftsrechte unterschieden. Bei Gestaltungsrechten handelt es sich um subjektive Rechte, dessen Ausübung einseitig und unmittelbar auf Rechtsverhältnisse

---

102 *Appel*, NuR 2005, S. 427, 428.
103 *Appel*, NuR 2005, S. 427, 428.
104 BVerfGE 83, 201, 208.
105 BVerfGE 83, 201, 209.
106 *Creifelds*, S. 1260.
107 *Creifelds*, S. 1260.

I. Eigentumszuordnung durch Gesetz

einwirkt und diese verändert.[108] Herrschaftsrechte werden in absolute, gegenüber jedermann wirkende Rechte sowie relative, d. h. nur gegen eine Person wirkende Rechte unterteilt.[109] Folge eines Herrschaftsrechts ist regelmäßig ein Anspruch. Ein Anspruch ist gem. § 194 Abs. 1 BGB dadurch gekennzeichnet, dass der Berechtigte von einem Dritten ein Tun, Dulden oder Unterlassen fordern darf. Für die Einordnung wildlebender Tiere als Wild kommt die Einstufung als Herrschaftsrecht in Betracht, da der Berechtigte gegen Nichtberechtigte gem. § 1 Abs. 1 Ausschlussansprüche geltend machen kann.

b   Einordnung von Tierarten als Wild – subjektives Recht in Form eines Herrschaftsrechts

aa. Rechtssatz

Kennzeichnend für ein subjektives Recht ist der Rechtssatzcharakter, d. h. die Zuordnung eines generell umschriebenen Sachverhalts, dem Tatbestand, zu einer ebenso generell umschriebenen Rechtsfolge.[110] Als normativer Satz setzt ein subjektives Recht Rechtsfolgen in Geltung, indem Tatbestand und Rechtsfolge verknüpft werden.[111] Dabei wird zwischen vollständigen und unvollständigen Rechtssätzen unterschieden.[112]

i. Vollständiger Rechtssatz

Als vollständige Rechtssätze werden Normen bezeichnet, welche Tatbestand und Rechtsfolge zusammen enthalten. Nimmt man die Klassifizierung wildlebender Tiere zu Wild, so bildet die Grundlage § 2. Dort heißt es: *„Tierarten, die dem Jagdrecht unterliegen, sind …:"* Der Satz besagt, dass zum einen nur die in § 2 Abs. 1 sowie in § 2 Abs. 2 i. V. m. Landesregelungen genannten Tiere dem Jagdrecht unterliegen, während dies für die nicht explizit aufgelisteten Tiere gerade nicht der Fall ist. Weiterhin legt § 2 fest, dass überall

---

108 *Creifelds*, S. 560.
109 *Creifelds*, S. 1261.
110 *Larenz/Canaris*, S. 72.
111 *Larenz/Canaris*, S. 72.
112 *Larenz/Canaris*, S. 78.

dort, wo von „Tierarten, die dem Jagdrecht unterliegen", die Rede ist, ausschließlich die in § 2 sowie die gem. § 2 Abs. 2 durch Landesregelungen bestimmten jagdbaren Tierarten gemeint sind. Der Satz in § 2[113] konstituiert damit eine Geltungsanordnung, in der Form, dass die dort genannten Tierarten dem Jagdrecht unterliegen, jedoch fehlt die Rechtsfolge. Für den Normanwender ist nicht erkennbar, welche Folgen der Gesetzgeber vorgesehen hat, wenn die von § 2 konstituierte Voraussetzung erfüllt ist. Es handelt sich bei § 2 Abs. 1 sowie § 2 Abs. 2 um einen grammatikalisch vollständigen Satz, jedoch aufgrund der fehlenden Rechtsfolge um einen unvollständigen Rechtssatz.

Ein Gesetz besteht in der Regel aus einer Vielzahl von grammatikalisch vollständigen Sätzen, die aber als Rechtssätze im normativen Sinne nicht alle vollständig sind, den sog. unvollständigen Rechtssätzen.[114]

ii. Unvollständige Rechtssätze

Unvollständige Rechtssätze dienen dazu, den Tatbestand, ein Tatbestandselement oder die Rechtsfolge eines vollständigen Rechtssatzes näher zu bestimmen.[115] Sie nehmen am Geltungssinn des Gesetzes in der Form Teil, dass sie Teile von Geltungsanordnungen sind. Unvollständige Rechtssätze erhalten ihre konstitutive, Rechtsfolgen begründende Kraft aber nur in Verbindung mit anderen Rechtssätzen. So ist es auch mit dem Rechtssatz des § 2, in dem die Tierarten festgelegt werden, die dem Jagdrecht unterliegen. Dadurch wird ein Tatbestandsmerkmal konkretisiert, welches erfüllt sein muss, damit die eigentumsrechtliche Voraussetzung für die jagdrechtliche Aneignungsbefugnis erfüllt ist. Es handelt sich um die verbindliche Anweisung an denjenigen, der das Gesetz anzuwenden hat, die Formulierung „Tierarten, die dem Jagdrecht un-

---

113 Wenn auf den Katalog der jagdbaren Arten gem. § 2 Bezug genommen wird, sind damit auch die gem. § 2 Abs.2 durch die Landesgesetzgeber festgelegten jagdbaren Arten gemeint.
114 *Larenz/Canaris*, S. 78.
115 *Larenz/Canaris*, S. 78.

I. EIGENTUMSZUORDNUNG DURCH GESETZ

terliegen" nur für die genannten Arten zu verstehen. Praktische Bedeutung gewinnt diese Anweisung erst in Verbindung mit solchen Rechtssätzen, in denen die Formulierung „Tierarten, die dem Jagdrecht unterliegen" verwendet wird. Der Satz erfüllt demzufolge eine Konkretisierungsfunktion für das durch ihn vorgeschriebene Verständnis anderer, ihrerseits vollständiger oder unvollständiger Rechtssätze.

Die unvollständigen Rechtssätze werden in erläuternde, einschränkende und verweisende Rechtssätze eingeteilt.[116] Bei der Einordnung von Tierarten als „dem Jagdrecht unterliegend" handelt es sich um einen erläuternden Rechtssatz. Kennzeichnend für einen erläuternden Rechtssatz ist, dass ein in anderen Rechtssätzen verwandter Begriff näher umschrieben wird, wobei es sich bei dem umschriebenen Begriff regelmäßig um Tatbestandselemente handelt.[117]

Der Rechtssatz des § 2 enthält mit der Formulierung „Tierarten, die dem Jagdrecht unterliegen" und dort dem Begriff Jagdrecht den Verweis auf den Rechtssatz, der näher erläutert wird. Für das Jagdrecht heißt es in § 1 Abs. 1 S. 1: „Das Jagdrecht ist die ausschließliche Befugnis, auf einem bestimmten Gebiet wildlebende Tiere, die dem Jagdrecht unterliegen, (Wild) zu hegen, auf sie die Jagd auszuüben und sie sich anzueignen." Der zur Ausübung des Jagdrechts Berechtigte hat demzufolge die Befugnis, auf einem bestimmten Gebiet wildlebende Tiere, die dem Jagdrecht unterliegen, zu hegen, auf diese die Jagd auszuüben und sie sich anzueignen. Tatbestandselemente bzw. Voraussetzungen für die Befugnis sind, dass wildlebende Tiere, die dem Jagdrecht unterliegen, sich auf dem bestimmten Gebiet des zur Ausübung des Jagdrechts Befugten befinden. Sind diese Voraussetzungen erfüllt, treten die Rechtsfolgen ein, in Form der Befugnisse, hegen zu dürfen, die Jagd ausüben und sich Individuen der jagdbaren Tierarten aneignen zu dürfen.

Das Tatbestandsmerkmal des Jagdrechts „wildlebende Tiere, die dem Jagdrecht unterliegen" wird durch § 2 erst so hinreichend konkret, dass der Berechtigte in die Lage versetzt wird, sein Recht

---

116 *Larenz/Canaris*, S. 79.
117 *Larenz/Canaris*, S. 79.

auszuüben, da ohne § 2 eine Konkretisierung auf bestimmte Tierarten nicht möglich wäre. Erst durch die Klassifizierung einer Tierart als jagdbar wird dem Berechtigten die Rechtsstellung eingeräumt, welche ihn befähigt, die Rechtsfolgen in Form der Jagdausübung, der Hege und der Aneignung umzusetzen.

bb. Einräumen einer Rechtsstellung

Mit der Einordnung wildlebender Tiere als Wild werden die Individuen dieser Tierarten gem. § 1 Abs. 1 S. 1 vom jagdrechtlichen Aneignungsrecht erfasst. Die Qualifikation einer Tierart als Wild gem. § 2 ist demzufolge das zentrale Tatbestandsmerkmal für die jagdrechtliche Befugnis, sich Individuen solcher Tierarten aneignen zu dürfen. Ist eine Tierart als Wild klassifiziert, besteht eine ausschließliche Aneignungsbefugnis des Berechtigten. Obwohl gem. § 960 Abs. 1 S. 1 BGB wildlebende Tiere herrenlos sind und an diesen gem. § 958 Abs. 1 BGB Eigentum durch Inbesitznahme grundsätzlich von jedermann erworben werden kann,[118] besteht für Wild mit dessen Qualifikation als solches eine Ausnahme vom Grundsatz des „Jedermanns-Aneignungsrechts".[119]

Die Qualifikation einer Tierart als Wild begründet eine ausschließliche jagdrechtliche Zugriffs-[120] und Aneignungsbefugnis[121] des Berechtigten. Ein Eigentumserwerb durch Inbesitznahme eines Dritten ist gem. § 958 Abs. 2, 2. Alt. BGB ausgeschlossen, da durch die Besitzergreifung des Nichtberechtigten das Aneignungsrecht des zur Ausübung des Jagdrechts Berechtigten verletzt werden würde.

---

118 Bestehen naturschutzrechtliche Besitzverbote gem. § 44 BNatschG, so kann gem. 958 BGB kein Eigentum erworben werden, da der Eigentumserwerb gegen ein gesetzliches Verbot verstoßen würde und damit gem. § 958 Abs. 2 1. Alt. BGB unwirksam ist.
119 Die naturschutzrechtlichen Zugriffs- und Besitzverbote gem. § 44 BNatschG finden gem. § 37 Abs. 2 S. 1 BNatschG auf die jagdrechtliche Aneignungsbefugnis für Tierarten die als Wild klassifiziert sind keine Anwendung.
120 Zugriff umfasst die Jagdausübung gem. § 1 Abs. 4 in Form des Aufsuchens, Nachstellens, Erlegens und Fangens von Wild.
121 Die Aneignungsbefugnis ist gem. § 1 Abs. 1 S. 1 BJagdG Bestandteil des JagdrechtS. Zu den Unterschieden zwischen der Befugnis zur Ausübung des Jagdrechts und der Inhaberschaft des Jagdrechts siehe, C V. 2.

I. EIGENTUMSZUORDNUNG DURCH GESETZ

Der Berechtigte erhält dadurch die für ein subjektives Recht kennzeichnende Rechtsstellung zur Durchsetzung seiner Interessen nach Belieben, insbesondere auch die Befugnis, normkonformes Verhalten von Dritten einzufordern.

cc. Befugnis, normkonformes Verhalten von Dritten einzufordern

Die Befugnis, normkonformes Verhalten von Dritten einzufordern, liegt dann vor, wenn Rechte dem Berechtigten von der Rechtsordnung in der Weise zugeordnet sind, dass er die damit verbundenen Befugnisse nach eigenverantwortlicher Entscheidung zu seinem privaten Nutzen ausüben darf.[122] Voraussetzung des Schutzes ist nicht, dass über die Rechte uneingeschränkt verfügt werden kann, diese insbesondere auch beliebig übertragbar sind.[123] Es genügt die Möglichkeit der Ausübung.

i Eigentumsrechtliche Wirkung der Beschränkung der Aneignungsbefugnis an Wild des Grundeigentümers durch das jagdrechtliche Raumordnungsrecht

Für den Grundeigentümer als Jagdrechtsinhaber ergibt sich eine Einschränkung seiner Rechtsposition, sich jagdbare wildlebende Tiere aneignen zu dürfen, daraus, dass er diese Befugnis gem. § 3 Abs. 3 nur dann ausüben darf, wenn seine Grundflächen die Voraussetzungen eines Jagdbezirks erfüllen. Das der Grundeigentümer als Jagdrechtsinhaber das ihm zustehende Jagdrecht nicht uneingeschränkt ausüben darf, steht der eigentumsrechtlichen Einordnung als drittausschließende Befugnis nicht entgegen.[124] Zwar ist die grundsätzliche Verfügungsbefugnis über den Eigentumsgegenstand ein wesentliches Merkmal des Eigentums,[125] jedoch ist dem Gesetzgeber die Schaffung vermögenswerter Rechte, bei denen die Verfügungsmöglichkeit beschränkt ist, nicht ohne weiteres

---

122 BVerfGE 83, 201, 209.
123 BVerfGE 83, 201, 209.
124 BVerfGE 83, 201, 209.
125 BVerfGE 52, 1, 30 m. w. N.

verwehrt.[126] Grund dafür ist, dass sich die Verfügungsbefugnis von der sonstigen Nutzung des Rechts nicht immer deutlich abgrenzen lässt.[127]

ii Ausschluss Dritter durch jagdrechtliche Aneignungsbefugnis

Das Jagdrecht des Grundeigentümers gem. § 1 Abs. 1 i. V. m. § 3 Abs. 1 enthält die Befugnis, sich wildlebende jagdbare Tiere aneignen zu dürfen. An diesen Arten kann, gem. § 958 BGB aufgrund des bestehenden Aneignungsrechts des Jagdrechtsinhabers, kein Eigentum ohne Einwilligung des zur Ausübung des Jagdrechts Berechtigten von anderen begründet werden, da anderenfalls dessen Aneignungsrecht verletzt werden würde.

Der unbefugte Zugriff auf Wild ist mit dem Tatbestand der Wilderei gem. § 292 StGB strafrechtlich sanktioniert. Durch die ausschließliche Zuweisung der jagdrechtlichen Befugnisse an den Berechtigten kann dieser zivilrechtlich Unterlassungsansprüche gem. § 1004 BGB gelten machen, wenn Nichtberechtigte auf Wild zugreifen möchten.

Mit der Klassifizierung einer Tierart zu Wild wird der Berechtigte in die Lage versetzt, von Dritten bezüglich der Individuen der jeweiligen Tierart normkonformes Verhalten einzufordern.

c Abgrenzung Rechtsposition und Chance

Betrachtet man die eigentumsrechtliche Bewertung aus der Perspektive des Eigentumsobjektes, d. h. aus der Perspektive des wildlebenden jagdbaren Tieres, so stellt sich die Frage, ob die Qualifikation einer Art als Wild eigentumsrechtlich nicht bloß als Chance auf einen möglichen Eigentumserwerb zu werten ist, da der Umstand, ob der Berechtigte sich das jeweilige konkrete Tier aneignen kann oder nicht, vom Zufall abhängt.

Insoweit stellt sich die Frage, ob auch Rechtspositionen schutzwürdig sind, die vom Gesetz zwar als Rechte ausgestaltet

---

126 BVerfGE 83, 201, 209.
127 BVerfGE 53, 257, 290.

I. Eigentumszuordnung durch Gesetz

sind, bei denen aber die Möglichkeit, sie auszunutzen, von weiteren Voraussetzungen abhängt, deren Eintritt ungewiss ist. Dagegen könnten Bedenken unter dem Gesichtspunkt bestehen, dass solche Positionen wirtschaftlich betrachtet einer bloßen Chance nahekommen, die nicht unter den Schutz der Eigentumsgarantie fallen würde.[128]

Als Eigentum geschützt wird nur eine Rechtsposition, die dem Rechtssubjekt bereits zusteht.[129] Keinen Eigentumsschutz genießen nach der Rechtsprechung des BVerfG bloße Gewinnerwartungen, Chancen oder Erwerbsmöglichkeiten,[130] denn Art. 14 Abs. 1 GG schützt das Erworbene.[131]

Die im Zentrum der Untersuchung stehende Qualifikation wildlebender Tiere als Wild ordnet die als jagdbar eingestuften Arten der Aneignungsbefugnis des Jagdrechtsinhabers zu. Geht man wie Kube von einer grundsätzlichen eigentumsrechtlichen Unverfügbarkeit wildlebender Tiere aus,[132] so zeigt sich mit der Differenzierung zwischen Wild und sonstigen wildlebenden Tieren, dass der Gesetzgeber, sofern man die eigentumsrechtliche Unverfügbarkeit wildlebender Tiere bejahen möchte, jedenfalls Wild von einer solchen Unverfügbarkeit auszunehmen scheint.

Dem Jagdberechtigten eröffnet sich mit der Qualifikation eines wildlebenden Tieres zu Wild das Recht, Eigentum an jagdbaren wildlebenden Tieren zu erwerben und damit an dem einzelnen Individuum die Rechtsposition gem. § 903 BGB in Form des Sacheigentümers zu begründen. Eine konkrete Eigentumsposition an einem einzelnen Tier, welches sich lebend im Jagdbezirk des Berech-

---

128 vgl. BVerfGE 68, 193, 222: „*Art. 14 Abs. 1 GG schützt jedoch nur Rechtspositionen, die einem Rechtssubjekt bereits zustehen (BVerfGE 20, 31 [34]; 30, 292 [334 f.]). Das Grundrecht schützt nicht in der Zukunft liegende Chancen und Verdienstmöglichkeiten (BVerfGE 30, 292 [335]; 45, 272 [296]).*"
129 BVerfG, Beschl. v. 7. 10. 2003, Az.: 1 BvR 1712/01, NVwZ 2004, 329.
130 BVerfG, Beschl. v. 31.10.1984, Az.: 1 BvR 35/82, NJW 1985, 1385, 1389.
131 BVerfG, Beschl. v. 16. 3. 1971, Az.: 1 BvR 52, 665, 667, 754/65, NJW 1971, 1255,1260.
132 *Kube*, S. 206.

tigten aufhält, wird als bloße Chance nicht vom Schutz der Eigentumsgarantie erfasst. Deutlich wird dies an § 960 BGB, nach dem wildlebende Tiere herrenlos sind.

Der Schutz der Eigentumsgarantie erstreckt sich jedoch auf den konkreten Bestand an Rechten und Gütern.[133] Mit der Qualifikation einer wildlebenden Tierart zu Wild werden die Individuen dieser Art von der jagdrechtlichen Aneignungsbefugnis des Berechtigten umfasst. Damit ist die Einstufung einer Art als Wild maßgeblich dafür, dass die Rechtsposition des zur Ausübung des Jagdrechts Berechtigten nicht leerläuft, da diese sich nur auf Wild beschränkt.[134] Die Qualifikation einer Art zu Wild ist wesentlicher Bestandteil des Jagdrechts i. S. d. § 1 Abs. 1. Neben der jagdrechtlichen Aneignungsbefugnis kommt dies auch darin zum Ausdruck, dass sich die Tätigkeiten der Jagdausübung gem. § 1 Abs. 4 ausschließlich auf Wild konzentrieren, sich jedoch nicht in der Aneignung selbst erschöpfen. Demzufolge begründet die Qualifikation einer Art zu Wild überhaupt erst das Recht des zur Ausübung des Jagdrechts Berechtigten gem. § 1 Abs. 1. In Bezug auf die Individuen der konkreten jagdbaren Arten jagdliche Handlungen auszuüben, unabhängig davon, ob sich Individuen der jeweiligen Art tatsächlich im Jagdbezirk aufhalten. Es ist damit nicht bloß eine Chance, sondern eine konkrete Rechtsposition, welche nur bei Vorliegen der Voraussetzung, dass es sich um Handlungen handelt, die auf Wild zielen, zu Maßnahmen berechtigt. Damit gehört die Klassifizierung einer Art zu Wild zum eigentumsrechtlichen Bestand an Rechtspositionen und wird vom Eigentumsschutz erfasst, da die Ausübung des Rechts, in Form der Jagd auf Wild, bereits wesentlich früher beginnt als letztlich der Moment der Aneignung des konkreten Individuums.

d   Ergebnis subjektives Recht

Nach alldem wird durch die Qualifikation wildlebender Tiere als Wild ein subjektives Recht des Berechtigten begründet, da nur mit

---

133 BVerfG, Beschl. v. 31.10.1984, Az.: 1 BvR 35/82, NJW 1985, 1385, 1389.
134 Siehe dazu B I 4.

I. EIGENTUMSZUORDNUNG DURCH GESETZ

der Qualifikation Wild die Individuen konkreter Tierarten in den Rechtskreis des Jagdrechts fallen und dem Berechtigten damit die aufgezeigten Befugnisse zustehen, verbunden mit dem Anspruch i. S. d. § 194 Abs. 1 BGB, deren Beachtung von Dritten einzufordern.

4. Eigentumsrechtliche Einordnung des Katalogs der jagdbaren Arten – katalogbezogene Rechtsposition oder tierartbezogene Einzelrechtspositionen

Das Eigentum als Zuordnung eines Rechtsgutes an einen Rechtsträger bedarf, um im Rechtsleben praktikabel zu sein, notwendigerweise der rechtlichen Ausformung. Dabei beschränkt sich der Kreis der Positionen, die als eigentumsrelevante Zuordnung aufgefasst werden, auf solche, die dem Grundrechtsträger gesetzlich zugeordnet sind.

Bei der Klassifizierung wildlebender Tiere zum Wild stellt sich die Frage, ob der Katalog der jagdbaren Arten insgesamt als Rechtsposition einzuordnen ist oder ob es sich bei jeder Tierart um eine eigene Rechtsposition handelt. Für die Beantwortung dieser Frage rückt das Verständnis des Grundgesetzes, was unter dem Begriff Eigentum zu verstehen ist, in den Mittelpunkt der Betrachtung.

Eigentum i. S. d. Art. 14 Abs. 1 S. 1 GG sind alle aufgrund von Eigentumsgesetzen erlangten Zuordnungen, welche als Rechtsposition durch die Merkmale der Privatnützigkeit, grundsätzliche Verfügungsbefugnis und einen Vermögenswert gekennzeichnet sind.[135]

Der Katalog jagdbarer Arten bildet die Gesamtheit aller von der jagdrechtlichen Befugnis gem. § 1 Abs. 1 S. 1 umfassten wildlebenden Tierarten. Für die eigentumsrechtliche Einordnung gilt es, bezogen auf den Katalog jagdbarer Arten, das normative Zuordnungsverhältnis nachzuvollziehen. Konkret gilt es zu ergründen, ob der Katalog jagdbarer Arten als solcher oder jede Art einzeln als eigentumsrechtliche Rechtsposition einzuordnen ist.

---

[135] *Grochtmann*, S. 83 zur Begriffsbestimmung von Eigentum.

a   Der Katalog jagdbarer Arten als eigentumsrechtliche Rechtsposition

Der gem. Art. 14 Abs. 1 S. 2 Inhalt und Schranken des Eigentums bestimmende Gesetzgeber spricht, wenn man sich die Zuordnungsnorm in Form von § 1 Abs. 1 anschaut, als Bezugsobjekt für die jagdrechtlichen Befugnisse von den „Tieren". Indem der Gesetzgeber den Begriff „Tiere" wählt, bringt er zum Ausdruck, dass die Zugriffsbefugnis sich auf die Individuen bezieht, welche Objekt eigentumsrechtlicher Bewertungen sein sollen. Anderenfalls hätte er pauschal auf den Katalog jagdbarer Arten als solchen verweisen können.

Normativ zuordenbar ist jedoch bei wildlebenden Tieren nicht die Zugriffsbefugnis auf ein konkretes Individuum, da zum Zeitpunkt des Beginns der jagdlichen Handlung noch vollkommen unklar ist, auf welches Individuum diese gerichtet ist. Aus dem Grund hat sich der Gesetzgeber in § 2 als ergänzendem Rechtssatz[136] entschieden als Zuordnungsobjekt die jeweilige Tierart zu nehmen.

b   Die jagdbare Tierart als artbezogene Einzelrechtsposition

Dieses Verständnis wird durch den Wortlaut des § 2 Abs. 1 bestätigt, in dem der Gesetzgeber von „Tierarten, die dem Jagdrecht unterliegen ..." spricht. Bei der Tierart handelt es sich um die Gruppe von Tieren, welche dem wissenschaftlichen Begriff zuzuordnen sind, welcher in Klammern hinter der Artbezeichnung in § 2 steht.

Auch wenn man sich § 2 Abs. 2 anschaut, wird deutlich, dass für die eigentumsrechtliche Einordnung die Tierart als solche maßgebliches Zuordnungsobjekt ist. Indem der Gesetzgeber schreibt, die Länder können weitere Tierarten festlegen, welche dem Jagdrecht unterliegen, wird deutlich, dass die Tierart als solche für die eigentumsrechtliche Position maßgeblich ist.

---

136   B I 3 b aa ii.

c   Ergebnis

Aufgrund der Vorgehensweise des Gesetzgebers, nur bestimmte Tierarten als Wild zu qualifizieren, wird man konsequenterweise die Qualifikation jeder einzelnen Art als eigene Rechtsposition einstufen müssen, welche als „Bündel" eigentumsrechtlich zu bewerten sind.[137] Es handelt sich jedoch um eine Vielzahl von einzelnen Rechtspositionen.

5. Die Qualifikation zum Wild – Abgrenzung zwischen privatrechtlicher oder öffentlich-rechtlicher Zuordnung

Nach Dietlein/Schwan ist das Reviersystem, mit dem vom Gesetzgeber vorgezeichneten System der Jagdgenossenschaften als Körperschaften des öffentlichen Rechts, Ausdruck dafür, dass Jagd auf staatliche Ordnung und Aufsicht angewiesen ist.[138]

a   Die Jagdgenossenschaft – Beschränkung der jagdrechtlichen Aneignungsbefugnis des Grundeigentümers

Die Jagdgenossenschaft entsteht gem. § 9 Abs. 1 S. 1 kraft Gesetzes als Körperschaft des öffentlichen RechtS. Maßgeblich dafür ist, ob die Grundstücke einen Eigenjagdbezirk oder einen gemeinschaftlichen Jagdbezirk bilden.

Eigenjagdbezirke sind gem. § 7 Abs. 1 S. 1 zusammenhängende Grundflächen, welche forst-, land- oder fischereiwirtschaftlich nutzbar sind, eine gesetzlich vorgegebene Mindestgröße von 75 ha[139] haben und im Eigentum ein und derselben Person oder Personengemeinschaft stehen. Beim Eigenjagdbezirk darf der Grundeigentümer seine Befugnis, sich jagdbare wildlebende Tiere aneignen zu dürfen, ausüben. Anders ist dies beim gemeinschaftlichen

---

137 *Schuppert,* S. 183; *Froese,* in: Dietlein/Froese, Jagdliches Eigentum, Ebenen und Ebenenverflechtungen des jagdlichen Eigentums, S. 159, führt dazu aus: „*Der Begriff des jagdlichen Eigentums ist kein genuin rechtlicher Begriff, der eine bestimmte Eigentumsposition bezeichnet, sondern als Sammelbegriff möglicher Eigentumspositionen im Gesamtkontext der Jagd zu verstehen."*
138 Dietlein/Schwan, S. 35.
139 Die Mindestgrößen für Eigenjagdbezirke sind in den Ländern zum Teil abweichend geregelt.

Jagdbezirk. In gemeinschaftlichen Jagdbezirken steht die Ausübung des Jagdrechts gem. § 8 Abs. 3 der Jagdgenossenschaft und damit auch die Aneignungsbefugnis am Wild zu.

Die Beschränkung der Ausübungsbefugnis des jagdlichen Aneignungsrechts am Wild durch Vorgaben der jagdrechtlichen Raumordnung in Form von Jagdbezirken hatte zum Ziel eine „Zersplitterung" des Jagdrechts und so eine empfindliche Behinderung der Jagd[140] sowie eine Übernutzung vorhandener Wildpopulationen, wie sie vor Einführung der Jagdbezirke zu befürchten war, zu vermeiden.[141]

Dies führt zu der Frage, ob die Rechtsposition, welche durch die Qualifikation wildlebender Tiere als jagdbar für den Berechtigten entsteht, öffentlich-rechtlich oder privatrechtlich einzustufen ist. Für eine öffentlich-rechtliche Einstufung könnte man anführen, dass die Konzeption der Jagdgesetze- und -verordnungen nicht auf die Regulierung einer Freizeitbeschäftigung gerichtet ist, sondern auf den Schutz wichtiger Gemeinwohlinteressen.[142] Konsequenterweise wäre dann auch die Qualifikation wildlebender Tiere als jagdbar als öffentlich-rechtlich einzustufen, da es den Schutz von Gemeinwohlinteressen in Form der Erhaltung entsprechender Arten betreffen würde. Gründen Zuordnungsverhältnisse im öffentlichen Recht, sind diese nur dann als Eigentum einzustufen, wenn sie sich als Äquivalent zu einer eigenen Leistung darstellen.[143]

b Die Qualifikation zum Wild – Abgrenzung zwischen privatrechtlicher oder öffentlich-rechtlicher Zuordnung

Mit der Entscheidung über die Anbindung an den privaten oder den öffentlich-rechtlichen Rechtskreis liegt es am Gesetzgeber, in welchem Maße eigentumsrechtliche Freiheit eröffnet oder punktuell verweigert wird.[144] Demgemäß hat das Grundgesetz in Art. 14

---

140 *Dietlein/Schwan*, S. 35.
141 *Rösner*, S. 357.
142 *Dietlein/Schwan*, S. 38.
143 *Grochtmann*, S. 286.
144 *Grochtmann*, S. 294.

I. EIGENTUMSZUORDNUNG DURCH GESETZ

Abs. 1 S. 2 GG dem Gesetzgeber die Aufgabe übertragen, den Inhalt und die Schranken des Eigentums zu bestimmen. Solche Normen legen generell und abstrakt die Rechte und Pflichten des Eigentümers fest, bestimmen also den „Inhalt" des Eigentums.[145]

Der Gesetzgeber schafft damit auf der Ebene des objektiven Rechts diejenigen Rechtssätze, die die Rechtsstellung des Eigentümers ausformen; sie können privatrechtlicher und öffentlich-rechtlicher Natur sein.[146]

Für die Klärung der Frage, ob ein Zuordnungsverhältnis privat- oder öffentlich-rechtlicher Herkunft ist, werden unterschiedliche Auffassungen vertreten, in deren Licht die Qualifikation einer Tierart als Wild, mit der Folge der Zuordnung zum Jagdrecht, zu betrachten ist. Dabei wird zwischen der Interessen-, der Subordinations- und der Subjekttheorie unterschieden.[147]

aa. Interessentheorie

Die Interessentheorie unterscheidet öffentliches und privates Recht nach Art der Interessen, die durch einen Rechtssatz geschützt werden. Sie weist diejenigen Rechtssätze, die dem öffentlichen Interesse oder Allgemeininteresse dienen, dem öffentlichen Recht zu.[148] Dagegen soll es sich um Privatrecht handeln, wenn die Rechtssätze Privat- oder Individualinteressen im Auge haben.[149]

Die Qualifikation einer Art als Wild führt zur Zuweisung zum Rechtskreis des JagdrechtS. Das Jagdrecht hat zum einen die Privatinteressen des Jagdberechtigten im Blick, das Naturgut Wild in einem bestimmten Gebiet zu nutzen, und dient der Koordination und Stabilisierung von Verhaltenserwartungen zwischen rechtlich gleichen privaten Rechtssubjekten.[150] Andererseits weisen Diet-

---

145 BVerfGE 52, 1, 27.
146 BVerfG, Beschl. vom 15.7.1981, Az.: 1 BvL 77/78, NJW 1982, S. 745, 748.
147 *Becker*, NVwZ 2019, S. 1385 zu der Bedeutung der Interessen-, Subordinations- und Subjekttheorie.
148 *Ehlers/Schneider*, in: Schoch/Schneider/Bier, Kommentar zur VwGO, § 40, Rdn. 219.
149 *Ehlers/Schneider*, in: Schoch/Schneider/Bier, Kommentar zur VwGO, § 40, Rdn. 219.
150 *Becker*, NVwZ 2019, S. 1385, 1387.

lein/Schwan zu Recht darauf hin, dass die jagdrechtliche Konzeption nicht auf die Regulierung einer Freizeitbeschäftigung bzw. eines Sports ausgerichtet sei, sondern auf den Schutz wichtiger Gemeinwohlinteressen.[151] Der Umstand, dass die jagdrechtliche Konzeption wesentlich geprägt wird durch die öffentlich-rechtliche Organisationsform der Körperschaft des öffentlichen Rechts in Form der Jagdgenossenschaft gem. § 10, zeigt, dass auch öffentliche Interessen betroffen sind.

Der Staat ist jedoch nicht allein für das Gemeinwohl verantwortlich. Dieses wird vielmehr arbeitsteilig durch Staat und Gesellschaft mit den jeweils zur Verfügung stehenden Mitteln verwirklicht. Diese Arbeitsteilung wird deutlich, wenn der Staat Private und deren Nutzung privatrechtlicher Instrumente einsetzt, um durch diese zumindest auch öffentliche Zwecke zu erreichen, die allein mit hoheitlichen Mitteln nicht oder nicht umfassend zu realisieren sind.[152]

Insofern betrifft die Qualifikation wildlebender Tiere als Wild nach der Interessentheorie private und öffentliche Interessen mindestens gleichermaßen, so dass eine abschließende Einordnung nur auf dieser Basis nicht möglich ist.

Für die Zuordnung ist zu fragen, ob der Umstand, dass mit der Jagdgenossenschaft eine Körperschaft des öffentlichen Rechts von der Regelung betroffen ist, die Qualifikation von Wild dazu dient, das Verhalten von Hoheitsträgern zu regeln, und dabei ein Über- bzw. Unterordnungsverhältnis (Subordinationstheorie) betrifft.

bb. Subordinationstheorie

Nach der Subordinationstheorie sind Rechtssätze, die das Verhalten von Hoheitsträgern regeln, dann öffentlich-rechtlich, wenn sie ein Über- bzw. Unterordnungsverhältnis betreffen.[153] Sie orientiert

---

151 *Dietlein/Schwan*, S. 38.
152 *Becker*, NVwZ 2019, S. 1385, 1390.
153 *Ehlers/Schneider*, in: Schoch/Schneider/Bier, Kommentar zur VwGO, § 40, Rdn. 220.

I. EIGENTUMSZUORDNUNG DURCH GESETZ 43

sich ausschließlich am Verhältnis Staat–Bürger.[154] Stellt man darauf ab, dass das Über- bzw. Unterordnungsverhältnis erst durch Rechtssätze konstituiert wird, dürfte die Über- bzw. Unterordnung erst die Folge der Anwendung öffentlichen Rechts sein, also nicht ohne Weiteres zur Begründung des öffentlich-rechtlichen Charakters der Rechtssätze herangezogen werden können.[155] Die Qualifikation von Tieren als Wild schafft jedoch für sich gegenüber Rechtssubjekten kein Über- oder Unterordnungsverhältnis. Vielmehr wird allen jagdlich berechtigten Rechtssubjekten gleichermaßen der Zugriff auf entsprechend eingeordnete Tierarten gestattet. Insofern spricht die Subordinationstheorie eher für eine privatrechtliche Einordnung, da öffentlich-rechtliche Rechtsträger wie die Jagdgenossenschaften gleichermaßen von der Qualifikation berechtigt und verpflichtet sind, ebenso wie private Rechtsträger und ein Über- bzw. Unterordnungsverhältnis gerade nicht entsteht.

cc. Subjektstheorie

Für die Subjektstheorie liegt der Unterschied zwischen öffentlichem und privatem Recht in der Verschiedenheit der Zuordnungssubjekte der die Rechtsordnung bildenden Rechtssätze. Normen, die jedermann berechtigen und verpflichten (wie z. B. § 433 BGB), gehören dem Privatrecht an. Dagegen sind Rechtssätze, die sich an den Staat wenden (wie z. B. die Vorschriften des Steuer- oder Polizeirechts), dem öffentlichen Recht zuzurechnen.[156]

Legt man diesen Ansatz zugrunde, dann handelt es sich bei der Qualifikation wildlebender Tiere als Wild um privates Recht, da die Einstufung gleichermaßen jedermann berechtigt und verpflichtet.

---

[154] *Ehlers/Schneider*, in: Schoch/Schneider/Bier, Kommentar zur VwGO, § 40, Rdn. 220.
[155] *Ehlers/Schneider*, in: Schoch/Schneider/Bier, Kommentar zur VwGO, § 40, Rdn. 220.
[156] *Ehlers/Schneider*, in: Schoch/Schneider/Bier, Kommentar zur VwGO, § 40, Rdn. 222.

c   Ergebnis

Die Einstufung wildlebender Tiere als Wild stellt eine privatrechtliche Zuordnung dar.[157] Für den eigentumsrechtlichen Schutz muss demzufolge nicht auch ein Äquivalent eigener Leistung des Berechtigten zugrunde liegen, wie es bei öffentlich-rechtlichen Zuordnungsverhältnissen notwendig ist.

6. Eigentumsrechtliche Strukturmerkmale für die Rechtsposition Wild: Privatnützigkeit – grundsätzliche Verfügungsbefugnis – Vermögenswert

Aus der in Art. 14 Abs. 1. S. 1 GG normierten Eigentumsgewährleistung leiten das BVerfG[158] sowie weite Teile des Schrifttums[159] im Rahmen einer teleologischen Auslegung verfassungsunmittelbare Strukturmerkmale ab, die Verfassungseigentum begrifflich ausmachen. Diese Merkmale sind Privatnützigkeit und grundsätzliche Verfügungsbefugnis.[160] Weiterhin muss die unter den Schutz der Bestandsgarantie fallende Rechtsposition einen Vermögenswert aufweisen.[161]

a   Privatnützigkeit – Zuordnungsverhältnis zu einem Rechtsträger

Unter den Schutz der Eigentumsgarantie im Bereich des Privatrechts fallen grundsätzlich alle vermögenswerten Rechte, die ihrem Inhaber von der Rechtsordnung in der Weise zugeordnet sind, dass er die damit verbundenen Befugnisse nach eigenverantwortlicher Entscheidung zu seinem privaten Nutzen ausüben darf.[162] Ein

---

157   *Brenner*, Quo Vadis, S. 53, der darauf hinweist, dass in der Einordnung von Jagd und Jagdausübung als öffentliche Aufgabe ein freiheitsnegierendes Grundrechteverständnis zum Ausdruck kommt. Nichts anderes kann für die Klassifizierung von Tieren als Wild gelten, welche als ein das Jagdrecht konkretisierenden unvollständigen Rechtssatz, dieses überhaupt erst ausübungsfähig macht.
158   BVerfGE 53, 257, 289f.
159   *Grochtmann*, S. 43 m.w.N.
160   *Appel*, NuR 2005, S. 427, 428.
161   *Appel*, NuR 2005, S. 427, 428.
162   BVerfGE 89, 1, 6.

I. EIGENTUMSZUORDNUNG DURCH GESETZ 45

Recht ist schon dann privatnützig, wenn es zum eigenen Vorteil ausgeübt werden kann und damit dem Berechtigten „von Nutzen" ist.[163]

Privatnützigkeit bedeutet zunächst die Zuordnung des Eigentumsobjekts oder des Rechts zu einem Rechtsträger.[164]

Das notwendige normative Zuordnungsverhältnis des Rechtsgutes Wild zum Rechtsträger, dem Jagdrechtsinhaber, ergibt sich aus § 1 Abs. 1 i. V. m. § 2 Abs. 1. In § 1 Abs. 1 S. 1 hat der Gesetzgeber festgelegt, dass das Jagdrecht die ausschließliche Befugnis ist, auf einem bestimmten Gebiet wildlebende Tiere, die dem Jagdrecht unterliegen, zu hegen, auf sie die Jagd auszuüben und sie sich anzueignen. Welche Tierarten jagdbar sind, ist in § 2 Abs. 1 geregelt, wobei den Landesgesetzgebern in § 2 Abs. 2 die Möglichkeit öffnet wird, weitere Tierarten zu bestimmen.

Bereits hier sei darauf aufmerksam gemacht, dass der Gesetzgeber in § 2 Abs. 2 ausschließlich davon spricht, dass der Landesgesetzgeber neben den in § 2 Abs. 1 genannten Arten weitere zusätzliche Arten als jagdbar festlegen darf. Eine Befugnis des Landesgesetzgebers, Arten, die jagdbar sind, diese Qualifikation zu entziehen, enthält § 2 Abs. 2 nicht.[165]

Mit der Regelung in § 3 Abs. 1 S. 1, dass das Jagdrecht dem Eigentümer auf seinem Grund und Boden zusteht, hat der Gesetzgeber die Rechtsposition in Form der Befugnis, auf Wild zugreifen zu dürfen, dem Grundeigentümer zugeordnet. Träger des Eigentums am Grund und Boden sind grundsätzlich alle natürlichen Personen, unabhängig von ihrem Alter und ihren Fähigkeiten,[166] sowie

---

163 BVerfGE 83, 201, 210.
164 *Axer*, in: Epping/Hillgruber, Beck Online Kommentar zum GG, Art. 14, Rdn. 87.
165 zur Abweichungsbefugnis der Länder siehe B V.
166 *Jarass/Pieroth*, Kommentar zum GG, Art. 19, Rdn. 8.

gem. Art. 19 Abs. 3 GG auch inländische juristische Personen[167] des Privatrechts.[168]

Das durch die Qualifikation Wild vermittelte Recht kann nicht in dem Sinne genutzt werden, dass daraus laufend Früchte oder sonstige Vorteile in Form eines unmittelbaren Zugriffs auf einzelne Individuen wildlebender Tiere gezogen werden. Ein Recht ist jedoch schon dann privatnützig, wenn es zum eigenen Vorteil ausgeübt werden kann und damit dem Berechtigten „von Nutzen" ist.[169] Selbst wenn sich diese Ausübung in einem einmaligen Vorgang erschöpft, spielt dies keine Rolle.[170]

Mit der Qualifikation einer Tierart zum Wild unterfällt diese dem Jagdrecht, welches vom Berechtigten zum eigenen Vorteil ausgeübt werden kann. Privatnützigkeit der Qualifikation wildlebender Tiere zu Wild ist damit zu bejahen.

Mit der Einordnung wildlebender Tiere als jagdbar erfolgt demzufolge eine Zuordnung zu einem Grundrechtsträger in Form des Jagdrechtsinhabers.

b   Grundsätzliche Verfügungsbefugnis

Voraussetzung für die Qualifikation eines Rechtes als Eigentum ist, dass die Rechtsposition eine Nutzungs- und Verfügungsbefugnis zum Inhalt hat.

Hier könnte es problematisch sein, dass der Jagdrechtsinhaber sein Jagdrecht nur innerhalb von Jagdbezirken ausüben darf und insofern in seiner Verfügung beschränkt ist.

---

167 *Axer*, in: Epping/Hillgruber, Beck Online Kommentar zum GG, Art. 14, Rdn. 37; *Krebs*, in: *Münch/Kunig*, Kommentar zum GG, Art. 19 GG Rdn. 27.
168 Das Bundesverfassungsgericht verwehrt juristischen Personen des öffentlichen Rechts auch außerhalb des Bereichs der Wahrnehmung öffentlicher Aufgaben die Berufung auf das Eigentumsgrundrecht aus Art. 14 GG - siehe dazu, BVerfG, Beschl. v. 8.7.1982 – Az.: 2 BvR 1187/80, NJW 1982, 2173, 2174.
169 BVerfGE 53, 257, 290.
170 BVerfGE 53, 257, 290.

I. EIGENTUMSZUORDNUNG DURCH GESETZ 47

Zwar ist die grundsätzliche Verfügungsbefugnis über den Eigentumsgegenstand ein wesentliches Merkmal des Eigentums,[171] jedoch ist mit der Rechtsprechung des Bundesverfassungsgerichts dem Gesetzgeber die Schaffung vermögenswerter Rechte, bei denen die Verfügungsmöglichkeit eingeschränkt ist, nicht ohne weiteres verwehrt.[172] Die Verfügungsmöglichkeit lässt sich von der sonstigen Nutzung des Rechts ohnehin nicht immer deutlich abgrenzen.[173]

Insofern steht die Beschränkung Verfügungsbefugnis über das Jagdrecht in Form einer Beschränkung der Ausübung nur innerhalb von Jagdbezirken gem. § 3 Abs. 3 durch den Berechtigten einer Bejahung von Eigentum nicht entgegen.

c Vermögenswert

Die Rechtsposition Wild gem. § 2 stellt auch einen Vermögenswert dar. Der Vermögenswert einer Position wird maßgeblich durch den Markt bestimmt, so dass es für die Bestimmung des Vermögenswertes auf die Möglichkeiten der Eigentumsübertragung ankommt.[174] Die Qualifikation einer Tierart als Wild bewirkt, dass die Tierart dem Jagdrecht und damit der Aneignungsbefugnis des Berechtigten unterfällt. Die vorkommenden jagdbaren Wildarten in einem Jagdbezirk sind wesentlich für den Wert des Jagdrechts und damit wertprägender Faktor,[175] unabhängig davon, ob man der Auffassung folgt und das Jagdrecht als Ausfluss[176] des Grundeigentums ansieht oder selbständiges Recht.[177] Letztlich sind die in

---

171 BVerfGE 52, 1 30; *Danwitz/Depenheuer/Engel*, S.124f weisen darauf hin, dass das BVerfG das Merkmal der Verfügungsbefugnis geringer zu achten scheint und aus diesem Grund ohne Not Rentenantwartschaften und das Besitzrecht des Mieters eigentumsfähig erklärt hat.
172 BVerfGE 53, 257, 290.
173 BVerfGE 53, 257, 290.
174 *Froese*, in: Dietlein/Froese, Das Jagdliche Eigentum, 2018, Ebenen und Ebenenverflechtungen des jagdlichen Eigentums S. 166f.
175 BGH, Beschl. v. 21. Februar 2008, Az.: III ZR 200/07, Rdn. 10, https://openjur.de/u/75648.html, abgerufen am 10.03.2021.
176 *Brenner*, DÖV 2014, S.232, 234; BGH Urt. v. 26.2. 1958, Az.: V ZR 123/56 NJW, 1958, S. 785, 786; *Schuck*, in: Schuck, Kommentar zum BJagdG, § 3 Rdn. 4.
177 *Meyer-Ravenstein* in: Dietlein/Froese, Jagdliches Eigentum, Das Verhältnis von Eigentum und Jagdrecht, 2018, S. 220.

einem Jagdbezirk vorkommenden und bejagbaren Wildarten auch maßgeblich für die Pachthöhe, die für einen Jagdbezirk erzielt werden kann.

7. Ergebnis

Mit der gesetzlichen Klassifizierung von Tierarten als Wild entsteht eine eigentumsrechtliche Rechtsposition, die dem Berechtigten gesetzlich ein subjektives Recht, in Form des Jagdrechts, an der als Wild qualifizierten Tierart einräumt. Damit verbunden ist die Befugnis, von einem Dritten normkonformes Verhalten verlangen zu können.[178]

Zu klären ist, ob eine solche eigentumsrechtliche Position auch dann geschaffen werden kann, wenn Tierarten durch eine Rechtsverordnung und nicht durch ein Parlamentsgesetz als Wild qualifiziert werden.

II Eigentumsrechtliche Zuordnung durch Rechtsverordnung

Zu prüfen ist, ob die auf Landesebene übliche Praxis, den Katalog der jagdbaren Arten per Rechtsverordnung festzulegen oder zu ändern,[179] dem verfassungsrechtlichen Gebot des Art. 14 Abs. 1 S. 2 GG, nach dem Inhalt und Schranken des Eigentums durch Gesetze bestimmt werden, entspricht.

---

178 BVerfGE 83, 201, 209.
179 Beispiele für Landesverordnungen: Berlin - Verordnung über jagdbare Tierarten und Jagdzeiten v. 21. Februar 2007, BVbl. 2007, S.114; Brandenburg - Verordnung zur Durchführung des Jagdgesetzes für das Land Brandenburg (BbgJagdDV) v. 28. Juni 2019 GVB. Teil II, S. 1 ff.; NRW - Verordnung über die Jagdzeiten (Landesjagdzeitenverordnung - LJZeitVO)1 v. 11. Juli 2019, GV.NRW., S. 438.

II. EIGENTUMSZUORDNUNG DURCH RECHTSVO 49

1. Der eigentumsrechtliche Gesetzesbegriff gem. Art. 14 Abs. 1 S. 2 GG

Gesetz i. S. d. Art. 14 Abs. 1 GG ist jede Rechtsnorm, auch die Rechtsverordnung[180] oder die Satzung.[181] Soweit der Gesetzgeber eine Inhalts- und Schrankenbestimmung durch exekutive Normen vorsieht, müssen die parlamentsgesetzlichen Vorgaben entsprechend den jeweiligen Maßstäben, wie sie sich aus Art. 80 GG ergeben, hinreichend bestimmt sein.[182]

Die Möglichkeit, Rechtssetzungsbefugnisse auf die Exekutive zu delegieren, wird für die Legislative durch Art. 80 GG eröffnet. Die eigentumsgestaltende Inhaltsbestimmung kann demzufolge dann durch Rechtsverordnung erfolgen, wenn es sich nicht um eine Materie handelt, welche dem förmlichen Gesetzgeber zu regeln vorbehalten bleibt. Bei der eigentumsrechtlichen Einordnung von Wild ist zum einen die Klassifizierung wildlebender Tiere als Wild und die Kürzung des Katalogs jagdbarer Tiere zu betrachten, zum anderen jedoch auch die Verkürzung der Jagdzeiten. Die Verkürzung der Jagdzeiten hat regelmäßig zur Folge, dass eine Tierart zwar noch als jagdbare Art eingestuft ist, jedoch der Berechtigte keine Nutzungsmöglichkeit mehr hat, da insbesondere in Fällen der Aufhebung der Jagdzeit eine Ausübung des Jagdrechts auf die betroffene Tierart unzulässig ist.[183]

---

180 BVerfGE 8, 71, 79 – „*Gesetz" in diesem Sinne ist allerdings jede Rechtsnorm, also auch eine auf gesetzlicher Grundlage beruhende Rechtsverordnung.*"
181 *Axer*, in: Epping/Hillgruber, Beck Online Kommentar zum GG, Art. 14, Rdn. 82.
182 *Axer*, in: Epping/Hillgruber, Beck Online Kommentar zum GG, Art. 14, Rdn. 82.
183 Dazu umfassend, *Badura*, Die Beschränkung der Ausübung der Jagd durch Regelung von Jagd- und Schonzeiten.

2. Gesetzesvorbehalt

Der Grundsatz des Vorbehalts des Gesetzes wird zwar in der Verfassung nicht ausdrücklich erwähnt, seine Geltung ergibt sich jedoch aus Art. 20 Abs. 3 GG.[184]

Inhaltlich ist der Grundsatz des Vorbehalts des Gesetzes durch das Demokratieprinzip bedingt.[185] Danach ist das Parlament das einzige unmittelbar gewählte Staatsorgan. Aus diesem Grund besagt der Vorbehalt des Gesetzes, dass die Verwaltung nur auf Grund einer gesetzlichen parlamentarischen Ermächtigung handeln darf.

Der Gesetzgeber ist verpflichtet – losgelöst vom Merkmal des „Eingriffs" –, in grundlegenden normativen Bereichen, zumal im Bereich der Grundrechtsausübung, soweit dieser einer staatlichen Regelung zugänglich ist, alle wesentlichen Entscheidungen selbst zu treffen.[186] Mit dieser sog. Wesentlichkeitslehre werden zwei Ausprägungen des Vorbehalts des Gesetzes näher konkretisiert. Zum einen bestimmt sich nach der Wesentlichkeit, welche Sachbereiche vom Gesetzesvorbehalt erfasst werden,[187] zum anderen richtet sich nach der Wesentlichkeitslehre, welche Angelegenheiten der parlamentarische Gesetzgeber selbst regeln muss und was er an die Exekutive delegieren darf.

3. Kriterien der Wesentlichkeit zur Sachbereichsbestimmung

Für die Bestimmung der Reichweite der Wesentlichkeitslehre bildet die Entscheidung des Bundesverfassungsgerichts aus dem Jahre 1978 einen Ausgangspunkt. Dort hat das Gericht festgestellt: *„Der Grundsatz des Vorbehalts des Gesetzes wird zwar in der Verfassung nicht ausdrücklich erwähnt, seine Geltung ergibt sich jedoch aus Art. 20 Abs. 3 GG. Das Verständnis dieses Grundsatzes hat sich, insbesondere mit der*

---

[184] BVerfGE 40, 237, 248 – „Der Grundsatz des Vorbehalts des (allgemeinen) Gesetzes wird im Grundgesetz nicht expressis verbis erwähnt. Seine Geltung ergibt sich jedoch aus Art. 20 Abs. 3 GG."

[185] *Huster/Rux*, in: Epping/Hillgruber, Beck Online Kommentar zum GG, Art. 20, Rdn. 173.

[186] BVerfGE 49, 89, 126.

[187] *Maurer*, § 6, Rdn. 12.

II. EIGENTUMSZUORDNUNG DURCH RECHTSVO 51

Erkenntnis auch seiner demokratischen Komponente, in den letzten Jahren gewandelt. Heute ist es ständige Rechtsprechung, dass der Gesetzgeber verpflichtet ist – losgelöst vom Merkmal des „Eingriffs" –, in grundlegenden normativen Bereichen, zumal im Bereich der Grundrechtsausübung, soweit diese staatlicher Regelung zugänglich ist, alle wesentlichen Entscheidungen selbst zu treffen."[188]

In welchen Bereichen danach staatliches Handeln einer Rechtsgrundlage im förmlichen Gesetz bedarf, lässt sich nur im Blick auf den jeweiligen Sachbereich und die Intensität der geplanten oder getroffenen Regelung ermitteln.[189] Die verfassungsrechtlichen Wertungskriterien sind dabei in erster Linie den tragenden Prinzipien des Grundgesetzes, insbesondere den vom Grundgesetz anerkannten und verbürgten Grundrechten zu entnehmen.[190] Die Kriterien zur Bestimmung der Wesentlichkeit sind demzufolge weder eindeutig noch abschließend.

Die Wesentlichkeit einer Angelegenheit wird unter Zuhilfenahme zusätzlicher Kriterien aus allgemeinen verfassungsrechtlichen Regelungen, insbesondere der Grundrechte und dem Demokratieprinzip bestimmt.[191] Im Blick auf den jeweiligen Sachbereich und auf die Eigenart des betroffenen Regelungsgegenstandes, insbesondere die Intensität der Grundrechtseingriffe, ist zu beurteilen, wie weit die gesetzlichen Vorgaben ins Einzelne gehen müssen.[192] Die verfassungsrechtlichen Wertungskriterien sind dabei den tragenden Prinzipien des Grundgesetzes, insbesondere den darin verbürgten Grundrechten, zu entnehmen.[193] Danach bedeutet wesentlich im grundrechtsrelevanten Bereich in der Regel „wesentlich für die Verwirklichung der Grundrechte".[194]

Wann eine Entscheidung wesentlich in diesem Sinne ist, hängt vom jeweiligen Sachbereich und der Eigenart des betroffenen Regelungsgegenstandes ab. Dies betrifft im grundrechtlichen Bereich

---

188 BVerfGE 49, 89, 126 m. w. N.
189 BVerfGE 49, 89, 127.
190 BVerfGE 49, 89, 127.
191 Maurer, § 6, Rdn. 14, zum Kriterium der Wesentlichkeit.
192 BVerfGE 111, 191, 217.
193 BVerfGE 98, 218, 251 m. w. N.
194 BVerfGE 47, 46, 79 m.w.N.

alle Entscheidungen, die wesentlich für die Verwirklichung der Grundrechte sind, für diese also erhebliche Bedeutung haben und sich besonders intensiv auf diese auswirken.[195]

4. Klassifizierung wildlebender Tiere zum Wild im Lichte des Wesentlichkeitsgrundsatzes

Der aus Art. 14 Abs. 1 S. 2 sowie aus dem Rechtsstaatsprinzip und dem Demokratieprinzip gem. Art. 20 GG abgeleitete Vorbehalt des Gesetzes verpflichtet den Gesetzgeber, alle grundlegenden normativen Entscheidungen selbst zu treffen.[196] Wesentliche Entscheidungen dürfen – dem Grundsatz der Gewaltenteilung folgend – nicht auf den Verordnungsgeber delegiert werden. Im Eigentumsbereich sind Entscheidungen dann wesentlich, wenn es sich um Eingriffe in Freiheit und Eigentum des Bürgers handelt.[197] Dies bedeutet, dass eine Erweiterung des Katalogs jagdbarer Arten durch die Exekutive in Form einer Rechtsverordnung erfolgen darf.

Das ein solches Wesentlichkeitsverständnis in Bezug auf die Erweiterung oder Kürzung des Katalogs der jagdbaren Arten dem des Gesetzgebers entspricht, ergibt sich bereits aus § 2 Abs. 2, wo der Gesetzgeber die Länder ermächtigt den Katalog jagdbarer Arten zu erweitern, jedoch eben nicht diesen zu kürzen. Zu klären ist, durch welchen Normgeber Kürzungen des Katalogs jagdbarer Arten erfolgen dürfen.

a   Zulässigkeit der Kürzung des Katalogs jagdbarer Arten durch Rechtsverordnungen gem. Art. 80 GG

Der Erlass von Rechtsverordnungen ist gem. Art. 80 GG an drei Voraussetzungen gebunden, in Form der Rechtssetzungsbefugnis, des Rechtssetzungsadressaten und einer konkreten Festlegung von Inhalt, Zweck und Ausmaß.[198]

---

195 BVerfGE 47, 46, 79; 98, 218, 251.
196 *Huster/Rux*, in: Epping/Hillgruber, Beck Online Kommentar zum GG, Art. 20, Rdn. 173.
197 *Huster/Rux*, in: Epping/Hillgruber, Beck Online Kommentar zum GG, Art. 20, Rdn. 172.
198 *Uhle*, in: Epping/Hillgruber, Beck Online Kommentar zum GG, Art. 80, Rdn. 6.

aa. Rechtssetzungsbefugnis gem. § 2 Abs. 2

Die Ermächtigung zur Rechtssetzung durch Verordnung muss in einem formellen Gesetz enthalten sein, welches seinerseits verfassungskonform sein muss.[199]

Der Gesetzgeber hat in § 2 Abs. 2 den Ländern die Möglichkeit eröffnet, weitere Tierarten zu bestimmen, die dem Jagdrecht unterliegen. Der Anlass, aus eigentumsrechtlicher Sicht an der Verfassungsmäßigkeit der jagdrechtlichen Ermächtigungsgesetze in Form des § 2 Abs. 2 auf Bundesebene zu zweifeln, dürfte schon aus dem Grund gering sein, da es sich grundsätzlich um Erweiterungen des Katalogs jagdbarer Arten handelt und damit um einen für den Eigentümer günstigen Umstand, da mit der Klassifizierung weiterer Arten als dem Jagdrecht unterliegend weitere unter den Schutzbereich des Art. 14 Abs. 1 S. 1 GG fallende Rechtspositionen geschaffen werden.

bb. Form der Rechtssetzungsbefugnis

Die Rechtsform ist in § 2 Abs. 2 nicht vorgegeben, so dass die Ermächtigung zur Rechtssetzung durch Gesetz erfolgen muss, da die Ermächtigung zur Rechtssetzung durch Rechtsverordnung gem. Art. 80 Abs. 1 S. 1 GG explizit in der Ermächtigungsnorm so benannt sein muss.

cc. Rechtssetzungsadressaten

Hinzu kommt, dass in § 2 Abs. 2 von den Ländern gesprochen wird, welche den Katalog der jagdbaren Arten erweitern dürfen. Hätte der Gesetzgeber eine exekutive Rechtssetzungsbefugnis konstituieren wollen, wäre gem. Art. 80 Abs. 1 S. 1 die Bezeichnung des Exekutivorgans notwendig gewesen. Eine unmittelbare Ermächtigung zum Handeln in der exekutiven Handlungsform Rechtsverordnung ist dem § 2 Abs. 2 demzufolge nicht zu entnehmen. Nur die Landesgesetzgeber sind ermächtigt eine Erweiterung des Katalogs jagdbarer Tierarten vorzunehmen. Dies kann auch in der Form erfolgen, dass der Landesgesetzgeber den exekutiven Normgeber

---

199 *Uhle*, in: Epping/Hillgruber, Beck Online Kommentar zum GG, Art. 80, Rdn. 7.

entsprechend ermächtigt. Ein Vorgehen, welches die Formulierung von § 2 Abs. 2 durchaus zulässt.
Die Landesgesetzgeber haben zum Teil von der Ermächtigung des § 2 Abs. 2 Gebrauch gemacht und in den Landesjagdgesetzen geregelt, dass z. B. in Brandenburg das zuständige Mitglied der Landesregierung ermächtigt wird weitere Tierarten zu bestimmen, die dem Jagdrecht unterliegen.[200] Andere Länder haben die Erweiterung des Katalogs jagdbarer Arten durch den Landesjagdgesetzgeber vornehmen lassen.[201]

dd. Ergebnis

Die Erweiterung des Katalogs jagdbarer Arten durch Rechtsverordnung ist zulässig, während die Kürzung des Katalogs jagdbarer Arten nur durch ein formelles Gesetz des Gesetzgebers erfolgen darf.

b   Klassifizierung wildlebender Tiere zum Wild durch Rechtsverordnung im Licht der Abweichungsbefugnis gem. Art. 72 Abs. 3 Nr. 1 GG

Ein solches Wesentlichkeitsverständnis ändert sich auch nicht durch die nunmehr bestehende Abweichungsbefugnis gem. Art. 72 Abs. 3 Nr. 1 GG auf dem Gebiet des Jagdrechts für die Bundesländer. Entscheidungen über Eingriffe in das Eigentum in Form einer Kürzung des landesspezifischen Katalogs jagdbarer Arten müssen durch den parlamentarischen Landesgesetzgeber getroffen werden. Dabei kommt es nicht darauf an, ob die Klassifizierung der Art zum Wild durch Parlamentsgesetz oder durch Rechtsverordnung erfolgt ist. Entscheidend ist allein, dass eine Kürzung den Berechtigten in seinem verfassungsrechtlichen Eigentumsrecht beschränkt, unabhängig davon, ob man die Kürzung des Katalogs jagdbarer Arten als Enteignung oder als Inhalts- und Schrankenbestimmung des Eigentums einstuft.

---

200   z. B. § 30 BbgJagdG in der Fassung vom 10. Juli 2014, GVBl.I/14, Nr. 33]; § 38 LJagdG SchlHst.in der Fassung v. 20.05.2020, GVOBl. S. 299; § 26 LJagdG Bln, in der Fassung v. 25. 9.2006, geändert durch Artikel 31 des Gesetzes vom 02.02.2018 GVBl. S.160.
201   z. B. NRW in § 2 LJG NRW in der Fassung v. 7.12.1994, GV. NW. 1995 S. 2.

5. Kürzung und Aufhebung der Jagdzeiten im Lichte des Wesentlichkeitsgrundsatzes

Bei der Gestaltung der Jagdzeiten in Form von deren Kürzung oder Aufhebung handelt es sich um Beschränkungen der Verwirklichung des jagdlichen Eigentumsrechts des Berechtigten durch Rechtssetzung in Form von Rechtsverordnungen. Geht es um den Bereich der Rechtsetzung, also um einen Bereich, für den das Grundgesetz eine Kompetenzzuordnung enthält, ergibt sich aus dem Grundsatz des allgemeinen Vorbehalts des Gesetzes, dass die Exekutive für Akte, die den Freiheitsbereich des Bürgers wesentlich betreffen, der gesetzlichen Grundlage bedarf.[202]

Den rechtsstaatlichen Anforderungen entsprechend bestimmen das Bundesjagdgesetz in § 22 Abs. 1 und die Landesjagdgesetze[203] gem. Art. 80 Abs. 1 S. 2 GG Inhalt, Zweck und Ausmaß der Ermächtigung für Rechtsverordnungen über das Abkürzen oder Aufheben von Jagdzeiten.[204] Auch das Bundesverfassungsgericht orientiert sich zur Konkretisierung des Wesentlichen an den Merkmalen des Art. 80 Abs. 1 S. 2 GG. Danach muss der Gesetzgeber die für die Verwirklichung der Grundrechte wesentlichen Regelungen selbst treffen und darf sie nicht etwa dem exekutiven Verordnungsgeber überlassen.[205]

Unterschieden werden muss jedoch zwischen der Verkürzung von Jagdzeiten und deren vollständiger Aufhebung, will man das für die Bestimmung der Wesentlichkeit relevante Kriterium „wesentlich für die Verwirklichung der Grundrechte"[206] nicht unberücksichtigt lassen.

---

202 BVerfGE 49, 89, 126.
203 z. B. Land Brandenburg § 31 BbgJagdG in der Fassung vom 10. Juli 2014, GVBl.I/14, Nr. 33].
204 *Badura*, Die Beschränkung einer Ausübung der Jagd durch Regelung von Jagd- und Schonzeiten, S. 10.
205 BVerfGE 91, 148, 162.
206 BVerfGE 47, 46, 79 m.w.N.

a   Verkürzung von Jagdzeiten

Die Verkürzung von Jagdzeiten beschränkt den Eigentümer in der Verwirklichung seiner jagdlichen Eigentumsrechte in Form der Ausübung des Jagdrechts auf die von der Jagdzeitverkürzung betroffene Wildart. Der Verordnungsgeber muss die bei der Ordnung des Eigentums zu berücksichtigenden normativen Elemente, in Form der Anerkennung des Privateigentums gem. Art. 14 Abs. 1 S. 1 GG, sowie das Sozialgebot bei der Verkürzung der Jagdzeit in ein ausgewogenes Verhältnis bringen und bei dem Umfang der Verkürzung der Jagdzeit den Grundsatz der Verhältnismäßigkeit beachten.[207]

Von einer Beschränkung des Eigentumsrechts, wie ihn eine Verkürzung der Jagdzeiten darstellt, ist jedoch die vollständige Aufhebung der Jagdzeiten zu unterscheiden. Lässt die Verkürzung der Jagdzeit noch Raum für die Verwirklichung der Eigentümerfreiheit, das Jagdrecht auf die betroffene Wildart ausüben zu dürfen, so ist dieser Raum bei einer Aufhebung der Jagdzeiten nicht mehr gegeben.

b   Vollständige Aufhebung der Jagdzeiten

Die vollständige Aufhebung der Jagdzeit für eine Wildart steht der Streichung dieser Art aus dem Katalog der jagdbaren Arten insofern gleich, als dass in beiden Fällen die Ausübung des Jagdrechts für den Berechtigten unzulässig ist. Die eigentumsrelevante Rechtsposition in Form der Klassifizierung der Tierart als Wild bleibt bei einer Aufhebung der Jagdzeit zwar bestehen,[208] jedoch ist dem Eigentümer die Nutzung in Form der Ausübung des Jagdrechts untersagt und damit die Verwirklichung seiner grundgesetzlich verbürgten Eigentümerfreiheit.

Wird der Grundrechtsträger in der Verwirklichung seiner Eigentumsrechte derart beschränkt, dass dies der Entziehung der

---

[207] Badura, Die Beschränkung einer Ausübung der Jagd durch Regelung von Jagd- und Schonzeiten, S. 10.
[208] Siehe dazu B I 3.

II. EIGENTUMSZUORDNUNG DURCH RECHTSVO

Rechtsposition gleichkommt, so muss auch die Beschränkung wesentlich sein, wenn die Entziehung der Rechtsposition es ist. Dies bedeutet, dass die vollständige Aufhebung von Jagdzeiten ebenso wie die Kürzung des Katalogs jagdbarer Arten durch den Gesetzgeber in Form eines formellen Gesetzes erfolgen muss. Anderenfalls entstehen Wertungswidersprüche in der Eigentumsordnung, da vergleichbare Beschränkungen des Grundrechtsinhabers im Lichte des Wesentlichkeitsgrundsatzes unterschiedlich bewertet würden.

c Zwischenergebnis

Der Sachbereich, den der parlamentarische Gesetzgeber nach dem Wesentlichkeitsgrundsatz durch ein formelles Gesetz regeln muss, ist demzufolge die vollständige Aufhebung der Jagdzeit für jagdbare Tierarten. Die Verkürzung der Jagdzeiten kann durch Rechtsverordnung geregelt werden.

Dieser Befund ist am Maßstab des Parlamentsvorbehalts zu überprüfen.

6. Parlamentsvorbehalt

Das Rechtsstaatsprinzip, das als ungeschriebener Grundsatz der Gesamtkonzeption der Verfassung zugrunde liegt, und das Demokratieprinzip begründen den Parlamentsvorbehalt.

Das Instrument des Parlamentsvorbehalts wird unterschiedlich ausgelegt.[209] Das Bundesverfassungsgericht versteht den Parlamentsvorbehalt als einen Gesetzesvorbehalt mit Delegationsverbot.[210] Solche Delegationsverbote können sich aus verschiedenen Normen des Grundgesetzes – wie etwa aus Art. 110 Abs. 2 Satz 1 GG ergeben.[211] Danach muss der Gesetzgeber die zu behandelnde Materie selber regeln, und zwar durch ein Gesetz. Dementsprechend hat das BVerfG in seiner Rechtsprechung zur Wesentlichkeitslehre unter dem Begriff des Parlamentsvorbehalts die Grenzen

---

209 Zum Diskussionsstand, siehe *Grzeszick*, in: Maunz/Dürig, Kommentar zum GG, Art. 20 Rdn. 76.
210 BVerfGE 106, 1, 22.
211 BVerfGE 106, 1, 22.

gesetzgeberischer Delegation diskutiert.[212] Der Parlamentsvorbehalt betrifft vor allem die Regelungsdichte eines Gesetzes, d. h., welche Entscheidung der parlamentarische Gesetzgeber selbst treffen muss und welche Entscheidungen er der Exekutive durch administrative Normsetzung überlassen darf.[213] Es wird deutlich, dass die Wesentlichkeitslehre und der Parlamentsvorbehalt sich überschneiden.

Die Grenze der Delegation ist jedenfalls dort erreicht, wo die Verwirklichung der Grundrechte durch Normgebung in Gänze ausgeschlossen werden soll. Dies betrifft die Kürzung des Katalogs jagdbarer Arten sowie die vollständige Aufhebung der Jagdzeit.

7. Ergebnis – eigentumsrechtliche Zuordnung durch Rechtsverordnung

Die Kürzung des Katalogs jagdbarer Arten sowie die vollständige Aufhebung von Jagdzeiten sind Sachbereiche, welche der parlamentarische Gesetzgeber nach dem Wesentlichkeitsgrundsatz durch ein formelles Gesetz regeln muss. Grund dafür ist, dass es sich bei der Kürzung des Katalogs jagdbarer Arten wie auch bei der vollständigen Aufhebung der Jagdzeiten um Regelungen handelt, welche im grundrechtsrelevanten Bereich „wesentlich für die Verwirklichung der Grundrechte", hier des Eigentumsrechts, sind. Regelungen, welche im grundrechtsrelevanten Bereich wesentlich für die Verwirklichung der Grundrechte sind, muss der Gesetzgeber jedoch selber durch ein formelles Gesetz treffen.[214]

---

212 *Busch*, S. 55.
213 *Grzeszick*, in: Maunz/Dürig, Kommentar zum GG, Art. 20 Rdn. 76; *Schulze-Fielitz*, in *Dreier*, Kommentar zum GG, Art. 20 Rdn. 119.
214 BVerfGE 47, 46, 79 m.w.N.

III Kürzung des Katalogs jagdbarer Arten – ein Abgrenzungskonflikt zwischen Enteignung und Inhalts- und Schrankenbestimmung des Eigentums

Es stellt sich die Frage, wie die Kürzung des Katalogs jagdbarer Arten eigentumsrechtlich zu bewerten ist. Zu ergründen ist, ob es sich bei der Kürzung des Katalogs jagdbarer Arten um eine Enteignung oder eine Inhalts- und Schrankenbestimmung des Eigentums handelt. Dem voranzustellen ist eine Abgrenzung der unterschiedlichen verfassungsrechtlich denkbaren Eingriffsarten in das Eigentumsgrundrecht.

1. Eingriffsbegriff

Ein Eingriff in die Eigentumsgarantie ist jedes staatliche Verhalten, das die Ausübung der grundrechtlichen Freiheit rechtlich oder tatsächlich unmöglich macht oder erschwert.[215] Der Eingriff in eine als Eigentum geschützte Position durch Beschränkung der Nutzung oder durch den Entzug der Eigentumsposition kann direkt durch eine Norm oder durch einen Einzelakt erfolgen.[216] Dabei ist zwischen dem klassischen und dem erweiterten Eingriffsbegriff zu unterscheiden.[217]

Der Eingriffscharakter kommt vor dem Hintergrund eines weiten Eingriffsbegriffs auch Realakten sowie faktischen oder mittelbaren Beeinträchtigungen zu, sofern sie die Nutzung des Eigentums spürbar behindern.[218] Geht man mit Stimmen der Literatur, welche die Festlegung von Schonzeiten als einen, wenn auch nur temporär wirkenden, Ausschluss des Jagdrechts und damit als

---

215 *Axer*, in: Epping/Hillgruber, Beck Online Kommentar zum GG, Art. 14, Rdn. 69.
216 *Axer*, in: Epping/Hillgruber, Beck Online Kommentar zum GG, Art. 14, Rdn. 69.
217 *Epping*, Grundrechte, Rdn. 390, mit einer ausführlichen Darstellung der Voraussetzungen des klassischen sowie des erweiterten Eingriffsbegriffs.
218 *Axer*, in: Epping/Hillgruber, Beck Online Kommentar zum GG, Art. 14, Rdn. 69.

rechtfertigungsbedürftigen Eingriff in das Eigentumsrecht ansehen,[219] dann wird man dies bei einer Verkürzung des gesetzlich festgelegten Kataloges jagdbarer Arten erst recht als einen Eingriff im klassischen Sinn[220] in das Eigentum sehen müssen.

2. Eingriffsarten

In das Eigentum kann durch Inhalts- und Schrankenbestimmung oder durch Enteignung eingegriffen werden.[221] Es handelt sich um zwei Arten von Eingriffen, die unterschiedlichen verfassungsrechtlichen Anforderungen unterliegen.

a Inhalts- und Schrankenbestimmung

Die Inhalts- und Schrankenbestimmung unterliegt den Anforderungen des Art. 14 Abs. 1 S. 2 und Abs. 2 GG. Die Notwendigkeit der Unterscheidung zwischen Inhalts- und Schrankenbestimmung des Eigentums wird neben dem Umstand der bereits im Wortlaut angelegten terminologischen Unterschiedlichkeit vor allem daran festgemacht, schutzwürdiges Vertrauen betroffener Alteigentümer durch wirksame Abfederungen zu normieren.[222] Die gegebenenfalls aus Art. 14 GG resultierende Ausgleichspflicht ist demzufolge mit Blick auf eine zukünftige Eigentumsgestaltung einerseits und der Einwirkung auf wohlerworbenes Eigentum andererseits von unterschiedlicher Gestalt.[223]

---

219 *Brenner*, Quo Vadis Jagdrecht, S. 77; *Badura*, Die Beschränkung der Ausübung der Jagd durch Regelung von Jagd- und Schonzeiten S.7.
220 Die Voraussetzungen für den klassischen Eingriff in Form eines vom Staat bezweckten finalen Handelns, durch den Erlass von Jagd- und Schonzeiten liegt vor. Die Grundrechtsbeeinträchtigung in Form einer Einschränkung des Jagdrechts auf die betroffene Wildart wirkt unmittelbar und durch Rechtsakt, da Jagdzeiten regelmäßig in Verordnungen festgesetzt werden. Ebenso liegt Imperativität vor, da es sich bei Jagd- und Schonzeiten um eine verbindliche Anordnung handelt, deren Nichteinhaltung straf- und bußgeldbewehrt sind. – zu den Voraussetzungen des klassischen Eingriffsbegriffs, siehe *Epping*, Grundrechte, Rdn. 390.
221 *Axer*, in: Epping/Hillgruber, Beck Online Kommentar zum GG, Art. 14, Rdn. 69.
222 *Grochtmann*, S. 227.
223 BVerfGE 100, 226ff.

III. ABGRENZUNG ZWISCHEN ENTEIGNUNG UND INHALTS- UND SCHRANKENBESTIMMUNG

aa. Inhaltsbestimmung

Gestaltet der Gesetzgeber Eigentum aus, indem er z. B. eigentumsfähige Rechtspositionen begründet, liegt die Einordnung als Inhaltsbestimmung nahe. Der Gesetzgeber darf Eigentumsrechten nicht nur einen neuen Inhalt geben, sondern darf auch neue Rechte einführen.[224] Ebenso kann er das Entstehen von Rechten, die nach bisherigem Recht möglich waren, für die Zukunft ausschließen.[225]

bb. Schrankenbestimmung

Handelt es sich um einen eingreifenden Regelungsgehalt, liegt die Einstufung als Schrankenbestimmung nahe.[226] Eingreifende Regelungen werden insbesondere solche sein, wo der Eigentümer in seiner Rechtsausübung beschränkt wird, ohne dass dem Eigentümer die eigentumsrechtliche Rechtsposition genommen wird.[227] Solche Beschränkungen können z. B. in der Verkürzung der Jagdzeiten auf Wild bestehen. Wird dagegen eine jagdbare Art aus dem Katalog der jagdbaren Tierarten gestrichen, so verliert der Eigentümer die Rechtsposition, sein Jagdrecht auf diese Tierart ausüben zu dürfen, so dass hier auch zu prüfen ist, ob es sich um eine Enteignung handelt.

b Die Enteignung

Die Enteignung[228] ist nur unter den Voraussetzungen des Art. 14 Abs. 3 GG zulässig. Enteignung i. S. d. Art. 14 Abs. 3 GG ist die vollständige oder teilweise Entziehung konkreter durch Art. 14 Abs. 1 S. 1 gewährleisteter Rechtspositionen zur Erfüllung bestimmter öffentlicher Aufgaben.[229] Sellmann weist auf das Verständnis des

---

224 BVerfGE 83, 201, 212.
225 BVerfGE 83, 201, 212.
226 *Grochtmann*, S. 227.
227 *Froese*, S. 39.
228 *Lege*, in: Depenheuer/Shirivani, Die Enteignung, Die ausgleichspflichtige Inhalts- und Schrankenbestimmung: Enteignung zweiter Klasse, S. 225 mit einer Abgrenzung beider Rechtsinistitute.
229 BVerfGE 112, 93; 109.

BVerwG hin, nach dem die entscheidende Wirkung einer Enteignung der Entzug eines Rechts und damit dessen Verlust ist.[230] Konstitutives Element der Enteignung ist danach die Auflösung des bislang bestehenden individuellen Zuordnungsverhältnisses zwischen dem Rechtsträger und der konkreten Sache.[231]

Das BVerfG ergänzt die in Art. 14 Abs. 3 S. 1 GG geregelten Voraussetzungen für eine Enteignung um die ungeschriebene Voraussetzung der Güterbeschaffung.[232]

IV Kürzung des Katalogs jagdbarer Arten als Enteignung

1. Entziehung einer Rechtsposition

Unverzichtbares Merkmal[233] der zwingend entschädigungspflichtigen Enteignung nach Art. 14 Abs. 3 GG in der Abgrenzung zur grundsätzlich entschädigungslos hinzunehmenden Inhalts- und Schrankenbestimmung nach Art. 14 Abs. 1 Satz 2 GG ist das Kriterium der vollständigen oder teilweisen Entziehung von Eigentumspositionen und der dadurch bewirkte Rechts- und Vermögensverlust.[234]

Nutzungs- und Verfügungsbeschränkungen von Eigentümerbefugnissen können nach der Rechtsprechung des BVerfG daher keine Enteignung sein, selbst wenn sie die Nutzung des Eigentums nahezu oder völlig entwerten.[235]

Mit der Enteignung greift der Staat auf das Eigentum des Einzelnen zu und löst die rechtliche Zuordnung eines eigentumsrecht-

---

230 *Sellmann*, S. 60.
231 *Sellmann*, S. 60.
232 BVerfG, Urt. v. 6.12.2016, Az.:1 BvR 2821/11, NJW 2017, S. 217, 224, Rdn. 246; *Sachs*, JuS 2017, S. 569, 570.
233 BVerfG, Urt. v. 6.12.2016, Az.:1 BvR 2821/11, NJW 2017, S. 217, 224, Rdn. 245.
234 BVerfGE 24, 367,394; 52, 1, 27; 83, 201, 211.
235 BVerfGE 100, 226 ,240; 102, 1, 16.

lich geschützten Vermögensgutes zu dem bisherigen Rechtsinhaber auf.[236] Die Entziehung der Rechtsposition kann durch einen hoheitlichen Akt,[237] d. h. durch Gesetz, in Form einer Legalenteignung[238] erfolgen oder durch eine Verordnung, wobei es sich um eine Administrativenteignung handeln würde.[239]

Wird eine Tierart aus dem Katalog jagdbarer Arten gestrichen, verliert der zur Ausübung des Jagdrechts Befugte seine Rechtsposition, das Jagdrecht auf die betroffene Wildart ausüben zu dürfen, so dass die Entziehung einer Rechtsposition vorliegt.[240]

2. Zur Erfüllung öffentlicher Aufgaben

Um eine Enteignung würde es sich jedoch in Abgrenzung zur eigentumsrechtlichen Inhalts- und Schrankenbestimmung nur dann handeln, wenn die Entziehung der Rechtsposition der Erfüllung öffentlicher Aufgaben dient.[241] Kennzeichnend für das Merkmal der Erfüllung öffentlicher Aufgaben ist, dass der Staat mit dem Entzug der Rechtsposition Allgemeinwohlinteressen verfolgen muss.[242]

In der Rechtsprechung des Bundesverfassungsgerichts wird betont, dass für die Bejahung von Allgemeinwohlinteressen nicht jedes beliebige öffentliche Interesse ausreicht.[243] Die freiheitssichernde Funktion des Eigentums verlangt im Gegenteil ein besonders schwerwiegendes, dringendes öffentliches Interesse.[244] Nur

---

236 *Axer*, in: Epping/Hillgruber, Beck Online Kommentar zum GG, Art. 14, Rdn. 73.
237 *Axer*, in: Epping/Hillgruber, Beck Online Kommentar zum GG, Art. 14, Rdn. 73.
238 BVerfGE 102, 1, 15f, zum Begriff Legalenteignung.
239 *Epping*, Grundrechte, Rdn. 491 zur Abgrenzung von Legal- und Administrativenteignung.
240 Zur Klassifizierung von Wild als Rechtsposition siehe B I 8.
241 *Axer*, in: Epping/Hillgruber, Beck Online Kommentar zum GG, Art. 14, Rdn. 73; *Suhr* in: Depenheuer/Kahl, Staatseigentum, Grund und Boden, S. 196 zur Abgrenzung von hoheitlichen Aufgaben, deren Erfüllung die Begründung von Staatseigentum rechtfertigen kann in Abgrenzung zur reinen unternehmerischen Tätigket.
242 *Axer*, in: Epping/Hillgruber, Beck Online Kommentar zum GG, Art. 14, Rdn. 73.
243 BVerfGE 74, 264, 289.
244 BVerfGE 74, 264, 289.

wenn die Erfüllung besonders schwerwiegender, dringender öffentlicher Interessen angestrebt wird, dürfen private Rechte entzogen werden.[245]

Für das durch die verfassungsrechtliche Eigentumsgarantie gem. Art. 14 Abs. 1 GG geschützte Jagdrecht[246] können der Verwaltungsrechtsprechung zufolge nur aus den im Bundes- und Landesjagdgesetz genannten Gründen des Arten- und Tierschutzes Einschränkungen vorgenommen werden.[247]

Bei Gründen der Hege des Wildes in Form des Artenschutzes handelt es sich regelmäßig auch um Allgemeinwohlinteressen[248] ebenso wie beim Tierschutz.

Findet das öffentliche Interesse, welches Einschränkungen der Ausübung des Jagdrechts auf eine jagdbare Art begründen kann, Ausdruck in den arten- und tierschutzrechtlichen Regelungen der Jagdgesetze, so kann die Kürzung des Katalogs jagdbarer Arten nur dann mit einem dringenden öffentlichen Interesse begründet werden, wenn die Schutzintensität, welche das Jagdrecht bietet, schwächer ist als die Schutzintensität, welche das Naturschutzrecht bietet. Nur in einem solchen Fall wäre ein dringendes öffentliches Gemeinwohlinteresse zu bejahen, die betroffene Tierart aus dem Anwendungsbereich des Rechtskreises Jagdrecht herauszunehmen. Verliert eine Tierart den Status jagdbare Art, unterliegt sie dem Rechtskreis des Naturschutzrechts.[249]

3. Das Gemeinwohlinteresse

Fraglich wäre jedoch, ob die Disqualifikation einer Art in Form der Entfernung aus dem Katalog jagdbarer Arten und damit die Zuord-

---

245 BVerfGE 74, 264, 289.
246 *Froese*, in: Dietlein/Froese, Das Jagdliche Eigentum, Ebenen und Ebenenverflechtungen des jagdlichen Eigentums, S. 159.
247 VG Berlin, Urt. v. 27.03.2008 - 1 A 193/07, BeckRS 2009, 42150.
248 *Schuck* in: Schuck, Kommentar zum BJagdG, § 1, Rdn. 16, der von einer originären öffentlich-rechtlichen Verpflichtung des Grundeigentümers spricht.
249 Zum Verhältnis von Jagdrecht und Naturschutzrecht umfassend: *Brenner*, Jagdrecht und Naturschutzrecht Teil 1, NuR 2017, S. 145ff; Teil 2 NuR 2017, S. 217ff.; *Möckel/Köck*, Naturschutz- und Jagdrecht nach der Förderalismusreform; *Ditscherlein*, Naturschutz- und Jagdrecht.

nung zum Rechtskreis des Naturschutzes dem Gemeinwohlinteresse mehr dienen würde als der Verbleib der Art unter dem Schutzschirm, den der Rechtskreis des Jagdrechts bietet. Die vom Rechtskreis des Jagdrechts in den Rechtskreis des Naturschutzrechts wechselnde Tierart müsste durch den Wechsel bessergestellt werden. Eine solche Besserstellung läge vor, wenn der Schutz der Art im Lichte der Staatszielbestimmung des Art. 20a GG, d. h. des Artenschutzes sowie der Schutz des Individuums i. S. d. des Tierschutzes im Naturschutzrecht intensiver wäre als im Jagdrecht. Art. 20a GG verpflichtet die Gesetzgebung, die natürlichen Lebensgrundlagen und die Tiere zu schützen.[250] Ist jedoch die Schutzintensität im Rechtskreis des Jagdrechts gleichermaßen ausgeprägt wie im Naturschutzrecht, dann ist der Schutzauftrag der Staatszielbestimmung des Art. 20a GG erfüllt. Ein Eingriff in das Eigentum in Form einer Kürzung des Katalogs jagdbarer Arten um die betroffene Art wäre dann nicht mit einem überwiegenden öffentlichen Interesse des Artenschutzes begründbar, da der notwendige Schutz der Art im Rechtskreis des Jagdrechts umfassend gewährleistet ist. Fehlt jedoch ein überwiegendes öffentliches Interesse, ist der Entzug der Eigentumsrechtsposition – um einen solchen handelt es sich bei der Kürzung des Katalogs jagdbarer Arten – verfassungswidrig. Denn, liegt eine identische Schutzintensität vor, wird man das für die Enteignung notwendige Merkmal der überwiegenden Gemeinwohlinteressen verneinen müssen.

Das Vorliegen eines Gemeinwohlinteresses für die Disqualifikation einer Art vom Katalog der jagdbaren Arten gem. § 2 und damit verbunden der Wechsel dieser Art in den Rechtskreis des Naturschutzrechts kann nicht mit Arten- oder Tierschutznotwendigkeiten begründet werden.[251] Der Rechtskreis des Jagdrechts entfal-

---

250 *Gassner*, NuR 2014, S. 482ff zum Vollzug des Art. 2a GG.
251 Dazu ausführlich D II.

tet im Verhältnis zum Naturschutzrecht mindestens dieselbe artenschutzrechtliche Schutzintensität,[252] während im Tierschutzbereich[253] sogar ein deutlich stärkerer Schutz als durch das Naturschutzrecht erfolgt. Dies zeigt sich im Jagdrecht dadurch, dass der jagdrechtliche Tierschutz alle gebotenen leidensbeendenden Maßnahmen zulässt, die erforderlich sind, um Leiden eines Individuums jagdbarer Tierarten zu beenden.

Die Disqualifikation einer Tierart in Form der Entfernung aus dem Katalog jagdbarer Arten und damit die Zuordnung zum Rechtskreis des Naturschutzes würde dem Wohl der Allgemeinheit i. S. d. Art. 14 Abs. 3 GG und damit dem Gemeinwohlinteresse widersprechen, denn der Schutzschirm, den der Rechtskreis des Jagdrechts bietet, ist bei Betrachtung von Arten- und Tierschutz deutlich intensiver.[254]

4. Das Merkmal der Güterbeschaffung als Voraussetzung des Art. 14 Abs. 3 GG in der Rechtsprechung des BVerfG

Eine Enteignung nach Art. 14 Abs. 3 GG liegt nach h. M. der Literatur und der Rechtsprechung des Bundesverfassungsgerichts immer dann vor, wenn neben dem Entzug des Eigentums durch Änderung der Eigentumszuordnung eine Güterbeschaffung erfolgt.[255] In der Literatur und Rechtsprechung wird die Enteignung, welche der Güterbeschaffung dient, begrifflich als klassische Enteignung eingeordnet.[256]

An einer Güterbeschaffung fehlt es jedoch regelmäßig, wenn Eigentumspositionen in Form einer Kürzung des Katalogs jagdbarer Tiere entzogen werden. Insofern ist für die eigentumsrechtliche Verortung der Qualifikation wildlebender Tiere als Wild zu klären, ob auch Enteignungen i. S. d. Art. 14 Abs. 3 GG vorliegen, wenn es

---

252 Siehe D II 5.
253 Siehe D II 6 h.
254 D II 8.
255 BVerfG Urt. v. 6.12.2006, Az.: 1 BvR 2821/11, NJW 2017, 217, 224, Rdn. 242, 243.
256 *Jarass/Pieroth*, Kommentar zum GG, Art. 14, Rdn. 54.

auf eine Güterbeschaffung bei der Entziehung der Rechtsposition i. S. d. Art. 14 Abs. 3 GG nicht ankommt.

Die Frage, ob eine Enteignung nach Art. 14 Abs. 3 GG stets nur im Fall einer Güterbeschaffung vorliegt, ist in der Rechtsprechung BVerfG bisher nicht einheitlich beantwortet worden.Während das BVerfG zunächst in einer Reihe von Entscheidungen einen Güterbeschaffungsvorgang ausdrücklich als nicht konstitutiv für die Enteignung bezeichnet hatte,[257] sah es im Beschluss zur Baulandumlegung im Jahr 2001 die Enteignung „...beschränkt auf solche Fälle, in denen Güter hoheitlich beschafft werden, mit denen ein konkretes, der Erfüllung öffentlicher Aufgaben dienendes Vorhaben durchgeführt werden soll.".[258]

Für die untersuchungsgegenständliche Frage, wie die Qualifikation Wild und umgekehrt die Kürzung des Katalogs jagdbarer Arten in der Eigentumsordnung des Grundgesetzes zu verorten sind, ist die Beantwortung der Frage, ob es sich bei der Disqualifikation um eine Enteignung handelt, ein zentraler Punkt. Denn für die Gestaltung der Eigentumsordnung ist die Abgrenzung von Enteignung und Inhalts- und Schrankenbestimmung von grundlegender Bedeutung, da durch das Institut der Enteignung dem gestaltenden Gesetzgeber entschädigungspflichtige Grenzen gezogen werden, während die Inhalts- und Schrankenbestimmung Ausdruck der gesetzgeberischen Ausgestaltungsbefugnis gem. Art. 14 Abs. 1 S. 2 GG ist.[259]

Aus diesem Grund soll zunächst die Entscheidungspraxis des Bundesverfassungsgerichtes anhand ausgewählter Entscheidungen nachgezeichnet werden, welche das Merkmal der Güterbeschaffung bei Enteignungen sowie die Abgrenzung von Enteignung und Inhalts- und Schrankenbestimmung zum Gegenstand hatten.

---

[257] *Jarass/Pieroth*, Kommentar zum GG, Art. 14, Rdn. 54.
[258] BVerfG Urt. v. 6.12.2006, Az.: 1 BvR 2821/11, NJW 2017, 217, 224.
[259] Zur Abgrenzung Enteignung und Inhalts- und Schrankenbestimmung siehe *Axer*, in: Epping/Hillgruber, Beck.Online Kommentar zum GG, Art. 14, Rdn. 77f.

a BVerfGE 24, 367 ff. – Deichentscheidung

In seiner Entscheidung vom 18.12.1968[260] hatte das Bundesverfassungsgericht zu prüfen, ob die Rechtsumwandlung von Privatgrundstücken in öffentliches Eigentum durch ein Gesetz eine zulässige Enteignung darstellt. Betroffen waren Grundstücke, an denen die im Grundbuch eingetragenen Eigentümer zwar Eigentum bürgerlichen Rechts besessen hätten, dieses aber durch die deichrechtlichen Vorschriften erheblich beschränkt gewesen war. Dem Eigentümer verblieb praktisch nur ein eng begrenztes Nutzungsrecht. Darüber hinaus sind von der Rechtsumwandlung Grundflächen betroffen gewesen, deren Rechtsverhältnisse nicht geklärt waren. Bei diesen war nicht auszuschließen, dass sie Grundstücke umfassten, die nur dem Privatrecht unterlagen, und solche Grundstücke, bei denen Deicheigentum und ursprünglich beschränktes Privateigentum im Laufe der Zeit zu frei verfügbarem Eigentum erstarkt war. Weiter erstreckt sich die Rechtsumwandlung auf Grundstücke und Grundstücksteile, die mit Sicherheit in unbeschränktem bürgerlich-rechtlichem Eigentum standen.[261]

Die durch die gesetzlichen Vorschriften festgelegte Rechtsumwandlung hat zugleich in das subjektive Recht der einzelnen Grundstückseigentümer eingriffen.[262] Die von der Rechtsumwandlung betroffenen Grundstücke wurden auf das Land übertragen und von diesem fortan in der Form des öffentlichen Eigentums verwaltet. Es wurde das bisher individuelle Zuordnungsverhältnis zwischen Rechtsträger und Sache nicht lediglich dem Inhalt nach geändert, sondern schlechthin beseitigt und ein neues Zuordnungsverhältnis begründet, das mit dem alten nicht identisch

---

260 BVerfG, Urt. v. 18. 12. 1968, Az.:1 BvR 638, 673/64, 200, 238, 249/56, NJW 1969, S. 309ff.
261 BVerfG, Urt. v. 18. 12. 1968, Az.:1 BvR 638, 673/64, 200, 238, 249/56, NJW 1969, S. 309, 310.
262 BVerfG, Urt. v. 18. 12. 1968, Az.:1 BvR 638, 673/64, 200, 238, 249/56, NJW 1969, S. 309, 310.

war.²⁶³ Die rechtsumwandelnden Bestimmungen stellten klar, dass die alten Rechte erlöschen.²⁶⁴

Nach Feststellung des BVerfG lag danach der Sachverhalt vor, der dem Modell der sogenannten „klassischen Enteignung" zugrunde liegt, nämlich: Entzug von Grundstückseigentum und Übertragung auf einen „Unternehmer".²⁶⁵ Obwohl das BVerfG hier von der klassischen Enteignung spricht, problematisiert es die Voraussetzung der Güterbeschaffung explizit und stellt dazu fest:

> „Hiernach ergibt sich, dass die Rechtsumwandlung jedenfalls hinsichtlich einer nicht überschaubaren Zahl von Grundstücken zu einem umfassenden Rechtsentzug geführt hat. Daher ist die Rechtsumwandlung nicht lediglich ein Akt objektiver, nur für die Zukunft geltender Rechtsetzung. Soweit sie zugleich in die bisher an den Deichen bestehenden individuellen Rechtsverhältnisse eingreift, kann jedoch dahingestellt bleiben, ob es sich um einen ‚Güterbeschaffungsvorgang' handelt, da dies für die Beurteilung, ob eine Enteignung vorliegt, ohne Bedeutung ist. Die in Art. 14 Abs. 3 GG zugelassene Enteignung ist begrifflich dadurch gekennzeichnet, dass das durch Art. 14 Abs. 1 Satz 1 GG gewährleistete Eigentum ganz oder teilweise im Interesse der Allgemeinheit entzogen wird."²⁶⁶

Der Begründung des BVerfG in dieser Entscheidung folgend, kommt es für das Vorliegen einer Enteignung i. S. d. Art. 14 Abs. 3 GG auf eine Güterbeschaffung nicht an. Durch den vollen Verlust der Rechtsposition ist eine Enteignung eingetreten,²⁶⁷ unabhängig davon, ob es sich um einen Güterbeschaffungsvorgang handelt. Dies folgt konsequenterweise daraus, dass die Eigentumsgarantie nicht zunächst Sach-, sondern Rechtsträgergarantie ist.²⁶⁸

---

263 BVerfG, Urt. v. 18. 12. 1968, Az.:1 BvR 638, 673/64, 200, 238, 249/56, NJW 1969, S. 309, 310.
264 BVerfG, Urt. v. 18. 12. 1968, Az.:1 BvR 638, 673/64, 200, 238, 249/56, NJW 1969, S. 309, 310.
265 BVerfG, Urt. v. 18. 12. 1968, Az.:1 BvR 638, 673/64, 200, 238, 249/56, NJW 1969, S. 309, 310.
266 BVerfG, Urt. v. 18. 12. 1968, Az.:1 BvR 638, 673/64, 200, 238, 249/56, NJW 1969, S. 309, 311.
267 BVerfG, Urt. v. 18. 12. 1968, Az.:1 BvR 638, 673/64, 200, 238, 249/56, NJW 1969, S. 309, 311.
268 BVerfG, Urt. v. 18. 12. 1968, Az.:1 BvR 638, 673/64, 200, 238, 249/56, NJW 1969, S. 309, 311.

Die Entscheidung des BVerfG stützt die Auffassung, dass ein Merkmal der Güterbeschaffung keine Voraussetzung für eine Enteignung gem. Art. 14 Abs. 3 GG ist. Der Entzug einer eigentumsrechtlichen Rechtsposition, wie sie die Streichung einer Tierart aus dem Katalog jagdbarer Arten darstellt, aus Gründen des Allgemeinwohls wäre danach als Enteignung gem. Art. 14 Abs. 3 GG einzustufen.

b   BVerfGE 53, 300ff - Nassauskiesungsentscheidung

Die Nassauskiesungsentscheidung des BVerfG ist ergangen aufgrund eines Aussetzungs- und Vorlagebeschlusses des BGH. Mit dem Vorlagebeschluss hatte der BGH dem BVerfG die Frage vorgelegt, ob § 1 a Abs. 3, § 2 Abs. 1 und § 6 des Wasserhaushaltsgesetzes (WHG) mit Art. 14 Abs. 1Satz 2 GG insoweit vereinbar sind, als sie den Inhalt des Grundeigentums im Verhältnis zum Grundwasser regeln, im genaueren die Nutzung des Grundwassers aus dem Kreis der mit dem Grundeigentum verbundenen Nutzungsrechte (etwa die Nassauskiesung) ausschließen, soweit wasserwirtschaftliche Gründe entgegenstehen.[269] Der Kläger wollte Kies abbauen und zwar in den Grundwasserbereich hinein. Dem Kläger wurde die Abbauerlaubnis mit der Begründung versagt, dass das Grundstück in der Schutzzone des Wasserwerks liege. Nach Auffassung des BGH genügten die Bestimmungen des WHG nicht den Anforderungen des Art. 14 Abs. 1 GG, wenn diese dem Grundeigentümer, ohne Anspruch auf Entschädigung, jegliche rechtlich gesicherte Möglichkeit des Zugriffs auf das Grundwasser versagten.[270]

Das BVerfGE hat in der Entscheidung Enteignung definiert, als der durch Gesetz oder aufgrund eines Gesetzes erfolgte Entzug konkreter, einem bestimmten oder bestimmbaren Personenkreis zustehender Eigentumsrechte.[271] Das Merkmal des Güterbeschaffungsvorganges, als für die Enteignung gem. Art. 14 Abs. 3 GG

---

269   Ossenbühl/Cornils, S. 265.
270   BVerfGE 58, 300, 310.
271   BVerfGE 58, 300, 330.

IV. ENTEIGNUNG 71

konstitutive Voraussetzung, wird vom BVerfG in der Nassauskiesungsentscheidung nicht erwähnt. Diese Voraussetzung, wurde erst in späteren Entscheidungen des Bundesverfassungsgerichts formuliert[272] und wird auch als konsquente Fortführung der Nassauskiesungsentscheidung bezeichnet.[273]

Bemerkenswert ist, dass das BVerfG in seinen auf den Nassauskiesungsbeschluss unmittelbar folgenden Entscheidungen das Merkmal der Güterbeschaffung teilweise explizit als nicht konstitutiv für den Tatbestand der Enteignung i. S. d. Art. 14 Abs. 3 GG angesehen hat.

c BVerfGE 83, 201 ff. – Schutz des Vorkaufsrechts durch Eigentum

Das Verständnis, dass es für das Vorliegen einer Enteignung i. S. d. Art. 14 Abs. 3 GG nicht auf einen Güterbeschaffungsvorgang ankommt, bestätigt die Entscheidung vom 9. Januar 1991 des 1. Senats des BVerfG.[274] Dort befasst sich das Gericht mit der Eigentumsgarantie als Rechtsträgergarantie in Form des eigentumsrechtlichen Schutzes von Rechtspositionen. Auch hier stellte das Gericht explizit fest, dass eine Güterbeschaffung für eine Enteignung i. S. d. Art. 14 Abs. 3 GG keine notwendige Voraussetzung ist.

Das BVerfG hatte darüber zu entscheiden, ob ein Vorkaufsrecht nach Eintritt des Vorkaufsfalles mit Inkrafttreten des Bundesberggesetzes verfassungsmäßig beseitigt worden ist oder ob es sich um eine Enteignung i. S. d. Art. 14 Abs. 3 GG handelt. Das Vorkaufsrecht wurde durch das Allgemeine Berggesetz für die Preußischen Staaten vom 24.6.1865 (ABG) begründet, welches nach Eintritt des Vorkaufsfalles durch das Bundesberggesetz ersetzt wurde.[275] Ein Vorkaufsrecht für den Fall der Weiterveräußerung

---

272 BVerfGE 104, 1, 10.
273 *Schlick*, in: Depenheuer/Shirvani, Die Enteignung, Nassauskiesung und ihre Folgen – Wirkungsgeschichte einer Entscheidung, S. 116.
274 BVerfGE 83, 201ff.
275 *Hoppe*, umfassend zum Spannungsverhältnis von Bergwerkseigentum und Oberflächeneigentum im Lichte des Verfassungsrechts, S. 9ff.

des abgetretenen Grundstücks räumt das Bundesberggesetz dem früheren Eigentümer nicht ein.[276]

Das BVerfG hat die wesentlichen Merkmale des verfassungsrechtlich geschützten Eigentums darin gesehen, dass ein vermögenswertes Recht dem Berechtigten ebenso ausschließlich wie Eigentum an einer Sache zur privaten Nutzung und zur eigenen Verfügung zugeordnet ist.[277] Vom Schutz der Eigentumsgarantie werden danach neben dinglichen oder sonstigen absoluten, gegenüber jedermann wirkenden Rechtspositionen[278] auch Forderungen erfasst.[279] Der verfassungsrechtliche Eigentumsschutz sei nicht auf bestimmte vermögenswerte Rechte beschränkt. Aus der Funktion der Eigentumsgarantie folge vielmehr, dass unter deren Schutz im Bereich des Privatrechts grundsätzlich alle vermögenswerten Rechte fallen, die dem Berechtigten von der Rechtsordnung in der Weise zugeordnet sind, dass er die damit verbundenen Befugnisse nach eigenverantwortlicher Entscheidung zu seinem privaten Nutzen ausüben darf.[280]

Voraussetzung des Schutzes ist dabei nicht, dass über die Rechte uneingeschränkt verfügt werden kann, diese insbesondere auch beliebig übertragbar sind. Die grundsätzliche Verfügungsbefugnis über den Eigentumsgegenstand ist ein wesentliches Merkmal des Eigentums.[281] Jedoch ist dem Gesetzgeber die Schaffung vermögenswerter Rechte, bei denen die Verfügungsmöglichkeit –

---

276 BVerfG, Beschl. v. 09.01.1991, Az.: 1 BvR 929/89, NJW 1991, S. 1807; BVerfG, Beschl. v. 8.3. 1988, Az.: 1 BvR 1092/84, NJW 1988, 2594, 2595 m. w. Nachw.
277 BVerfG, Beschl. v. 09.01.1991, Az.: 1 BvR 929/89, NJW 1991, S. 1807.
278 Zu Warenzeichen siehe BVerfG, Beschl. v. 22.5. 1979, Az.: 1 BvL 9/75, NJW 1980, 383, 384; zum Ausstattungsschutz siehe BVerfG, Beschl. v. 8.3. 1988, Az.: 1 BvR 1092/84, NJW 1988, 2594, 2595; zum Erbbaurecht siehe BVerfG, Beschl. v. 30.11.1988, Az.: 1 BvR 1301/84, NJW 1989, 1271, 1272.
279 Zu Rechtsansprüchen siehe BVerfG, Beschl. v. 8.6.1977, Az.: 2 BvR 499/74, 1042/75, NJW 1977, 2024, 2026; zum steuerlichen Erstattungsanspruch siehe BVerfG, Beschl. v. 8.10.1985, Az.: 1 BvL 17/83, 1 BvL 19/83, NJW 1986, 1603.
280 BVerfG, Beschl. v. 09.01.1991, Az.: 1 BvR 929/89, NJW 1991, S. 1807.
281 BVerfGE 52, 1, 30.

IV. ENTEIGNUNG 73

die sich von der sonstigen Nutzung des Rechts ohnehin nicht immer deutlich abgrenzen lässt[282] – eingeschränkt ist, nicht ohne weiteres verwehrt. Es besteht kein sachlicher Grund, derart ausgestaltete Rechte vom Schutz der Eigentumsgarantie auszunehmen.[283]

Vor diesem Hintergrund hat das BVerfG zum Merkmal der Güterbeschaffung[284] in dieser Entscheidung Folgendes festgestellt: „Das Vorliegen einer Enteignung hängt allerdings nicht davon ab, dass es sich um einen Güterbeschaffungsvorgang handelt. Ihr entscheidendes Merkmal ist der Entzug des Eigentums und der dadurch bewirkte Rechts- und Vermögensverlust, nicht aber die Übertragung des entzogenen Objekts (BVerfGE 24, 367 (394) = NJW 1969, 309; vgl. auch BVerfGE 52, 1 (27) = NJW 1980, 985)." [285]

Blickt man mit den Ausführungen des BVerfG auf die eigentumsrechtliche Einordnung von Wild, so stellt die Streichung einer Art aus dem Katalog der jagdbaren Arten auch danach einen Rechtsverlust dar. Die Klassifizierung einer Tierart als Wild führt zur Entstehung einer eigentumsrechtlichen Rechtsposition des Berechtigten.[286] Der Berechtigte verliert durch die Streichung einer Art aus dem Katalog jagdbarer Arten sein Eigentumsrecht in Form der Befugnis, die Jagd auf Individuen dieser Tierart ausüben und sich diese aneignen zu dürfen. Auch ohne den fehlenden Umstand einer Güterbeschaffung wäre eine Enteignung i. S. d. Art. 14 Abs. 3 GG zu bejahen.

Die für eine Enteignung gem. Art. 14 Abs. 3 GG entscheidenden Merkmale in Form des Verlustes einer konkreten vom Eigentumsschutz erfassten Rechtsposition aus Gründen des Allgemeinwohls, ohne die Notwendigkeit einer Güterbeschaffung, bestätigt das BVerfG in seiner Entscheidung zum Denkmalschutz.

---

282 BVerfGE 53, 257, 290.
283 BVerfG, Beschl. v. 09.01.1991, Az.: 1 BvR 929/89, NJW 1991, S. 1807.
284 BVerfGE 83, 201, 211.
285 BVerfG, Beschl. v. 09.01.1991, Az.: 1 BvR 929/89, NJW 1991, S. 1807; BVerfGE 83, 201, 211.
286 Siehe B I.3.

d   BVerfGE 100, 226 ff. – Vereinbarkeit denkmalschutzrechtlicher Regelungen mit der Eigentumsgarantie

Den dargestellten Voraussetzungskatalog für Enteignungen i. S. d. Art. 14 Abs. 3 GG legt der 1. Senat des BVerfG auch bei seiner Entscheidung zugrunde über die Vereinbarkeit denkmalschutzrechtlicher Reglungen mit der Eigentumsgarantie. Dort stellt das BVerfG fest:

> „Mit der Enteignung greift der Staat auf das Eigentum des Einzelnen zu. Sie ist darauf gerichtet, konkrete Rechtspositionen, die durch Art. 14 I 1 GG geschützt sind, zur Erfüllung bestimmter öffentlicher Aufgaben vollständig oder teilweise zu entziehen."[287]

Auf die Notwendigkeit einer Güterbeschaffung kommt es dem BVerfG folgend nicht an.

e   BVerfGE 104, 1 – Baulandumlegung

In seiner Entscheidung zur Baulandumlegung hat das BVerfG das Merkmal der Güterbeschaffung wiederum explizit als Voraussetzung einer Enteignung angenommen. Danach setzt die Enteignung den Entzug konkreter Rechtspositionen voraus, aber nicht jeder Entzug ist eine Enteignung im Sinne von Art. 14 Abs. 3 GG. Diese ist beschränkt auf solche Fälle, in denen Güter hoheitlich beschafft werden, mit denen ein konkretes, der Erfüllung öffentlicher Aufgaben dienendes Vorhaben durchgeführt werden soll.[288]

Dass sich das BVerfG mit Blick auf die Enteignungsvoraussetzung in Form eines Güterbeschaffungsvorganges seiner Sache nicht so wirklich sicher war,[289] zeigt die Entscheidung Garzweiler II vom 17.12.2013.[290]

---

287 BVerfGE 100, 226, 239f.
288 BVerfGE 104, 1, 10.
289 *Schlick*, in: Depenheuer/Shirvani, Die Enteignung, Nassauskiesung und ihre Folgen – Wirkungsgeschichte einer Entscheidung, S. 116.
290 BVerfGE 134, 242ff.

f   BVerfGE 134, 242 – Garzweiler II

Das BVerfG stellt fest, dass der Staat mit der Enteignung auf das Eigentum Einzelner zugreift.[291] Die Enteignung ist auf die vollständige oder teilweise Entziehung konkreter subjektiver, durch Art. 14 Abs. 1 Satz 1 GG gewährleisteter Rechtspositionen zur Erfüllung bestimmter öffentlicher Aufgaben gerichtet. Dann jedoch führt das BVerfG in dem zu entscheidenden Fall aus, dass auch dann eine Enteignung vorliege, wenn als solche nur Fälle angesehen werden, in denen hoheitlich Güter beschafft werden, mit denen ein konkretes der Erfüllung öffentlicher Aufgaben dienendes Vorhaben durchgeführt werden soll. Diese Formulierung, versieht das Merkmal der Güterbeschaffung wieder mit einem Fragezeichen[292] und lässt jedenfalls Zweifel daran berechtigt erscheinen, wann das BVerfG die Voraussetzung der hoheitlichen Güterbeschaffung als konstitutives Merkmal der Enteignung gem. Art. 14 Abs. 3 GG ansieht.

Diese Zweifel versucht das BVerfG in seiner Entscheidung vom 06.12.2016 zur Vereinbarkeit der dreizehnten Novelle des Atomgesetzes mit dem Grundgesetz zu beseitigen. Die Klarheit, mit welcher der 1. Senat die den klassischen Enteignungsbegriff,[293] nach wohl herrschender Meinung in der Literatur, prägende Voraussetzung der Güterbeschaffung in einer seiner jüngsten Entscheidungen betont, soll Anlass sein, nachfolgend die dort angeführten Argumente darzustellen, welche dazu führen, dass das BVerfG die Voraussetzungen des Art. 14 Abs. 3 S. 1 GG um ein ungeschriebenes Merkmal erweitert. In der anschließenden Stellungnahme wird deutlich werden, dass ein normativer Anknüpfungspunkt für das Merkmal der Güterbeschaffung, als Voraussetzung einer Enteignung, in Art. 14 Abs. 3 GG rechtsmethodisch schwer nachzuzeichnen ist.

---

291 *Dietlein*, AuR 2015, S. 167ff, mit einer Einordnung der Entscheidung in die Enteignungsdogmatik des Bundesverfassungsgerichts.
292 *Schlick*, in: Depenheuer/Shirvani, Die Enteignung, Nassauskiesung und ihre Folgen – Wirkungsgeschichte einer Entscheidung, S. 116.
293 Zum Begriff „klassische Enteignung" siehe *Axer*, in: Epping/Hillgruber, Kommentar zum GG, Art. 14, Rdn. 78.

g BVerfGE 143, 246 – Vereinbarkeit des Atomgesetzes mit dem Grundgesetz (Atomausstieg)

In seiner Entscheidung zur Vereinbarkeit der dreizehnten Novelle des Atomgesetzes mit dem Grundgesetz hat der 1. Senat des BVerfG ausgeführt, dass neben den Voraussetzungen des Art. 14 Abs. 3 GG in Form 1.) der Entziehung einer konkreten Rechtsposition zur 2.) Erfüllung öffentlicher Aufgaben es sich auch 3.) um eine Güterbeschaffung handeln muss. Dazu heißt es: *„Eine Enteignung nach Art. 14 III GG setzt den Entzug des Eigentums durch Änderung der Eigentumszuordnung und stets auch eine Güterbeschaffung voraus."*[294]

Das BVerfG begründet sein Festhalten am klassischen, eine Güterbeschaffung verlangenden Enteignungsbegriff vor allem mit funktionalen Aspekten des Eigentumsschutzes.[295]

So habe sich unter Geltung des Grundgesetzes eine Ausweitung des verfassungsrechtlichen Eigentumsbegriffs auf eine Vielzahl von Rechtspositionen fortgesetzt.[296] Diese Erstreckung der Eigentumsgarantie auf ganz unterschiedliche Ausprägungen subjektiver Rechtspositionen stelle vielschichtige Anforderungen an die gesetzliche Ausgestaltung einer gerechten Eigentumsordnung, welche die Gemeinwohlbelange und subjektive Rechtspositionen in angemessenen Einklang bringen müsse.[297] Für diese Umsetzung benötige der Gesetzgeber einen weiten Entscheidungsspielraum, den ihm das Grundgesetz bei der Gestaltung von Inhalt und Schranken des Eigentums lasse, jedoch nicht bei der in ihren Voraussetzungen und Rechtsfolgen streng fixierten Enteignung.[298] Letztere sei deshalb auf ihren klassischen Anwendungsbereich beschränkt, der durch konkreten Eigentumsentzug und Güterbeschaffung gekennzeichnet sei.[299]

Für die Begrenzung der Enteignung auf Güterbeschaffungsvorgänge spricht laut BVerfG insbesondere, dass ein praktischer

---

294 BVerfG, Urt. v. 6.12.2016, Az.:1 BvR 2821/11, NJW 2017, S. 217, 224 Rdn. 246.
295 BVerfG, Urt. v. 6.12.2016, Az.:1 BvR 2821/11, NJW 2017, S. 217, 224, Rdn. 251.
296 BVerfG, Urt. v. 6.12.2016, Az.:1 BvR 2821/11, NJW 2017, S. 217, 224, Rdn. 252.
297 BVerfG, Urt. v. 6.12.2016, Az.:1 BvR 2821/11, NJW 2017, S. 217, 225, Rdn. 252.
298 BVerfG, Urt. v. 6.12.2016, Az.:1 BvR 2821/11, NJW 2017, S. 217, 225, Rdn. 252.
299 BVerfG, Urt. v. 6.12.2016, Az.:1 BvR 2821/11, NJW 2017, S. 217, 225, Rdn. 252.

Bedarf für den bloßen Eigentumsentzug, der nicht zugleich mit einem Übergang des Eigentums auf den Staat oder einen Drittbegünstigten verbunden ist, gerade dann bestehe, wenn das Eigentumsrecht im weitesten Sinne bemakelt sei oder in sonstiger Weise als Gemeinwohllast wahrgenommen werde, der Staat also kein originäres Interesse an der Beschaffung des betroffenen Gegenstands aus Gründen des Gemeinwohls habe.[300] Die Begrenzung der Enteignung auf Güterbeschaffungsvorgänge begründet das BVerfG mit Beispielen wie der Entziehung deliktisch erlangten Eigentums als Nebenfolge einer strafrechtlichen Verurteilung[301] oder dem Einfuhr- und Verbringungsverbot bestimmter Hunderassen.[302] Es entspreche der grundsätzlichen Sozialpflichtigkeit des Eigentums gem. Art. 14 Abs. 2 GG, den Eigentumsentzug in solchen Fällen nicht als entschädigungspflichtige Enteignung zu qualifizieren, sondern als Bestimmung von Inhalt und Schranken des Eigentums, die auch beim Entzug von Eigentum nur ausnahmsweise einen Ausgleich erfordert.[303]

h Zwischenergebnis

Mit Blick auf die Begründung des BVerfG zum Atomausstieg könnte man den Eindruck gewinnen, die entschädigungspflichtige Eingriffskategorie der Enteignung passt nicht für die regelmäßige Inanspruchnahme des Eigentums durch den sozial- und umweltgestaltenden Staat.[304] Dies würde letztlich bedeuten, dass sich der Eigentumsbegriff und das Verständnis dessen, was als Eigentum i. S.d. Verfassung zu verstehen ist weiter entwickelt, während der

---

300 BVerfG, Urt. v. 6.12.2016, Az.:1 BvR 2821/11, NJW 2017, S. 217, 225, Rdn. 252.
301 BVerfGE 110, 1, 24. Hier stellt das BVerfG explizit fest, dass der Verlust von Eigentum als Nebenfolge einer strafrechtlichen Verurteilung zu den traditionellen Schranken des Eigentums gehört. Wenn dies der Fall ist, ist dann erschließt sich das Argument nicht, das Merkmal der Güterbeschaffung bei Enteignungen sei notwendig, um Eigentumsentziehungen aufgrund strafrechtlicher Nebenfolgen nicht i. S. d. Art 14 Abs. 3 GG entschädigen zu müssen. Es handelt sich doch um anerkannte Schranken und eben keine Enteignung.
302 BVerfGE 110, 141, 167.
303 BVerfG, Urt. v. 6.12.2016, Az.:1 BvR 2821/11, NJW 2017, S. 217, 225, Rdn. 252.
304 *Cornils*, in: Depenheuer/Shirvani, Die Enteignung, Der Begriff Enteignung – Rückschritt oder Fortschritt, S. 153.

Enteignungsbegriff auf der Stufe des 19. Jahrhunderts verharrt.[305] Die Verfassung ist, wie jedes Gesetz, ein Text der ausgelegt und interpretiert werden muss.[306] Aus diesem Grund soll nachfolgend den Argumenten des BVerfG nachgespürt werden, mit dem Ziel diese rechtsmethodisch einzuordnen und über diesen Weg zu prüfen, wie die rechtsdogmatische Verankerung des Merkmals der Güterbeschaffung im Tatbestand der Enteignung erfolgen kann.

5. Stellungnahme zum Merkmal der Güterbeschaffung bei Enteignungen gem. Art. 14 Abs. 3 GG

a Auslegung des Art. 14 Abs. 3 GG

Das BVerfG bedient sich der klassischen Interpretationsmethoden, in dem es auf den Wortlaut, die Entstehungsgeschichte und den Telos der Norm abstellt.[307]

aa. Wortlaut des Art. 14 Abs. 3 GG

Nähert man sich dem Merkmal der Güterbeschaffung als Voraussetzung für eine Enteignung i. S. d. Art. 14 Abs. 3 GG mit den rechtsmethodischen Ansätzen der Auslegung,[308] so gibt der Wortlaut des Art. 14 Abs. 3 GG keinen Hinweis auf die Notwendigkeit einer solchen Voraussetzung. Das BVerfG stellt zur Wortlautauslegung fest, dass der Wortlaut von Art. 14 III GG zwar keine Güterbeschaffung verlange, das Merkmal aber auch nicht ausgeschlossen sei.[309] Schweigt die Verfassung zu einem Merkmal so stellt sich die Frage, ob es sich um eine Lücke handelt oder auch um ein „beredtes Schweigen" des Verfassungsgebers.[310] Bei der Annahme des Merk-

---

305 *Cornils*, in: Depenheuer/Shirvani, Die Enteignung, Der Begriff Enteignung – Rückschritt oder Fortschritt, S. 152f.
306 *Voßkuhle*, Jus 2019, S. 417, 418.
307 *Voßkuhle*, Jus 2019, S. 417, 418.
308 Zu den Auslegungsmethoden siehe *Larenz/Canaris*, S. 133ff.
309 BVerfG, Urt. v. 6.12.2016, Az.:1 BvR 2821/11, NJW 2017, S. 217, 224, Rdn. 249.
310 *Larenz/Canaris*, S. 191, zum beredten Schweigen.

mals der Güterbeschaffung handelt es sich um eine Rechtsfortbildung, welche mit dem Wortlaut der Norm rechtsmethodisch nicht zu begründen ist.[311]

Enteignung ist dem Wortlaut des Art. 14 Abs. 3 S. 1 GG folgend, die vollständige oder teilweise Entziehung konkreter durch Art. 14 Abs. 1 S. 1 GG gewährleisteter Rechtspositionen zum Wohle der Allgemeinheit, d. h. zur Erfüllung bestimmter öffentlicher Aufgaben.[312]

Wird eine Rechtsposition durch Gesetz[313] oder behördlichen Vollzugsakt[314] entzogen und dient die Enteignung der Erfüllung öffentlicher Aufgaben, sind die Voraussetzungen des Art. 14 Abs. 3 GG erfüllt. Dies würde bedeuten, dass in solchen Fällen die Entziehung der Rechtsposition nur gegen Zahlung einer Entschädigung gem. Art. 14 Abs. 3 S. 2. GG zulässig ist. Das Merkmal der Güterbeschaffung ist aus dem Wortlaut der Norm nicht ableitbar. Die Reduzierung auf Güterbeschaffungsvorgänge ist in dem Wortlaut selber nicht angelegt, sondern bedarf darüberhinausgehender interpretatorischer Anreicherung.

bb. Entstehungsgeschichte

Auch die Entstehungsgeschichte des Art. 14 Abs. 3 GG und insbesondere sein vorherrschendes Verständnis zum Zeitpunkt der Schaffung des Grundgesetzes sind „ambivalent"[315], so dass daraus nicht zuverlässig auf den bei Entstehung des Grundgesetzes vermutlich gewollten Inhalts des Enteignungsbegriffs geschlossen werden kann.[316]

cc. Telos des Art. 14 Abs. 3 GG

Teleologische Auslegung heißt Auslegung gemäß den erkennbaren Zwecken und Zielen einer Regelung.[317] Die Enteignung stellt eine

---

311 Zur Rechtsfortbildung siehe B IV 5 c, d.
312 *Axer*, in: Epping/Hillgruber, Grundgesetz, Beck.Online Kommentar zum GG, Art. 14, Rdn. 73.
313 Legalenteignung.
314 Administrativenteignung.
315 BVerfG, Urt. v. 6.12.2016, Az.:1 BvR 2821/11, NJW 2017, S. 217, 224f, Rdn. 250.
316 *Wieland*, in: Dreier, Kommentar zum GG, Art. 14 Rn. 1 f.
317 *Larenz/Canaris*, S. 153.

besonders schwere Eigentumsbeeinträchtigung dar und ist nur unter den strengen Voraussetzungen des Art. 14 Abs. 3 GG zulässig.[318] Aufgrund der Schwere der Grundrechtsbeeinträchtigung sind Enteignungen gem. Art. 14 Abs. 3 S. 2 GG ausnahmslos nur gegen Entschädigung zulässig. Durch die Junktimklausel soll der Gesetzgeber gezwungen werden, sorgfältig zu prüfen, ob der zu regelnde Sachverhalt einen Enteignungstatbestand i. S. d. Art. 14 Abs. 3 S. 1 GG darstellt. Der Enteignungstatbestand dient zunächst dem Ziel, dass der Zugriff auf die durch Art. 14 Abs. 1 Satz 1 GG geschützten Rechtspositionen (nicht nur Güter) in einem rechtsstaatlich geordneten Verfahren durchgeführt wird, wenn der Betroffene den Zugriff auf sein Eigentum dulden muss. Ein Ziel des Art. 14 Abs. 3 GG ist es demzufolge, das Grundrecht auf Eigentum abzusichern,[319] d. h. der Bürger soll davor geschützt werden sein Eigentum zu verlieren.[320] Daneben soll der Gesetzgeber veranlasst werden, das Gesetz daraufhin zu prüfen, ob der zu regelnde Sachverhalt einen Enteignungstatbestand im Sinne des Art. 14 Abs. 3 GG darstellt, und dass in diesem Fall Entschädigung geleistet werden muss, welche die öffentlichen Haushalte belastet.[321] Der Gesetzgeber soll sich auch schlüssig werden, in welcher Art und in welchem Umfang zu entschädigen ist. Damit soll zugleich verhindert werden, daß unter dem Deckmantel von Inhaltsbestimmungen Enteignungsvorschriften geschaffen werden (Warn- oder Offenbarungsfunktion).[322]

Die Rückbesinnung des BVerfG auf das die klassische Enteignung kennzeichnende Merkmal der Güterbeschaffung, lassen bei Cornils zu Recht die Frage aufkommen, ob dieses Merkmal auf juristisch subsumtionsfähigen, hinreichend konturierten tatbestandlichen Kriterien beruht.[323] Mit den Zielen des Art. 14 Abs. 3 GG läßt sich eine solche Ergänzung des Enteignungstatbestandes nicht begründen.

---

318 *Jarass/Pieroth*, Art. 14 GG, Rdn. 51.
319 BVerfG, Urt. v. 26.10.1977, Az.: 1 BvL 9/72, NJW 1978, 1367, 1368.
320 *Epping*, Grundrechte, Rdn. 496.
321 *Epping*, Grundrechte, Rdn. 496.
322 BVerfG, Urt. v. 26.10.1977, Az.: 1 BvL 9/72, NJW 1978, 1367, 1368.
323 *Cornils*, in: Depenheuer/Shirvani, Die Enteignung, Der Begriff Enteignung – Rückschritt oder Fortschritt, S. 196.

dd. Zwischenergebnis

Die klassische Auslegung des Art. 14 Abs. 3 GG zeigt keinen normativen Ansatz für ein Tatbestandsmerkmal in Form eines Güterbeschaffungsvorganges.

b Güterbeschaffung - Auslegung und Anwendung des Enteignungsbegriffs durch das BVerfG

Mit Blick auf die Offenheit der Verfassung sind die Grenzen der klassischen Auslegungsmethoden schnell erreicht.[324] Aus diesem Grund entwickelt das BVerfG Auslegungsprinzipen, wie die funktionelle Auslegung, um den Konkretisierungsprozess weiter anzuleiten und zu rationalisieren.[325] So stellt das BVerfG auch in seiner aktuellen Entscheidung auf „…funktionale Gründe des Eigentumsschutzes…" ab, welche nach Auffassung des Gerichts ein Festhalten am Tatbestandsmerkmal des Güterbeschaffungsvorgangs erforderlich machen.[326]

Nachfolgend sollen die Argumente des BVerfG näher betrachtet werden, mit denen das Gericht die Notwendigkeit des Merkmals der Güterbeschaffung begründet.

aa. Argument des funktionellen Bedarfs

Das Argument des BVerfG, es gebe ein funktionelles Bedürfnis verbunden mit dem Ziel, dem Gesetzgeber bei der Ausgestaltung einer gerechten Eigentumsordnung den maximalen Gestaltungsspielraum zu belassen, überzeugen insofern nicht, als der Wandel des Eigentumsverständnisses unberücksichtigt zu bleiben scheint. Unter Anwendung der rechtsmethodisch gebotenen Auslegungsarten[327] lässt sich die Voraussetzung einer Güterbeschaffung als Voraussetzung für eine entschädigungspflichtige Enteignung aus Art. 14 Abs. 3 GG nicht ableiten.[328] Der Umstand, dass ein praktisches

---

[324] *Voßkuhle*, Jus 2019, S. 417, 418.
[325] *Voßkuhle*, Jus 2019, S. 417, 418.
[326] BVerfG, Urt. v. 6.12.2016 – 1 BvR 2821/11, 1 BvR 321/12, 1 BvR 1456/12, NJW, 217, 225.
[327] Zu den Auslegungsmethoden von Gesetzen insgesamt, siehe *Larenz/Canaris*, S. 133ff.
[328] Dazu B IV 5 a.

oder funktionelles Bedürfnis für das Merkmal der Güterbeschaffung bei einer Enteignung besteht, kann ein Faktor sein, welcher die Auslegung des Art. 14 Abs. 3 GG mitbestimmt, darf aber nicht der allein maßgebliche Faktor sein.[329] Anderenfalls stellt sich die Frage, wo die Grenze einer am funktionellen Bedarf orientierten Auslegung der Verfassung ist, im Hinblick auf den vom Verfassungsgeber vorgegebenen Eigentumsrahmen.

Beim Begriff des Eigentums wird immer wieder zu Recht betont, dass sich die Voraussetzungen, was Eigentum im Sinne des Grundgesetzes ist, aus der Verfassung selbst ergeben. Nichts anderes kann dann jedoch für die Enteignung gelten als das Rechtsinstitut, welches vom Verfassungsgeber für die Entziehung des Eigentums geschaffen wurde. Findet das Merkmal der Güterbeschaffung jedoch in der für Enteignungen maßgeblichen Norm des Art. 14 Abs. 3 GG der Verfassung keinen Niederschlag, so spricht der Ansatz, dass sich die Voraussetzungen, was Eigentum im Sinne des Grundgesetzes ist, aus der Verfassung selbst ergeben muss, gegen ein solch ergänzendes Merkmal. Denn wenn sich aus der Verfassung selbst ergeben muss, was Eigentum ist, dann muss Gleiches auch für dessen Entzugsvoraussetzungen gelten, d. h. auch diese müssen sich aus der Verfassung selbst ergeben. Dies hat der Verfassungsgeber gesehen und die Voraussetzungen für den Entzug von Eigentum mit Art. 14 Abs. 3 GG in der Verfassung geregelt. Ein Merkmal der Güterbeschaffung als Voraussetzung für eine Güterbeschaffung hat der Verfassungsgeber gerade nicht vorgegeben.

bb. Abgrenzung Enteignung i. S. d. Art. 14 Abs. 3 GG und andere Tatbestände zum Eigentumsverlust

Der vom 1. Senat des BVerfG angeführten Begründung, das Merkmal der Güterbeschaffung sei notwendig, da anderenfalls eine Ent-

---

329 *Larenz/Canaris*, S. 168.

IV. ENTEIGNUNG

schädigungspflicht bei Eigentumsentziehungen im Zusammenhang mit der Begehung von Straftaten bestünde,[330] steht die Entscheidung des 2. Senats des BVerfG[331] entgegen, der zum Eigentumsverlust im Zusammenhang mit Straftaten Folgendes ausführt:

> „Enteignung ist nicht der einzige Titel, auf Grund dessen privatrechtliches Eigentum dem Eigentümer entzogen werden kann. In der Vergangenheit hat es unabhängig vom Enteignungstatbestand den Eigentumsverlust im Zusammenhang mit einer Straftat – die Konfiskation – gegeben. Das heutige Recht kennt unabhängig vom Enteignungstatbestand den Verlust von Eigentum als Nebenfolge einer strafrechtlichen Verurteilung – die Einziehung der instrumenta und producta sceleris –, den Fall der Sozialisierung (Art. 15 GG) und den Fall der Verwirkung (Art. 18 GG)."[332]

Dem Ansatz des 2. Senats folgend ist das Merkmal der Güterbeschaffung für eine Enteignung i. S. d. Art. 14 Abs. 3 S. 1 GG funktionell nicht notwendig, wenn Eigentumsbeschränkungen erfolgen, die im Grundgesetz explizit genannt sind oder bei denen es sich um Rechtsinstitute handelt, welche neben der Enteignung gem. Art. 14 Abs. 3 GG zur Eigentumsordnung des Grundgesetzes gehören.

Für die normativ geprägten Grundrechte, zu denen auch die Gewährleistung des Eigentums gem. Art. 14 Abs. 1 S. 1 GG zählt, ist zu berücksichtigen, dass Eigentum als Rechtsinstitut schon lange vor der Verabschiedung des Grundgesetzes rechtlich geprägt war.[333] Kennzeichnend für die rechtliche Prägung des Eigentums, wie es sich zum Zeitpunkt der Verkündung des Grundgesetzes dargestellt hat, war auch das Vorhandensein von Rechtsinstituten wie die Einziehung gem. § 40 Strafgesetzbuch a. F.[334] Als der Verfassungsgeber neben den bereits vorhandenen Rechtsinstituten mit Art. 14 Abs. 3 GG die Eingriffsart Enteignung konstituiert hat, wusste er demzufolge, dass die Eigentumsordnung Eigentumsentziehungen z. B. in Form der strafrechtlichen Einziehung kennt. Der

---

330 BVerfG, Urt. v. 6.12.2016, Az.:1 BvR 2821/11, NJW 2017, S. 217, 224, Rdn. 253.
331 BVerfG, Beschl. v. 12.12.1967, Az.: 2 BvL 14/62, 2 BvL 3/64, 2 BvL 11/65, 2 BvL 15/66, 2 BvR 15/67, BeckRS 1967, 104169.
332 BVerfG, Beschl. v. 12.12.1967, Az.: 2 BvL 14/62, 2 BvL 3/64, 2 BvL 11/65, 2 BvL 15/66, 2 BvR 15/67, BeckRS 1967, 104169, Rdn. 97.
333 *Schröder*, JA 2016, S. 641, 642.
334 Deutsches Reichsgesetzblatt Band 1871, Nr. 24, Seite 127 – 205.

Verfassungsgeber hat die Existenz weiterer Enteignungstatbestände wie die strafrechtliche Einziehung neben der Enteignung gem. Art. 14 Abs. 3 GG gesehen und dennoch für die Enteignung i. S. d. Art. 14. Abs. 3 GG die Voraussetzung der Güterbeschaffung nicht in den Tatbestand des Art. 14 Abs. 3 GG aufgenommen. Der Enteignungstatbestand mit seinen in Art. 14 Abs. 3 GG definierten Voraussetzungen wurde vom Verfassungsgeber in Kenntnis der bereits vorhandenen Rechtsinstitute geschaffen. Hätte der Verfassungsgeber Abgrenzungsbedarf in der Form gesehen, dass Enteignungen gem. Art. 14 Abs. 3 GG nur in den Fällen der Güterbeschaffung zulässig sein sollen, hätte er eine solche Voraussetzung in Art. 14 Abs. 3 GG aufgenommen.

Das Rechtsinstitut der strafrechtlichen Einziehung mit den Tatbeständen der collectio instrumenta und producta sceleris, der Fall der Sozialisierung gem. Art. 15 GG und der Fall der Verwirkung gem. Art. 18 GG gehören zu den traditionellen Beschränkungen des EigentumS. Sie sind von der Eigentumsordnung des Grundgesetzes ausdrücklich in den Artikeln 15 und 18 GG oder als bereits vorhanden, in Form des Rechtsinstituts der strafrechtlichen Einziehung, zugelassen und insofern „Schranken des Eigentums", die der Gesetzgeber konkretisieren kann gem. Art. 14 Abs. 1 GG.[335] Es handelt sich aber gerade nicht um Enteignungen i. S. d. Art. 14 Abs. 3 S. 1 GG.[336] Eine Enteignung i. S. d. Art. 14 Abs. 3 GG setzt den Entzug konkreter Rechtspositionen voraus, wobei auch unstrittig ist, dass nicht jeder Entzug eine Enteignung im Sinne dieser Vorschrift ist,[337] wie die genannten Beispiele der Artikel 15 und 18 GG oder die strafrechtliche Entziehung zeigen.

Deutlich wird, dass die Verfassung verschiedene Formen des Verlustes von Privateigentum kennt. Neben der Enteignung gem. Art. 14 Abs. 3 GG stehen die Umwidmung in Gemeineigentum

---

335 BVerfG, Beschl. v. 12.12.1967, Az.: 2 BvL 14/62, 2 BvL 3/64, 2 BvL 11/65, 2 BvL 15/66, 2 BvR 15/67, BeckRS 1967, 104169, Rdn. 97.
336 so wohl auch *Perron*, JZ 1993, S. 918, 919, der keine Enteignung sieht, sondern großzügige Einschätzungsprärogativen beim Gesetzgeber, welche im Hinblick auf Art. 14 GG einer näheren Verhältnismäßigkeitsprüfung zu unterziehen sind.
337 BVerfGE 112, 93, 109.

gem. Art. 15 GG und die Verwirkung gem. Art. 18 GG sowie das anerkannte Rechtsinstitut der strafrechtlichen Einziehung. Gemeinsam ist allen Formen des Eigentumsverlustes, dass der Privateigentümer in seinen durch Art. 14 Abs. 1. S. 1 GG geschützten Eigentumsbefugnissen beschränkt wird bis hin zum Verlust der Rechtsposition.

Die Voraussetzungen im Einzelnen ergeben sich jedoch aus der jeweiligen Norm selber und müssen erfüllt sein, um den Eingriff in das Eigentum zu rechtfertigen. Die Enteignung gem. Art. 14 Abs. 3 GG mit einer weiteren Voraussetzung, in Form der Güterbeschaffung, aufzuladen, damit eine Abgrenzung gegenüber strafrechtlichen Eigentumseinziehungen möglich ist, bedarf es nicht.

cc. Die strafrechtliche Einziehung und die Enteignungen i. S. d. Art. 14 Abs. 3 GG

An dem vom 1. Senat in seiner Entscheidung genannten Beispiel der Einziehung von Eigentum im Rahmen von Strafverfahren soll nochmal verdeutlicht werden, dass es sich dabei nicht um Enteignungen i. S. d. Art. 14 Abs. 3 GG handelt, so dass eine Abgrenzungsnotwendigkeit durch ein Merkmal wie Güterbeschaffung nicht besteht. Eine Enteignung würde bereits mangels der im Art. 14 Abs. 3 S. 1 explizit genannten Voraussetzung zum „Wohle der Allgemeinheit" ausscheiden. Diese Voraussetzung verlangt, dass die Enteignung zur Erfüllung öffentlicher Aufgaben erfolgt. An dem für die Enteignung kennzeichnenden Zweck der Erfüllung öffentlicher Aufgaben fehlt es, wenn Eigentum entzogen wird, weil von ihm Gefahren ausgehen oder weil damit strafrechtliche Handlungen sanktioniert werden.[338]

Mit öffentlichen Aufgaben sind Aufgaben gemeint, an deren Erfüllung ein gesteigertes Interesse der Gemeinschaft besteht, die aber so geartet sind, dass sie weder im Wege privater Initiative wirksam wahrgenommen werden können, noch zu den im engeren Sinn staatlichen Aufgaben zählen, die der Staat selbst durch seine Behörden wahrnehmen muss,[339] wie z. B. die Anwendung des

---

338 *Jarass/Pieroth*, Art. 14, Rdn. 53.
339 BVerfGE 38, 281, 299.

Strafrechts. Die Umsetzung eines auf einfachgesetzlicher Basis durch Gerichte festgelegten strafrechtlichen Maßnahmenumfangs, zu dem auch die Einziehung gehört, obliegt dem Staat und seinen Behörden, so dass eine Eigentumsentziehung zur Erfüllung öffentlicher Aufgaben i. S. d. Art. 14 Abs. 3 GG nicht vorliegt.

Hinzu kommt, dass das Bundesverfassungsgericht schon im Beschluss vom 12. Dezember 1967 klargestellt hat, dass der Verlust von Eigentum als Nebenfolge einer strafrechtlichen Verurteilung zu den traditionellen Schranken des Eigentums gehört[340] und demzufolge eben keine Enteignung i. S. d. Art. 14. Abs. 3 GG ist.

Das Bundesverfassungsgericht hat außerdem wiederholt ausgesprochen, dass sich die Frage, wie weit der Gesetzgeber Inhalt und Schranken einer unter die Eigentumsgarantie fallenden Position bestimmen darf, nicht unabhängig davon beantworten lässt, aus welchen Gründen der Eigentümer eine solche Position erworben hat und ob sie durch einen personalen oder einen sozialen Bezug geprägt ist.[341]

Bei der strafrechtlichen Einziehung von Gegenständen, die zur Begehung einer Straftat gebraucht oder aus einer solchen erlangt wurden, handelt es sich um eine Strafe.[342] Bereits aus diesem Grund fehlt ein Abgrenzungsbedarf zwischen der Enteignung und der strafrechtlichen Sanktion der Einziehung. Fehlt ein Abgrenzungsbedarf, so bedarf es auch keines Merkmals wie der Güterbeschaffung als Voraussetzung für die Enteignung gem. Art. 14 Abs. 3 GG, da eine Enteignung i. S. d. Art. 14 Abs. 3 GG eben gerade nicht einem Eigentumsverlust aufgrund einer strafrechtlichen Einziehung gleichsteht.

Das Sanktionsrecht und damit auch die Festlegung des Sanktionsumfangs obliegt dem demokratisch legitimierten Gesetzgeber, der für diesen Bereich gem. Art. 14 Abs. 1 S. 2 GG Inhalt und Schranken bestimmen darf. Der Gesetzgeber genießt dabei jedoch keine unbeschränkte Gestaltungsfreiheit. Er ist insbesondere ver-

---

340 BVerfGE 22, 387, 422.
341 BVerfGE 53, 257, 292.
342 BGH, Beschl. v. 29.6.2017, Az.: 3 StR 58/17, BeckRS 2017, 123464.

IV. ENTEIGNUNG 87

pflichtet, die Interessen der Beteiligten in einen gerechten Ausgleich und ein ausgewogenes Verhältnis zu bringen. Eine einseitige Bevorzugung oder Benachteiligung steht mit der verfassungsrechtlichen Vorstellung eines sozial gebundenen Privateigentums nicht in Einklang.[343] Würde der strafrechtlich mit Einziehung sanktionierte Täter eine Entschädigung i. S. d. Art. 14 Abs. 3 S. 2 GG für den erlittenen Eigentumsverlust erhalten, würde die legale Verwendung von Eigentum und die kriminelle Verwendung gleichgesetzt, da in beiden Fällen gleichermaßen, bei Entziehung der Rechtsposition, ein Entschädigungsanspruch entstehen würde. Dies stände mit der verfassungsrechtlichen Vorstellung eines sozial gebundenen Privateigentums nicht in Einklang und würde den Straftäter gegenüber dem rechtskonform Handelnden bevorzugen.[344]

Das Merkmal der Güterbeschaffung ist damit für die Abgrenzung der strafrechtlichen Eigentumseinziehung und der Enteignung auch deswegen nicht erforderlich, weil bei der strafrechtlichen Einziehung die Voraussetzung des Art. 14 Abs. 3 GG, zum Wohle der Allgemeinheit nicht erfüllt wäre. Beide Rechtsinstitute stehen selbständig nebeneinander, wie sich aus den unterschiedlichen Bezeichnungen und den unterschiedlichen Voraussetzungen ergibt.

dd. Argument der klaren Abgrenzung von Enteignung und Inhalts- und Schrankenbestimmung

In seiner Atomausstiegsentscheidung macht das BVerfG deutlich, dass das Ziel, die Voraussetzung der Güterbeschaffung für eine Enteignung i. S. d. Art. 14 Abs. 3 GG zugrunde zu legen, sei, die Enteignung und die Inhalts- und Schrankenbestimmung möglichst klar abzugrenzen, was durch die Einführung des Merkmals der Güterbeschaffung als konstitutives Enteignungsmerkmal gelingen soll.[345]

---

343 BVerfGE 112, 93, 109.
344 BVerfGE 112, 93, 109.
345 BVerfG, Urt. v. 6.12.2016, Az.:1 BvR 2821/11, NJW 2017, S. 217, 224 Rdn. 254.

Gleichzeitig stellt das BVerfG jedoch fest, dass sich in Fällen der Entziehung von Rechtspositionen, welche nach Auffassung des 1. Senats des BVerfG mangels Güterbeschaffung keine Enteignung seien, dem Gesetzgeber stets die Frage stellt, ob eine solche Inhalts- und Schrankenbestimmung vor Art. 14 GG Bestand haben kann, wenn keine angemessenen Ausgleichsregelungen vorgesehen sind.[346] Durch einen solchen Ausgleich könne in bestimmten Fallgruppen die Verfassungsmäßigkeit einer sonst unverhältnismäßigen oder gleichheitswidrigen Inhalts- und Schrankenbestimmung i. S. v. Art. 14 I 2 GG gesichert werden.[347]

Die vom BVerfG postulierte Klarheit der Abgrenzung von Enteignung und Inhalts- und Schrankenbestimmung droht dadurch jedoch wieder zu verschwimmen, wenn entgegen des Wortlauts von Art. 14 Abs. 1 S. 2 bei Inhalts- und Schrankenbestimmungen dem Gesetzgeber eine Pflicht zur Prüfung von Entschädigungen auferlegt wird, während trotz Vorliegen der Voraussetzungen – Entziehung einer Rechtsposition zum Wohle der Allgemeinheit, d. h. zur Erfüllung öffentlicher Aufgaben –, wie sie der Wortlaut von Art. 14 Abs. 3 S. 1 GG aufstellt, eine Enteignung verneint wird. Der Verfassungsgeber hat nur im Fall einer Enteignung gem. Art. 14 Abs. 3 GG Entschädigungen vorgesehen. Eine klare Abgrenzung zwischen Enteignung und Inhalts- und Schrankenbestimmung lässt sich jedoch schwer erkennen, wenn das BVerfG einerseits bei Inhalts- und Schrankenbestimmungen gem. Art. 14 Abs. 1 S. 2 GG vom Gesetzgeber verlangt, dieser müsse Entschädigungsumfänge prüfen, andererseits Enteignungen verneint werden, mit dem Argument, es fehle am Merkmal der Güterbeschaffung, obwohl der Verfassungsgesetzgeber ein solches Merkmal in Art. 14 Abs. 3 GG nicht verlangt.

ee. Zwischenergebnis

Die Begründungen des BVerfG zeigen einen Bedarf den Tatbestand der Enteignung normativ zu konturieren. Schaut man sich die Rechtsprechungshistorie des Bundesverfassungsgerichts an, so ist

---

346 BVerfG, Urt. v. 6.12.2016, Az.:1 BvR 2821/11, NJW 2017, S. 217, 224 Rdn. 258.
347 BVerfGE 100, 226, 244.

IV. ENTEIGNUNG   89

der Entzug einer konkreten Eigentumsposition, in Form einer konkreten Rechtsposition,[348] das Schlüsselmerkmal des Enteignungsbegriffs gewesen.[349] Die durch das Merkmal der Güterbeschaffung nunmehr wieder bewirkte Verengung des Enteignungsbegriffs auf die Veränderung (sachen-)rechtlicher Zuordnungen, welche durch einen Übertragungsakt gekennzeichnet ist, könnte rechtsmethodisch nur als Rechtsfortbildung eingestuft bzw. erfasst werden. Bei der Rechtsfortbildung ist zwischen den Formen der Verfassungskonkretisierung und dem Verfassungswandel zu unterscheiden.[350]

c   Verfassungskonkretisierung als Ausdruck verfassungsimmanenter Rechtsfortbildung

Das BVerfG ist der verfassungsrechtlich bestimmte Letztinterpret der Verfassung.[351] Kennzeichnend für eine verfassungsimmanente Rechtsfortbildung ist, das die in der Verfassung, im Gewohnheitsrecht sowie in ständiger Rechtsprechung ausgeformten zur unmittelbaren Anwendung geeigneten Rechtssätze aus sich selbst heraus lückenhaft sind.[352]

Eine Lücke liegt immer dann vor, wenn ein Normenkatalog für eine bestimmte Fallgestaltung, die innerhalb des von ihm geregelten Bereichs liegt, keine Regel enthält und es sich nicht um ein beredtes Schweigen handelt.[353] Ein beredtes Schweigen des Normgebers liegt immer dann vor, wenn dieser bewusst Regelungen für eine bestimmte Fallgestaltung nicht in den Normenkatalog aufgenommen hat.[354] Der Tatbestand der Enteignung i. S. d. Art. 14 Abs. 3 GG ist nicht lückenhaft, sondern nach Auffassung des BVerfG zu weit, denn es sieht mit der Erstreckung der Eigentumsgarantie auf ganz unterschiedliche Ausprägungen subjektiver

---

348 BVerfGE 58, 300, 328, „*Das Eigentum als Zuordnung eines Rechtsgutes an einen Rechtsträger bedarf, um im Rechtsleben praktikabel zu sein, notwendigerweise der rechtlichen Ausformung.*"
349 *Cornils*, in: Depenheuer/Shirvani, Die Enteignung, Der Begriff Enteignung – Rückschritt oder Fortschritt, S. 201.
350 *Voßkuhle*, Jus 2019, S. 417, 418
351 *Voßkuhle*, Jus 2019, S. 417.
352 *Larenz/Canaris*, S. 191.
353 *Larenz/Canaris*, S. 191.
354 *Larenz/Canaris*, S. 191.

Rechtspositionen, den Gestaltungsspielraum des Gesetzgebers zu sehr beschränkt, wenn der Entzug dieser Eigentumspositionen als Enteignung i. S. d. Art. 14 Abs. 3 GG subsumiert werden würde.[355] Legt man die Ausführungen Voßkuhles zugrunde, das BVerfG orientiere sich bei der Verfassungskonkretisierung an dem Wandel gesellschaftlicher Verhältnisse und der Wirklichkeitsoffenheit des Grundgesetzes,[356] so stellt sich die Frage, ob nicht der Wandel des Eigentumsverständnisses, der seinen Ausdruck darin findet, das Urheberrechte,[357] sozialversicherungsrechtliche Ansprüche[358] oder öffentlich-rechtliche Erstattungsansprüche[359] vom verfassungsrechtlichen Eigentumsbegriff erfasst werden, auch dazu führen müsste, den Enteignungsbegriff entsprechend zu konkretisieren. Wandelt sich in der Gesellschaft und auch in der Rechtsprechung das Verständnis darüber, welche Rechtspositionen in den Schutzbereich des Art. 14 Abs. 1 GG fallen, so liegt es nahe, dass dieser Wandel auch beim Verständnis darüber zum Ausdruck kommt, wie der vollständige Entzug solcher Eigentumspositionen zu bewerten ist, nämlich als Enteignung. In dem die Enteignung (wieder) auf Güterbeschaffungsvorgänge beschränkt wird, parallel jedoch die ausgleichpflichtige Schrankenbestimmung, für die vollständige Entziehung von Eigentumspositionen, die Ausgleichfunktion für den Eigentumsverlust übernehmen soll, so ist das Entschädigungsproblem auf die Ebene der Inhalts- und Schrankenbestimmung nur verlagert worden.[360] Der Verlagerungseffekt führt jedoch dazu, dass eine Entschädigung gewährt werden soll, wo der Verfassungsgeber keine vorgesehen hat, während der für den Fall der Enteignung vorgesehene Entschädigungstatbestand keine An-

---

355 BVerfG, Urt. v. 6.12.2016, Az.:1 BvR 2821/11, NJW 2017, S. 217, 225 Rdn. 252.
356 *Voßkuhle*, Jus 2019, S. 417, 418
357 BVerfGE 36, 281, 290.
358 BVerfGE 53, 336, 348.
359 BVerfGE 89, 1, 5ff.
360 *Cornils*, in: Depenheuer/Shirvani, Die Enteignung, Der Begriff Enteignung – Rückschritt oder Fortschritt, S. 153.

IV. ENTEIGNUNG 91

wendung findet, da mit der Verengung auf Güterbeschaffungsvorgänge ein Enteignungsbegriff zugrunde gelegt wird, welcher im modernen sozial- und umweltgestaltenden Staat nicht mehr passt.[361]

Die Grenze verfassungsimmanenter Rechtsfortbildung setzt Art. 20 Abs. 3 GG, in dem er die Rechtsprechung an Gesetz und Recht bindet. Gibt das Gesetz keinen Raum mehr für eine ihm immanente Rechtsfortbildung, so kann das Gericht das Gesetz darüber hinaus fortbilden.[362] Das Recht, welches mit der Gesamtheit der geschriebenen Gesetze nicht identisch ist, wirkt dabei als Korrektiv.[363]

d Verfassungswandel – Ausdruck einer verfassungsübergreifenden Rechtsfortbildung -

Wird der Sinn einer Verfassungsnorm geändert, ohne das der Text geändert wird, spricht man von einem Verfassungswandel.[364] Mit Blick auf den Enteignungstatbestand und das Merkmal der Güterbeschaffung hat sich nicht der Wortlaut der Verfassung geändert, jedoch das maßgebliche Verständnis des BVerfG als Letztinterpreten der Verfassung.[365]

Um den sich wandelnden Rahmenbedingungen gerecht zu werden, hat das BVerfG ein offenes System von unterschiedlichen Entscheidungsregeln, Argumentationsmustern, Rechtsfiguren und Prozeduren entwickelt, das es flexibel und einzelfallbezogen handhabt und sich damit spezifischen Rationalitätsanforderungen unterworfen.[366] Die Grundrechte bilden dabei den Kern der freiheitlich demokratischen Ordnung des staatlichen Lebens im Grundgesetz.[367] Das BVerfG sieht die Sinnmitte der vom Grundgesetz ver-

---

361 *Cornils*, in: Depenheuer/Shirvani, Die Enteignung, Der Begriff Enteignung – Rückschritt oder Fortschritt, S. 153.
362 *Larenz/Canaris*, S. 232ff.
363 BVerfGE 34, 269, 287.
364 *Voßkuhle*, Jus 2019, S. 417, 418.
365 Siehe dazu die Rechtsprechungsauswertung in B IV 4.
366 *Voßkuhle*, Jus 2019, S. 417, 423.
367 BVerfGE 31, 58, 73.

bürgten materiellen Grundrechte in dem Schutz der privaten natürlichen Person gegen materielle Übergriffe.[368] Für die Gewährleistung dieses Schutzes, vollzieht das BVerfG den Wandel gesellschaftlicher Wertvorstellungen und wissenschaftlicher Erkenntnisse nicht einfach unreflektiert nach, sondern eruiert, ob und an welchen Stellen dieser Wandel aus der Perspektive des Rechts relevant übersetzungsfähig ist.[369] Als verfassungsrechtlicher „Dynamo" erweist sich dabei Art. 3 GG, der mittelbar auch die Auslegung der anderen Grundrechte beeinflusst.[370]

Mit Blick auf die annähernd fünfzehnjährige Phase rechtspraktischer Unsicherheit, wie Cornils diesen Zeitraum beschreibt,[371] stellt sich die Frage, wie sich das Merkmal der Güterbeschaffung aus der Perspektive einer verfassungsübergreifenden Rechtsfortbildung, in Form eines Verfassungswandels, einordnen lässt, wenn man die skizzierten Leitlinien des BVerfG in Form eines Schutzbedürfnisses des Grundrechtsträgers sowie eine Gleichheit der vom Schutzbereich des Art. 14 GG erfassten Eigentumspositionen zugrunde legt.

aa. Bedürfnis des Grundrechtsträgers – Schutzfunktion des Enteignungsbegriffs

Schaut man aus der Perspektive des Grundrechtsträger auf den Bedarf, den Enteignungstatbestand des Art. 14 Abs. 3 mit dem Merkmal der Güterbeschaffung anzureichern, so kann sich eine Begründung aus der von der Verfassung vorgezeichneten Notwendigkeit einer Abgrenzbarkeit der Eingriffsarten Inhalts- und Schrankenbestimmung und Enteignung ergeben. Ob eine solche Abgrenzbarkeit jedoch in einer zwingenden Trennung durch Annahme einer ungeschriebenen Voraussetzung notwendig ist, dürfte zweifelhaft sein. Zuzustimmen ist Cornils, der ausführt, zwingend sei sicherlich, dass die Enteignung Merkmale aufweisen muss, die nicht auch

---

368 *Sodan*, NVwZ 2009, S. 545, 546; BVerfGE 61, 82 101.
369 *Voßkuhle*, Jus 2019, S. 417, 419
370 *Voßkuhle*, Jus 2019, S. 417, 419
371 *Cornils*, in: Depenheuer/Shirvani, Die Enteignung, Der Begriff Enteignung – Rückschritt oder Fortschritt, S. 150.

IV. ENTEIGNUNG 93

schon gleichermaßen von der Inhalts- und Schrankenbestimmungen erfüllt werden.[372]

Mit Blick auf die Schutzfunktion der Enteignung und das daraus abzuleitende Bedürfnis der Grundrechtsträger wird dieser Abgrenzungseffekt jedoch erreicht, wenn man auf den vollständigen Entzug der Eigentumsrechtsposition abstellt. Ein solches Verständnis würde dem veränderten Verständnis folgen, was als Eigentumsposition vom Schutzbereich des Art. 14 GG erfasst wird und den vom Grundgesetz verbürgten materiellen Grundrechten in Form des Schutzes der privaten natürlichen Person gegen die vollständige Entziehung von Eigentumspositionen gerechter werden. Gleichzeitig würde dem berechtigten Abgrenzungsbedürfnis genüge getan. denn verbleibt die Eigentumsrechtsposition beim Grundrechtsträger und dieser wird nur in seinen Befugnissen beschränkt, handelt es sich um eine Schrankenbestimmung des Eigentums, während der Entzug der Eigentumsrechtsposition eine Enteignung darstellt.

bb. Natur der Sache - Gleichheit der vom Schutzbereich des Art. 14 Abs.1 S. 1 GG erfassten Eigentumspositionen

Die Natur der Sache ist von großer Bedeutung im Zusammenhang mit der Forderung der Gerechtigkeit, Gleiches gleich und Ungleiches ungleich zu behandeln.[373]

Hier ist von Bedeutung, ob das durch Art. 14 Abs. 1 GG gewährleistete Eigentum eine differenzierende Betrachtung erfordert, wenn man die Schutzbedürftigkeit in den Blick nimmt. Dem vorgelagert ist die Frage der Eigentumsfähigkeit.

Die Erstreckung des Eigentumsschutzes,[374] auf öffentlichrechtliche Ansprüche durch das BVerfG zeigt, dass die Eigentumsfähigkeit von Rechtspositionen ohne unmittelbare sachenrechtliche

---

372 *Cornils*, in: Depenheuer/Shirvani, Die Enteignung, Der Begriff Enteignung – Rückschritt oder Fortschritt, S. 182.
373 *Larenz/Canaris*, S. 237.
374 *Ossenbühl/Cornils*, S. 176, zur Ausweitung des Eigentumsschutzes auf die gesamte Vermögenssphäre des Bürgers.

Ausprägung anerkannt ist.³⁷⁵ Aus welchem Grund solche Eigentumspositionen, im Fall ihres vollständigen Entzugs nicht als Enteignung gelten sollen, weil es in diesen Fällen regelmäßig an der Voraussetzung der Güterbeschaffung fehlen wird, erschließt sich nicht. Handelt es sich doch, der Natur der Sache nach, um Eigentumspositionen, welche genauso unter den Schutzbereich des Art. 14 Abs. 1 GG fallen wie z. B. das Grundstückseigentum bzw. das Eigentum an Sachen allgemein.

6. Ergebnis

a Aushöhlung des Eigentumsschutzes

Durch das Merkmal der Güterbeschaffung wäre die Enteignung i. S. d. Art. 14 Abs. 3 GG vergegenständlicht und letztlich auf solche Fälle beschränkt, in denen Güter hoheitlich beschafft werden, mit denen ein konkretes, der Erfüllung öffentlicher Aufgaben dienendes Vorhaben durchgeführt werden soll.³⁷⁶

Der Schutz von Eigentums-Rechtspositionen, wie er durch Art. 14 Abs. 1 S. 1 i. V. m. Abs. 3 GG gewährleistet werden soll, wird durch das Merkmal der Güterbeschaffung ausgehöhlt und auf lediglich eine Anwendungsgruppe reduziert. Damit ist nicht mehr die Schwere des Eingriffs und das Ausmaß der Belastungen, in Form der Entziehung einer Eigentumsposition, maßgebend für die Qualifizierung als Enteignung, sondern dessen Form und Zweckrichtung.³⁷⁷

Dies wirkt sich besonders intensiv aus, wenn es um die Entziehung von Eigentumspositionen geht ohne unmittelbaren Sachgüterbezug, wie dies z. B. bei einer Kürzung des Katalogs jagdbarer Arten der Fall ist.

Wendet man den Art. 14 Abs. 3 GG ohne das vom BVerfG geprägte Merkmal der Güterbeschaffung an, so liegt auch bei der Kürzung des Katalogs der jagdbaren Arten eine Enteignung gem. Art. 14 Abs. 3 GG vor.

---

375 *Schuppert*, S. 187 zur Eigentumsfähigkeit.
376 Zum Merkmal der Güterbeschaffung, BVerfG NVwZ 2009, S. 1158 1159.
377 *Axer*, in: Epping/Hillgruber, Kommentar zum GG, Art. 14, Rdn. 73.

b Kürzung des Katalogs jagdbarer Arten – Enteignung gem. Art 14 Abs. 3 GG

Sachgerecht erscheint es, dem Wortlaut des Art. 14 Abs. 3 S. 1 GG folgend, eine Enteignung immer dann anzunehmen, wenn rechtmäßige und rechtmäßig verwendete Eigentums-Rechtspositionen komplett entzogen werden und dies zum Wohle der Allgemeinheit, d. h. zur Erfüllung öffentlicher Aufgaben geschieht. Dies zugrunde legend wäre bei der Kürzung des Katalogs jagdbarer Arten, bezogen auf den absoluten Verlust der Rechtsposition, eine Wildart hegen und bejagen und sich aneignen zu dürfen, eine Enteignung i. S. d. Art. 14 Abs. 3 GG zu bejahen. Maßgebliche Rechtsposition wäre die über § 1 Abs. 1 gewährte umfassende ausschließliche Zugriffsbefugnis des Berechtigten in seinem Jagdbezirk auf die Individuen der jeweiligen „Wild"-Art, welche diesem endgültig entzogen würde. Die mit der Kürzung verfolgte öffentliche Aufgabe wäre regelmäßig der Erhalt der betreffenden Art. Ob die Herausnahme einer Art aus dem Katalog der jagdbaren Arten tatsächlich dem verfolgten Ziel, der Arterhaltung, dient, ist zweifelhaft,[378] da in dem Fall nur noch der Schutzbereich des Naturschutzrechts für diese Art gelten würde.[379] Dieser Aspekt wäre auf der Ebene der Verhältnismäßigkeit der Enteignung im Voraussetzungsmerkmal der Geeignetheit zu erörtern.

Aus Gründen der Vollständigkeit soll für die Frage der Kürzung des Katalogs jagdbarer Arten, nachfolgend der vom 1. Senat des BVerfG aufgezeigte Weg, einer ausgleichspflichtigen Inhalts- und Schrankenbestimmung nachvollzogen werden.

---

378 Siehe dazu beispielhaft der freiwillige Jagdverzicht beim Rebhuhn, welcher trotzdem nicht zu einer spürbaren Zunahme der Bestände geführt hat, da Hauptursache für den Rückgang der Rebhühner nicht die Jagd ist, sondern der Verlust von Ackerrändern, Brachen und Blühflächen in unserer Kulturlandschaft – siehe dazu: https://www.deutschewildtierstiftung.de/wildtiere/rebhuhn.
379 Siehe D II 3.

V Kürzung des Katalogs jagdbarer Arten als Inhalts- und Schrankenbestimmung i. S. d. Art. 14 Abs. 1 S. 2 GG?

Unter Inhalts- und Schrankenbestimmungen versteht das BVerfG die generelle und abstrakte Festlegung von Rechten und Pflichten durch den Gesetzgeber hinsichtlich solcher Rechtsgüter, die als Eigentum geschützt werden.[380] Der Gesetzgeber darf gem. Art. 14 I 2 GG Eigentumsrechten einen neuen Inhalt geben. Ebenso wie er neue Rechte einführen darf, kann er auch das Entstehen von Rechten, die nach bisherigem Recht möglich waren, für die Zukunft ausschließen.[381]

1. Erweiterung des Katalogs jagdbarer Arten

Die Qualifikation einer wildlebenden Tierart als Wild ist eine Inhaltsbestimmung des Eigentums gem. Art. 14 Abs. 1 S. 2 GG, welche dem Berechtigten bezogen auf die konkrete Art eine neue Eigentums-Rechtsposition zuweist.[382]

2. Kürzung des Katalogs jagdbarer Arten

Wird eine Tierart aus dem Katalog der jagdbaren Arten gestrichen, handelt es sich um einen Eingriff in das Eigentum.[383] Die Auffassung des ersten Senats des BVerfG zugrunde legend,[384] handelt es sich trotz vollständiger Entziehung einer Rechtsposition und der damit verbundenen jagdlichen Eigentumsbefugnisse nicht um eine Enteignung, sondern um eine Schrankenbestimmung des Eigentums, wenn es am Merkmal der Güterbeschaffung fehlt.

Eine solche Beschränkung muss gerechtfertigt sein. Für die Einschränkung des Katalogs jagdbarer Arten bedeutet dies, dass

---

380 BVerfGE 110, 1, 24. = NJW 2004, 2073 2077.
381 *Axer*, in: Epping/Hillgruber, Kommentar zum GG, Art 14, Rdn. 72.
382 Qualifikation wildlebender Tiere zum Wild als Rechtsposition siehe B I 3.
383 siehe B III.
384 BVerfG, Urt. v. 6.12.2016, Az.:1 BvR 2821/11, NJW 2017, S. 217ff.

nicht die Beibehaltung des Jagdrechts, sondern seine Einschränkung gemessen an den geltenden jagdrechtlichen Vorgaben gerechtfertigt sein muss.[385] Der Berechtigte ist nicht mehr befugt in seinem Rechtskreis über die Individuen der ehemals jagdbaren Art, welche aus dem Katalog der jagdbaren Arten gestrichen wurde, zu verfügen. Führen Schrankenbestimmungen zu einem Entzug konkreter Eigentumspositionen, sind gesteigerte Anforderungen an deren Verhältnismäßigkeit zu stellen.[386]

3. Verhältnismäßigkeit der Kürzung des Katalogs jagdbarer Arten

Die Kürzung des Katalogs jagdbarer Arten ist verhältnismäßig, wenn ein legitimes Ziel[387] verfolgt wird. Die Kürzung muss geeignet und erforderlich sein, dieses Ziel zu erreichen. Die Verhältnismäßigkeit im engeren Sinne einschließlich der an sie unter Vertrauensschutz- und Gleichheitsgesichtspunkten zu stellenden Anforderungen muss hinsichtlich der Kürzung des Katalogs jagdbarer Arten gleichfalls gewahrt sein.[388]

a   Legitimes Ziel

Einschränkungen der Jagdbarkeit von Tieren werden regelmäßig mit Zwecken des Natur-, insbesondere des Arten- und des Tierschutzes begründet. Diese Zielformulierung ist legitim. Zu beachten ist, dass das gesetzgeberische Anliegen „Schutz der natürlichen Lebensgrundlagen und der Tiere" Staatszielbestimmung gem. Art. 20a GG ist und in den Rechtskreisen des Jagdrechts und des Naturschutzrechts Berücksichtigung gefunden hat.[389] Werden nun in der Zielformulierung für eine Einschränkung der Jagdbarkeit von Tieren arten- oder tierschutzrechtliche Belange angeführt, obwohl die

---

385   VG Berlin, Urt. v. Urteil vom 27.03.2008, Az.: 1 A 193/07, BeckRS 2009, 42150.
386   BVerfG, Urt. v. 6.12.2016, Az.:1 BvR 2821/11, NJW 2017, S. 217, 224 Rdn. 242.
387   Zur Voraussetzung legitimes Ziel siehe BVerfG, Urt. v. 6.12.2016, Az.:1 BvR 2821/11, NJW 2017, S. 217, 228, Rdn. 281.
388   BVerfG, Urt. v. 6.12.2016, Az.:1 BvR 2821/11, NJW 2017, S. 217, 228, Rdn. 281.
389   Siehe dazu D II 3.

das Eigentum regelnden Jagdgesetze die Ziele bereits gleichermaßen berücksichtigten, ist bereits die Legitimität der Einschränkung in Frage zu stellen.[390] Es müssen konkrete artspezifische Umstände vorliegen, welche eine Einschränkung des Eigentums in Form des Zugriffs auf Wild als Ausdruck der Sozialpflichtigkeit des Eigentums gem. Art. 14 Abs. 2 GG legitimieren.[391]

b Geeignetheit

Die Geeignetheit einer Einschränkung des Katalogs jagdbarer Arten mit dem Ziel, die Art zu erhalten, wird man nicht als schlechthin oder objektiv untauglich einstufen können.[392] Für die Eignung eines Gesetzes soll genügen, wenn durch die Regelung der gewünschte Erfolg gefördert werden kann, mithin bereits die Möglichkeit einer Zweckerreichung besteht.[393]

Mit der Kürzung des Katalogs jagdbarer Arten wird die betroffene Wildart endgültig aus der Eigentumssphäre des Berechtigten entfernt, jedoch auch mit der Folge, dass die der Arterhaltung dienenden Individualverpflichtungen wie die jagdrechtliche Hegepflicht gem. § 1 Abs. 1 S. 2 entfällt, aber auch das Hegerecht. Die Hege hat gem. § 1 Abs. 2 zum Ziel die Erhaltung eines den landschaftlichen und landeskulturellen Verhältnissen angepassten artenreichen und gesunden Wildbestandes sowie die Pflege und Sicherung seiner Lebensgrundlagen.

Eine solche Individualverpflichtung konstituiert der Gesetzgeber für Tierarten, welche nur dem Rechtskreis des Naturschutzrechts unterliegen, nicht.[394] Für diese gelten die allgemeinen naturschutzrechtlichen Zugriffs-, Stör- und Besitzverbote, jedoch besteht

---

390 Zu den Schutzintensitäten von Jagd und Naturschutzrecht siehe D II. 5 für den Artenschutz und 6 h für den Tierschutz.
391 *Jarass/Pieroth*, Kommentar zum GG, Art. 14 Rdn. 61; siehe auch zum vergleichbaren Fall des Denkmalschutzes BVerfGE 100, 226, 240 f.
392 Zu den Voraussetzungen der Geeignetheit siehe BVerfGE 126, 331 361.
393 BVerfG, Urt. v. 6.12.2016, Az.:1 BvR 2821/11, 1 BvR 321/12, 1 BvR 1456/12 248, NJW 2017, S. 217, 228 Rdn. 285.
394 Zur artenschutzrechtlichen Verantwortung im Jagdrecht und im Naturschutzrecht siehe zusammenfassend D II 5.

keine der eigentumsrechtlichen Verpflichtung des Jagdrechtsinhabers vergleichbare Individualvorgabe, für die Erhaltung eines den landschaftlichen und landeskulturellen Verhältnissen angepassten artenreichen und gesunden Tierbestandes sowie die Pflege und Sicherung seiner Lebensgrundlagen Sorge zu tragen.

Indem die Art dem Jagdrechtsinhaber entzogen wird, erscheint es mehr als fraglich, dass die Kürzung des Katalogs tatsächlich eine geeignete Maßnahme zur Erhaltung der betreffenden Art ist.

c Erforderlichkeit

Das Merkmal der Erforderlichkeit setzt voraus, dass kein gleich geeignetes, aber weniger einschneidendes Mittel zur Verfügung steht, wenn als Zielbeschreibung Natur- und Artenschutz angenommen wird. Zu unterscheiden ist hier zwischen einer Einschränkung der Jagdbarkeit und dem Entzug der Rechtsposition in Form einer Kürzung des Katalogs jagdbarer Arten.[395] Das Ziel der Zugriffsbeschränkung erreicht der Gesetzgeber auch über die Festlegung von Schonzeiten, ohne dass die Tierart der Eigentumssphäre komplett entzogen wird. Danach ist mit dem Fokus der Arterhaltung die Disqualifikation einer Tierart aus dem Katalog der jagdbaren Arten eine die Eigentumssphäre stärker belastende Maßnahme als die Beschränkung der Bejagung in Form der Festlegung einer Schonzeit bei mindestens gleicher Eignung.

d Verhältnismäßigkeit im engeren Sinne

Auch die Inhalts- und Schrankenbestimmung des Eigentums muss sich – insbesondere, wenn sie bestehende Eigentumsrechte zu Lasten der Betroffenen umgestaltet – als verhältnismäßig, gleichheitsgerecht und vertrauensschutzwahrend erweisen.[396]

Die Festlegung einer Schonzeit wäre auch verhältnismäßiger im engeren Sinne im Gegensatz zur Kürzung des Katalogs jagdbarer Arten.

---

395 Zur Rechtsposition siehe B I 4.
396 BVerfG, Urt. v. 6.12.2016, Az.:1 BvR 2821/11, NJW 2017, S. 217, 224, Rdn. 257.

4. Ergebnis

Die Beschränkung jagdbarer Arten in Form einer Kürzung des Katalogs jagdbarer Arten wäre eine unverhältnismäßige Schrankenbestimmung des Eigentums, da die Festlegung einer Schonzeit bei gleicher Eignung die Tierart in der jagdrechtlichen Eigentumssphäre des Berechtigten belässt und damit die geringere Beeinträchtigung darstellt.[397] Der Rechtskreiswechsel vom Jagdrecht in das Naturschutzrecht ist jedenfalls für das Ziel, ein höheres Schutzniveau zu erreichen, nicht erforderlich, da die Schutzintensität des Jagdrechts im Artenschutz sowie im Tierschutz höher als im Naturschutzrecht ist.[398]

VI Schonzeiten in der eigentumsrechtlichen Eingriffskasuistik

Legt man den Befund zugrunde, dass die Kürzung des Katalogs jagdbarer Arten dem Berechtigten mit jeder Art, welche aus dem Katalog entfernt wird, eine eigentumsrechtliche Rechtsposition entzieht, so stellt sich die Frage, wie die Aufhebung oder Verkürzung von Jagdzeiten zu bewerten ist. In beiden Fällen wird der Berechtigte in der Ausübung seiner Rechtsposition in Form der Ausübung des Jagdrechts auf die dem Jagdrecht unterliegenden Tierarten beschränkt, im Fall der Aufhebung einer Jagdzeit in dem Umfang, dass der Berechtigte sein Eigentumsrecht in Form der Ausübung der Jagd auf die betroffene jagdbare Tierart nicht mehr ausüben darf.

1. Die Begriffe Jagd- und Schonzeiten

Der Gesetzgeber unterscheidet gem. § 22 Abs. 1 zwischen Jagdzeiten und Schonzeiten. Danach bestimmt das zuständige Bundesministerium durch Rechtsverordnung mit Zustimmung des Bundesrates die Zeiten, in denen Jagd auf Wild ausgeübt werden darf

---

[397] Zur Einordnung der Jagd- und Schonzeiten in die eigentumsrechtliche Eingriffskasuistik siehe sogleich B IV.
[398] Zu den Schutzintensitäten der Rechtskreise Jagd- und Naturschutzrecht siehe D II.

(Jagdzeiten). Außerhalb dieser Jagdzeiten ist Wild mit der Jagd zu verschonen (Schonzeiten). Die Länder können die Jagdzeiten gem. § 22 Abs. 1 S. 3 abkürzen oder aufheben.

2. Aufheben oder Abkürzen von Jagdzeiten – Inhalts- oder Schrankenbestimmung des Eigentums?

Kennzeichnend für die Schrankenbestimmung des Eigentums ist, dass der Berechtigte in seiner Rechtsausübung beschränkt wird.[399] Anders bei der Inhaltsbestimmung des Eigentums, wo die Eigentumsposition des Rechtsinhabers ausgestaltet wird,[400] was sich regelmäßig in der Form äußert, dass Freiheitsräume eröffnet werden.[401]

Das Aufheben wie auch das Abkürzen von Jagdzeiten sind Eingriffe in die Eigentumsposition in Form der Befugnis, das Jagdrecht auf die betroffenen Tierarten nicht mehr ausüben zu dürfen.[402] In Abgrenzung zur Enteignung fehlt es an der für eine Enteignung i. S. d. Art. 14 Abs. 3 GG kennzeichnenden Entziehung einer Rechtsposition.[403]

Bei der Aufhebung oder Verkürzung der Jagdzeiten bleibt die Klassifizierung der wildlebenden Tierart als Wild und damit die eigentumsrelevante Rechtsposition erhalten.[404] Jedoch wird der Umfang der Befugnisse, wie ihn das Jagdrecht gewährt, beschränkt, da der Zeitraum, innerhalb welches der Berechtigte die Jagd auf Individuen der relevanten Tierart ausüben darf, reduziert oder aufgehoben wird.

Aufgrund des eingreifenden Charakters einer Jagdzeitaufhebung oder -verkürzung handelt es sich um eine Schrankenbestimmung des Eigentums.[405]

---

399 *Grochtmann*, S. 227.
400 *Grochtmann*, S. 227; BVerfG, 1 BvL 7/91, Beschl. v. 2.3.1999, NJW 1999, S. 2877.
401 Zur Abgrenzung von Inhalts- und Schrankenbestimmung siehe B III 2.
402 *Badura*, S. 9.
403 BVerfG, 1 BvL 7/91, Beschl. v. 2.3.1999, NJW 1999, S. 2877.
404 Zur Rechtsposition siehe B I 3.
405 *Badura*, S. 9.; zum Begriff Schrankenbestimmung siehe B III 2 a bb.

Die Zuordnung einer Regelung zu einer Schrankenbestimmung erfolgt unabhängig von der Intensität der Belastung.[406] Sie behält ihre Gültigkeit auch in den Fällen, in denen der Eingriff in seinen Auswirkungen für den Betroffenen einer Enteignung nahe oder gleich kommt.[407]

Nach der Rechtsprechung des BVerfG kommt die Beurteilung der Eingriffsintensität bei der Verhältnismäßigkeitsprüfung auf der Stufe der Angemessenheit entscheidende Bedeutung zu. Prüfungsmaßstäbe sind Art. 14 Abs. 1 und Abs. 2 GG.[408]

Bei der Bestimmung von Inhalt und Grenzen des durch Art. 14 Abs. 1. S. 1 GG - geschützten Eigentums muss der Normgeber die schutzwürdigen Interessen des Eigentümers und die Belange des Gemeinwohls gem. Art. 14 Abs. 2 GG in einen gerechten Ausgleich und in ein ausgewogenes Verhältnis bringen. Hierbei steht ihm ein Beurteilungs- und Gestaltungsspielraum zu, der umso größer ist, je stärker das Eigentumsobjekt einen sozialen Bezug aufweist. Das Wohl der Allgemeinheit ist hierbei nicht nur Grund, sondern auch Grenze für die dem Eigentum aufzuerlegenden Belastungen.

Die Anwendung dieser Maßstäbe in der Rechtsprechung erfolgt höchst unterschiedlich, so dass nachfolgend anhand von drei Entscheidungen aufgezeigt werden soll, welche Bandbreite der Bewertung von Jagdzeitverkürzungen und -aufhebungen in der Rechtsprechung vorhanden ist. Im Anschluss ist darzustellen, welche eigentumsrechtlichen Vorgaben vom Grundgesetz vorgegeben werden und unter Berücksichtigung der bisher erarbeiteten eigentumsrechtlichen Befunde für Jagdzeitbeschränkungen Anwendung finden sollten.

---

406 BVerfG, 1 BvL 7/91, Beschl. v. 2.3.1999, NJW 1999, S. 2877.
407 BVerfG, 1 BvL 7/91, Beschl. v. 2.3.1999, NJW 1999, S. 2877, 2878.
408 BVerfGE Beschl. v. 22.5.2001, Az.: 1 BvR 1512/97 u. 1677/97, NVwZ 2001, 1023, 1024.

VI. SCHONZEITEN IN DER EINGRIFFSKASUISTIK 103

3. Aufhebung und Verkürzung der Jagdzeiten in der Rechtsprechung

Das Eigentumsgrundrecht in Verbindung mit dem Grundsatz der Verhältnismäßigkeit ist der materielle Maßstab für die Prüfung der Verfassungsmäßigkeit der durch den Normgeber bestimmten Jagd- und Schonzeiten. Mit Bezug auf den Normgeber wird im Zusammenhang mit der Aufhebung und Verkürzung der Jagdzeiten die Frage aufgeworfen, ob es sich um eine so wesentliche Entscheidung handelt, dass der Parlamentsvorbehalt Anwendung finden muss, verbunden mit der Frage, in welchem Umfang Rechtsverordnungen, welche Aufhebungen und Verkürzungen von Jagdzeiten regeln, aufgrund ihres Eingriffscharakters begründet werden müssen, um anderenfalls einen Verstoß gegen das Rechtsstaatsprinzip zu vermeiden.[409]

a   Oberverwaltungsgericht Schleswig-Holstein

In der Entscheidung des Oberverwaltungsgerichts Schleswig-Holstein im Jahr 2004[410] kam das Gericht zu dem Ergebnis, dass Jagdzeiten nur aus „besonderen Gründen" aufgehoben oder verkürzt werden dürfen.[411] Der Verordnungsgeber wollte die Jagdzeit für Hermeline aufheben. Als Gründe für die Aufhebung der Jagdzeiten führte der Verordnungsgeber Gesichtspunkte des Tierschutzes, das Fehlen von vernünftigen Gründen zum Töten, die fehlende Verwertbarkeit der Arten, besonders als Nahrungsmittel oder zur Fellgewinnung, sowie die Störwirkungen der jeweiligen Jagdart auf die übrige Tierwelt an.[412]

Das Gericht stützte seine Entscheidung auf § 22 Abs. 1 Satz 3 1 HS. Danach können die Länder die in der Jagdzeitenverordnung des Bundes festgesetzten Jagdzeiten abkürzen oder aufheben. Dabei seien allerdings die in § 22 Abs. 1 Satz 3 genannten Kriterien zu

---

409 So z. B. in der Entscheidung des HessStGH Urt. v. 12.02.2020; Az.: P.St. 2610, BeckRS 2020, 1557.
410 OVG Schleswig, Urt. v. 12.08.2004, Az.: KN 24/03, BeckRS 2004, 13027.
411 OVG Schleswig, Urt. v. 12.08.2004, Az.: KN 24/03, BeckRS 2004, 13027, S. 5.
412 OVG Schleswig, Urt. v. 12.08.2004, Az.: KN 24/03, BeckRS 2004, 13027, S. 3.

beachten.[413] Die Länder können, nach Auffassung des Oberverwaltungsgerichts, die festgesetzten Jagdzeiten daher nicht aus jedwedem Grund abkürzen bzw. aufheben, sie seien vielmehr an die Vorgaben im Bundesrecht gebunden,[414] erforderlich sind „besondere Gründe". Das sei bundesrechtlich zwar nur ausdrücklich für den Fall der Aufhebung von Schonzeiten bestimmt (§ 22 Abs. 1 S. 3, HS. 2 BJG), für den hier vorliegenden Fall der Aufhebung der Jagdzeiten könne jedoch, falls man nicht der Willkür „Tür und Tor" öffnen will, nichts anderes gelten. Welche solche „besonderen Gründe" sind bzw. sein können, ergebe sich wiederum aus einer entsprechenden Anwendung des § 22 Abs. 1 S. 3, 2 HS. Von den dort aufgeführten Gründen „passen" auf den vorliegenden Fall der Aufhebung der Jagdzeiten die der Landeskultur, der Störung des biologischen Gleichgewichts und der Wildhege.[415] Das Gericht betont dabei, nur Gründe dieser Art sind beachtlich, wenn es um die Bestimmung abweichender Jagdzeiten auf Landesebene gehe.[416]

Die Begründung, es gebe für die Tötung einer jagdbaren Art keinen „vernünftigen Grund", trägt die Aufhebung der Jagdzeiten für diese Tierart nicht. Eine solche Begründung widerspricht § 1 Abs. 1 S. 1, wonach das Jagdrecht die ausschließliche Befugnis ist, auf einem bestimmten Gebiet wild lebende Tiere, die dem Jagdrecht unterliegen (Wild), zu hegen, auf sie Jagd auszuüben und sie sich anzueignen. Weiterhin widerspricht diese Begründung dem § 1 Abs. 1 S. 4 dieser Vorschrift, wonach sich die Jagdausübung auf das Aufsuchen, Nachstellen, Erlegen und Fangen von Wild erstreckt. Beide Regelungen erlauben das Töten von Wild im Rahmen weidgerechter Jagd, ohne dass es insoweit auf weitere Gründe ankäme.

Das Jagdrecht als Eigentumsrecht lässt jede „Argumentationslast", deren Erfüllung erst Voraussetzung eines „vernünftigen

---

413 OVG Schleswig, Urt. v. 12.08.2004, Az.: KN 24/03, BeckRS 2004, 13027, S. 5
414 OVG Schleswig, Urt. v. 12.08.2004, Az.: KN 24/03, BeckRS 2004, 13027, S. 5; a.A. *Ditscherlein*, NuR 2006, S. 285, 286.
415 OVG Schleswig, Urt. v. 12.08.2004, Az.: KN 24/03, BeckRS 2004, 13027, S. 5; aA VG Berlin, Urt. v. 27.03.2008, Az.: 1 A 193/07, BeckRS 2009, 42150, S. 4f.
416 Zustimmend *Wetzel*, AUR, 2008, S. 397, 398.

VI. SCHONZEITEN IN DER EINGRIFFSKASUISTIK 105

Grundes" und zugleich eines Bejagungsrechts sein könnte, obsolet werden.[417]

Diesem Ansatz folgt auch zu Recht das Verwaltungsgericht Berlin.

b Verwaltungsgericht Berlin

In der Entscheidung des VG Berlin aus dem Jahr 2008 wendete sich der Kläger gegen die durch Verordnung des beklagten Landes erfolgte Aufhebung der Jagdzeiten für Steinmarder, Blässhuhn, Ringeltaube und Stockente.[418]

Die Klage war begründet. Das VG stellte fest, dass die Jagdzeitenverordnung nicht dem von § 26 Abs. 2 LJagdG Bln i. Verb. m. §§ 22 Abs. 1 Satz 1, 1 Abs. 2 und § 1 Abs. 2 LJagdG Bln vorgegebenen Regelungszweck entsprach. Ist das Jagen auf eine Tierart nach Maßgabe des – allgemeinen – Jagdrechts erlaubt, kann dafür kein weiterer „vernünftiger Grund" gefordert werden.[419]

aa. Jagdzeit für den Steinmarder

Beim Steinmarder hat der Verordnungsgeber der geplanten Aufhebung der Jagdzeit die Erwägung zugrunde gelegt, dass eine Bejagung des Steinmarders nur durch die Fallenjagd effektiv möglich sei. Da diese in Berlin grundsätzlich untersagt ist, wäre die Festlegung einer Jagdzeit nicht sinnvoll.[420] Das VG Berlin stellte dazu fest, dass das durch die verfassungsrechtliche Eigentumsgarantie (Art. 14 Abs. 1 GG, Art. 23 Abs. 1 VvB) geschützte Jagdrecht nur aus den im Jagdrecht (Bundes- und Landesjagdgesetz) genannten Gründen, u. a. der Hege des Wildes, und des Arten- und Tierschutzes eingeschränkt werden kann.[421] Eine Einschränkung der Jagd durch Verkürzung oder Aufhebung der Jagdzeiten mit der Erwägung, es bestehe kein praktisches Bedürfnis nach Zulassung der

---

417 OVG Schleswig, Urt. v. 12.8.2004, Az.: KN 24/03, BeckRS 2004, 13027, S. 7.
418 VG Berlin, Urt. v. 27.3.2008, Az.: 1 A 193/07, BeckRS 2009, 42150.
419 OVG Schleswig, Urt. v. 12.8.2004, Az.: KN 24/03, BeckRS 2004, 13027, S. 6.
420 VG Berlin, Urt. v. 27.3.2008, Az.: 1 A 193/07, BeckRS 2009, 42150, S. 5.
421 VG Berlin, Urt. v. 27.3.2008, Az.: 1 A 193/07, BeckRS 2009, 42150, S. 5.

Jagd, verstößt gegen die verfassungsrechtliche Eigentumsgarantie gem. Art. 14 Abs. 1 S. 1 GG. Eigentumsrechtlich wegweisend ist die Feststellung des Verwaltungsgerichts, dass nicht die Beibehaltung des Jagdrechts, sondern seine Einschränkung gemessen an den geltenden jagdrechtlichen Vorgaben gerechtfertigt sein muss.[422] Diese Feststellung ist auf alle jagdbaren Arten übertragbar.

bb. Jagdzeiten für Blässhuhn, Ringeltaube und Stockente

Auch die Aufhebung der Jagdzeiten betreffend die Tierarten Ringeltaube, Stockente und Blässhuhn bewegte sich außerhalb des jagdrechtlichen Regelungsrahmens. Tragende Erwägung des Verordnungsgebers für die komplette Aufhebung der Jagdzeiten war die Überlegung, dass ein Großteil der genannten Vögel bei der Jagd mit Schrot nicht tödlich getroffen, sondern nur krankgeschossen werde.[423]

Das Gericht stellt dazu fest, dass landesrechtliche Jagdverbote in Gestalt der vollständigen Aufhebung bundesrechtlich festgesetzter Jagdzeiten nur erlassen werden können, wenn jegliche Jagd auf eine Tierart – unabhängig von der Jagdmethode – gegen jagdrechtliche Grundsätze verstößt.[424] Verstößt die jagdliche Methode nicht gegen jagdrechtliche Grundsätze und bestehen dazu noch jagdliche Alternativen, ist die komplette Aufhebung der Jagdzeiten unverhältnismäßig. Bei der Jagd auf Vögel gibt es, neben der Schrotjagd, welche als solche auch reglementiert werden kann, ohne sofort vollständig untersagt werden zu müssen, auch andere anerkannte und tatsächlich angewandte Jagdmethoden wie z. B. die Falknerjagd oder die Jagd mit kleinkalibrigen Büchsen.[425] Damit stehen mildere Mittel zur Verfügung, welche im Rahmen der eigentumsrechtlichen Verhältnismäßigkeitsprüfung bereits auf der Stufe der

---

422 VG Berlin, Urt. v. 27.3.2008, Az.: 1 A 193/07, BeckRS 2009, 42150, S. 6.
423 VG Berlin, Urt. v. 27.3.2008, Az.: 1 A 193/07, BeckRS 2009, 42150, S. 6.
424 VG Berlin, Urt. v. 27.3.2008, Az.: 1 A 193/07, BeckRS 2009, 42150, S. 6.
425 VG Berlin, Urt. v. 27.3.2008, Az.: 1 A 193/07, BeckRS 2009, 42150, S. 6.

Geeignetheit die vollständige Aufhebung von Jagdzeiten ausscheiden lassen, als geeignetes Mittel zur Erreichung des angestrebten Rechtsgüterschutzes in Form des Tierschutzes. Dazu führt das Verwaltungsgericht aus: „Sind nur bestimmte Jagdmethoden zu beanstanden, dürfen mit Rücksicht auf die Systematik des Jagdrechts, insbesondere die in ihm angelegte Unterscheidung zwischen Jagd- und Schonzeiten (§ 22 BJagdG, § 26 Abs. 2 LJagdG Bln.) und sachlichen Jagdverboten (§§ 19 ff. BJagdG, § 22 LJagdG), nur die betroffenen Methoden, nicht aber die Jagd an sich verboten werden. Dies folgt aus dem den Verordnungsgeber bindenden Verfassungsgrundsatz der Verhältnismäßigkeit, der bei der Abwehr einer Gefahr für Rechtsgüter den Einsatz des milderen Mittels gebietet, wenn mehrere geeignete Mittel zur Verfügung stehen."[426] Ausdrücklich weist das Verwaltungsgericht darauf hin, dass das Argument fehlender Erforderlichkeit einer Bejagung die Aufhebung der Jagdzeiten für jagdbare Arten nicht rechtfertigen kann, da eben nicht die Beibehaltung des Jagdrechts, sondern seine Einschränkung gemessen an den geltenden eigentumsrechtlichen Vorgaben gerechtfertigt sein muss.

c   Entscheidung des Staatsgerichtshofs Hessen[427]

Der Staatsgerichtshof Hessen hatte in seiner Entscheidung darüber zu befinden, ob die Aufhebung und Verkürzung der Jagdzeit für 19 von insgesamt 54 jagdbaren Arten im Land Hessen aufgrund des Kumulierungseffektes[428] zu einer Grundrechtsverletzung führt.[429] Im Ergebnis stellte der HessStGH fest, dass eine rechtsstaatlich

---

426   VG Berlin, Urt. v. 27.3.2008, Az.: 1 A 193/07, BeckRS 2009, 42150, S. 7.
427   HessStGH Urt. v. 12.2.2020; Az.: P.St. 2610, BeckRS 2020, 1557.
428   Erfolgen Grundrechteeingriffe, welche, jeder für sich, verfassungsrechtlich gerechtfertigt werden könnte, jedoch in Summe eine bedenkliche Qualität der Grundrechtsbeeinträchtigung erreichen, so spricht man von „additiven" oder „kumulativen" Grundrechtseingriffen, siehe dazu *Michael/Mohrlok*, Grundrechte, Rdn. 519.
429   Zu den Zahlen, HessStGH Urt. v. 12.02.2020; Az.: P.St. 2610, BeckRS 2020, 1557, Rdn. 296.

nicht mehr hinnehmbare, weil in ihrer kumulativen bzw. additiven[430] Gesamtwirkung besonders schwerwiegende Eigentumsbeschränkung mit den betroffenen Jagdzeitregelungen nicht verbunden sei.[431] Begründet hat der HessStGH dies damit, dass mit 35 von insgesamt 54 jagdbaren Tierarten ein umfassender und wesentlicher Bereich der Jagdausübung verbleibe, der von den angegriffenen Festsetzungen überhaupt nicht berührt werde.[432] Hinsichtlich der 19 betroffenen Tierarten sei nur in vier Fällen die Jagdzeit vollständig und in vier weiteren Fällen zeitlich befristet bis zum 31. Dezember 2019 aufgehoben worden. In Bezug auf die übrigen elf Tierarten beschränkten sich die Regelungen auf eine bloße Verkürzung um einen oder mehrere Monate der weiterhin bestehenden Jagdzeit im Vergleich zur vorherigen.[433]

Die Aufhebung oder Verkürzung von Jagdzeiten für mehrere jagdbare Arten geschieht häufig im Rahmen einer Änderungsentscheidung des Gesetz- oder Verordnungsgebers. Legt man die nummerische Betrachtung des HessStGH zugrunde, indem man die von Änderungen der Jagdzeiten betroffenen Wildarten in das Verhältnis zur Gesamtzahl der jagdbaren Arten setzt, so stellt sich die Frage, wann die kumulative Gesamtwirkung einen besonders schwerwiegenden Grundrechtseingriff darstellen würde. Die rein nummerische Betrachtung kann im Ergebnis dazu führen, dass eine schwerwiegende Eigentumsbeeinträchtigung jedenfalls so lange nicht angenommen werden kann, wie es jagdbare Arten gibt. Es zeichnet sich ab, dass die grundrechtliche Eingriffsdogmatik mit ihrer punktuellen Betrachtung bei der Bewertung kumulativer Wirkungen an ihre Grenzen der rechtsdogmatischen Erfassbarkeit stößt.[434]

---

430   In dieser Untersuchung wird der Begriff „kumulativ" verwendet, wenn es um mehrere Grundrechtseingriffe geht, wofür in Literatur und Rechtsprechung auch das Attribut „additiv" verwendet wird.
431   HessStGH Urt. v. 12.2.2020; Az.: P.St. 2610, BeckRS 2020, 1557, Rdn. 296.
432   HessStGH Urt. v. 12.2.2020; Az.: P.St. 2610, BeckRS 2020, 1557, Rdn. 296.
433   HessStGH Urt. v. 12.2.2020; Az.: P.St. 2610, BeckRS 2020, 1557, Rdn. 296.
434   *Kreuter-Kirchhof*, NVwZ 2019, S. 1791.

VI. SCHONZEITEN IN DER EINGRIFFSKASUISTIK 109

d Zwischenergebnis

Die besondere Bedeutung kumulativer Grundrechtseingriffe für das jagdliche Eigentumsrecht, in Form der Frage, wie die Aufhebung oder Verkürzung von Jagdzeiten für mehrere Arten verfassungsrechtlich zu bewerten ist, zeigen insbesondere die Entscheidungen des VG Berlin[435] und des HessStGH[436]. In beiden Fällen waren von dem jeweiligen Verordnungsgeber die Aufhebung oder Verkürzung für mehrere jagdbare Arten geplant.

Über die Betroffenheit des grundrechtlich geschützten Eigentums bei der Aufhebung und Verkürzung von Jagdzeiten in Form des Jagd- und Jagdausübungsrechts besteht in der Rechtsprechung Einigkeit. Das Jagd- wie auch das Jagdausübungsrecht werden von der Eigentumsgarantie des Art. 14 GG erfasst.[437] Die Eigentumsgarantie fungiert dabei nicht zuletzt als Rechtsstellungs- bzw. Bestandsgarantie.[438] Diese zielt darauf, einen gegebenen Eigentumsbestand gegen den Entzug oder eine sonstige wesentliche Beeinträchtigung durch die öffentliche Gewalt zu schützen und zu sichern.[439] Ein als Inhalts- und Schrankenbestimmung des Eigentums ausgestalteter Eingriff in diese Bestandsgarantie ist verfassungsrechtlich nur dann zulässig, wenn er durch hinreichende Gründe des öffentlichen Interesses und unter Berücksichtigung des Grundsatzes der Verhältnismäßigkeit gerechtfertigt ist.[440] Das öffentliche Interesse, das für einen Eingriff spricht, muss dabei so schwerwiegend sein, dass ihm der Vorrang zukommt vor dem Vertrauen des Bürgers auf den unveränderten Fortbestand seines Eigentumsrechts.

Greifen mehrere hoheitliche Maßnahmen, wie dies bei der Aufhebung und Verkürzung der Jagdzeiten häufig der Fall ist, in

---

435 VG Berlin, Urt. v. 27.3.2008, Az.: 1 A 193/07, BeckRS 2009, 42150.
436 HessStGH Urt. v. 12.2.2020; Az.: P.St. 2610, BeckRS 2020, 1557.
437 HessStGH Urt. v. 12.2.2020; Az.: P.St. 2610, BeckRS 2020, 1557, Rdn. 80; OVG Schleswig, Urt. v. 12.8.2004, Az.: 1 KN 24/03, BeckRS 2004 13027, S. 4; VG Berlin, Urt. v. 27.3.2008, Az.: 1 A 193/07, BeckRS 2009, 42150, S. 4.
438 OVG Schleswig, Urt. v. 12.8.2004, Az.: KN 24/03, BeckRS 2004, 13027, S. 4;
439 HessStGH Urt. v. 12.2.2020; Az.: P.St. 2610, BeckRS 2020, 1557, Rdn. 82.
440 HessStGH Urt. v. 12.2.2020; Az.: P.St. 2610, BeckRS 2020, 1557, Rdn. 81a.

die Grundrechte eines Grundrechtsträgers ein, können diese in ihrem Zusammenwirken den Grundrechtsberechtigten unverhältnismäßig belasten.

Sowohl in der Rechtsprechung des Bundesverfassungsgerichts[441] als auch in der Literatur[442] ist anerkannt, dass eine solche Kumulation[443] einzelner, gegebenenfalls jeweils für sich noch hinnehmbarer Grundrechtseingriffe in der Summe zu einer Grundrechtsverletzung führen kann. Ob eine Kumulation von Grundrechtseingriffen das Maß der rechtsstaatlich hinnehmbaren Eingriffsintensität noch wahrt, hängt von einer Abwägung aller Umstände ab,[444] in die auch gegenläufige Verfassungsbelange einzubeziehen sind.

Zu fragen ist, unter welchen Voraussetzungen kumulative Grundrechtseingriffe in ihrer Gesamtwirkung zu würdigen sind, bei der Aufhebung oder Kürzung von Jagdzeiten. Aus diesem Grund soll im Folgenden dargestellt werden, wie gleichzeitig wirkende Beschränkungen der Jagdzeit für mehrere Wildarten verfassungsrechtlich eingeordnet werden können.

---

441 BVerfG Beschl. v. 27.3., Az.: 2 BvR 2258/09, NJW 2012, S. 1784, 1785.; BVerfG, Urt. v. 12.4.2005, Az.: 2 BvR 581/01, NJW 2005, S. 1338, 1341.
442 *Kreuter-Kirchhof*, NVwZ 2019, S. 1791, 1795.
443 In dem Zusammenhang wird auch von additiven Grundrechtseingriffen gesprochen. BVerfG, Urt. v. 12.4.2005, Az.: 2 BvR 581/01, NJW 2005, S. 1338, 1341. Die Begriffe kumulativ und additiv werden vom BVerfG parallel ohne nähere Unterscheidung verwendet. dazu BVerfG Beschl. v. 27.3., Az.: 2 BvR 2258/09, NJW 2012, S. 1784, 1785. Zur Begriffsbestimmung ausführlich, *Brade*, S. 133ff.
444 BVerfG, Urt. v. 12.4.2005, Az.: 2 BvR 581/01, NJW 2005, S. 1338, 1341 - das Gericht weist auf die Notwendigkeit eines effektiven Grundrechtsschutzes explizit hin und sieht diesen nur dann als gegeben an, wenn alle das Grundrecht betreffenden Entwicklungen adäquat berücksichtigt werden, dazu führt es aus: „*Der Gesetzgeber wird darüber hinaus zu beobachten haben, ob die bestehenden verfahrensrechtlichen Vorkehrungen auch angesichts zukünftiger Entwicklungen geeignet sind, den Grundrechtsschutz effektiv zu sichern.*"

4. Bündelung von Aufhebung und Verkürzung von Jagdzeiten – kumulativer Eingriff in das grundrechtlich geschützte jagdliche Eigentum

Kumulativ wirkende Grundrechtseingriffe greifen in den Freiheitsraum des einzelnen Grundrechtsträgers ein.[445] Bei den Voraussetzungen des kumulativen Grundrechtseingriffs geht es darum, diejenigen Maßnahmen abzugrenzen, welche eher zufällig nebeneinanderstehen, von den Maßnahmen, die zusammenwirken.[446]

Die Darstellung der Meinungsstände zu den in Schrifttum und Rechtsprechung umstrittenen Voraussetzungen des kumulativen Grundrechtseingriffs würde den Rahmen dieser Arbeit sprengen.[447]

Der kumulative Grundrechtseingriff setzt zunächst Adressatenidentität voraus. Dabei muss es sich um den Freiheitsraum desselben Adressaten handeln, d. h., die Maßnahmen müssen denselben Adressaten betreffen.[448]

Im nächsten Schritt ist die Belastungswirkung der Maßnahmen zu prüfen. Die Eingriffe können von verschiedenen Hoheitsträgern ausgehen. Sie können den Schutzbereich eines oder mehrerer Grundrechte betreffen, deshalb unterschiedlichen Schrankenregelungen unterliegen.[449] Sie können demselben oder unterschiedlichen Zwecken dienen.[450] Die Belastungskumulation kann gewollt oder ungewollt sein.[451] Jedoch müssen die Maßnahmen mit Blick auf die belastende Wirkung vergleichbare Gegenstände betreffen,[452] was zu der Frage nach der Reichweite des individuellen Freiheitsraumes führt.[453]

Zusätzlich ist zu prüfen, ob das Zusammenwirken der einzelnen Maßnahmen dem staatlichen Handeln eine andere Qualität

---

445 *Kirchhof*, NJW 2006, S. 732, 734; *Kreuter-Kirchhof*, NVwZ 2019, S. 1791, 1793.
446 *Brade*, S. 160.
447 Dazu umfassend *Brade*, S. 160ff.
448 *Kirchhof*, NJW 2006, S. 732, 734.
449 *Winkler*, JA 2014, S. 881, 884.
450 *Kreuter-Kirchhof*, NVwZ 2019, S. 1791, 1793.
451 *Kreuter-Kirchhof*, NVwZ 2019, S. 1791, 1793.
452 *Kirchhof*, NJW 2006, S. 732, 734.
453 *Kreuter-Kirchhof*, NVwZ 2019, S. 1791.

gibt.[454] Grundlegende Bedeutung wird der zeitlichen Abfolge zugemessen: Mehrere Grundrechtseingriffe können gleichzeitig wirken oder zeitlich aufeinanderfolgen.[455] Die Wirkung verschiedener staatlicher Maßnahmen wird jedoch nur dann grundrechtserheblich kumulieren, wenn die Maßnahmen gleichzeitig wirken.[456]

Der kumulative Grundrechtseingriff setzt Grundrechtsidentität vorauS. Bei der Prüfung, ob Belastungen in ihrer kumulativen Wirkung rechtserheblich sind, ist aus der Perspektive des Rechtsanwenders die Normwirklichkeit eines Grundrechts zu analysieren.[457] Ziel der Wirklichkeitsanalyse ist es offenzulegen, welche grundrechtlichen Schutzgüter von den Maßnahmen betroffen sind. Um eine rechtserhebliche Kumulierung handelt es sich nur dann, wenn mehrere Maßnahmen dasselbe Schutzgut betreffen.

a   Adressatenidentität

Die Maßnahmen in Form der Aufhebung oder Verkürzung von Jagdzeiten betreffen mit dem zur Ausübung des Jagdrechts Befugten denselben Adressaten. Unerheblich ist, wie viele andere mit ihm durch die staatliche Maßnahme betroffen sind.[458]

b   Belastungsintensität – der individuelle eigentumsrechtliche Freiheitsraum bei der jagdlichen Nutzung von Wild

Für die Beantwortung der Frage der Belastungswirkung der Einzelmaßnahmen ist allein die Wirkung beim Betroffenen maßgeblich.[459] Es muss sich um eigenständige Belastungen handeln, da sich nur diese kumulativ zusammenführen lassen.[460]

Die Maßnahmen dürfen nicht als Bestandteil einer Entscheidungskette aufeinander aufbauend aus einer vorangegangenen Maßnahme resultieren.[461]

---

454   *Kreuter-Kirchhof*, NVwZ 2019, S. 1791.
455   *Winkler*, JA 2014, S. 881, 882.
456   *Kirchhof*, NJW 2006, S. 732, 734.
457   *Kirchhof*, NJW 2006, S. 732, 734.
458   *Brade*, S. 161.
459   *Brade*, S. 190.
460   *Brade*, S, 191.
461   *Brade*, S. 191.

VI. Schonzeiten in der Eingriffskasuistik

Beschränkungen von Jagdzeiten erfolgen je Wildart und regelmäßig in unterschiedlichem Umfang. Es handelt sich demzufolge um eigenständige Belastungen der jeweiligen Rechtsposition des Eigentümers, in Form der Befugnis, das Jagdrecht auf die jeweilige Wildart ausüben zu dürfen. Diese Befugnis wird für jede Wildart gesondert beschränkt, so dass die Beschränkungen der Jagdzeiten bei mehreren Wildarten unabhängig voneinander sind.

c   Gleichzeitigkeit der Maßnahmen

Die Maßnahmen müssen gleichzeitig wirken. Werden Jagdzeiten für mehrere Wildarten beschränkt, ist die Voraussetzung der Gleichzeitigkeit erfüllt.

d   Grundrechtsidentität

Möchte man prüfen, ob mehrere Eingriffe in das Eigentum kumulativ eine Grundrechtsverletzung darstellen, gilt es, die Eigentumsposition oder die -positionen präzise zu beschreiben, welche Beschränkungen unterworfen werden.

aa. Schutzgut

Im Fall der Aufhebung und Beschränkung von Jagdzeiten sind die relevanten Eigentumspositionen das Jagdrecht in Form der Befugnis, auf die jeweilige Tierart die Jagd ausüben zu dürfen, deren Jagdzeiten aufgehoben oder beschränkt werden.

Legt man die in dieser Untersuchung festgestellten Befunde zugrunde, dass die Eigentumsposition das Jagdrecht auf die jeweilige Wildart ist, so sind im Fall, welchen der Hessische Staatsgerichtshof zu entscheiden hatte, 19 Eigentumspositionen des zur Ausübung des Jagdrechts Befugten betroffen. Denn jede jagdrechtliche Befugnis, auf eine bestimmte Tierart die Jagd ausüben zu dürfen, bildet eine eigene vom Schutzbereich des Art. 14 Abs. 1 GG erfasste Eigentumsposition.[462]

---

462 Zur eigentumsrechtlichen Rechtsposition siehe, B I 3.

Sofern der HessStGH zu dem Schluss kommt, „dass den Jagdausübungsberechtigten im Rahmen der mit den verfahrensgegenständlichen Bestimmungen der Hessischen Jagdverordnung getroffenen Inhalts- und Grenzbestimmungen des Eigentums ein hinreichend substantieller, weitreichender Teil des Jagdausübungsrechts unangetastet verbleibt",[463] wird verkannt, dass das Jagdrecht und die Befugnis, dieses auszuüben, sich auf die konkrete Wildart beziehen. Werden Jagdzeiten für eine Wildart verkürzt oder aufgehoben, so wird die eigentumsrechtliche Rechtsposition in Form der Befugnis, das Jagdrecht auf diese Wildart auszuüben, bei einer Verkürzung der Jagdzeiten beschränkt, bei einer Aufhebung der Jagdzeiten aufgehoben. Insofern ist eine gerichtliche Feststellung, es bliebe ein „weitreichender Teil des Jagdausübungsrechts unangetastet" unzutreffend, da der eigentumsrechtliche Freiheitsraum bei der jagdlichen Nutzung von Wild für jede betroffene Rechtsposition und damit für jede Wildart zu betrachten ist.

Es bleibt bei der Aufhebung einer Jagdzeit für eine Wildart eben gerade kein weitreichender Teil des Jagdausübungsrechts auf die betroffene Wildart unangetastet, da die vollständige Aufhebung der Jagdzeit faktisch die Ausübung des Jagdrechts auf die betroffene Wildart untersagt und damit die eigentumsrechtliche Rechtsposition beschränkt.

Dieses Verständnis zeichnet den Weg für die Reichweite des eigentumsrechtlichen Freiheitsraumes vor.

bb. Reichweite des eigentumsrechtlichen Freiheitsraumes bei der Bejagung von Wild

Möchte man die Reichweite des individuellen, des verfassungsrechtlich geschützten Freiheitsraumes abgrenzen, welcher durch die beschränkenden Maßnahmen betroffen ist, so wird dieser durch die Eigentumspositionen vorgegeben, welche einer Beschränkung unterworfen werden. Im Fall der Aufhebung und Beschränkung von Jagdzeiten ist die relevante Eigentumsposition die Befugnis,

---

463 HessStGH Urt. v. 12.02.2020; Az.: P.St. 2610, BeckRS 2020, 1557, Rdn. 293.

VI. SCHONZEITEN IN DER EINGRIFFSKASUISTIK

auf die jeweilige Tierart die Jagd ausüben zu dürfen, deren Jagdzeiten aufgehoben oder beschränkt werden. Wird diese Befugnis wie in dem Sachverhalt, welcher dem HessStGH zur Entscheidung vorlag, für 19 Tierarten beschränkt oder aufgehoben, so liegen 19 Eingriffe in das Eigentum des Berechtigten vor, wobei es sich um Eingriffe in 19 einzelne Rechtspositionen handelt.

Der Maßstab, der in der Rechtsprechung für die Bewertung des Kumulationseffektes bei der Beschränkung von Jagdzeiten herangezogen wird, orientiert sich jedoch an der jeweiligen Einzelmaßnahme.[464] Deutlich wird dies an Formulierungen wie: *„Ob eine Kumulation von Grundrechtseingriffen das Maß der rechtsstaatlich hinnehmbaren Eingriffsintensität noch wahrt, hängt von einer Abwägung aller Umstände ab, in die auch gegenläufige Verfassungsbelange einzubeziehen sind."*[465] Die singuläre Wortwahl „Eingriffsintensität" verdeutlicht, dass die Menge der Eingriffe zu einer Maßnahme zusammengefasst und als eine Art Gesamteingriff bewertet wird. Verkannt wird dabei, dass es sich bei jeder als Wild klassifizierten Tierart um eine eigene jagdrechtliche Eigentumsposition handelt.

Die Aufhebung und Beschränkung von Jagdzeiten ist bei jeder betroffenen Wildart einzeln als Eingriff zu werten. Dies führt jedoch dazu, dass die Gesamtlast des Betroffenen nicht realitätsgerecht erfasst wird, wenn alle Maßnahmen als Gesamteingriff eingestuft werden.[466] Entscheidend ist vielmehr, ob es sich um eine rechtserhebliche kumulative Belastung des Grundrechtsinhabers handelt oder eine einfache Mehrfachbelastung.

cc. Rechtserheblichkeit der Kumulierung – eine Frage der Normwirklichkeit

Die Unterscheidung der rechtserheblichen kumulativen Belastung von der einfachen Mehrbelastung beurteilt, ob die konkrete Wirkung einer Maßnahme, wie die Aufhebung von Jagdzeiten bei einer Wildart durch die Aufhebung oder Einschränkung der Jagdzeiten

---

464 HessStGH Urt. v. 12.02.2020; Az.: P.St. 2610, BeckRS 2020, 1557, Rdn. 293.
465 HessStGH Urt. v. 12.02.2020; Az.: P.St. 2610, BeckRS 2020, 1557, Rdn. 293.
466 *Kirchhof*, NJW 2006, S. 732, 734.

bei einer anderen Wildart, verstärkt wird.[467] Für diese Beurteilung kommt es weniger auf den Schutzbereich des betroffenen Grundrechts an, sondern die Wirklichkeit, in der die Belastung wirksam wird.[468]

Eine kumulative Belastung soll nur entstehen, wenn die Maßnahmen die gleiche Normwirklichkeit betreffen.[469] Der Rechtsanwender muss weniger die Schutzbereiche der Grundrechte analysieren, die eine auch in den Belastungsfolgen einheitliche Realität teilen, sondern verstärkt die Wirklichkeit erfassen, in der eine Belastung oder Leistung wirksam wird.[470]

Die Voraussetzungen dafür sind bei der Aufhebung oder Kürzung von Jagdzeiten bei mehreren Wildarten gegeben. Sämtliche Einschränkungen betreffen die gleiche Normwirklichkeit. Der Begriff der Normwirklichkeit meint den Lebensbereich, der von den betroffenen Rechtspositionen, welche eingeschränkt werden, erfasst wird. Die belastende Wirkung trifft den Grundrechtsträger als Inhaber der Befugnis, das Jagdrecht auszuüben zu dürfen, ausschließlich in seinem Lebensbereich in der Form der Befugnis, das Jagdrecht auf die jeweilige Wildart, deren Jagdzeit beschränkt werden soll, nicht mehr ausüben zu dürfen.

Die jagdrechtliche Normwirklichkeit wird geprägt durch die konkreten Verhältnisse des Jagdbezirkes, welcher den Wirkungsraum für die relevanten Normen eröffnet, aber auch begrenzt. Maßgeblich für die Beurteilung der Verhältnisse in dem jeweiligen Jagdbezirk sind die vorkommenden Wildarten. Geht man davon aus, dass nicht alle jagdbaren Arten in einem Jagdbezirk vorkommen, so wird man für die Abgrenzung einer rechtserheblichen kumulativen Belastung und einer einfachen Mehrfachbelastung berücksichtigen müssen, dass für jede Wildart der Eingriff in Form einer

---

467 *Kirchhof*, NJW 2006, S. 732, 734, zur Abgrenzung von rechterheblichen kumulativen Belastungen und einfachen Mehrfachbelastungen allgemein.
468 *Kirchhof*, NJW 2006, S. 732, 734.
469 *Kirchhof*, NJW 2006, S. 732, 735; aA Ruschemeier, S. 193, die den Ansatz, kumulative Belastungen durch eine vorgeschaltete Analyse der Normwirklichkeit zu erfassen, ablehnt, da keine Orientierung an verfassungsrechtlichen Maßstäben erfolge.
470 *Kirchhof*, NJW 2006, S. 732, 734.

Beschränkung für sich genommen einen Eingriff in eine verfassungsrechtliche Eigentumsposition darstellt. Damit steht auch fest, dass die Beschränkung von Jagdzeiten bei mehreren Wildarten gleichzeitig eine kumulative Belastung ist, da es sich um verschiedene Rechtspositionen handelt. In Abgrenzung dazu würde es sich um eine einfache Mehrfachbelastung handeln, wenn die Befugnis, das Jagdrecht auf eine Wildart auszuüben, durch mehre Einschränkungen belastet werden würden.

e   Konnexität – Sach- und Wirkzusammenhang

Schließlich setzt der kumulative Grundrechtseingriff Konnexität, d. h. einen Sachzusammenhang voraus. Ein solcher ist regelmäßig dann zu bejahen, wenn der Gesetzgeber den Bezug zwischen den Maßnahmen selbst herstellt, indem er diesen ausdrücklich anordnet oder sich ein solcher aus der Gesetzesbegründung ergibt.[471] Schließlich liegt ein einheitlicher Wirkungszusammenhang vor, der dieselbe Sphäre, nämlich die jagdliche, betrifft.[472]

Ist die ergänzende Wirkung für den Betroffenen in der Realität ausgemacht, wie dies bei der Aufhebung oder Beschränkung von Jagdzeiten bei mehr als einer Wildart regelmäßig der Fall ist, stellt sich die grundrechtliche Frage, ob die Gesamtlast der Maßnahmen verhältnismäßig ist.[473]

f   Verhältnismäßigkeit

Die rechtliche Qualifikation kumulativ wirkender Grundrechtseingriffe findet ihren Ausgangspunkt in Art. 1 III GG und Art. 20 III GG.[474] Hiernach ist alle staatliche Gewalt an die Grundrechte gebunden. Der Staat kann sich dieser umfassenden Grundrechtsbindung nicht durch eine Staffelung von Grundrechtseingriffen entziehen. Maßgeblich sind die Wirkungen staatlichen Handelns für den Einzelnen, nicht die Form und die Anzahl der hoheitlichen

---

471 *Brade*, S. 204.
472 So auch der HessStGH Urt. v. 12.02.2020; Az.: P.St. 2610, BeckRS 2020, 1557, Rdn. 14.
473 *Kirchhof*, NJW 2006, S. 732, 734.
474 *Kreuter-Kirchhof*, NVwZ 2019, S. 1791, 1793.

Maßnahmen. Die Grundrechte schützen die Freiheitsrechte des Einzelnen gegen hoheitliche Zugriffe unabhängig davon, ob diese durch einen einzelnen Hoheitsakt oder mehrere Eingriffe beeinträchtigt werden.[475] Auf der Ebene der Verhältnismäßigkeit ist die Wirkung der verschiedenen Maßnahmen damit in der Gesamtschau zu betrachten.[476]

Hier ist zu schauen, ob die Ziele der Maßnahmen durch ein den Grundrechtsträger weniger belastendes Eingriffsbündel erreicht werden können. Sofern dies der Fall ist, ist der Eingriff nicht erforderlich.

aa. Determinanten[477] der Verhältnismäßigkeitsprüfung

Jede Maßnahme ist daran zu messen, ob sie den durch die Abwägungsdirektiven der Art. 14 Abs. 1 S. 1 GG und Art. 14 Abs. 2 gesteckten Rahmen nicht verlassen hat.[478] Der Gesetzgeber steht bei der Erfüllung des ihm in Art. 14 Abs. 1 S. 2 GG erteilten Auftrags, Inhalt und Schranken des Eigentums zu bestimmen, vor der Aufgabe, den Freiheitsraum des Einzelnen im Bereich der Eigentumsordnung und die Belange der Allgemeinheit in einen gerechten Ausgleich zu bringen.[479] Die grundlegende Wertentscheidung der Verfassung im Sinne eines sozial gebundenen Privateigentums gebietet also, bei der Regelung des Eigentumsinhaltes die Belange der Gemeinschaft, welche im Wohl der Allgemeinheit gem. Art. 14 Abs. 2 GG zum Ausdruck kommen, und die Individualinteressen, in Form eines Schutzes des Privateigentums gem. Art. 14 Abs. 1 S. 1 GG, in ein ausgewogenes Verhältnis zu bringen. Das Wohl der All-

---

475 *Kreuter-Kirchhof*, NVwZ 2019, S. 1791, 1793.
476 HessStGH Urt. v. 12.2.2020; Az.: P.St. 2610, BeckRS 2020, 1557, Rdn. 293.; a A. *Ruschemeier*, S. 187f, welche die Prüfung der Verhältnismäßigkeit als Schranken-Schranke ablehnt, mit Blick auf die schwere Eingrenzbarkeit des Umfangs additiver Grundrechtseingriffe.
477 Zum Begriff siehe ausführlich *Grochtmann*, Rechtsfragen der Eigentumsdogmatik, S. 28ff.
478 *Grochtmann*, Rechtsfragen der Eigentumsdogmatik, S. 40.
479 BVerfGE 25, 112, 117f.

VI. Schonzeiten in der Eingriffskasuistik 119

gemeinheit ist Orientierungspunkt, aber auch Grenze für die Beschränkung des Eigentümers.[480] Für die Beschränkung oder Aufhebung von Jagdzeiten als Eingriff in den verfassungsrechtlich geschützten Eigentumsbereich stellt sich damit die Frage, an welchen Faktoren sich das „Wohl der Allgemeinheit" festmachen lässt und wie diese in einer Abwägung gegenüber einer Beschränkung der Eigentumsbefugnisse zu gewichten sind.

bb. Faktoren des Allgemeinwohls bei der Regelung von Jagdzeiten im Lichte der jagdlichen Verantwortung des Eigentümers

Maßgeblicher Faktor für die Konkretisierung der Belange des Allgemeinwohls ist der soziale Bezug des EigentumsobjektS. Soweit es um die Funktion des Eigentums als Element der Sicherung der persönlichen Freiheit des Einzelnen geht, genießt es einen besonders ausgeprägten Schutz.[481] Bedarf der Nichteigentümer seinerseits der Nutzung des Eigentumsobjekts zu seiner Freiheitssicherung und verantwortlichen Lebensgestaltung, umfasst das grundgesetzliche Gebot einer am Gemeinwohl orientierten Nutzung die Pflicht zur Rücksichtnahme auf den Nichteigentümer.[482]

Maßgeblich für das Vorliegen von Allgemeinwohlinteressen ist, dass die vom Normgeber ergriffenen Maßnahmen zu einem überindividuellen, im öffentlichen Nutzen liegenden Zweck, also für eine Aufgabe eingesetzt werden, deren Erledigung dem Staat oder den Gemeinden obliegt.[483] Durch Art. 14 Abs. 2 GG lassen sich der Eigentumsgewährleistung nur konkrete für die Allgemeinheit bedeutsame Interessen entgegenstellen.[484] Der Streit, ob schon die Sozialbindungsklausel selbst rechtsverbindliche Nutzungs- und Verfügungsbeschränkungen für den Eigentümer zu erzeugen vermag oder ob erst ein Eingriff in Form einer Inhalts- und Schrankenbestimmung des Gesetzgebers konstitutive Wirkung hat,[485] kann

---

480 BVerfGE 25, 112, 118.
481 BVerfGE 50, 290, 340.
482 BVerfGE 68, 361, 368.
483 BVerfGE 74, 264, 271.
484 *Kube*, S. 43.
485 Zur Unterscheidung von Sozialbindung und Eingriff, *Leisner*, S. 147ff.

hier dahinstehen, da der Gesetzgeber die bei der Jagdausübung zu berücksichtigenden Faktoren des Allgemeinwohls gesetzlich geregelt hat. Diese Faktoren bilden den Rahmen und die Grenze für die Belange des Gemeinwohls im Rahmen der Abwägung gegenüber dem Schutz des Privateigentums gem. Art. 14 Abs. 1 S. 1 GG.

i Allgemeinwohlbezogene Gesetzeszwecke des BJagdG

Nach § 1 Abs. 2 S. 1 hat die Hege zum Ziel die Erhaltung eines den landschaftlichen und landeskulturellen Verhältnissen angepassten artenreichen und gesunden Wildbestandes sowie die Pflege und Sicherung seiner Lebensgrundlagen. Die Einfügung des Wortes „landeskulturell" in Absatz 2 Satz 1 sollte den zu erhaltenden Wildbestand auch auf die enge Verbindung zwischen Agrarstrukturverbesserung und Landschaftspflege unter besonderer Berücksichtigung der ökologischen Ausgleichsfunktion des ländlichen Raumes ausrichten.[486] Diese im Bundesjagdgesetz ausdrücklich festgelegten Gesetzeszwecke[487] dienen den berechtigten Interessen Dritter und dem Gemeinwohl.[488]

Belange des Tierschutzes hat der Gesetzgeber in der Pflicht zur Vermeidung von Leiden gem. § 22a ebenso berücksichtigt, wie auch Belange des Artenschutzes mit der Änderung des BJagdG 1976[489], indem er in § 1 Abs. 1 mit Satz 2 eine Pflicht zur Hege ergänzt hat.[490] Die Hegepflicht beinhaltet die Nutzung der natürlichen Ressource Wild in nachhaltiger Form verbunden mit der Pflicht zur Erhaltung der Artenvielfalt sowie der Pflege und Sicherung der Lebensgrundlagen des Wildes.[491]

---

486 BVerfG, Beschl. v. 13. 12. 2006, Az.: 1 BvR 2084/05, NVwZ 2007, S. 808, 809.
487 Diese Zwecke sind auch Grundlage und Inhalt der 16 Landesjagdgesetzen, so dass für die vorliegende Untersuchung diesbezüglich die Darstellung der bundesrechtlichen Inhalte erfolgt; dazu *Schuck*, in: Schuck, Kommentar zum BJagdG, § 1 Rdn. 15.
488 BVerfG, Beschl. v. 13. 12. 2006, Az.: 1 BvR 2084/05, NVwZ 2007, S. 808, 809.
489 BGBl I, 2841.
490 BVerfG, Beschl. v. 13. 12. 2006, Az.: 1 BvR 2084/05, NVwZ 2007, S. 808, 809.
491 *Schuck*, in: Schuck, Kommentar zum BJagdG, § 1 Rdn. 16.

VI. Schonzeiten in der Eingriffskasuistik 121

ii Anwendung jagdzeitenbezogener Allgemeinwohlerwägungen in der Rechtspraxis am Beispiel des Allgemeinwohlbelanges Tierschutz

Beschränkungen der Jagdzeiten sind mit Blick auf die konkreten Wildarten sowie deren Einfluss auf andere Tierarten daran zu messen, ob sie einen verhältnismäßigen Ausgleich zwischen dem privatnützigen Interesse des Einzelnen und dem Gemeinwohlinteresse der Gemeinschaft darstellen.

Welche Erwägungen Gerichte diesbezüglich zugrunde legen, soll nachfolgend skizziert werden.

(1) Entscheidung des HessStGH

Der HessStGH[492] hat z. B. eine Verkürzung der Jagdzeit auf Damschmaltiere[493] damit begründet, die Verwechselungsgefahr mit führenden Alttieren sei zu groß. Das Verbot der Jagd auf Damschmaltiere im Monat Juli ergebe sich aus dem Tierschutz in Form des Elterntierschutzes und solle die Aufzucht der Jungtiere sichern.[494]

Der Elterntierschutz ist jedoch bereits in § 22 Abs. 4 S. 1 geregelt, der festlegt, dass die für die Aufzucht der Junge notwendigen Elterntiere bis zum Selbständigwerden der Jungtiere nicht erlegt werden dürfen, und dies strafbewährt gem. § 38. Der Beschränkung der Jagdzeiten auf Damschmaltiere fehlt es demzufolge bereits an der Erforderlichkeit, da eine entsprechende Regelung des Elterntierschutzes vorhanden ist. Die Beschränkung der Jagdzeit belastet den jagdlichen Eigentümer unverhältnismäßig, da ein grundsätzliches Verbot der Bejagung als Ausdruck der Allgemeinwohlbelange bereits besteht, nämlich immer dann, wenn nicht sicher erkannt wird, um was für ein Tier es sich handelt. Die Beschränkung der Jagdzeit führt jedoch dazu, dass auch bei sicherem Erkennen eines Damschmaltieres der Jagdausübungsberechtigte das Jagdrecht nicht ausüben darf.

---

492 HessStGH Urt. v. 12.2.2020; Az.: P.St. 2610, BeckRS 2020, 1557.
493 Hierbei handelt es sich um Tiere, die zwischen einem und zwei Jahre alt sind.
494 HessStGH Urt. v. 12.2.2020; Az.: P.St. 2610, BeckRS 2020, 1557, Rdn. 136.

Das vom Allgemeinwohl getragene Argument des Tierschutzes in Form des Jungtierschutzes des HessStGH[495], welcher durch die versehentliche Entnahme eines Elterntieres betroffen wäre, greift auch aus anderen Gründen nicht durch, um einen Eingriff in die Eigentumsposition der Ausübung des Jagdrechts auf Damwild zu rechtfertigen. Auch über die im Gesetz verankerten Grundsätze der Weidgerechtigkeit gem. § 1 Abs. 3 ist der Jagdausübungsberechtigte bereits verpflichtet, die Belange des Tierschutzes zu berücksichtigen und damit besonders sorgfältig vorzugehen bei der Auswahl eines zu erlegenden Stück WildeS. Die im Zentrum stehende Frage der gesetzgeberischen Überlegung, wie Muttertierverluste vermieden werden können, kann jedenfalls nicht damit beantwortet werden, dass die jagdliche Freiheit des Eigentümers weiter beschränkt wird. Der Allgemeinwohlbelang des Tierschutzes kann nicht pauschal herangezogen werden, um Eingriffe in grundrechtlich geschützte Räume einer Betroffenengruppe zu begründen, ohne dabei eine Risikogewichtung vorzunehmen. In einer Risikogewichtung wäre festzustellen, wie groß die tatsächliche Risikoeintrittswahrscheinlichkeit ist, und nur wenn diese eine Verwechslung nicht nur als Ausnahme, sondern als den Regelfall feststellt, könnte dies eine Beschränkung der Jagdzeit mit dem Allgemeinwohlbelang Tierschutz rechtfertigen. Anderenfalls besteht das Risiko der Beliebigkeit des Allgemeinwohlbelanges Tierschutz, denn immer dort, wo das Naturgut wildlebendes Tier genutzt wird, besteht das Risiko, die Grenzen tierschutzrechtlich vertretbarer Handlungen zu verletzen.

Das Risiko der Beliebigkeit, den Allgemeinwohlbelang Tierschutz zur Begründung einer Beschränkung verfassungsrechtlicher Eigentumspositionen, wie sie eine Beschränkung der Jagdzeiten darstellen, heranzuziehen, wird auch an den Überlegungen des HessStGH zum Wildschadensrisiko verdeutlicht. Hier führt das Gericht aus: *„Das für den Monat Juli geltende Verbot der Jagd auch auf Damwildschmaltiere stellt sich insofern als geeignet, erforderlich und –*

---

[495] HessStGH Urt. v. 12.2.2020; Az.: P.St. 2610, BeckRS 2020, 1557, Rdn. 137.

VI. SCHONZEITEN IN DER EINGRIFFSKASUISTIK 123

auch in Abwägung mit den Belangen der Jäger und des nach den gutachterlichen Äußerungen nur als gering einzustufenden Wildschadensrisikos – angemessen dar."[496]

Die Ausführungen des Gerichtes lassen die Frage aufkommen, ob die Gewichtung des Tierschutzes anders ausgefallen wäre, wenn die gutachterlichen Feststellungen Damwild ein größeres Wildschadensrisiko zugesprochen hätten. Bei Wildschaden handelt es sich gem. § 29 Abs. 1 S. 1 um Schäden am Grundstück und den darauf befindlichen Pflanzen, welche durch Schalenwild oder Fasane oder Wildkaninchen verursacht worden sind. Wildschaden ist eine Beschädigung des Grundstücks und damit eine Beeinträchtigung des Grundeigentums.[497] Die staatliche Schutzpflicht gebietet es, rechtliche Regelungen so auszugestalten, dass die Gefahr von Grundrechtsbeeinträchtigungen ausbleibt.[498]

Nicht erkennbar ist jedoch, aus welchen Gründen der Eingriff in das jagdliche Eigentum in Form einer Verkürzung der Jagdzeit anders zu gewichten wäre, wenn Damwild ein höheres Wildschadensrisiko verursachen würde. Denn auch dann würde der Tierschutz in Form des Schutzes von Elterntieren unverändert als Allgemeinwohlbelang im Raum stehen. Auch würde ein höheres Wildschadensrisiko die Erforderlichkeit des Elterntierschutzes nicht ändern. Allerdings deutet die Formulierung des Gerichts an, dass die Gewichtung bei einem höheren Wildschadensrisiko anders, d. h. gegen eine Verkürzung der Jagdzeit, ausfallen könnte, obwohl das vermeintliche Verwechselungsrisiko genauso bestehen würde. Der Tierschutz würde demzufolge hinter die Beeinträchtigung des Grundeigentums in Form von Wildschäden zurücktreten. Nicht ersichtlich ist, aus welchen Gründen dem jagdlichen Eigentum in Form der Befugnis, das Jagdrecht auf Damwild ausüben zu dürfen, dasselbe Gewicht verwehrt wird.

Der Allgemeinwohlbelang Tierschutz wird in der Entscheidung des HessStGH auch bei einer Beschränkung der Jagdzeiten für adulte Waschbären herangezogen. Auch hier ist auf die bereits

---
496 HessStGH Urt. v. 12.2.2020; Az.: P.St. 2610, BeckRS 2020, 1557, Rdn. 136.
497 *Schuck*, in: Schuck, Kommentar zum BJagdG, § 29, Rdn. 1f.
498 *Munte*, NuR 2009, S. 536, 539.

in den Jagdgesetzen geregelten Schutznormen des Elterntierschutzes zu verweisen. Ergänzend kommt hier noch hinzu, dass einer weiteren Beschränkung der Jagdzeit der Umstand entgegensteht, dass durch die Jagdausübung mit Fallen, welche lebend fangen, eine selektive Entnahme möglich ist.

(2) Abwägung des VG Berlin
Das VG Berlin[499] hat in seiner Entscheidung über die Beschränkung der Jagdzeiten für vier Wildarten festgestellt, dass Erwägungen der Zweckmäßigkeit, also was der Verordnungsgeber für vernünftig oder sinnvoll halte, nicht dem Grundsatz der Bindung des Verordnungsgebers an besondere Allgemeinwohlgründe, welche Vorliegen müssen, genüge. Dem Verordnungsgeber stehe es nicht zu, über die Sinnhaftigkeit der Jagd zu urteilen und gestützt hierauf normgebend tätig zu werden. Die Begründung einer Aufhebung der Jagdzeiten für Federwildarten, ein Großteil der betroffenen Federwildarten würde nur krankgeschossen und nicht nachgesucht, sei weder belegbar, noch würde ein solcher Missstand die Einführung einer ganzjährigen Schonzeit rechtfertigen. Tierschutzrechtliche Aspekte ließen sich zulässigerweise nicht über die Anordnung von Schonzeiten durchsetzen.[500]

Das durch die verfassungsrechtliche Eigentumsgarantie gem. Art. 14 Abs. 1 GG

geschützte Jagdrecht könne nur aus den im Bundes- und Landesjagdgesetz genannten Gründen u. a. der Hege des Wildes und des Arten- und Tierschutzes eingeschränkt werden, nicht aber, weil ein praktisches Bedürfnis nach Zulassung der Jagd nicht besteht, so das VG Berlin. Nicht die Beibehaltung des Jagdrechts, sondern seine Einschränkung muss gemessen an den geltenden jagdrechtlichen Vorgaben gerechtfertigt sein.[501]

---

499 VG Berlin, Urt. v. 27.3.2008, Az.: 1 A 193/07, BeckRS 2009, 42150.
500 VG Berlin, Urt. v. 27.3.2008, Az.: 1 A 193/07, BeckRS 2009, 42150, S. 5.
501 VG Berlin, Urt. v. 27.3.2008, Az.: 1 A 193/07, BeckRS 2009, 42150, S. 5.

VI. SCHONZEITEN IN DER EINGRIFFSKASUISTIK

g Ergebnis

Jagdverbote in Gestalt der Aufhebung von Jagdzeiten können nur erlassen werden, wenn jegliche Jagd auf eine Tierart – unabhängig von der Jagdmethode – gegen jagdrechtliche Grundsätze verstößt. Sind dagegen nur bestimmte Jagdmethoden zu beanstanden, dürfen mit Rücksicht auf die Systematik des Jagdrechts, insbesondere die in ihm angelegte Unterscheidung zwischen Jagd- und Schonzeiten nur die betroffenen Methoden, nicht aber die Jagd an sich verboten werden. Dies folgt aus dem Verfassungsgrundsatz der Verhältnismäßigkeit, der bei der Abwehr einer Gefahr für Rechtsgüter den Einsatz des milderen Mittels gebietet, wenn mehrere geeignete Mittel zur Verfügung stehen. Nicht die Beibehaltung des Jagdrechts, sondern seine Einschränkung muss gemessen an den geltenden jagdrechtlichen Vorgaben gerechtfertigt sein.

Der pauschale Vortrag einer Verwechselungsgefahr von Tieren stellt keinen Allgemeinwohlbelang dar. Über die im Gesetz verankerten Grundsätze der Weidgerechtigkeit und die Hegepflicht ist der Jagdausübungsberechtigte bereits verpflichtet, auch die Belange des Artenschutzes und des Tierschutzes zu berücksichtigen und damit besonders sorgfältig vorzugehen bei der Auswahl eines zu erlegenden Stück WildeS. Eine weitere Beschränkung der Jagdzeiten mit dem Argument, es bestehe eine Verwechselungsgefahr bei Eltern- und Jungtieren, müsste als Versuch des Gesetzgebers verstanden werden, das Fahrlässigkeitsrisiko, in Form der Außerachtlassung der im Verkehr erforderlichen Sorgfalt, ausschließen zu wollen. Bestehen entsprechende Schutznormen und damit bereits Beschränkungen der Jagdausübung, bedarf es darüber hinaus keiner Beschränkung der Jagdzeiten, da das Risiko der Verwechselung bereits durch die bestehenden gesetzlichen sanktionierten Beschränkungen Berücksichtigung gefunden hat.

5. Gebot der Entschädigung – Vollschonung einer Art als ausgleichspflichtige Schrankenbestimmung

Auch bei Inhalts- und Schrankenbestimmungen des Eigentums kann es für den betroffenen Eigentümer einen Anspruch auf Entschädigung geben.[502] Eigentumsbeschränkungen und Eigentumsbelastungen finden ihre verfassungsrechtliche Legitimation in Art. 14 Abs. 2 GG.[503] Das Bundesverfassungsgericht hat in diesem Zusammenhang mehrfach darauf hingewiesen, dass die soziale Funktion und soziale Bedeutung des Eigentums Begrenzungen der Rechtsstellung des Eigentümers rechtfertigen.[504] Hieraus ergeben sich aber zugleich die Schranken der zumutbaren und vom Gesetzgeber zu realisierenden Bindungen.[505]

Das Bundesverfassungsgericht hat in zahlreichen Entscheidungen ausgesprochen, dass der Gesetzgeber bei Regelungen im Sinne des Art. 14 Abs. 1 Satz 2 GG sowohl der grundgesetzlichen Anerkennung des Privateigentums durch Art. 14 Abs. 1 Satz 1 GG als auch dem Sozialgebot des Art. 14 Abs. 2 GG in gleicher Weise Rechnung tragen muss.[506] Er hat dabei die schutzwürdigen Interessen der Beteiligten in einen gerechten Ausgleich und in ein ausgewogenes Verhältnis zu bringen. Das Maß und der Umfang der dem Eigentümer von der Verfassung zugemuteten und vom Gesetzgeber zu realisierenden Bindung hängt hiernach wesentlich davon ab, ob und in welchem Ausmaß das Eigentumsobjekt in einem sozialen Bezug und in einer sozialen Funktion steht.[507]

Wird die Jagdzeit für eine jagdbare Art vollständig aufgehoben, so dass der Eigentümer sein Jagdrecht nicht mehr ausüben darf, kann die Belastung, welche der Eigentümer durch die Beschränkung erfährt, dann durch die in Art. 14 Abs. 2 GG vorgegebene Grenze des Allgemeinwohls überschritten sein, wenn der Erhaltungszustand der Art eine Vollschonung nicht erforderlich macht. Der Eigentümer würde in einem solchen Fall enteignungsgleich an der Ausübung seines Eigentumsrechts, dem Jagdrecht, auf die voll geschonte Art vollständig gehindert. Die Art als Eigentumsobjekt ist jedoch nicht in ihrem Bestand gefährdet, so dass die

---

502 *Lege*, in: Depenheuer/Shirivani, Die Enteignung, Die ausgleichspflichtige Inhalts- und Schrankenbestimmung, S. 228.
503 BVerfGE 58, 137, 151.
504 BVerfGE 58, 137, 151.
505 BVerfGE 52, 1 32.
506 BVerfGE 37, 132, 140f; 42, 263, 294; 50, 290, 340f; 52, 1, 32.
507 BVerfGE 58, 137, 147.

durch Art. 14 Abs. 2 GG gezogene Grenze der vom Eigentümer hinzunehmenden Allgemeinwohlbelange, welche in einem solchen Fall in dem Risiko bestehen, eine Tierart zu verlieren, nicht erreicht, geschweige denn überschritten wird. Insofern kann hier eine die Prämissen des BVerfG zugrunde legende Entschädigung geboten sein.

VII Abweichungsbefugnis der Bundesländer gem. Art. 72 Abs. 3 Nr. 1 GG

Für die eigentumsrechtliche Einordnung von Wild stellt sich nunmehr die Frage, wie die verfassungsrechtliche Abweichungsbefugnis gem. Art. 72 Abs. 3 Nr. 1 GG von bundesrechtlichen Regelungen für die Länder zu bewerten ist, wenn man den Befund zugrunde legt, dass der Katalog jagdbarer Arten gem. § 2 eine eigentumsrechtliche Inhaltskonkretisierung i. S. d. Art. 14 Abs. 1 S. 1 GG des Bundesgesetzgebers ist.

1. Reichweite der gesetzgeberischen Kompetenz des Bundes im Jagdrecht

Die Föderalismusreform am 01.09.2006[508] hat mit Art. 72 Abs. 3 GG eine neuartige Kompetenzkategorie begründet, die eine an sich einschränkungslos gewährte konkurrierende Bundeskompetenz gem. Art. 74 GG mit der Möglichkeit abweichender Landesgesetzgebung verbindet.

Machen die Länder von der Abweichungsmöglichkeit Gebrauch, geht gem. Art. 72 Abs. 3 S. 2 GG im Verhältnis zwischen Bundes- und Landesrecht das jeweils spätere Gesetz vor. Was die abweichungsfesten Materien jedoch im Detail umfassen sollen, muss durch Auslegung der verfassungsrechtlichen Bestimmung ermittelt werden.[509]

---

508 BT Drs. 16/813.
509 *Callies/Burchardt*, S. 9.

128 TEIL B: WILD IN DER EIGENTUMSORDNUNG DES GG

Die Aufnahme des Jagdwesens[510] in die konkurrierende Gesetzgebung[511] und die damit verbundene Befugnis der Bundesländer, von den bundesrechtlichen Vorgaben – ohne das Recht der Jagdscheine – abweichen zu können,[512] hat zur verstärkten Bildung von Unterschieden zwischen den Listen jagdbarer Arten der Länder untereinander,[513] aber auch zwischen den landesrechtlichen Regelungen und der im § 2 Abs. 1 auf Bundesebene festgelegten Liste geführt.[514]

Der bisherige Befund zur Einstufung der Qualifikation wildlebender jagdbarer Tiere in § 2 als eigentumsrechtliche Rechtsposition führt bei der Weite der verfassungsrechtlichen Abweichungsbefugnisse zu der Frage, wie Abweichungen vom Katalog jagdbarer Tiere im Rahmen der Abweichungskompetenz des Art. 72 Abs. 3 S. 1 Nr. 1 GG einzuordnen sind.

2. Der Katalog jagdbarer Arten gem. § 2 Abs. 1 als abweichungsfeste eigentumsrechtliche Inhaltsvorgabe?

Zu klären ist, ob die durch das Grundgesetz vorgegebene Eigentumsordnung mit den bundesgesetzlichen Inhaltskonkretisierungen in Form des Katalogs der jagdbaren Arten gem. § 2 Abs. 1 durch den Landesgesetzgeber aufgrund der Abweichungsbefugnis gem. Art. 72 Abs. 3 S. 1 Nr. 1 GG eingeschränkt werden darf.

---

510 Zur Reichweite des Begriffs Jagdwesen, siehe *Sachs*, in: Dietlein/Froese, Jagdliches Eigentum, 2018, Verteilung der Gesetzgebungskompetenz in Fragen des Jagdwesens, S.105, 107.
511 Art. 74 Abs. 1 Nr. 28 GG.
512 Art. 72 Abs. 3 Nr. 1 GG, sog. Abweichungsbefugnis.
513 Ministerium für Klimaschutz, Umwelt, Landwirtschaft, Natur und Verbraucherschutz des Landes Nordrhein-Westfalen, Das ökologische Jagdgesetz NRW - Erläuterungen zum neuen Jagdrecht, S. 8., www.umwelt.nrw.de, abgerufen am 13.03.2021, wo z. B. Greife und Falken aus der Liste jagdbarer Arten gestrichen wurden.
514 *Brenner*, Quo Vadis Jagdrecht, S. 15f; *Köck*, ZUR 2015, S. 589, 590; *Säcker* in: Münchner Kommentar zum BGB, Art 69 EGBGB, Rdn. 3; *Glaser*, NuR 2007, S. 439, 442.

VII. ABWEICHUNGSBEFUGNIS DER BUNDESLÄNDER

a Umfang des abweichungsfesten Kerns gem. Art. 72 Abs. 3 S. 1 Nr. 1 GG

In Literatur[515] und Rechtsprechung gibt es vereinzelt Stimmen, welche über die in den Klammerzusätzen des Art. 72 Abs. 3 S. 1 Nr. 1 GG genannten Rechtsgebiete hinaus abweichungsfeste Kerne des Bundesjagdgesetzes sehen. Das VG Würzburg führt dazu aus: *„Abgesehen davon würde auch eine Abweichung durch Ländergesetzgebung die sog. abweichungsfesten Kernbereiche unberührt lassen müssen (vgl. Gesetzesbegründung, BT-Drs. 16/813, S. 26), so dass sich eine abweichende Ländergesetzgebung nicht auf jagdrechtliche Kernbereiche wie etwa die Regelungen zu gemeinschaftlichen Jagdbezirken und zur gemeinschaftlichen Jagdausübung, zu grundstücksübergreifenden Jagdausübungsbefugnissen oder zur Pflicht zur Hege auswirken könnte."*

Dagegen wird von der h. M. im Schrifttum unter Verweis auf den Wortlaut des Art. 72 Abs. 3 S. 1 Nr. 1 GG die Zulässigkeit weitergehender Restriktionen verneint.[516] Im Jagdrecht bleiben den Ländern, gem. Art. 72 Abs. 3 S. 1 Nr. 1 GG, Abweichungen von bundesrechtlich erlassenen Regelungen nur dann verwehrt, sofern sie den Jagdschein betreffen.[517] In den übrigen Bereichen, d. h. bei Vorschriften über die Jagdausübung, die Bildung von Jagdbezirken und Hegegemeinschaften sowie den Schutz des Wildes vor Wilderei etc., können sie selbst entscheiden, inwieweit sie von einer entsprechenden Bundesgesetzgebung abweichen wollen.[518] Jedoch stellt sich die Frage, welche Voraussetzungen vorliegen müssten, damit die Länder den Katalog jagdbarer Arten durch landesgesetzliche Regelung einschränken, d. h. gem. Art. 72 Abs. 3 GG davon abweichen dürfen.

---

515 *Köck/Wolf*, NVwZ 2008, S. 353, 359 m. w. N.
516 *Sachs*, in: Dietlein/Froese, Jagdliches Eigentum, 2018, Verteilung der Gesetzgebungskompetenz in Fragen des Jagdwesens, S.105, 127.
517 *Sachs*, Verteilung der Gesetzgebungskompetenz in Fragen des Jagdwesens, in: Dietlein/Froese, Jagdliches Eigentum, 2018, S.105, 127f m. w. N.
518 *Kotulla*, NVwZ 2007, S. 489, 492.

b § 2 BJagdG im Spannungsfeld der konkurrierenden Gesetzgebungskompetenz und der Abweichungsbefugnis

Auf einfachgesetzlicher Ebene hatten die Länder bereits vor der Föderalismusreform die Befugnis gem. § 2 Abs. 2, weitere Tierarten zu bestimmen, die dem Jagdrecht unterliegen. Zu ergründen ist, ob mit der Abweichungskompetenz gem. Art. 72 Abs. 3 GG die Länder die im Katalog der jagdbaren Arten aufgeführten Spezies auch uneingeschränkt reduzieren dürfen.

Grundsätzlich steht das Recht zur Gesetzgebung gem. Art. 70 Abs. 1 GG zunächst den Ländern zu. Der Bund kann im Rahmen der konkurrierenden Gesetzgebung gem. Art. 72 Abs. 1 i. V. m. Art. 74 GG auf die Materie zugreifen und sie zum Gegenstand seines Gesetzes machen. Erst die Tätigkeit des Bundes eröffnet gem. Art. 72 Abs. 3 S. 1 das Regime der Abweichungsgesetzgebung und ermöglicht es den Ländern, innerhalb der Voraussetzungen des Art. 72 Abs. 3 GG ihrerseits abweichende Regelungen im Verhältnis zum Bundesrecht zu erlassen.[519] Dies ergibt sich aus dem Wortlaut des Art. 72 Abs. 1 S. 1, wo es heißt: Hat der Bund Gebrauch gemacht, können die Länder abweichende Regelungen treffen.

Dabei bildet die Abweichungsgesetzgebung der Länder eine Kompensationsmöglichkeit für die Überführung der abweichungsrelevanten Materie in die konkurrierende Gesetzgebung.[520] Danach kann der Bundesgesetzgeber – anders als zu Zeiten der Rahmengesetzgebung – nun vollumfängliche Regelungen treffen, ohne den Ländern einen Bereich von materieller Bedeutung belassen zu müssen.

Eine Sperrwirkung und damit verbunden eine Abweichungsbefugnis für die Landesgesetzgebung tritt jedoch nicht bereits aufgrund einer bundesrechtlichen Regelung im einschlägigen Sachgebiet der konkurrierenden Gesetzgebung, sondern nur dann ein, wenn der Bund die betreffende Materie erschöpfend bzw. abschließend regelt.[521]

---

519 *Voßkuhle*, NVwZ 2013, S. 1, 3.
520 *Petschulat*, in: Petschulat/Weghake/Dallmann/Schoen/Grotefels, S. 5.
521 BVerfGE 7, 342, 347.

VII. ABWEICHUNGSBEFUGNIS DER BUNDESLÄNDER   131

In dem Zusammenhang sind bei der Auslegung der bundesgesetzlichen Regelung Vorbehalte oder Öffnungsklauseln zugunsten des Landesrechts in den Blick zu nehmen.[522] Stellt der Bundesgesetzgeber Regelungen ausdrücklich unter den Vorbehalt einer landesrechtlichen Regelung, so stellt dies klar, dass insofern das Bundesrecht nicht abschließend sein soll.[523]

Dann verbliebe es bei dem Gebrauch der konkurrierenden Gesetzgebungskompetenz und Abweichungen wären schon nicht notwendig, mangels Abweichungslage jedoch auch nicht möglich.[524]

Die Regelung des BJagdG in Form des Kataloges jagdbarer Arten gem. § 2 ist also als Grundlage der Abweichungsgesetzgebung auf seinen abschließenden Charakter hin zu untersuchen. Die Prüfung hat für jede Regelung gesondert zu erfolgen, da die abschließende Wirkung vereinzelt, teilweise oder vollumfänglich vorliegen kann.

aa. Sperrwirkung des § 2 Bundesjagdgesetz

Zunächst müsste die Regelung des § 2, der Katalog jagdbarer Arten, eine Sperrwirkung entfalten. Eine solche Sperrwirkung liegt regelmäßig vor, wenn die Länder von der Materie der konkurrierenden Gesetzgebung abgeschnitten sind, indem der Bundesgesetzgeber von seinem Gesetzgebungsrecht gem. Art. 74 GG Gebrauch gemacht hat und den Ländern im Bundesrecht keine Öffnungsklauseln eingeräumt werden. Dem Wortlaut des Art. 72 Abs. 1 GG folgend, ist die Abweichungsbefugnis dann aber auch nur in dem Umfang eröffnet, „so weit" der Bund von der relevanten Materie Gebrauch gemacht hat und Landesregelungen in dem Fall gem. Art. 31 GG hinter die Bundesregelungen zurücktreten würden. Nur in dem Fall tritt gegenüber den Ländern die Sperrwirkung ein und eröffnet ihnen die Möglichkeit zur Abweichung.[525]

---

522 *BVerfG*, Urt. v. 10.2.2004 – 2 BvR 834, 1588/02, NJW 2004, S. 750, 757f.
523 *BVerfG*, Urt. v. 10.2.2004 – 2 BvR 834, 1588/02, NJW 2004, S. 750, 757.
524 *Petschulat*, in: Petschulat/Weghake/Dallmann/Schoen/Grotefels, S. 19.
525 *Louis*, ZUR 2006, 340, 343.

Der Katalog der jagdbaren Arten, wie er in § 2 seinen Ausdruck gefunden hat, ist nicht abschließend. Die Länder können gem. § 2 Abs. 2 weitere Tierarten bestimmen, die dem Jagdrecht unterliegen. Fraglich ist, ob § 2 in der Form, wie sie die Änderungen der Föderalismusreform vorgefunden haben, weiter gilt.

Nach Art. 125b Abs. 1 S. 1 GG gilt Recht, das auf Grund des Artikels 75 in der bis zum 1. September 2006 geltenden Fassung erlassen worden ist und das auch nach diesem Zeitpunkt als Bundesrecht erlassen werden könnte, als Bundesrecht fort. Auf den in Art. 72 Abs. 3 Satz 1 GG genannten Gebieten können die Länder gem. Art. 125b Abs. 1. S. 2 GG von diesem Recht abweichende Regelungen treffen, jedoch nur soweit ihre Abweichungsbefugnis reicht.[526]

Ist eine Materie wie der Katalog der jagdbaren Arten nicht abschließend geregelt, so können die Länder in den verbleibenden Gestaltungsspielräumen nur die konkurrierende Gesetzgebung wahrnehmen, nicht jedoch Abweichungen vorsehen, auch wenn ihnen dies möglich oder nützlich erscheint.[527]

bb. Zwischenergebnis

Eine Abweichung der Länder vom Katalog der jagdbaren Arten ist in dem vom Bundesgesetzgeber gem. § 2 Abs. 2 vorgesehenen Umfang zulässig, d. h., die Länder dürfen diesen Katalog erweitern und weitere Arten für jagdbar erklären. Die Abweichungsbefugnis des Art. 72 Abs. 3 GG greift im Hinblick auf Reduzierungen des Katalogs der jagdbaren Arten insofern in diesem Fall nicht, da es an einer abschließenden bundesgesetzlichen Vollregelung fehlt.

c Kompetenznorm für die Einschränkung des Katalogs jagdbarer Arten

Die Abweichungsbefugnis in Form einer Einschränkung scheitert auch daran, dass die Regelung zur Einschränkung des Katalogs jagdbarer Arten auf einer anderen Kompetenznorm beruht, da es sich um eine Enteignung handeln würde.[528]

---

526 BT Drs. 16/813, S. 21.
527 *Petschulat,* in: Petschulat/Weghake/Dallmann/Schoen/Grotefels, S. 19.
528 siehe B IV.

VII. ABWEICHUNGSBEFUGNIS DER BUNDESLÄNDER

Für die zu untersuchende Frage, in welchem Umfang die Abweichungsbefugnis des Art. 72 Abs. 3 GG für eine Einschränkung des Katalogs der jagdbaren Arten gem. § 2 Abs. 1 herangezogen werden kann, ist zu klären, welche Kompetenznorm des Art. 74 GG eröffnet ist. Eine Einschränkung des Katalogs der jagdbaren Arten könnte einerseits dem Kompetenzbereich des Jagdwesens gem. Art. 74 Abs. 1 Nr. 28 GG zuzuordnen sein, für den gem. Art. 72 Abs. 3 Nr. 1 GG die Abweichungsbefugnis, ausgenommen das Recht der Jagdscheine, gilt. Andererseits stellt die Einschränkung des Katalogs der jagdbaren Arten eine Enteignung gem. Art. 14 Abs. 3 S. 1 GG dar,[529] so dass die Kompetenznorm des Art. 74 Abs. 1 Nr. 14 GG eröffnet wäre, für welche jedoch die Abweichungsbefugnis des Art. 72 Abs. 3 GG nicht gilt. Die Zuordnung einer bestimmten Regelung zu einer Kompetenznorm geschieht anhand von unmittelbarem Regelungsgegenstand, Normzweck, Wirkung und Adressat der zuzuordnenden Norm sowie der Verfassungstradition.[530]

aa. Regelungsgegenstand, Normzweck, Wirkung und Adressat des § 2 Abs. 1

i Regelungsgegenstand

In § 2 Abs. 1 werden die Tierarten genannt, die dem Jagdrecht unterliegen. Diese jagdbaren Tierarten, in § 1 Abs. 1 S. 1 als Wild legal definiert, sind als Regelungsgegenstand Bezugspunkt für den Umfang der für das Jagdrecht maßgeblichen Befugnisse der Aneignung von Individuen der jeweiligen Wildarten. Das Jagdrecht wird in § 1 Abs. 1 S. 1 als die ausschließliche Befugnis beschrieben, auf einem bestimmten Gebiet auf Wild die Jagd ausüben und es sich aneignen zu dürfen.

---

529 siehe B IV.
530 BVerfG, Urt v. 12. 3. 2008, Az.: 2 BvF 4/03, NVwZ 2008, S. 658, 659.

ii Normzweck

Die Aufnahme einer Tierart in § 2 bewirkt, dass diese Art nicht mehr dem Rechtskreis des Naturschutzes unterliegt, sondern dem Rechtskreis des JagdrechtS.

iii Wirkung und Adressat

Dadurch erfolgt eine konkrete Verantwortungszuweisung an den Adressaten der Norm, den Jagdausübungsberechtigten, diese Art in seinem Verantwortungsbereich zu hegen, verbunden mit dem Recht, diese Art jagdlich nutzen zu dürfen.

Die Qualifikation wildlebender Tiere als Wild ist damit der wesentliche eigentumsrechtliche Inhalt des Jagdrechts, da ohne Wild die Befugnis gem. § 1 Abs. 1 S. 1, auf einem bestimmten Gebiet wildlebende Tiere, die dem Jagdrecht unterliegen, zu hegen, auf sie die Jagd auszuüben und sie sich aneignen zu dürfen, inhaltsleer wäre. Mit der Qualifizierung einer Tierart als Wild entsteht eine Rechtsposition, welche als Eigentum vom Schutzbereich des Art. 14 Abs. 1 S. 1 GG erfasst wird.

iv Zwischenergebnis

Die Qualifikationswirkung des § 2 Abs. 1 zeigt, dass die Norm maßgeblich ist für die Inhaltsbestimmung des Kernbestandes jagdlichen Eigentums, denn ohne Wild keine Jagd.

Zu prüfen ist, inwieweit die Einschränkung des Katalogs jagdbarer Arten der Kompetenznorm des Jagdwesens gem. Art. 74 Abs. 1 Nr. 28 GG zugeordnet werden muss, aber die Einschränkung eben auch der Kompetenznorm des Art. 74 Abs. 1 Nr. 14 GG. Hierzu soll zunächst der Begriff des Jagdwesens näher betrachtet werden.

VII. ABWEICHUNGSBEFUGNIS DER BUNDESLÄNDER

bb. Begriff des Jagdwesens gem. Art. 74 Abs. 1 Nr. 28

Der Begriff des Jagdwesens spricht sämtliche mit der Jagd im Zusammenhang stehenden Fragen an.[531] Dazu gehören das Jagdrecht, die Bestimmung der jagdbaren Tiere, das Aussetzen von Tieren, die Festlegung von Jagdbezirken, Jagdbeschränkungen und der Erwerb eines Jagdscheins.[532]

Es soll nicht verkannt werden, dass bei der Zuordnung einzelner Teilregelungen eines umfassenden Regelungskomplexes zu einem Kompetenzbereich die Teilregelungen nicht aus ihrem Regelungszusammenhang gelöst und für sich betrachtet werden sollen.[533]

Demzufolge wird man die Einschränkung des Katalogs jagdbarer Arten von der Zuordnung zu einer Kompetenznorm nicht anders behandeln können als die Bestimmung jagdbarer Arten und beide dem Begriff des Jagdwesens i. S. d. Art. 74 Abs. 1 Nr. 28 GG zuordnen.

Die Einschränkung des Katalogs jagdbarer Arten, wie er in § 2 seinen eigentumsinhaltlichen Ausdruck gefunden hat, ist jedoch neben der Kompetenz des Jagdwesens auch als Enteignung einzuordnen[534] und damit einer weiteren Kompetenznorm, dem Art. 74 Abs. 1 Nr. 14 GG.

Kommt die Zugehörigkeit der Einschränkung des Katalogs jagdbarer Arten zu verschiedenen Kompetenzbereichen in Betracht, so ist aus dem Regelungszusammenhang zu erschließen, wo sie ihren Schwerpunkt hat.[535] Dabei fällt insbesondere ins Gewicht, wie eng die fragliche Teilregelung mit dem Gegenstand der Gesamtregelung verbunden ist. Eine enge Verzahnung und ein dement-

---

531 *Sachs*, in: Dietlein/Froese, Jagdliches Eigentum, Verteilung der Gesetzgebungskompetenzen für Fragen des Jagdwesens zwischen Bund und Ländern, S. 107; *Seiler*, in: Epping/Hillgruber, Beck Online Kommentar zum GG, Art. 74 Rdn. 100.
532 *Seiler*, in: Epping/Hillgruber, Beck Online Kommentar zum GG, Art. 74 Rdn. 100.
533 BVerfG, Urt v. 12. 3. 2008, Az.: 2 BvF 4/03, NVwZ 2008, S. 658, 659.
534 Siehe dazu B IV.
535 BVerfG, Urt v. 12. 3. 2008, Az.: 2 BvF 4/03, NVwZ 2008, S. 658, 659.

sprechend geringer eigenständiger Regelungsgehalt der Teilregelung sprechen regelmäßig für ihre Zugehörigkeit zum Kompetenzbereich der Gesamtregelung.[536]

cc. Einschränkungen des Katalogs jagdbarer Arten als Kompetenz gem. Art. 74 Abs. 1 Nr. 14 GG

Innerhalb der Kompetenznorm des Jagdwesens gem. Art. 74 Abs. 1 Nr. 28 GG ist zu unterscheiden, ob eine gesetzgeberische Maßnahme als Enteignung i. S. d. Art. 14 Abs. 3 GG einzuordnen ist. Sollte dies zu bejahen sein, findet die Kompetenznorm des Art. 74 Abs. 1 Nr. 14 GG Anwendung, welche explizit Enteignungen auf Sachgebieten des Art. 74 GG, also auch auf dem Gebiet des Jagdwesens gem. Art. 74 Abs. 1 Nr. 28 GG, als separaten Gegenstand konkurrierender Gesetzgebung sieht.

Art. 74 Abs. 1 Nr. 14 GG gestattet dem Bund, als Annex zu seinen übrigen Zuständigkeiten auf Gebieten gem. Art. 74 GG eine etwaige Enteignung zu normieren, wozu gem. Art. 74 Abs. 1 Nr. 28 GG das Jagdwesen gehört.[537] Mit der hier vertretenen Auffassung, dass die Einschränkungen des Katalogs jagdbarer Arten als Enteignung zu sehen sind,[538] sind Einschränkungen des Katalogs jagdbarer Arten konsequenterweise der Kompetenznorm des Art. 74 Abs. 1 Nr. 14 GG zuzuordnen.

Zwar wird die Beschränkung jagdbarer Arten auch Gegenstand des Jagdwesens, jedoch liegt der Schwerpunkt auf der Enteignungswirkung, für die der Verfassungsgeber eine eigene Kompetenznorm in Art. 74 Abs. 1 Nr. 14 GG geschaffen hat. Ist eine gesetzliche Maßnahme als Enteignung einzustufen für eines der Gebiete des Art. 74 GG, dann muss die Kompetenznorm des Art. 74 Abs. 1 Nr. 14 Anwendung finden, als speziellere verfassungsrechtliche Regelung. Würde man auch in Fällen einer Enteignung den Vorrang der Kompetenznorm der Gesamtregelung bejahen, liefe Art. 74 Abs. 1 Nr. 14 GG leer.

---

536 BVerfG, Urt v. 12. 3. 2008, Az.: 2 BvF 4/03, NVwZ 2008, S. 658, 659.
537 *Seiler*, in: Epping/Hillgruber, Beck Online Kommentar zum GG, Art. 74, Rdn. 55.
538 Siehe B III. 3.

VII. ABWEICHUNGSBEFUGNIS DER BUNDESLÄNDER 137

Die Kompetenznorm des Art. 74 Abs. 1 Nr. 14 GG ist letztlich auch Ausdruck dafür, dass der Verfassungsgeber föderale Unterschiede beim Entzug von Eigentumspositionen gerade vermeiden möchte.

Eine Abweichungsbefugnis gem. Art. 72 Abs. 3 GG von gesetzlichen Regelungen des Bundes, welche sich auf die Kompetenznorm von Art. 74 Abs. 1 Nr. 14 GG stützen, besteht nicht, da diese Kompetenznorm nicht in Art. 72 Abs. 3 GG genannt wird. Demzufolge gelten die allgemeinen Grundsätze, nach denen sich gem. Art. 70 Abs. 2 GG die Abgrenzung der Zuständigkeit zwischen Bund und Ländern nach den Vorschriften über die ausschließliche und die konkurrierende Gesetzgebung bestimmt. Hat der Bund von seiner Gesetzgebungskompetenz im Rahmen der konkurrierenden Gesetzgebung Gebrauch gemacht, geht die bundesrechtliche Regelung gem. Art. 31 GG der landesrechtlichen Regelung vor.

dd. Zwischenergebnis

Der Bund hat den Katalog jagdbarer Arten in § 2 Abs. 1 eigentumsgestaltend bestimmt und diesen mit der Novelle des Bundesjagdgesetzes reduziert.[539] Damit hat der Bund von seiner Gesetzgebungskompetenz gem. Art. 74 Abs. 1 Nr. 14 Gebrauch gemacht. Ein Abweichen ist den Ländern gem. Art. 72 Abs. 3 nicht gestattet, da eine Abweichungsbefugnis für Kompetenzen gem. Art. 74 Abs. 1 Nr. 14 (Enteignungen auf dem Gebiet des Jagdwesens) und damit für Einschränkungen des Katalogs jagdbarer Arten gerade nicht genannt wird.

d Bundesgesetzliche Inhaltsbestimmung des Eigentums

Gestützt wird der Befund durch den Grundsatz einer einheitlichen Eigentumsordnung, wie ihn Art. 14 Abs. 1 S. 1 GG postuliert. Die Frage, die sich damit stellt, ist, in welchem Umfang die durch das Grundgesetz und den Bundesgesetzgeber inhaltlich ausgestaltete Eigentumsordnung durch den Landesgesetzgeber partiell be-

---

539 BT Drs. 7/4285.

schränkt werden darf, mit der denkbaren Folge eines von Bundesland zu Bundesland unterschiedlichen inhaltlichen Eigentumsumfanges.

Nimmt man die bundesgesetzliche Regelung des § 2 Abs. 1 als Ausdruck der inhaltlichen Ausgestaltung des jagdlichen Eigentums in der Grundrechtsordnung des Bundes, so sind die in Anwendung der Abweichungsbefugnis vorgenommenen inhaltlichen Beschränkungen der Liste jagdbarer Arten Ausdruck der Grundrechtsordnung des jeweiligen BundeslandeS. Damit stellt sich die Frage, in welchem Verhältnis die Grundrechtsordnung des Bundes und der Länder stehen.

aa. Verhältnis der Grundrechtsordnung der Länder und des Bundes

Einen ersten Hinweis auf das Verhältnis von Landes- und Bundesverfassung gibt Art. 142 GG, nach dem ungeachtet der Vorschrift des Art. 31 GG die Bestimmungen der Landesverfassungen in Kraft bleiben, als sie in Übereinstimmung mit den Artikeln 1 bis 18 GG Grundrechte gewährleisten.[540] Anderenfalls wird man von einem Vorrang des Bundesrechts gem. Art. 31 GG vor dem Landesrecht ausgehen müssen.[541]

Die Abweichungsbefugnis des Art. 72 Abs. 3 S. 1 Nr. 1 GG betrifft jedoch nicht die Verfassungsebene, sondern die einfachgesetzliche Ebene, auf welcher der Gesetzgeber gem. Art. 14 Abs. 1 S. 2 GG Eigentum inhaltlich konkretisiert.

Mit dem Erlass einer vom Bundesrecht abweichenden Regelung entsteht Landesrecht, das konsequenterweise auch die Mög-

---

540 *Hellermann*, in: Epping/Hillgruber, Beck Online Kommentar zum GG, Art. 31, Rdn. 15 zum Meinungsstand zur suspendierenden und derogierenden Wirkung in den Fällen von Normkollisionen.
541 BVerfG, Beschl. v. 15.10.1997, Az.: 2 BvN 1-95, NJW 1998, S. 1296, 1298f, das einerseits eine Verdrängung des Landesverfassungsrechts nur in dem konkreten Fall erfolgt, im Übrigen die Regelungen der Landesverfassung jedoch bestehen bleiben, andererseits in einer neueren Entscheidung die Nichtigkeitsfolge angenommen hat, so BVerfG 1 BvR 3262/07, 1 BvR 402/08, 1 BvR 906/08, NJW 2008, S. 2409, 2411.

VII. ABWEICHUNGSBEFUGNIS DER BUNDESLÄNDER   139

lichkeit landesverfassungsgerichtlichen Grundrechtsschutzes eröffnet und z. B auch die bundesgerichtliche Revision im Verwaltungsverfahren gem. § 137 VwGO einschränkt.[542]

Letztlich sind die Vorgaben des Eigentumsgrundrechts für Bund und Länder in gleichem Maße verpflichtend.[543]

bb. Vorrang bundesgesetzlicher Grundrechtsgestaltung

Der landesverfassungsgerichtliche Grundrechtsschutz muss jedoch beachten, dass dem Telos von Art. 142 GG folgend Verfassungsrechte eine konkrete Rechtslage widerspruchsfrei gestalten müssen. Auch wenn Art. 142 GG ein Landesgrundrecht prinzipiell in Kraft lässt, wenn es dem Bundesgrundrecht nicht widerspricht, kann das Landesgrundrecht durch Art. 31 GG verdrängt werden, weil sein Regelungsgehalt mit einfachem Bundesrecht kollidiert.[544]

Eine Kollision des Landesgrundrechts mit dem Bundesrecht ist jedoch ausgeschlossen, wenn Bundes- und Landesgrundrecht einen bestimmten Gegenstand in gleichem Sinne und mit gleichem Inhalt regeln. Nur in diesem Sinne inhaltsgleiche Verfassungsrechte können eine konkrete Rechtslage widerspruchsfrei gestalten.[545]

Für das normativ geprägte Grundrecht des Eigentums i. S. d. Art. 14 Abs. 1 S. 1. GG kann dies jedoch nur heißen, dass die inhaltlichen Konkretisierungsvorgaben des Bundesgesetzgebers gem. Art. 14 Abs. 1 S. 2 GG als Ausdruck des grundrechtlichen Gewährleistungsumfangs nicht einseitig durch den Landesgesetzgeber eingeschränkt werden können, wenn dadurch eine konkrete Rechtslage bezogen auf den Geltungsbereich des Grundgesetzes widersprüchlich gestaltet wird.

Ein solcher Widerspruch läge bei der einseitigen Beschränkung des Katalogs jagdbarer Arten durch einen Landesgesetzgeber

---

542 *Seiler,* in: Epping/Hillgruber, Beck Online Kommentar zum GG, Art. 72, Rdn. 23.
543 *Kloepfer,* NuR 2006, S. 1, 4.
544 BVerfG, Beschl. v. 15. 10. 1997, Az.: 2 BvN 1–95, NJW, 1998, S. 1296, 1299.
545 BVerfG, Beschl. v. 15. 10. 1997, Az.: 2 BvN 1–95, NJW, 1998, S. 1296, 1299.

vor. Landesspezifische Einschränkungen des bundesjagdrechtlichen Kataloges jagdbarer Arten gem. § 2 würden zu inhaltlichen Unterschieden auf Landesebene führen und damit im Widerspruch stehen, zur Gewährleistung des jagdlichen Eigentums im Umfang des § 2, also zu den auf Bundesebene inhaltlich, einheitlich konkretisierten eigentumsrechtlichen Rechtspositionen.

Eine Ausnahme besteht nur dann, wenn der das Eigentum inhaltlich konkretisierende Bundesgesetzgeber den Landesgesetzgeber durch einfachgesetzliche Regelung zu Einschränkungen ermächtigt hätte. Im Fall des § 2 Abs. 1 ist jedoch gerade das Gegenteil der Fall. Der Bundesgesetzgeber hat den Landesgesetzgeber in § 2 Abs. 2 seit Erstveröffentlichung des Bundesjagdgesetzes nur ermächtigt den Katalog jagdbarer Arten zu erweitern.[546]

Zur Beschränkung des Katalogs jagdbarer Arten hat er ihn gerade nicht ermächtigt. Vielmehr hat der Bundesgesetzgeber eine solche Einschränkung mit der Änderung des Bundesjagdgesetzes 1976 selbst vorgenommen, ohne jedoch in diesem Zusammenhang die Ermächtigungsgrundlage in § 2 Abs. 2 für den Landesgesetzgeber entsprechend auf Einschränkungen zu erweitern.[547]

3. Ergebnis

Der Katalog jagdbarer Arten, wie er in § 2 Abs. 1 seinen Ausdruck gefunden hat, ist als inhaltliche Ausgestaltung des Eigentums im Hinblick auf die Einschränkung durch den Landesgesetzgeber abweichungsfest und damit nicht von der Befugnis gem. Art. 72 Abs. 3 S. 1. Nr. 1 GG erfasst. Weichen Bundesländer dennoch davon ab, bewirkt der Grundsatz gem. Art. 31 GG einen Vorrang des Bundesrechts.

---

546 Bundesjagdgesetz vom 29.11.1952, BGBl Teil I, S. 780ff.
547 Zweites Gesetz zur Änderung des Bundesjagdgesetzes vom 28.09.1976, BGBl Teil I, S. 2841ff.

VIII Die eigentumsrechtliche Unverfügbarkeit von Wild

Kube kam in seiner Untersuchung zu dem Ergebnis, dass die naturschutzrechtlichen Vorschriften zum Artenschutz bewirken, dass geschützte wildlebende Tiere für die Zuweisung durch jegliche Eigentumsrechte unverfügbar sind.[548] Betrachtet man nun, dass der überwiegende Teil der jagdbaren Säugetiere sowie alle jagdbaren Vögel artenschutzrechtlich geschützt sind,[549] soll nachfolgend ergründet werden, wie die Aussage der eigentumsrechtlichen Unverfügbarkeit von wildlebenden Tieren in Bezug auf Wild einzuordnen ist.

1. Wildlebende Tiere als Gemeinschaftsgut

Wildlebende Tiere sind unabhängig davon, ob sie als Wild qualifiziert sind oder nicht, ein wertvolles Naturgut, welches als wichtiger Teil der Umwelt von besonderem Interesse für die Gesellschaft ist. Deutlich wird dies bereits daran, dass der Verfassungsgeber mit dem Art. 20a GG den Schutz der natürlichen Lebensgrundlagen und der Tiere eine Staatszielbestimmung in die Verfassung aufgenommen hat, welche alle wildlebenden Tiere als Bestandteil der natürlichen Lebensgrundlagen zu einem nunmehr verfassungsrechtlichen Schutzgut klassifiziert.

Die Zugriffsmöglichkeiten des Berechtigten auf Naturgüter können aufgrund ihrer Bedeutung für die Allgemeinheit nicht uneingeschränkt gewährleistet werden,[550] da häufig nicht nur der Rechtskreis des Berechtigten tangiert wird, sondern auch Außenwirkungen in Form der Betroffenheit anderer Rechtskreise eintreten.[551] Eine gerechte Rechts- und Gesellschaftsordnung zwingt vielmehr dazu, die Interessen der Allgemeinheit bei Naturgütern in

---

548 *Kube*, S. 206.
549 Nach § 1 BArtSchV Anl. 1 vom 16. Februar 2005 (BGBl. I S. 258, 896), in der Fassung von Artikel 10 des Gesetzes vom 21. Januar 2013 (BGBl. I S. 95) stehen z. B. alle Säugetiere, d.h. auch alle jagdbaren Arten unter „besonderem Schutz".
550 *Gassner*, NuR 2014, S. 482, 483, *Weyreuther*, S. 12.
551 *Munte*, Jagd als staatliche Schutzpflicht, NuR 2009, S. 536 ,539.

weit stärkerem Maße zur Geltung zu bringen als bei anderen Vermögensgütern.[552] Bei der Kollision von individuellen Grundrechten mit öffentlichen Interessen, sind grundsätzlich die Gewichte der betroffenen gegenläufigen Rechtsgüter zu ermitteln und in Beziehung zu setzen.[553]

Dementsprechend regeln eine Vielzahl von Normen auch den Zugriff auf wildlebende Tiere. Bei wildlebenden Tieren ist die Außenwirkung, in Form der Betroffenheit anderer Rechtskreise, bereits dadurch vorprogrammiert, dass es sich bei dem Bestand[554] an wildlebenden Tieren um ein Gemeinschaftsgut handelt[555] oder anders ausgedrückt die Erhaltung gesunder und artenreicher Wildbestände ein Gemeinwohlziel ist.[556]

Die Klassifizierung wildlebender Tiere als Gemeinschaftsgut[557] führt jedoch nicht dazu, dass dieses Naturgut eigentumsrechtlich unverfügbar ist. Naturgüter sind einer einfachgesetzlichen Zuweisung durch den Gesetzgeber im Rahmen seiner inhaltsgestaltenden Eigentumsbefugnis gem. Art. 14 Abs. 1 S. 2 zugänglich.[558]

Dies hat auch das Bundesverfassungsgericht festgestellt, welches von einer grundsätzlichen eigentumsrechtlichen Unverfügbarkeit des Naturguts „geschützte wildlebende Tiere" ausgeht, mit Ausnahme der jagdbaren wildlebenden Tiere.[559]

---

552 *Berg*, JuS 2005, S. 961, 964, zum Naturgut Boden.
553 *Sellmann*, NVwZ 2003, S. 1417, 1420.
554 Bezeichnung für die Gesamtzahl wildlebender Tiere in einem Gebiet.
555 *Metzger*, in: Lorz/Metzger/Stöckl, Kommentar zum BJagdG, Einl. Rdn. 2.
556 *Dietlein*, in: Dietlein/Froese, Jagdliches Eigentum, Zur Sozialpflichtigkeit des jagdlichen Eigentums, S. 200.
557 *Metzger* in: *Lorz/Metzger/Stöckel*, Kommentar zum Bundesjagdgesetz, Einleitung, Rn. 2.
558 OVG Lüneburg, Beschl. v. 28.3.2012 – 1 LA 55/10, NVwZ-RR 2012, S. 505ff, zur Umwandlung einer Waldfläche für Freizeitzwecke. Das Beispiel „Umgang mit Wald" zeigt, dass trotz der eigentumsrechtlichen Zuweisung, der einzelne Eigentümer erheblichen Nutzungsvorgaben unterliegt.
559 BVerfGE Urt. v. 3.11.1982, Az.: 1 BvL 4/78 AP GG Art. 12 Nr. 51, S. 1, Beck-online, „*Damit steht in Einklang, daß wildlebende Tiere seit langem als herrenlos gelten und daß an ihnen kein Eigentum erworben wird, wenn ihre Aneignung gesetzl. verboten ist.*"

VIII. Die eigentumsrechtliche Unverfügbarkeit   143

Der Gesetzgeber hat auch aus diesem Grund die Rechtskreise des Jagd- und des Naturschutzrechtes getrennt. Die Qualifikation einer Tierart als Wild überstellt diese Art dem Rechtskreis des Jagdrechts[560] und schafft eine eigentumsrechtliche Rechtsposition für den Berechtigten. Selbst wenn man mit Kube davon ausgeht, dass Tierarten, welche besonderem naturschutzrechtlichen Schutz unterliegen, eigentumsrechtlich unverfügbar sind, weil die eigentumsrechtliche Unverfügbarkeit den Erhalt der Tierarten sichern soll, so kann dies dann nicht mehr gelten, wenn der Arten- und Tierschutz bei einem Wechsel vom Rechtskreis des Naturschutzrechts in den Rechtskreis des Jagdrechts rechtlich verbessert wird, zumindestens aber nicht zu einer Verschlechterung des Schutzniveaus für die betroffene Art führt.[561]

Legt man die Eigentumsordnung zugrunde, welche der Verfassungsgeber zum Zeitpunkt der Verkündung des Grundgesetzes vorgefunden hat, als Basis für die inhaltlichen Gestaltungen gem. Art. 14 Abs. 1 S. 2 GG, so spricht dies auch dafür, dass wildlebende Tiere, wenn sie als Wild qualifiziert werden, eigentumsrechtlich verfügbar sind, unabhängig vom Schutzstatus im Naturschutzrecht.

2. Eigentumsrechtliche Verfügbarkeit von wildlebenden Tieren in der Rechtsprechung des BVerfG

Das BVerfG sieht in naturschutzrechtlich geschützten wildlebenden Tieren eine Güterkategorie, die zum einen erheblich gefährdet ist und deren Erhaltung zum anderen in hohem Maße dem Gemeinwohl dient.[562] In seiner Entscheidung stellt das Bundesverfassungsgericht fest, dass geschützte wildlebende Tiere umfassend aus dem Bereich einer eigentumsrechtlichen Zuordenbarkeit aus-

---

560 Zur Trennung von Jagd- und Naturschutzrecht siehe § 37 Abs. 2 BNatschG.
561 Zu den Schutzintensitäten von Jagd- und Naturschutzrecht siehe D II.5 und 6 h..
562 BVerfGE Urt. v. 3.11.1982, Az.: 1 BvL 4/78 AP GG Art. 12 Nr. 51, S. 1Beck-online.

genommen werden und einer öffentlich-rechtlichen Ordnung unterstellt werden können.[563] Dabei verweist das BVerfG auf die Nassauskiesungsentscheidung.[564] Insofern stellt sich die Frage, ob die für das Naturgut Grundwasser geltenden eigentumsrechtlichen Prämissen, welche zu einer eigentumsrechtlichen Unverfügbarkeit des Naturgutes Grundwasser führen, auf das Naturgut Wild übertragen werden können.[565]

a Nassauskiesungsentscheidung – eigentumsrechtliche Prämissen für das Naturgut Grundwasser

Die Entscheidung betrifft die Frage, ob es mit der Verfassung vereinbar ist, dass das Grundeigentum nicht zu einer Grundwasserbenutzung berechtigt, die nach dem Wasserhaushaltsgesetz eine behördliche Gestattung erfordert.[566] Zur Bedeutung des Naturgutes Grundwasser führt das BVerfG aus: *„Dem Grundwasser kommt für die Allgemeinheit, insbesondere für die öffentliche Wasserversorgung, eine kaum zu überschätzende Bedeutung zu. Zugleich ist dieses in besonderem Maße der Gefahr nachteiliger Einwirkungen von Seiten des Grundstückseigentümers ausgesetzt. Die dargelegten Erwägungen zeigen, dass es nicht vertretbar wäre, die Nutzung des Grundwassers dem freien Belieben des Einzelnen zu überlassen oder die Nutzung nur mehr durch den – für frühere Verhältnisse ausreichenden – Rechtsgrundsatz der Gemeinverträglichkeit zu begrenzen. Die Bewältigung einer derart umfassenden, dem Gemeinwohl dienenden Aufgabe gehört zu den typischen Angelegenheiten des öffentlichen Rechts, die mit den Mitteln des Privatrechts kaum erfüllt werden können."*[567]

Nach der objektiv-rechtlichen Regelung des Wasserhaushaltsgesetzes steht dem Grundstückseigentümer kein Recht zu, im Rahmen der Grundstücksnutzung auf das Grundwasser ohne vorherige Genehmigung einzuwirken.[568] Das Grundstückseigentum

---

563 BVerfG, Beschl. V. 19.1.1989, Az.: BvR 554/88, NJW 1990, S. 1229.
564 BVerfG, Beschl. V. 19.1.1989, Az.: BvR 554/88, NJW 1990, S. 1229.
565 *Nick*, AgrarR 1984, S. 297ff zur Bedeutung der Nassauskiesungsentschei-dung des BVerfG für die Landwirtschaft.
566 BVerfG, Beschl. v. 15.7. 1981, Az.: 1 BvL 77/78, NJW 1982, S. 745f.
567 BVerfG, Beschl. v. 15.7. 1981, Az.: 1 BvL 77/78, NJW 1982, S. 745, 751.
568 BVerfG, Beschl. v. 15.7. 1981, Az.: 1 BvL 77/78, NJW 1982, S. 745, 749.

VIII. DIE EIGENTUMSRECHTLICHE UNVERFÜGBARKEIT 145

gem. § 905 BGB umfasst, der Entscheidung des Bundesverfassungsgericht zufolge, nicht das Grundwasser.[569]

Das Bundesverfassungsgericht stützt seine Begründung vor allem auf Art. 65 EGBGB. Soweit Raum war für privatrechtliche Vorschriften, überließ Art. 65 EGBGB den Ländern ausdrücklich die Regelung des Wasserrechts. Dabei handelte es sich nach Auslegung des Bundesverfassungsgerichts nicht um einen Vorbehalt abweichender Regelung durch den Landesgesetzgeber; „die Regelung des Wasserrechts" wurde vielmehr „in ihrem vollem Umfange der Landesgesetzgebung vorbehalten".[570] Die Rechtslage war somit seit dem Inkrafttreten des BGB dadurch gekennzeichnet, dass sich zwei Rechtsordnungen im selben Sachbereich überlagerten: Die Rechtsbeziehungen des Grundstückseigentümers zum Erdkörper wurden – abgesehen vom Bergrecht, Art. 67 EGBGB – durch § 905 BGB geregelt. Dagegen blieb die rechtliche Ordnung des den Erdkörper durchfließenden Grundwassers den Ländern vorbehalten. Die Vorschriften des BGB und das gem. Art. 65 EGBGB ergangene landesgesetzliche Wasserrecht bildeten laut Bundesverfassungsgericht somit von Anfang an zwei selbständige und getrennte Rechtsgebiete. Die Geltung des § 905 BGB war damit für das Grundwasser ausgeschlossen.[571]

b Übertragbarkeit der eigentumsrechtlichen Prämissen für das Grundwasser auf das Naturgut Wild

Für die eigentumsrechtliche Unverfügbarkeit von Wild stellt sich die Frage, wie Wild eigentumsrechtlich einzuordnen war, zum Zeitpunkt des Erlasses des Grundgesetzes, wenn man die Prämissen des BVerfG für das Naturgut Grundwasser zugrunde legt.

Soweit Raum war für privatrechtliche Vorschriften, überließ Art. 69 EGBGB den Ländern ausdrücklich die Regelung über die Jagd. Dabei handelte es sich, wenn man den Ausführungen des BVerfG zum Wasserrecht folgt, nicht um einen partiellen Vorbehalt abweichender Regelung durch den Landesgesetzgeber. Vielmehr

---

569 BVerfG, Beschl. v. 15.7. 1981, Az.: 1 BvL 77/78, NJW 1982, S. 745, 748.
570 BVerfG, Beschl. v. 15.7. 1981, Az.: 1 BvL 77/78, NJW 1982, S. 745, 748.
571 BVerfG, Beschl. v. 15.7. 1981, Az.: 1 BvL 77/78, NJW 1982, S. 745, 749.

wurden die Regelungen zur Jagd in ihrem vollen Umfang der Landesgesetzgebung vorbehalten.[572] Der Umfang landesrechtlicher Gestaltungsfreiheit war jedoch durch eine für alle Länder gleichermaßen geltende gesetzliche Rahmenregelung begrenzt. Anders als beim Wasserrecht fanden die Gestalter des Grundgesetzes bereits eine eigentumsrechtliche Unterscheidung in Form von Wild und sonstigen wildlebenden Tieren vor. Wild gem. § 2 war bereits zur Gestaltung des Grundgesetzes eigentumsrechtlich dem Inhaber des Jagdrechts zugeordnet.[573] Inhaber des Jagdrechts war der Grundstückseigentümer.

Demzufolge ist das eigentumsrechtliche Unverfügbarkeitspostulat, wie es das BVerfG für das Grundwasser festgestellt hat, auf das Naturgut „wildlebendes Tier" – jedenfalls für jagdbare Arten gem. § 2 – nicht übertragbar.

3. Das bürgerlich-rechtliche Eigentumsverständnis der Herrenlosigkeit für wildlebende Tiere als Ausdruck für deren eigentumsrechtliche Unverfügbarkeit.

Die Regelung im bürgerlichen Recht gem. § 960 BGB, das wildlebende Tiere herrenlos sind, könnte auch als Ausdruck einer eigentumsrechtlichen Unverfügbarkeit wahrgenommen werden.

Dies wäre jedenfalls dann der Fall, wenn die bürgerlich-rechtliche Eigentumsordnung als abschließende Regelung für Inhalt und Schranken des Eigentums an wildlebenden Tieren anzusehen wäre.

Dazu hat das BVerfG festgestellt, dass die bürgerlich-rechtliche Eigentumsordnung keine abschließende Regelung von Inhalt und Schranken des Eigentums regelt.[574] Vielmehr obliegt es dem Gesetzgeber nach Art. 14 I 2 GG, mittels privatrechtlicher und öffentlich-rechtlicher Vorschriften die Rechtsstellung des Eigentümers zu begründen und auszuformen.[575]

---

572 BVerfG, Beschl. v. 15.7. 1981, Az.: 1 BvL 77/78, NJW 1982, S. 745, 748.
573 §§ 2, 3 RJagdG v. 3.7.1934, in der Fassung vom 23.4.1938, Reichsgesetzblatt I, S. 410.
574 BVerfGE 58, 300, 336.
575 BVerfG, Beschl. v. 15.7. 1981, Az.: 1 BvL 77/78, NJW 1982, S. 745, 748.

Kennzeichnend für die Rechtsstellung des Eigentümers ist das Innehaben einer Rechtsposition, welche in den Schutzbereich des Art. 14 Abs. 1. S. 1 GG fällt. Dies ist beim Jagdrecht mit der Befugnis, sich wildlebende jagdbare Tiere aneignen zu dürfen, der Fall. Die in § 960 BGB postulierte Herrenlosigkeit wildlebender Tiere gilt nicht für Wild. Dies ergibt sich aus § 958 Abs. 2 BGB, welcher klarstellt, dass der Eigentumserwerb an herrenlosen Sachen durch Besitzergreifung gem. § 985 Abs. 1 BGB nur dann zum Eigentumserwerb führt, wenn gem. § 958 Abs. 2 kein fremdes Aneignungsrecht verletzt wird. Wild wird jedoch gerade vom jagdrechtlichen Aneignungsrecht gem. § 1 Abs. 1 erfasst. Der Zugriff Dritter auf Individuen einer jagdbaren Tierart im Jagdbezirk, ohne Gestattung des zur Ausübung des Jagdrechts Befugten, ist damit eigentumsrechtlich unzulässig und führt nicht zu einem Eigentumserwerb des Dritten an dem Tier.[576]

IX Ergebnis B

Die Qualifikation wildlebender Tiere als Wild in Form von § 2 Abs. 1 oder gem. § 2 Abs. 2 i. V. m. Landesrecht ist als selbständige Rechtsposition eine allgemeine Inhaltsbestimmung des jagdlichen Eigentums.[577] Einschränkungen des Katalogs jagdbarer Arten gem. § 2 Abs. 1 dürfen entsprechend der Gesetzgebungskompetenz Art. 74 Abs. 1 Nr. 14 GG nur durch den Bundesgesetzgeber erfolgen, da es sich um Enteignungen i. S. d. Art. 14 Abs. 3 GG handelt. Haben die Länder weitere Arten in den Katalog jagdbarer Arten gem. § 2 Abs. 2 aufgenommen, so bedarf eine Herausnahme dieser Arten eine Entscheidung des parlamentarischen Landesgesetzgebers.

---

576 *Petrikowsky*, S. 23.
577 *Badura*, Die Beschränkungen der Jagd durch Regelung von Jagd- und Schonzeiten, S. 9 zur Aufhebung von Jagdzeiten durch Rechtsverordnung.

C Wild und Grundeigentum

I Einleitung

1. Die Qualifikation Wild als eigentumsrelevante Rechtsposition und Grundeigentum

Sieht man die Qualifikation wildlebender Tiere zum Wild als eigentumsrelevante Rechtsposition an, so gilt es, diesen Befund ins Verhältnis zum Grundeigentum zu setzen, mit welchem die Befugnis gem. § 1 Abs. 1, auf Wild die Jagd auszuüben und es sich anzueignen, nach. § 3 Abs. 1 untrennbar verbunden ist. Macht die Formulierung des Gesetzgebers in § 3 Abs. 1 S. 2, das Jagdrecht ist untrennbar mit dem Grundeigentum verbunden, doch deutlich, dass es sich beim für die Nutzung von Wild maßgeblichen Jagdrecht um ein Institut zu handeln scheint, welches erst normativ mit dem Grundeigentum verbunden werden muss.[578]

Das Grundeigentum mit seinem zentralen Naturgut Boden hat aufgrund seiner begrenzten Verfügbarkeit eine besondere Rolle, so dass zunächst dessen verfassungsrechtlicher Sonderstatus im Verhältnis zur jagdlichen Nutzung von Wild darzustellen ist (C II).

2. Eigentumsrechtliche Einordnung der Nutzung von Wild

Im nächsten Schritt ist zu klären, wie der eigentumsrechtliche Schutz von Nutzungsmöglichkeiten verfassungsrechtlich gestaltet ist (C III), um anschließend die eigentumsrechtliche Einordnung der Nutzungsmöglichkeiten des Naturgutes Wild zu vertiefen (C IV).

3. Jagdrecht und Jagdausübungsrecht im Spannungsfeld zwischen Privateigentum und öffentlich-rechtlicher Kontrolle

Einen zentralen Punkt wird die Betrachtung des Verhältnisses von Jagdrecht (C V) und Jagdausübungsrecht (C VI) bilden. Dies vor

---

578 so *Meyer-Ravenstein* in: Dietlein/Froese, Jagdliches Eigentum, Das Verhältnis von Eigentum und Jagdrecht, 2018, S. 219, der das Jagdrecht als selbständiges Recht neben dem Grundeigentum einstuft.

150 TEIL C: WILD UND GRUNDEIGENTUM

dem Hintergrund, dass das System der Jagdgenossenschaften, welche Körperschaften des öffentlichen Rechts sind, als Form staatlicher Aufsicht über den Umgang mit dem Naturgut Wild gesehen werden kann.[579] Aus dem Grund wird insbesondere der Rechtscharakter des Jagdrechts sowie des Jagdausübungsrechts zu prüfen sein, da das sogenannte Jagdausübungsrecht regelmäßig als Grundlage jagdlicher Berechtigungen der Jagdgenossenschaften herangezogen wird.

II Verfassungsrechtlicher Sonderstatus des Grundeigentums

Das Bundesverfassungsgericht hat in seiner Entscheidung vom 12. Januar 1967[580] eine Sonderstellung des Grundeigentums angenommen und wie folgt begründet:

> „Die Tatsache, dass der Grund und Boden unvermehrbar und unentbehrlich ist, verbietet es, seine Nutzung dem unübersehbaren Spiel der freien Kräfte und dem Belieben des Einzelnen vollständig zu überlassen; eine gerechte Rechts- und Gesellschaftsordnung zwingt vielmehr dazu, die Interessen der Allgemeinheit beim Boden in weit stärkerem Maße zur Geltung zu bringen als bei anderen Vermögensgütern. Der Grund und Boden ist weder volkswirtschaftlich noch in seiner sozialen Bedeutung mit anderen Vermögenswerten ohne weiteres gleichzustellen; er kann im Rechtsverkehr nicht wie eine mobile Ware behandelt werden."[581]

Im Zentrum eigentumsrechtlicher Betrachtungen steht immer wieder die Frage, in welchem Umfang das Naturgut Boden vom Grundeigentümer im Hinblick auf andere Naturgüter genutzt werden kann und wo Grenzen sind.[582] Grenzbereiche des Umfangs der Nutzungsbefugnis von Grund und Boden werden regelmäßig dann erreicht, wenn das Grundeigentum als eigentumsrechtliche Grundlage für die Nutzung anderer Naturgüter dienen soll.

---

579 *Dietlein/Schwan*, S. 35.
580 BVerfG, Beschl. 12. Januar 1967, Az.: 1 BvR 169/63, BVerfGE, 21, 73ff.
581 BVerfGE 21, 73, 83.
582 *Schulte am Hülse*, S. 189ff mit einem Überblick zur Geschichte des Grundeigentums zwischen Privatautonomie und öffentlich-rechtlichen Eigentumsschranken.

In der Nassauskiesungsentscheidung hat das BVerfG das Verhältnis der Naturgüter Boden und Grundwasser mit dem Ergebnis herausgearbeitet, dass die Nutzung des Grundwassers nicht zum Bündel der Eigentumsrechte gehört, welche das Grundeigentum verkörpern.[583] Mit dem für das Naturgut Wild herausgearbeiteten Befund, dass dieses Naturgut eigentumsrechtlich nicht ohne weiteres einer öffentlich-rechtlichen Ordnung unterstellt werden kann,[584] drängt sich die Frage auf, wie die Verbindung des Jagdrechts als Befugnis, die natürliche Ressource Wild nutzen zu dürfen, mit dem privatrechtlichen Eigentum an Grund und Boden gem. § 3 Abs. 1 S. 2 einerseits und das System der öffentlich-rechtlich organisierten Jagdgenossenschaft andererseits eigentumsrechtlich zu bewerten sind, wenn man die jagdrechtliche „Nutzungsbefugnis von Wild" in das Zentrum der Betrachtung stellt.

III Verfassungsschutz für Nutzungsmöglichkeiten von Wild

Das jagdliche Eigentum wird als Sammelbegriff möglicher Eigentumspositionen im Zusammenhang mit der Jagd gesehen.[585] Eine dieser Eigentumspositionen ist die Befugnis des Berechtigten, über wildlebende Tiere, welche als Wild eingeordnet wurden, in Form einer einfachgesetzlich ausgestalteten, jagdrechtlichen Aneignungsbefugnis verfügen zu dürfen. Die jagdrechtliche Aneignungsbefugnis stellt jedoch nur eine Nutzungsmöglichkeit dar, welche sich nicht auf konkrete Individuen bezieht, sondern auf das Naturgut Wild der jeweiligen Art allgemein, in einem abgegrenzten Raum, dem Jagdbezirk.

Insofern ist im Rahmen dieser Untersuchung die Frage zu erörtern, ob die jagdliche Nutzungsmöglichkeit wildlebender Tiere,

---

583   BVerfGE 58, 300, 330.
584   B VIII 2 b.
585   *Froese*, in: Dietlein/Froese, Jagdliches Eigentum, Ebenen und Ebenenverflechtungen des jagdlichen Eigentums, S. 159 zum Begriff des jagdlichen Eigentums.

welche rein faktisch durch die Stellung als Grundeigentümer eröffnet ist, unter den Schutzbereich der Bestandsgarantie des Art. 14 GG fällt. Wäre dies der Fall, bildet die Bestandsgarantie des Art. 14 GG eine verfassungsrechtliche Schranke, an der sich die nachträgliche Einschränkung bereits bestehender Nutzungsmöglichkeiten messen lassen muss.[586]

Bei der Ergründung, in welchem Umfang Nutzungen vom Schutzbereich der Bestandgarantie des Eigentums gem. Art. 14 Abs. 1 GG erfasst werden, sind zwei Perspektiven zu berücksichtigen. Zum einen handelt es sich bei der Nutzung von Eigentum um die Realisierung von dessen freiheitsgewährender Funktion.[587] Mit diesem Ansatz wären Nutzungen unmittelbar durch die Verfassung selbst dem Eigentum zur Seite gestellt,[588] d. h., der eigentumsrechtliche Schutz für das auf der Grundlage einer einfachgesetzlich strukturierten Zuordnung legitimierte Innehaben eines Gegenstandes würde auch dessen vollumfängliche Nutzungsmöglichkeiten umfassen.

Andererseits wird darauf hingewiesen, dass Nutzungen nur insoweit Eigentum i. S. d. Art. 14 Abs. 1 S. 1 GG sind, wie sie in das vom Gesetzgeber geschaffene einfachrechtliche Zuordnungsverhältnis miteinbezogen worden sind.[589] Entscheidend für die Erfassung von Nutzungsmöglichkeiten durch die eigentumsrechtliche Bestandsgarantie wäre danach der Umfang der einfachgesetzlich eingeräumten Berechtigungen.[590]

1. Schutz faktischer Nutzungsmöglichkeiten – verfassungsunmittelbarer Nutzungsschutz

Vertreter der Auffassung eines verfassungsunmittelbaren Nutzungsschutzes leiten einen solchen Ansatz aus einer generell zu verneinenden Gesetzesabhängigkeit des Eigentumsschutzes ab.[591]

---

586 *Appel*, NuR 2005, S. 427.
587 *Leisner*, BB 1992, S. 73, 79.
588 *Leisner*, BB 1992, S. 73 79.
589 *Appel*, S. 139.
590 *Appel*, S. 139.
591 *Leisner*, BB, 1992, S. 73, 76; *Axer*, in: Epping/Hillgruber (Hrsg.), Beck-OK, Stand: 15.11.2017, Art. 14, Rdn. 25 m.w.N.

III. VERFASSUNGSSCHUTZ FÜR NUTZUNGSMÖGLICHKEITEN   153

Nutzungen werden nach dieser Auffassung in den Schutz der Bestandsgarantie einbezogen, wenn diese ausgeübt wird oder es sich um potentielle Nutzungsmöglichkeiten handelt,[592] soweit sich diese eigentumskräftig verfestigt hatten.[593]

a   Objektive Nutzungsmöglichkeit als bestandsschutzauslösender Aspekt

Maßgeblich für die Einbeziehung von Nutzungen in den eigentumsrechtlichen Bestandsschutz war, ob sich die zur Debatte stehende Nutzungsmöglichkeit objektiv anbot.[594] Folge eines solchen Verständnisses ist, dass die Frage, ob eine unter den Schutz der Bestandsgarantie fallende Rechtsposition vorliegt, von außerrechtlichen faktischen Gegebenheiten abhängen würde.[595] Für die im Zentrum dieser Untersuchung stehende Frage, in Form des eigentumsrechtlichen Verhältnisses von Wild und Grundeigentum, hätte ein solches Eigentumsverständnis zur Folge, dass die faktische Möglichkeit des Grundeigentümers, wildlebende Tiere zu nutzen, unter den Schutz der Bestandsgarantie fallen würde.

b   Naturgutsbezogene Rechtskreise für Nutzungen

Die eigentumsrechtliche Zuordnung des Naturgutes Boden an einen Rechtsträger würde mit einer immanenten Nutzungsbefugnis für das Naturgut „wildlebendes Tier" aufgeladen werden, mit der eigentumsrechtlichen Begründung, es bestehe eine faktische Zugriffsmöglichkeit. Solche Automatismen oder Verstärkungswirkungen[596] sind jedoch der sich aus dem Grundgesetz ergebenden Eigentumsordnung fremd, jedenfalls soweit es die Nutzung von Naturgütern betrifft. Deutlich wird dies auch daran, dass zwischen den Rechtskreisen der Nutzung des Grundeigentums in Form der

---

592   *Sellmann*, S. 130f mit einer ausführlichen Darstellung des Meinungsstandes.
593   *Appel*, NuR 2005, S. 427, 429, mit einer ausführlichen Darstellung des Meinungsstandes.
594   BGHZ 60, 126, 131; BVerwGE 67, 84, 92.
595   *Appel*, S. 139.
596   Zu Grundrechtlichen Verstärkungswirkungen, *Spielmann*, JuS 2004, S. 371, 375.

154 Teil C: Wild und Grundeigentum

Bodennutzung und dem Rechtskreis der Wildnutzung unterschieden wird.

aa. Rechtskreis der Bodennutzung

Die Rechtsbeziehung des Grundstückseigentümers zum Erdkörper, d. h. zum Naturgut Boden wird durch § 905 BGB geregelt.[597] Das Recht des Eigentümers eines Grundstücks erstreckt sich gem. § 905 S. 1 BGB auf den Raum über der Oberfläche und auf den Erdkörper unter der Oberfläche. Aus der Perspektive des Naturgutes Boden wird deutlich, dass die Befugnis, in Form des „Rechts des Eigentümers", ausschließlich den Erdkörper als Bezugspunkt nimmt und den Raum als begrenzenden Parameter. Andere Naturgüter werden durch § 905 S. 1 BGB nicht in den Befugnisumfang des „Rechts des Grundstückseigentümers" einbezogen.

Hinsichtlich des Naturgutes Grundwasser, hat das Bundesverfassungsgericht dies in seiner Nassauskiesungsentscheidung[598] explizit festgestellt. Die Vorschriften des BGB und das gem. Art. 65 EGBGB[599] ergangene landesgesetzliche Wasserrecht bildeten danach von Anfang an zwei selbständige und getrennte Rechtsgebiete, mit der Folge, dass das Grundeigentum nicht automatisch zur Nutzung des Grundwassers berechtigte.[600] Überträgt man den Ansatz des Bundesverfassungsgerichtes auf jagdliche Nutzungen, so kommt man zum selben Ergebnis. Auch Art. 69 EGBGB[601] regelt, dass die landesgesetzlichen Vorschriften über die Jagd, d. h. die Nutzung von Wild, unberührt von den Regeln der Grundstücksnutzung bleiben. Dies kann nur so verstanden werden, dass die

---

597 BVerfG, Beschl. v. 15.07.1981, Az. 1 BvL 77/78, NJW 1982, S. 745, 749.
598 BVerfGE 58, 300ff.
599 Art. 65 EGBGB: „Unberührt bleiben die landesgesetzlichen Vorschriften, welche dem Wasserrecht angehören, mit Einschluß des Mühlenrechts und des Flötzrechts sowie der Vorschriften zur Beförderung der Bewässerung und Entwässerung der Grundstücke und der Vorschriften über Anlandungen, entstehende Inseln und verlassene Flußbetten."
600 BVerfG, Beschl. v. 15.07.1981, Az. 1 BvL 77/78, NJW 1982, S. 745, 749.
601 Art. 69 EGBGB: „Unberührt bleiben die landesgesetzlichen Vorschriften über Jagd und Fischerei, unbeschadet der Vorschrift des § 958 Abs. 2 des Bürgerlichen Gesetzbuchs und der Vorschriften des Bürgerlichen Gesetzbuchs über den Ersatz des Wildschadens."

III. Verfassungsschutz für Nutzungsmöglichkeiten 155

Nutzung des Naturgutes Wild von den jagdrechtlichen Vorschriften geprägt wird, unabhängig von den die Nutzung des Naturgutes Boden prägenden Vorschriften zum Grundeigentum.

bb. Rechtskreis der Wildnutzung

Der Argumentation des BVerfG aus der Nassauskiesungsentscheidung folgend bilden auch für jagdbare wildlebende Tiere die umfassenden Nutzungsmöglichkeiten des Grundeigentümers, wie sie sich aus dem Befugnisumfang gem. § 905 BGB ableiten und die Reglungen zur jagdlichen Nutzung wildlebender Tiere wie sie sich aus dem Befugnisumfang des Jagdrechts gem. § 1 Abs. 1 S. 1 ergeben, zwei getrennte Rechtskreise. Wenn jedoch beide die Nutzung der Naturgüter, Boden und wildlebende Tiere, unterschiedlichen Rechtskreisen unterliegt, dann kann die Zugriffsmöglichkeit auf das eine Naturgut nicht automatisch mit dem Zugriff auf das andere Naturgut aufgeladen werden, nur weil faktisch eine solche Möglichkeit besteht.

2. Unterschiede zwischen nutzungsbezogenem Rechtskreis und eigentumsrechtlicher Zuordnung eines Naturgutes

Die unterschiedlichen Rechtskreise für Nutzungen sind von der Frage zu unterscheiden, ob ein Naturgut einer öffentlich-rechtlichen Benutzungsordnung unterstellt und damit für eine privatrechtliche Eigentumszuordnung unverfügbar gestellt werden darf. Für das in der Nassauskiesungsentscheidung relevante Naturgut Grundwasser, stellte sich die Situation so dar, dass dieses Naturgut aufgrund der tatsächlichen einfachgesetzlichen Regelungslage zum Zeitpunkt des Erlasses des Grundgesetzes einem öffentlich-rechtlichen Benutzungsregime unterlag, welches durch landesgesetzliche Regelungen geprägt war.[602] Aus diesem Grund hat das BVerfG verneint, dass dem Grundstückseigentümer nach § 905 BGB zustehende Rechtsposition in enteignender und damit entschädigungspflichtiger Weise beseitigt oder eine solche Rechtsposition

---

602 BVerfG, Beschl. v. 15.7. 1981, Az.: 1 BvL 77/78, NJW 1982, S. 745, 748f.

durch die Anwendung der Vorschriften des Wasserhaushaltsrechts entzogen worden sei.[603]

Für die eigentumsrechtliche Zuordnung des Naturgutes Wild hat sich die Situation auch zum Zeitpunkt der Verkündung des BGB anders dargestellt. Bereits zu diesem Zeitpunkt wurde bei wildlebenden Tieren zwischen jagdbaren Tieren, d. h. Wild und sonstigen Tieren unterschieden.[604] Die Zuordnung der jagdbaren Tiere war eigentumsrechtlich bereits durch die Regelungen der Paulskirchenverfassung vom 28. März 1849 in § 169 erfolgt, welche später in konkretisierter Form in das Bundesjagdgesetz übernommen wurde. Kriterium für die eigentumsrechtliche Zuordnung von Wild war in § 169 Paulskirchenverfassung die Inhaberschaft des Grundeigentums. Dort hieß es: *„Im Grundeigenthum liegt die Berechtigung zur Jagd auf eignem Grund und Boden".*[605]

Durch die Teilung der wildlebenden Tiere in Wild und sonstige Tiere war die Gruppe des Wildes dem jagdrechtlich Aneignungsberechtigten zugeordnet. Die Zuordnung, das Jagdrecht auszuüben zu dürfen, an den Grundeigentümer definierte den Inhaber des jagdlichen Eigentumsrechts. Damit fand der Verfassungsgeber des GG für das Naturgut Wild eine Eigentumsordnung vor, welche vom Bestandsschutz des Art. 14 Abs. 1 S. 1 GG erfasst wurde und die keinen Raum für die Annahme der Möglichkeit eines öffentlich-rechtlichen Benutzungsregimes für Wild ließ, anders als dies beim Grundwasser der Fall war.

Dass die Nutzung des Naturgutes Wild nicht durch die eigentumsrechtlichen Vorgaben, welche für Grundstücke gelten, geprägt sein soll, sondern durch den speziellen Rechtskreis des Jagdrechts, verdeutlicht die vom Bundesgesetzgeber konkretisierte Formulierung zum Inhaber des Jagdrechts. In § 3 heißt es nunmehr in Abs. 1 S. 1 *„Das Jagdrecht steht dem Eigentümer auf seinem Grund und Boden zu."* Schaut man sich die ursprüngliche Wortwahl an, wie sie im Wildschongesetz verwendet wurde (*„Im Grundeigenthum liegt die*

---

603 BVerfG, Beschl. v. 15.7. 1981, Az.: 1 BvL 77/78, NJW 1982, S. 745, 749.
604 *Dickel,* S. 1, § 1.
605 Paulskirchenverfassung v. 28.3.1849, abgerufen am 09.04.2021 unter http://www.documentarchiv.de/nzjh/verfdr1848.htm.

III. VERFASSUNGSSCHUTZ FÜR NUTZUNGSMÖGLICHKEITEN

Berechtigung"), so wird am Wortlaut des § 3 Abs. 1 S. 1 *„Das Jagdrecht steht dem Eigentümer ... zu."* im Bundesjagdgesetz verdeutlicht, dass das Grundeigentum Zuordnungs- und Abgrenzungskriterium für die Inhaberschaft des Jagdrechts ist – es (das Jagdrecht) steht dem Grundeigentümer zu –, aber das Grundeigentum eben nicht selber das maßgebliche Recht für die Nutzung wildlebender jagdbarer Tiere ist. Das Recht, wildlebende Tiere, die jagdbar im Rechtsinne sind, nutzen zu dürfen, ist das Jagdrecht, welches als Eigentumsposition neben dem Grundeigentum steht.

3. Einfachgesetzliche Zuweisungsnotwendigkeit für Nutzungen – Normgeprägtheit des Art. 14 Abs. 1 S. 1 GG

Art. 14 Abs. 1 S. 1 kann, so die von einem erheblichen Teil der Literatur vertretene Rechtsauffassung, Nutzungsmöglichkeiten nur in dem Umfang in den eigentumsrechtlichen Bestandsschutz einbeziehen, wie sie dem Berechtigten als subjektive Rechte konkret zugewiesen sind.[606] Wird dem Betroffenen z. B. die Berechtigung verliehen, sich wildlebende Tiere aneignen zu dürfen, so ist ihm damit einfachgesetzlich die Befugnis eingeräumt, wildlebende Tiere nutzen zu dürfen. Fehlt eine solche explizite normative Zuweisung, z. B. wenn es darum geht, im Rahmen der Grundstücksnutzung auf das Grundwasser zuzugreifen, so fehlt es an einer einfachgesetzlich zugewiesenen Nutzungsmöglichkeit, mit der Folge, dass diese nicht von der Bestandsgarantie geschützt wird.[607] Dem Bundesverfassungsgericht folgend, reicht der verfassungsrechtliche Schutz einer Eigentumsposition so weit wie die mit ihr verbundenen gesetzlichen Befugnisse, jedoch nicht weiter.[608]

Demzufolge ist für die Beantwortung der Frage der Reichweite des eigentumsrechtlichen Bestandsschutzes für die jagdlichen Nutzungsmöglichkeiten jagdbarer wildlebender Tiere zu klären, welche einfachgesetzlichen Rechtspositionen der Gesetzgeber dazu normiert hat.

---

606 *Appel*, S. 140; *Gassner*, NVwZ 1982, S. 165; *Heidenreich*, NuR 1992, S. 201, 211.
607 BVerfGE 58, 300, 336.
608 BVerfGE 95, 64, 82f. *Brenner*, Quo Vadis Jagdrecht, S. 39, m.w.N.

158 TEIL C: WILD UND GRUNDEIGENTUM

IV Eigentumsrelevante Rechtspositionen zur jagdlichen Nutzung wildlebender Tiere

1. Bürgerlich-rechtliche Position – Nutzung wildlebender Tiere aufgrund Zuordnung an einen Rechtsträger

a Herrenlosigkeit wildlebender Tiere

Zunächst wäre zu prüfen, ob wildlebende Tiere in der das Grundeigentum prägenden bürgerlich rechtlichen Eigentumsordnung einem Rechtsträger zugeordnet sind und sich aus dieser Zuordnung nutzungsbezogene Rechtspositionen ableiten lassen.

Wildlebende Tiere sind gem. § 960 Abs. 1 S. 1 BGB herrenlos, solange sie sich in Freiheit befinden. Herrenlos ist ein in Freiheit wildlebendes Tier, wenn es in einem Lebensraum vorkommt, in dem der Mensch seine Fluchtmöglichkeiten nicht kontrollieren kann.[609] Aufgrund der fehlenden eigentumsrechtlichen Zuordnung wildlebender Tiere an einen Rechtsträger[610] fehlt der Anknüpfungspunkt für die Ableitung einer nutzungsbezogenen Rechtsposition.[611]

Die von Gesetzgeber vorgenommene Verbindung des Jagdrechts mit dem Grundeigentum gem. § 3 Abs. 1 S. 2 führt zu der Frage, ob es sich beim Jagdrecht um einen „Annex" zum Grundeigentum handelt und damit das Grundeigentum jedenfalls in Bezug auf das Jagdrecht die maßgebliche Rechtsposition ist. Dies wäre dann der Fall, wenn das Grundeigentum selbst eine Rechtsbeziehung zum Wild schaffen würde.

---

609 *Oechsler*, in: Münchner Kommentar zum BGB, § 960 Rdn. 2, mit einer Herrleitung der Herrenlosigkeit aus einem Umkehrschluss von § 960 Abs. 1. S. 2 BGB.
610 *Oechsler*, in: Münchner Kommentar zum BGB, § 960 Rdn. 1.
611 *Kube*, S. 206, der von einer Unverfügbarkeit geschützter wildlebender Tiere spricht.

IV. EIGENTUMSRELEVANTE RECHTSPOSITIONEN   159

b   Grundstückseigentum als Rechtsposition zur Vermittlung jagdrechtlicher Nutzungsbefugnisse wildlebender Tiere

Das Grundeigentum müsste, der normativen Prägung des verfassungsrechtlichen Eigentums folgend, eine einfachgesetzliche Nutzungsbefugnis für jagdbare wildlebende Tiere mit enthalten, d. h. letztlich eine Rechtsbeziehung zum Wild schaffen.

Der Grundeigentümer kann gem. §§ 903 S. 1, 905 BGB, soweit nicht das Gesetz oder Rechte Dritter entgegenstehen, mit der Sache nach Belieben verfahren und andere von jeder Einwirkung ausschließen. Das Recht des Eigentümers eines Grundstücks erstreckt sich gem. § 905 S. 1 BGB auf den Raum über der Oberfläche und auf den Erdkörper unter der Oberfläche. Die einfachgesetzliche Position des Grundeigentümers lässt dem Wortlaut des § 905 S. 1 BGB folgend nur dann ein Nutzungsrecht wildlebender Tiere erkennen, wenn diese zum Grundstück gehören würden, d. h. Bestandteil, Zubehör oder Früchte wären.[612]

aa. Wildlebende Tiere als Bestandteil oder Zubehör eines Grundstücks

Wildlebende Tiere sind auch keine Bestandteile eines Grundstücks, da es an der gem. § 94 Abs. 1 S. 1 BGB notwendigen festen Verbindung mit dem Grundstück fehlt.[613] Ebenso sind wildlebende Tiere kein Zubehör eines Grundstücks, da zum einen wildlebende Tiere nicht gem. § 97 Abs. 1 BGB dazu bestimmt sind, der Hauptsache, dem Grundstück, zu dienen, und auch vom Verkehr gem. § 97 Abs. 1 S. 2 BGB nicht als Zubehör angesehen werden.

bb. Wildlebende Tiere als Früchte eines Grundstücks

i   Sachfrucht

Früchte einer Sache, d. h. des Grund und Bodens sind gem. § 99 Abs. 1 BGB die Erzeugnisse der Sache und die sonstige Ausbeute, welche aus der Sache ihrer Bestimmung gemäß gewonnen wird.

---

612   Gem. § 90a BGB sind Tiere keine Sachen. Sie werden durch besondere Gesetze geschützt. Auf sie sind die für Sachen geltenden Vorschriften entsprechend anzuwenden, soweit nicht etwas anderes bestimmt ist.
613   *Kube*, S. 206.

160 Teil C: Wild und Grundeigentum

Voraussetzung für die Einordnung als Erzeugnis der Muttersache ist aber, dass das gewonnene organische Produkt einmal Teil der oftmals von Natur aus eine Einheit bildenden Muttersache war, d. h. in dem konkreten Fall mit dem Grundstück verbunden war.[614] Tiere sind daher keine Erzeugnisse eines Weidegrundstücks,[615] so dass auch jagdbare wildlebende Tiere nicht Erzeugnisse und damit Früchte der Wald-, Feld- oder Wasserflächen sind, auf denen sie leben.

Folgt man der Auffassung, das Jagdrecht sei ein besonders ausgeformtes Nutzungsrecht am Grund und Boden, müssten konsequenterweise jagdbare wildlebende Tiere Früchte der Bodennutzung sein. Voraussetzung für die Einordnung als Erzeugnis der Muttersache ist aber, dass das gewonnene organische Produkt einmal Teil der – oftmals von Natur aus eine Einheit bildenden – Muttersache war, d. h. mit dieser verbunden war.[616] Jagdbare Tiere sind daher keine Erzeugnisse eines Grundstücks,[617] da sie zu keinem Zeitpunkt Teil der Muttersache waren.

ii   Rechtsfrucht

Unmittelbare Rechtsfrüchte sind gem. § 99 Abs. 2 BGB die Erträge, die ein Recht seiner Bestimmung gemäß gewährt. Genau betrachtet ist nicht der Ertrag selbst („die Fruchtsache"), sondern das Eigentum daran die unmittelbare Rechtsfrucht: So gewährt ein Nießbrauch an einem Grundstück nicht das dort wachsende Getreide und Obst, sondern nur das Eigentum daran. Rechtsfrucht kann nur ein Recht sein.[618] Als fruchtbringende Rechte kommen auch obligatorische Rechte wie z. B. die Jagdpacht in Betracht, deren Früchte das angeeignete Wild sind.[619] Die bodenzentrierte Perspektive zeigt den Bedarf auf, zu ergründen, welche eigentumsrechtlichen Wirkungen die einfachgesetzliche Zuweisung des Jagdrechts zum Grundeigentum in § 3 Abs. 1 in Verbindung mit der Klassifizierung

---

614   *Mössner*, in: Beck Online GK zum BGB, § 99 Rdn. 5.
615   *Mössner*, in: Beck Online GK zum BGB, § 99, Rdn. 5.
616   *Mössner*, in: Beck Online GK zum BGB, § 99, Rdn. 5.
617   *Mössner*, in: Beck Online GK zum BGB, § 99, Rdn. 5.
618   *Mössner*, in: Beck Online GK zum BGB, § 99, Rdn. 11.1.
619   *Mössner*, in: Beck Online GK zum BGB, § 99, Rdn. 11.2.

von wildlebenden Tieren als Wild hat, verbunden mit der rechtsdogmatischen Einordnung des sogenannten Jagdausübungsrechts.

cc. Jagdrecht als Bestandteil des Grundstücks

Das Jagdrecht ist gem. § 3 Abs. 1 untrennbar mit dem Grundeigentum verbunden. Alle Rechte, die mit dem Eigentum an einem Grundstück verbunden sind, gelten gem. § 96 BGB als Bestandteile des GrundstückS. Das Jagdrecht enthält für sich allein jedoch nicht die Befugnis des Grundeigentümers, wildlebende Tiere nutzen zu dürfen. Dies ergibt sich aus § 3 Abs. 3. Danach darf das Jagdrecht nur in Jagdbezirken nach Maßgabe der §§ 4 ff. ausgeübt werden. Insofern führt auch die gesetzliche Verbindung des Jagdrechts mit dem Grundeigentum nicht dazu, dass das Grundeigentum eine Rechtsbeziehung zum Wild vermittelt.

c Zwischenergebnis

Das Grundstückseigentum ergreift nur das Grundstück und die darauf befindlichen Sachen, wenn diese in einem der genannten rechtlichen Zuordnungsverhältnisse stehen. Ein solches Zuordnungsverhältnis zwischen Grundstück und Wild fehlt jedoch. Das Grundeigentum schafft keine Rechtsbeziehung zum Wild.[620]

2. Jagdrechtliche Positionen zur Nutzung wildlebender Tiere

Die Klärung, welche einfachgesetzliche Rechtsposition die jagdliche Nutzung wildlebender Tiere regelt, ist maßgeblich für die Ergründung der Reichweite der eigentumsrechtlichen Bestandsgarantie. Denn der Umfang der Berechtigungen der einzelnen Rechtspositionen, die dem Betroffenen einfachgesetzlich zugewiesen sind, bilden den Maßstab für die Reichweite des eigentumsrechtlichen Schutzbereiches der Bestandsgarantie.[621]

---

620 *Meyer-Ravenstein*, in: Dietlein/Froese, Das Jagdliche Eigentum, Das Jagdrecht als Teil des Grundeigentums, S. 221.
621 *Appel*, NuR 2005, S. 427, 428.

Für die jagdliche Nutzung wildlebender Tiere kommen als Berechtigungen, nachdem das Grundeigentum ausscheidet, das Jagdrecht sowie das sogenannte Jagdausübungsrecht in Frage.[622]

a   Das Jagdrecht

Beim Jagdrecht handelt es sich gem. § 1 Abs. 1 S. 1 um die Befugnis, wildlebende Tiere nutzen zu dürfen. Der nutzungsbezogene Kernbereich des Jagdrechts ist der Befugnisumfang in § 1 Abs. 1 S. 1, dessen Inhalt in Form der Tätigkeitsbeschreibung der Jagdausübung in § 1 Abs. 4 seine gesetzlich abschließende Definition findet, sowie die Nutzung in Form der Entnahme und Verwertung von Wild.[623] Der gesetzliche Inhalt des Jagdrechts ergibt sich im Einzelnen aus § 1 Abs. 1 S. 1 und umfasst für die auf einem bestimmten Gebiet wildlebenden Tiere, die dem Jagdrecht unterliegen, (Wild) folgende Befugnisse:

- diese zu hegen,
- auf sie die Jagd auszuüben und
- sie sich anzueignen.

Für die jagdliche Nutzung wildlebender Tiere stellt das Jagdrecht die Befugnis für den Inhaber dar, die Nutzung ausüben zu dürfen. Räumliche Voraussetzung für die Ausübung der jagdrechtlichen Befugnis, die Jagd ausüben zu dürfen, ist gem. § 4 das Vorliegen eines Jagdbezirkes in Form eines Eigenjagdbezirkes oder eines gemeinschaftlichen Jagdbezirkes.

Neben dem Jagdrecht wird in § 11 Abs. 1 S. 2 auch das Jagdausübungsrecht erwähnt.

b   Das Jagdausübungsrecht

Das sogenannte Jagdausübungsrecht spielt vor allem bei der Jagdpacht und der Jagd in gemeinschaftlichen Jagdbezirken[624] eine

---

622 BGH, Urteil v. 15.12.2005, Az.: III ZR 10/05, Rdn. 20, abgerufen am 18.06.2021, unter: https://openjur.de/u/81464.html.
623 *Czybulka*, NuR 2006, S. 7, 8.
624 Zum Begriff gemeinschaftlicher Jagdbezirk siehe § 8 Abs. 1.

IV. EIGENTUMSRELEVANTE RECHTSPOSITIONEN   163

Rolle, denn in gemeinschaftlichen Jagdbezirken steht das Recht zur Ausübung des Jagdrechts der Jagdgenossenschaft zu. Diese nutzt die Jagd gem. § 10 Abs. 1 S. 1 durch Verpachtung.

Die zulässige Ausübung des Jagdrechts in seiner Gesamtheit wird jedoch auch als Jagdausübungsrecht bezeichnet. Diese auf den ersten Blick banal klingende Feststellung gewinnt an Tiefe, wenn man nun die wohl h. M. in Rechtsprechung und Literatur zugrunde legt,[625] welche das Jagdrecht und das Jagdausübungsrecht unterscheiden, als zwei selbständige Rechte.[626] Diesen Umstand gilt es an anderer Stelle[627] zu vertiefen.

3. Ergebnis

Maßgebliches Eigentumsrecht für die Nutzung jagdbarer wildlebender Tiere ist demzufolge das Jagdrecht, dessen Inhaber gem. § 3 Abs. 1 der Grundeigentümer ist. Zu berücksichtigen ist, dass die Befugnis zur Ausübung des Jagdrechts dem Grundeigentümer nur dann gem. § 3 Abs. 3 zusteht, wenn es sich bei seinem ‚Grundstück' um einen Jagdbezirk i. S. d. § 4 handelt.

Für die untersuchungsgegenständliche Frage der eigentumsrechtlichen Einordnung von Wild ist zu klären, wie das Jagdrecht und die Befugnis zur Ausübung des Jagdrechts eigentumsrechtlich einzuordnen sind. Die Befugnis zur Ausübung des Jagdrechts wird vom Gesetzgeber im Zusammenhang mit der Jagdpacht, aber auch nur dort, in § 11 Abs. 1 S. 2 als Jagdausübungsrecht bezeichnet.

Nimmt man den bisherigen Befund, dass es sich bei der Qualifikation wildlebender Tiere als Wild in Form von § 2 Bundesjagdgesetz um eine allgemeine Inhaltsbestimmung des jagdlichen Eigentums handelt,[628] so stellt sich die Frage, ob dieser Befund haltbar

---

625 *Dietlein/Schwan*, S. 50; BGH, Urt. v. 26. 2. 1958, Az.: V ZR 123/56, NJW 1958, 785, 786.
626 *Schuck*, in: Schuck Kommentar zum BJagdG, § 3, Rdn. 13.
627 Siehe C V 1 für das Jagdrecht und C VI 1 für das Jagdausübungsrecht.
628 B I 7.

wäre, wenn das Jagdausübungsrecht, seine Selbständigkeit unterstellt, als Ausdruck staatlicher Ordnung und Aufsicht einzuordnen wäre.[629]

In diesem Zusammenhang ist auch zu klären, worin rechtsdogmatisch der Unterschied der Regelung des Jagdrechts und Jagdausübungsrechts besteht, d. h ob es sich um zwei Rechte mit Tatbestandsvoraussetzungen und Rechtsfolgen handelt. Rechtsdogmatisch stellt sich die Frage, wo das Jagdausübungsrecht seine normative Grundlage, d. h. seinen Anknüpfungspunkt im Gesetz hat.

Für die Bestimmung, in welchem Umfang der eigentumsrechtliche Bestandsschutz das jeweilige Recht erfasst, ist zu ergründen, wie der Rechtscharakter des jeweiligen Rechts und der Umfang der Berechtigungen ist, welche dem Inhaber einfachgesetzlich zugewiesen sind.[630]

V Jagdrecht als verfassungsrechtliches Eigentum

1. Jagdrecht - Ausfluss des Grundeigentums?

Für die Frage, wie die Qualifikation einer Tierart als Wild eigentumsrechtlich einzuordnen ist, muss das Verhältnis von Jagdrecht und Grundeigentum betrachtet werden, ist doch das Jagdrecht gem. § 3 Abs. 1 S. 2 untrennbar mit dem Grundeigentum verbunden. Sofern es sich beim Jagdrecht um einen Ausfluss des Grundeigentums handeln sollte, wäre die Qualifikation einer Tierart als Wild im Lichte des Grundeigentums zu bewerten, d. h., die für die eigentumsrechtliche Bewertung maßgebliche Rechtsposition wäre das Grundeigentum und nicht die Qualifikation der Tierart selbst.

---

629 So *Dietlein/Schwan*, S. 35, die dazu ausführen: „*Eine Zersplitterung kann die Jagd empfindlich behindern. Jagd ist infolgedessen auf staatliche Ordnung und Aufsicht angewiesen. Die Bildung von Jagdgenossenschaften dient dazu…*"
630 *Appel*, NuR 2005, S. 427, 428, zur Bestimmung des eigentumsrechtlichen Bestandsschutzes.

V. JAGDRECHT ALS VERFASSUNGSRECHTLICHES EIGENTUM 165

Die Rechtsprechung[631] und gewichtige Stimmen der Literatur[632] sehen das Jagdrecht als Inhalt und Ausfluss des Grundeigentums,[633] welches nach Verfassungsrechtslage untrennbarer Bestandteil des Grundeigentums sei.[634]

a   Meinungsdarstellung

Die in § 3 Abs. 1 vorgenommene Zuweisung des Jagdrechts zum Grund und Boden habe, so die Vertreter dieser Auffassung, lediglich deklaratorische Bedeutung.[635] Begründet wird diese Auffassung damit, dass es sich beim Jagdrecht um ein gesetzlich näher ausgeformtes Nutzungsrecht am Grund und Boden handle.[636]

Dieser Auffassung folgend, wäre die Stellung des Grundeigentümers die maßgebliche Rechtsposition für die Beantwortung der Frage, in welchem Umfang die Nutzungsmöglichkeit von jagdbaren wildlebenden Tieren der eigentumsrechtlichen Bestandsgarantie unterfallen.

Entscheidend ist demzufolge die Frage, um welche Form der Naturgutsnutzung es sich bei Jagd handelt, um eine Nutzung von Grund und Boden oder um eine Nutzung wildlebender Tiere.

b   Jagdliche Nutzung – Nutzung des Naturgutes „Grund und Boden" oder Wildnutzung – ein Perspektivenwechsel

aa. Jagd als Form der Bodennutzung

Schaut man sich an, was klassischerweise unter Bodennutzung verstanden wird, so handelt es sich um Bewirtschaftungsarten, die einen unmittelbaren Flächenbezug haben. Dazu gehören Siedlung

---

631 BGH Urt. v. 26.2.1958, Az.: NJW 1958, S. 785, 786.
632 *Schuck*, in: Schuck, Kommentar zum BJagdG, § 3, Rdn. 2; *Brenner*, DÖV 2014, S.232, 234.
633 *Schwappach*, S. 174 zur Auffassung der Gesetzgebung im 18Jh., das Jagdrecht sei Ausfluss des Grundeigentums.
634 *Brenner*, DÖV 2014, S.232, 234; BGH Urt. V. 26.2. 1958, NJW, 1958, S. 785, 786; *Schuck*, in Schuck, Kommentar zum BJagdG,§ 3 Rdn. 4; *Meynen*, S.17, der das Jagdrecht als Nutzung am Grundstück ansieht
635 *Brenner/Bürner/Kurz* Jagdrecht in Baden-Württemberg, § 3 Rdn. 3; *Brenner*, DÖV 2014, S.232, 234.
636 *Liste*, S. 6; *Brenner*, DÖV 2014, S.232, 234; *Czybulka*, NuR 2006, S. 7.

und Verkehr sowie die Landwirtschaft.[637] Die mit jagdlicher Betätigung in unmittelbarem Zusammenhang stehenden Arten der Bodennutzung sind die Land- sowie die Forstwirtschaft als Form der Urproduktionsarten. Landwirtschaft umfasst gem. § 585 Abs. 1 S. 2 BGB Tätigkeiten in Form der Bodenbewirtschaftung und der mit der Bodennutzung verbundenen Tierhaltung, um pflanzliche oder tierische Erzeugnisse zu gewinnen, sowie die gartenbauliche Erzeugung. Die Forstwirtschaft ist ein Zweig der Landwirtschaft, der sich mit der wirtschaftlichen Nutzung und Pflege und dem Anbau des Waldes beschäftigt.[638]

Die Land- und Forstwirtschaft stehen in unmittelbarem Bezug zum Naturgut Wild, in Form eines Gegenseitigkeitsverhältnisses. Mit Gegenseitigkeitsverhältnis ist gemeint, dass die anderen Bodennutzungsarten in Form von Siedlung und Verkehr zwar Wild beeinflussen, insbesondere durch eine Verringerung des Lebensraumes, jedoch das Wild selbst wenig Einfluss auf diese Nutzungsarten hat. Anders ist dies bei der Land- und Forstwirtschaft. In diesen Nutzungsarten werden die Spuren der Nahrungsaufnahme des Wildes regelmäßig als Schäden wahrgenommen, mit der Folge einer Schadenersatzpflicht für einige Arten[639] des zur Ausübung des Jagdrechts Berechtigten.[640]

Deutlich wird, dass die genannten Bodennutzungsarten sich von Jagd in einem wesentlichen Punkt unterscheiden. Die klassischen Bodennutzungsarten wirken unmittelbar auf das Naturgut Boden ein. Die Jagd dagegen wirkt unmittelbar auf das Naturgut Wild.

Aus der Perspektive des im Zentrum der Nutzung stehenden Naturgutes stellt sich Jagd als Form der Wildnutzung dar und nicht als Form der Boden- oder Landnutzung.

---

637 Statisches Bundesamt, Statistisches Jahrbuch 2019, S. 490.
638 *Hasel/Schwartz*, S. 261; *Köpf* S. 193f zum Begriff ordnungsgemäße Forstwirtschaft.
639 Wildschadenersatz ist gem. § 29 Abs. 1 BJagdG für Schäden zu leisten, welche von Schalenwild, Fasane und Wildkaninchen verursacht wurden.
640 Regelungen zum Wildschadenersatz: §§ 29ff BJagdG.

V. Jagdrecht als verfassungsrechtliches Eigentum 167

bb. Jagd als Form der Wildnutzung

Geht man vom Begriff des Nutzens aus, so ist es sachgerecht, die Jagd als Form der Nutzung wildlebender Tiere einzuordnen. Denn das Objekt der Nutzung ist das Tier und eben nicht der Boden. Rösner stellt dazu fest: „*Gab doch die erfolgreiche Jagd dem Menschen das, was er zum Überleben brauchte: Fleisch zur Nahrung, Knochen und Häute zur Herstellung von Kleidung und Handwerkszeug, Felle zum Schutz gegen Unbilden der Witterung.*"[641] Spricht man von Jagd als Nutzungsform, so ist das betroffene Naturgut das wildlebende Tier. Demzufolge handelt es sich bei Jagd nicht um eine Form der Bodennutzung, sondern eine Form der Tiernutzung, im weiteren Sinne eine Form der Naturnutzung.[642] Erkennbar wird dies auch durch die gesetzliche Definition dessen, was als Jagdausübung zu verstehen ist. Die Jagdausübung erstreckt sich gem. § 1 Abs. 1 auf das Aufsuchen, Nachstellen, Erlegen und Fangen von Wild.

cc. Ergebnis

Das Argument, mit dem das Jagdrecht als Ausfluss des Grundeigentums begründet werden soll, es handle sich um eine Form der Bodennutzung, trägt demzufolge nicht, da das Grundeigentum keine Rechtsbeziehung zu wildlebenden Tieren herstellt.[643] Die Rechtsbeziehung zu wildlebenden jagdbaren Tieren wird vielmehr durch die Rechtsposition des Jagdrechts hergestellt.

c Die Verbindung von Jagdrecht und Grundeigentum als Ausdruck der Selbständigkeit des Jagdrechts

Dafür, dass das Jagdrecht eine selbständige Rechtsposition ist, scheint die Formulierung des § 3 Abs. 1 S. 2 zu sprechen, nach der das Jagdrecht untrennbar mit dem Eigentum an Grund und Boden verbunden ist.[644] Zu Recht weist Meyer-Ravenstein daraufhin, dass

---

641 *Rösner*, S. 12.
642 *Czybulka*, NuR 2006, S. 7, 8, der von einer Form der Naturnutzung spricht.
643 C IV. 1 c.
644 *Meyer-Ravenstein*, in: Dietlein/Froese (Hrsg.), Das Jagdliche Eigentum, Das Jagdrecht als Teil des Grundeigentums, S. 220f; *Metzger*, in: Lorz/Metzger/Stöckl, Kommentar zum BJagdG, § 1, Rdn. 1.

es überflüssig wäre, in § 3 Abs. 1 S. 2 die Untrennbarkeit das Jagdrechts vom Eigentum ausdrücklich anzuordnen,[645] wenn es sich beim Jagdrecht um einen Ausfluss des Grundeigentums handeln würde. Die Formulierung spricht vielmehr für ein selbständiges Recht.[646]

Andere Stimmen sehen den Inhaber des Jagdrechts aus Rechtsgründen weitgehend gehindert das in § 1 BJagdG beschriebene Jagdrecht, einschließlich der Aneignung des Wildes, selbst wahrzunehmen und bezweifeln aus dem Grund den Charakter als selbständige Rechtsposition,[647] Dem ist jedoch entgegenzuhalten, dass dem Gesetzgeber die Schaffung vermögenswerter Rechte, bei denen die Verfügungs- oder Nutzungsmöglichkeit beschränkt ist, nicht ohne weiteres verwehrt ist.[648]

d Zwischenergebnis

Im Zentrum jagdlicher Betätigung steht das Naturgut Wild. Es handelt sich bei der Jagd um eine Form der Nutzung des Naturgutes Wild und nicht um eine Form der Bodennutzung. Aus Perspektive des genutzten Naturgutes Wild handelt es sich demzufolge nicht um einen Ausfluss des Grundeigentums. Voraussetzung dafür, dass das Jagdrecht als verfassungsrechtliches Eigentum dem Schutz der eigentumsrechtlichen Bestandsgarantie unterfällt, ist, dass es sich um eine selbständige Rechtsposition handeln muss.[649] Aufschluss darüber gibt letztlich der Rechtssatz-Charakter des Jagdrechts, der an dieser Stelle zu untersuchen ist.

---

645 *Meyer-Ravenstein*, in: Dietlein/Froese, Das Jagdliche Eigentum, Das Jagdrecht als Teil des Grundeigentums, S. 220.
646 *Meyer-Ravenstein*, in: Dietlein/Froese, Das Jagdliche Eigentum, Das Jagdrecht als Teil des Grundeigentums, S. 220f mit einer ausführlichen Darstellung der Argumentation.
647 *Ditscherlein*, Naturschutz und Jagdrecht, S. 155, die feststellt, dass der Inhaber des Jagdrechts aus Rechtsgründen weitgehend gehindert ist das in § 1 BJagdG umschriebene Jagdrecht einschließlich der Aneignung des Wildes selbst wahrzunehmen; *Lampe*, in: Depenheuer/Möhring, Waldeigentum, Das Jagdrecht als Bestandteil des Grundeigentums, S. 274.
648 Siehe B I 3. c.
649 *Appel*, NuR 2005, S. 427f.

2. Das Jagdrecht als selbständige Rechtsposition

Beim Jagdrecht handelt es sich dann um eine selbständige Rechtsposition,[650] wenn der Inhaber des Jagdrechts die Befugnis hat, von einem anderen ein normgetreues Verhalten zu verlangen. Für die jagdliche Nutzung wildlebender Tiere müsste das Jagdrecht die Befugnis für den Inhaber darstellen, die Nutzung ausüben zu dürfen und Dritte davon auszuschließen.

Kennzeichnend für eine Befugnis vermittelnde Norm ist die in Rechtssätzen festgelegte Struktur von Tatbestand und Rechtsfolge.[651] Der Sinn einer solchen Zuordnung ist, dass immer dann, wenn der im Tatbestand bezeichnete Sachverhalt vorliegt, die Rechtsfolge eintritt.[652]

a Das Jagdrecht als rechtssatzbasierte, eigenständige, gesetzliche Regelung

Die gesetzliche Regelung des Jagdrechts ergibt sich aus den in §§ 1 Abs. 1 S. 1., 3 Abs. 1, 3 beschriebenen Rechtssätzen. Das Jagdrecht ist gem. § 1 Abs. 1 S. 1 die ausschließliche Befugnis, auf einem bestimmten Gebiet wildlebende Tiere, die dem Jagdrecht unterliegen, (Wild) zu hegen, auf sie die Jagd auszuüben und sie sich anzueignen. Das Jagdrecht steht gem. § 3 Abs. 1 dem Eigentümer auf seinem Grund und Boden zu und darf gem. § 3 Abs. 3 nur in Jagdbezirken ausgeübt werden.

Deutlich wird, dass das Jagdrecht nicht nur aus einem Satz im grammatikalischen Sinne besteht, sondern aus mehreren Rechtssätzen, welche aufeinander bezogen sind.[653] Dieser Umstand darf nicht übersehen werden und vorschnell dazu führen, nur § 1 Abs. 1 S. 1 als den das Jagdrecht ausfüllenden Rechtssatz zu sehen. Der Gesetzgeber bildet Tatbestände und ordnet ihnen Rechtsfolgen zu

---

650 Zum Begriff der eigentumsrechtlichen Rechtsposition siehe B I 4.
651 *Larenz/Canaris*, S. 72f mit detaillierten Ausführungen zur methodischen Analyse eines Rechtssatzes.
652 *Larenz/Canaris*, S. 73.
653 Zur rechtsmethodischen Einordnung gesetzlicher Formulierungen im Jagdrecht als Rechtssatz siehe B I 3 b.

unter bestimmten leitenden Gesichtspunkten.[654] Der einzelne Rechtssatz, unabhängig davon, ob es sich um einen vollständigen Rechtssatz handelt, um einen einschränkenden[655] oder verweisenden Rechtssatz,[656] ist stets als Teil der umfassenden Regelung zu sehen.[657]

b Leitende Gesichtspunkte des Gesetzgebers bei der Gestaltung des Jagdrechts

Die Verbindung von Jagdrecht und Grundeigentum hatte zum Ziel, in Zukunft die Entstehung feudaler Jagdprivilegien zu verhindern, welche die ländliche Bevölkerung zu Zeiten der Jagdregalitäten[658] schwer belastet haben. Neben der Verhinderung von Wildschaden sollte der Grundeigentümer auch an dem erlegten Wildbret partizipieren und aus diesem Grund Jagdrechtsinhaber werden.

War die Ausübung des Jagdrechts und damit die Jagd in der Anfangszeit für jeden Grundeigentümer zulässig, so musste der Gesetzgeber aufgrund starker Abnahme der Wildbestände die Ausübung des Jagdrechts durch den Grundeigentümer einschränken.[659] Er tat dies mit der Etablierung des Reviersystems und der Einführung von Jagdbezirken.[660] Grundeigentümer dürfen seitdem nur noch dann ihr Jagdrecht ausüben, wenn ihr Grundstück eine gewisse Mindestgröße hat. Alle anderen Grundeigentümer einer Gemeinde bilden einen gemeinschaftlichen Jagdbezirk und werden Zwangsmitglied in der Jagdgenossenschaft, welche vom Gesetzgeber in § 8 Abs. 5 die Befugnis zur Ausübung des Jagdrechts erhalten hatte.

Die Bindung des Jagrechts an das Grundeigentum in § 3 Abs. 1 S. 1 wird auch als programmatischer Grundsatz verstanden,

---

654 *Larenz/Canaris*, S. 85.
655 Zum einschränkenden Rechtssatz siehe *Larenz/Canaris*, S. 80.
656 Zum verweisenden Rechtssatz siehe *Larenz/Canaris*, S. 81.
657 *Larenz/Canaris*, S. 85 zum Aspekt der leitenden Gesichtspunkte des Gesetzgebers.
658 Zum Jagdregal siehe Rösner, S. 257f.
659 *Rösner*, S. 357; *Linnenkohl*, § 4.
660 *Dietlein*, in: Dietlein/Froese, Jagdliches Eigentum, Rechtsgeschichte der Jagd, S. 39.

V. JAGDRECHT ALS VERFASSUNGSRECHTLICHES EIGENTUM 171

welcher durchaus ausführungsgesetzlichen Regelungen zugänglich sein sollte.[661]

Für den Charakter der Rechtssätze einer Regelung ist es nicht notwendig, in allen Fällen ein Gebot oder Verbot zu enthalten, jedoch ist die Mindestanforderung eine Geltungsanordnung.[662] Geltungsanordnung bedeutet Rechtsfolgen zur Geltung zu bringen, wenn die Tatbestandsvoraussetzungen erfüllt sind.[663] Insofern ist zu klären, in welchem Umfang die Regelung des Jagdrechts Tatbestandsvoraussetzungen konstituiert, bei deren Vorliegen Rechtsfolgen eintreten.

c   Tatbestand des Jagdrechts

Der Tatbestand des Jagdrechts ergibt sich aus § 1 Abs. 1 i. V. m. § 3 Abs. 3. Danach ist das Jagdrecht die ausschließliche Befugnis, auf einem bestimmten Gebiet wildlebende Tiere, die dem Jagdrecht unterliegen, (Wild) zu hegen, auf sie die Jagd auszuüben und sie sich anzueignen. Das Jagdrecht darf gem. § 3 Abs. 3 nur in Jagdbezirken ausgeübt werden.

Zu klären ist nunmehr der Tatbestand und die Rechtsfolge. Dabei zeichnet sich ab, dass das zentrale Element des jagdrechtlichen Tatbestandes der Begriff des bestimmten Gebietes ist.

aa. Merkmal des bestimmten Gebietes

In § 1 Abs. 1 definiert der Gesetzgeber das Jagdrecht und beschreibt in einer abschließenden Aufzählung die Befugnisse, welche der Inhaber des Jagdrechtes hat. Danach umfasst das Jagdrecht die ausschließliche Befugnis, auf einem bestimmten Gebiet die Jagd auszuüben.

Der Gesetzgeber hat die Beschränkung der Ausübung des Jagdrechts bereits in § 1 Abs. 1 S. 1 auf bestimmte Gebiete festgelegt und den Konkretisierungsbedarf für den Raum, welcher als bestimmtes Gebiet anzusehen ist, durch die unbestimmte Wortwahl „Gebiet" indiziert. Entscheidende Voraussetzung ist jedoch, dass es

---

661 *Dietlein/Schwan*, S. 14.
662 *Larenz/Canaris*, S. 77.
663 *Larenz/Canaris*, S. 77.

ein bestimmtes Gebiet sein musS. Der Gebietsbezug, d. h. ganz konkret die Beschränkung des Jagdrechts auf ein „bestimmtes Gebiet" ist im Tatbestand bereits angelegt. Worum es sich bei dem bestimmten Gebiet handelt, hat der Gesetzgeber in den §§ 3 Abs. 3, 4 ff. konkretisiert.

bb. Konkretisierung des „bestimmten Gebietes"

Die Konkretisierung des bestimmten Gebietes erfolgt in § 3 Abs. 3 in der Form, dass das Jagdrecht nur in Jagdbezirken ausgeübt werden darf, womit klargestellt wird, dass es sich bei dem in § 1 Abs. 1 S. 1 genannten „bestimmten Gebiet" um den Jagdbezirk handelt.[664] Der Gesetzgeber folgt der Regelungstechnik vom „Allgemeinen zum Besonderen". Allgemein legt § 1 Abs. 1 S. 1 fest, dass das Jagdrecht nur in einem „bestimmten Gebiet" ausgeübt werden darf. In § 3 Abs. 3 wird der Begriff „bestimmtes Gebiet" mit Jagdbezirk konkretisiert. Dass es sich in § 3 Abs. 3 um eine Konkretisierung des „bestimmten Gebietes" aus § 1 Abs. 1 S. 1 handelt, wird daran deutlich, dass der Gesetzgeber in beiden Normen dem Wortlaut nach darauf abstellt, dass nur in den genannten Räumen das Jagdrecht ausgeübt werden darf. Der Begriff des „bestimmten Gebietes" ist dabei der allgemeinere, weil unbestimmtere Begriff.

In der Regelungsmethode vom „Allgemeinen zum Besonderen" bleibend, hat der Gesetzgeber in § 4 den Begriff Jagdbezirke mit dem Eigenjagdbezirk gem. § 7 und dem gemeinschaftlichen Jagdbezirk gem. § 8 konkretisiert und damit klargestellt, welche Arten von „bestimmten Gebieten" i. S. d. § 1 Abs. 1 S. 1 es gibt, in denen die Jagd ausgeübt werden darf. Deutlich wird, dass der Umstand, Grundeigentümer einer Fläche zu sein, nicht das entscheidende Kriterium ist für die Befugnis, das Jagdrecht ausüben zu dürfen. Entscheidend ist vielmehr, dass es sich bei der Fläche um einen Jagdbezirk handelt. Dieser Befund bestätigt, dass es sich beim Jagdrecht im Verhältnis zum Grundeigentum um eine selbständige Rechtsposition handeln musS. Denn wäre das Jagdrecht Ausfluss

---

664 *Dandelmann*, S. 276, der auf das Reichsgericht verweist, welches bereits in seiner Entscheidung v. 8.2.1894 den Jagdbezirk als den maßgeblichen Raum beschreibt, wenn es um die Aneignungsbefugnis des Jagdberechtigten geht.

V. Jagdrecht als verfassungsrechtliches Eigentum 173

des Grundeigentums, wäre jeder Grundeigentümer befugt das Jagdrecht auszuüben. Es hätte für den Gesetzgeber nicht die Notwendigkeit bestanden, die Raumgröße Jagdbezirk zu schaffen und die Ausübung des Jagdrechts daran zu binden. Die maßgebliche Raumgröße wäre im Fall, dass es sich beim Jagdrecht um einen Ausfluss des Grundeigentums handeln würde, das Grundstück. Dass dem nicht so ist, zeigt sich auch, wenn man sich die Regelungen zur Inhaberschaft des Jagdrechts genauer anschaut.

cc. Jagdrechtsinhaber

Das Jagdrecht i. S. d. § 1 Abs. 1 steht gem. § 3 Abs. 1 S. 1 dem Grundstückseigentümer auf seinem Grund und Boden zu und ist gem. § 3 Abs. 1 S. 2 untrennbar mit dem Grundeigentum verbunden. Die Formulierung in § 3 Abs. 1 S. 1, dass das Jagdrecht dem Eigentümer auf seinem Grund und Boden zusteht, bestätigt die Selbständigkeit des JagdrechtS. Denn wäre das Jagdrecht Ausfluss des Grundeigentums, hätte der Gesetzgeber nicht regeln müssen, dass es dem Grundeigentümer „zusteht", er würde es bereits innehaben. Insofern ist § 3 Abs. 1 S. 1 eine Zuweisungsnorm, mit welcher der Gesetzgeber festlegt, dass der Grundeigentümer Jagdrechtsinhaber ist. Hierbei handelt es sich um eine Legislativentscheidung, welche auch in anderer Form hätte getroffen werden können, z. B. indem der Gesetzgeber das Jagdrecht dem Landnutzer zuweist. Dies kann dann auch der Grundeigentümer sein, wenn dieser sein Land selbst nutzt, es kann aber auch im Fall der Verpachtung der Pächter sein.

Zu ergründen ist, welche Befugnisse der Rechtsinhaber in Abhängigkeit von der Voraussetzung des Jagdbezirks hat.

dd. Befugnisumfang

Das Jagdrecht gibt dem Inhaber die Rechtsmacht, das Jagdrecht in dem in § 1 Abs. 1 S. beschriebenen Umfang ausüben zu dürfen, wenn die Voraussetzungen, in Form des bestimmten Gebietes, und jagdbare Tiere vorliegen. Dies ergibt sich aus der Formulierung von § 1 Abs. 1 S. 1: „Das Jagdrecht ist die ausschließliche Befugnis ...", woraus erkennbar wird, dass es sich um einen Befugnisumfang handelt, der zu einem aktiven Tun berechtigt, nämlich die Jagd auszuüben und sich jagdbare Tiere anzueignen.[665] Anderenfalls hätte der Gesetzgeber bereits an dieser Stelle formuliert, es handle sich um eine Inhaltsbeschreibung, z. B. in der Form: Das Jagdrecht „beinhaltet", auf einem bestimmten Gebiet Tiere zu jagen und sie sich anzueignen. Als Befugnis wird regelmäßig eine gesetzliche Vorschrift bezeichnet, welche zu einem aktiven Tun ermächtigt.[666]

ee. Zwischenergebnis

Die Tatbestandsanalyse zeigt, dass es sich beim Jagdrecht um eine selbständige Rechtsposition zu handeln scheint. Ermächtigt wird durch das Jagdrecht, gem. § 3 Abs. 1 S. 1., der Jagdrechtsinhaber in Form des GrundeigentümerS. Dieser darf sein Jagdrecht ausüben, wenn sein Grundstück die Voraussetzungen des „bestimmten Gebietes" erfüllt, d. h. es sich gem. § 3 Abs. 3 um einen Jagdbezirk handelt.

d   Rechtsfolgenanordnung des Jagdrechts

Die Rechtsfolge in Form der Ausübung des Jagdrechts und damit die jagdliche Nutzung wildlebender Tiere ergibt sich erst aus § 3 Abs. 3, wonach das Jagdrecht nur in Jagdbezirken ausgeübt werden darf.

aa. Jagdbezirksbindung

Der Grundeigentümer als Jagdrechtsinhaber darf die Befugnisse des § 1 Abs. 1 S. 1 ausüben, wenn es sich bei seinem Grundstück um einen Eigenjagdbezirk gem. § 3 Abs. 4 i. V. m. § 7 handelt.

bb. Eigenjagdbezirke

In einem Eigenjagdbezirk gem. § 7 Abs. 1 ist gem. § 7 Abs. 4 S. 1 jagdausübungsberechtigt der Eigentümer. Demzufolge hat der Grundstückseigentümer als Jagdrechtsinhaber die Rechtsmacht,

---

665 Vorausgesetzt, dass die Vorgaben des Jagdscheins gem. § 15 BJagdG erfüllt sind.
666 *Creifelds*, S. 168.

V. Jagdrecht als verfassungsrechtliches Eigentum 175

auf seinem Grundstück das Jagdrecht ausüben zu dürfen. Dies bedeutet, dass die Rechtsfolge der zulässigen Ausübung des Jagdrechts dann eintritt, wenn es sich bei dem Grundstück des Grundeigentümers um einen Eigenjagdbezirk handelt.

cc. Gemeinschaftlicher Jagdbezirk

In einem gemeinschaftlichen Jagdbezirk[667] steht gem. § 8 Abs. 5 der Jagdgenossenschaft[668] die Ausübung des Jagdrechts zu. Auf die Stellung als Grundstückseigentümer kommt es für die Ausübung des Jagdrechts im gemeinschaftlichen Jagdbezirk nicht an.[669]

Der Grundeigentümer darf seine Befugnisse aus § 1 Abs. 1, die Jagd sowie das Aneignen von Wild, nicht ausüben, da die Tatbestandsvoraussetzung des Jagdrechts in Form des „bestimmten Gebietes" mangels Eigenjagdbezirkes nicht erfüllt ist.

Diese Charakteristik der Rechtssätze des § 3 Abs. 1 S. 1, nach dem der Grundeigentümer Inhaber des Jagdrechts ist, und des § 3 Abs. 3, nach dem das Jagdrecht nur in Jagdbezirken ausgeübt werden darf, verdeutlicht die Regelung des § 7 Abs. 4 S. 1, der explizit feststellt, dass der Grundeigentümer nur in einem Eigenjagdbezirk zur Ausübung des Jagdrechts berechtigt ist.

In einem gemeinschaftlichen Jagdbezirk wird der Jagdgenossenschaft die Befugnis zur Ausübung des Jagdrechts gesetzlich übertragen und damit letztlich im Außenverhältnis, d. h. gegenüber Dritten eine Rechtsstellung gesetzlich eingeräumt, welche den Grundeigentümer, als eigentlichen Jagdrechtsinhaber, von der Befugnis, das Jagdrecht ausüben zu dürfen, ausschließt. Der Gesetzgeber verdeutlicht, dass das Jagdrecht als Eigentumsposition beim Grundeigentümer verbleibt, jedoch die Nutzungsbefugnis, in Form der Ausübung des Rechts, auf die Jagdgenossenschaft übertragen

---

[667] Nach § 8 Abs. 1 bilden alle Grundflächen einer Gemeinde oder abgesonderten Gemarkung, die nicht zu einem Eigenjagdbezirk gehören, einen gemeinschaftlichen Jagdbezirk, wenn sie im Zusammenhang mindestens 150 Hektar umfassen.
[668] Nach § 9 Abs. 1 S. 1 bilden die Eigentümer der Grundflächen, die zu einem gemeinschaftlichen Jagdbezirk gehören eine Jagdgenossenschaft.
[669] *Wetzel*, S. 10.

wird. Vergleichbar ist dies mit der Miete oder Pacht einer Immobilie. Das Eigentum der Immobilie verbleibt bei Eigentümer, während dieser sich per Vertrag verpflichtet die Immobilie zur Nutzung an den Mieter bzw. Pächter zu überlassen, diesem also die Nutzungsbefugnis einräumt. Der Unterschied zwischen dem Beispiel der Vermietung oder Verpachtung einer Immobilie und der Befugnis der Jagdgenossenschaft, das Jagdrecht in einem gemeinschaftlichen Jagdbezirk auszuüben, ist der, dass der Jagdgenossenschaft die Befugnis durch eine gesetzliche und nicht durch eine vertragliche Regelung übertragen wird.

e Zwischenergebnis

Auch die Rechtsfolgenanalyse beim Jagdrecht bestätigt, dass es sich um eine selbständige Rechtsposition handeln dürfte. Die Rechtsfolge in Form einer Nutzung des Jagdrechts hängt gerade nicht vom Grundeigentum ab, sondern vom Vorliegen eines bestimmten GebieteS. Entscheidend ist die als Jagdbezirk konkretisierte Raumbezeichnung des „bestimmten Gebietes". Die Tatbestandsvoraussetzung des „bestimmten Gebietes" ist gerade nicht zwingend deckungsgleich mit dem im Eigentum eines Grundstückseigentümers stehenden Grundstück.

Die untrennbare Verbindung von Jagdrecht und Grundeigentum zeigt lediglich, dass der Gesetzgeber den Grundeigentümer als Inhaber des Jagdrechts sehen möchte. Die Verbindung von Jagdrecht und Grundeigentum in § 3 Abs. 1 S. 2 stellt jedoch nicht die Selbständigkeit des Jagdrechts als eigene eigentumsrechtliche Rechtsposition in Frage.

Dass der Gesetzgeber nicht allen Grundeigentümern gestattet ihr Jagdrecht auszuüben, ändert dies nicht, da der eigentumsgestaltende Gesetzgeber diesbezüglich unterschiedlich vorgehen darf. Dieser Befund wird durch den 2011 in das Bundesjagdgesetz aufgenommenen § 6a bestätigt.[670]

---

670 BT Drs. 17/12046.

V. JAGDRECHT ALS VERFASSUNGSRECHTLICHES EIGENTUM

f § 6a als Ausdruck eines selbständigen Jagdrechts

Mit der Einführung des § 6a ist das Urteil des Europäischen Gerichtshofes für Menschenrechte (EGMR) vom 26.06.2012 in nationales Recht umgesetzt worden, über dessen rechtliche Begründetheit im Hinblick auf die jagrechtlichen Regelungen in Deutschland Zweifel berechtigt erscheinen.[671]

Die Befriedungsmöglichkeit gem. § 6a stellt einen Einschnitt in das bisher geltende Reviersystem dar. Die große Kammer des EGMR hat entschieden, dass die Zwangsmitgliedschaft in Jagdgenossenschaften gem. § 9 Abs. 1 S. 1 gegen Art. 1 des Zusatzprotokolls Nr. 1 der Europäischen Menschenrechtskonvention verstößt.[672]

Grundeigentümer, deren Grundflächen zu einem gemeinschaftlichen Jagdbezirk gehören, können einen Antrag auf Befriedung stellen. Nach den Feststellungen des Gerichts verletzt die mit der Zwangsmitgliedschaft in Jagdgenossenschaften verbundene Pflicht,[673] die Jagd durch Dritte auf seinem Grundstück zu dulden, die Rechte des Grundeigentümers auf freie Entscheidung über die Nutzung seines Eigentums.[674] Das Gericht hat in seiner Begründung auf den Schutz des Eigentums abgestellt. Der EGMR legt seiner Entscheidung das Verständnis zugrunde, das Grundeigentum und Jagdrecht zwei getrennte Rechtspositionen sind. Deutlich wird dies daran, dass der Gerichtshof in seinen vergleichenden Betrachtungen mit den Fällen Chassagnou[675] und Schneider/Luxemburg von dem Jagdrecht als Nutzungsrecht spricht.[676] In Sachen Chassagnou hat der EGMR festgestellt, dass der Eigentümer kleiner

---

671 Mit der Entscheidung des EGMR wurde sich aus verschiedenen Perspektiven eingehend auseinandergesetzt, dazu: *v. Massow*, AgrarR 2011, S. 337ff; *Müller-Schallenberg*, AUR 2009, S. 106ff; *Münzenrieder*, AUR 2012, S. 449ff; *v. Pückler/Munte*, AUR 2009, S. 205ff; *Sailer*, NuR 2007, S. 186ff.
672 EGMR, Urteil vom 26. 6. 2012 – 9300/07, NJW 2012, 3629 ff.
673 *v. Pückler*, WuH 2007, S. 113f. zur Entscheidung des BVerfG, Beschl. v. 13.12.2006, Az.: 1 BvR 2084/05 zur Verfassungsmäßigkeit der Zwangsmitgliedschaften in Jagdgenossenschaften.
674 BT-Drs. 17/12046, S. 7.
675 *v. Pückler*, AGR 2001, S. 72, 73.
676 EGMR, Urteil v. 26.06.2012, Az.: 9300/07, NJW 2021, S. 3629, 3631.

Grundflächen gezwungen wird das Jagdrecht auf Dritte zu übertragen.[677] Übertragen werden kann jedoch nur eine selbständige Rechtsposition, so dass diese Feststellung des Gerichtshofes verdeutlicht, dass auch der EGMR das Jagdrecht als eigenständige neben dem Grundeigentum stehende Rechtsposition betrachtet.

Bestätigt wird durch die Entscheidung, dass das maßgebliche Recht für jagdliche Aktivitäten das Jagdrecht ist. Denn wäre das Jagdausübungsrecht der Jagdgenossenschaft ein selbständiges vom Jagdrecht zu trennendes Recht, welchem dasselbe Gewicht zukommt, hätte dieser Umstand bei der eigentumsrechtlichen Bewertung berücksichtigt werden müssen. Dies ist jedoch nicht der Fall. Im Gegenteil, die Entscheidung stellt vielmehr ausdrücklich fest, dass auch der Grundeigentümer, welcher mit seinem Grundstück zu einem gemeinschaftlichen Jagdbezirk gehört, in seiner freien Entscheidung über die Nutzung seines Eigentums durch die Jagdausübung durch Dritte verletzt werden kann. Nur dieser entscheidet, ob und wie er seine Rechtsposition ausübt.[678] Der EGMR hat in seiner Entscheidung den Eingriff in der Verpflichtung des Grundeigentümers gesehen, Bewaffnete und Jagdhunde auf seinem Land tolerieren zu müssen.[679] Der Grundrechtseigentümer ist jedoch auch Jagdrechtsinhaber.

Die Entscheidung bestätigt damit, dass sich der Umfang des Gebrauchs, d. h. der Ausübung des Jagdrechts an den Vorgaben des Jagdrechtsinhabers orientieren muss, was dem Modell der Beteiligung Dritter an der Jagd entspricht.

Der EGMR stellt dazu fest, dass der Inhaber eines Eigenjagdbezirks im Gegensatz zum Grundstückseigentümer eines gemeinschaftlichen Jagdbezirkes selbst über die Wahrnehmung und Ausübung des Jagdrechts in dem Eigenjagdbezirk entscheiden kann,

---

677 EGMR, Urt. v. 29.4.1999, Az.: 25088/94, NJW 1999, S. 3695.
678 Der EGMR hat in das Zentrum seiner Diskussion zum Recht auf Achtung des Eigentums nach Art. 1 Zusatzprotokoll zur EMRK, das Grundeigentum gestellt, mit welchem das Jagdrecht gem. § 3 Abs. 1 untrennbar verbunden ist, EGMR, Urteil vom 26. 6. 2012 – 9300/07, NJW 2012, 3629, 3630.
679 *Ziehbarth*, NuR 2012, S. 693.

V. JAGDRECHT ALS VERFASSUNGSRECHTLICHES EIGENTUM

„[f]olglich ist der Eigenjagdbezirk nicht in die neuen Regelungen zur Befriedung von Grundstücken einzubeziehen."[680] Dies bestätigt, dass es auf das Innehaben des Jagdrechts und damit auf die Stellung als Grundeigentümer ankommt und nicht die gesetzliche oder vertragliche Beteiligung Dritter an der Ausübung des Jagdrechts stärkere Befugnisse vermittelt als das Recht selber.

g Ergebnis – Jagdrecht als selbständige Rechtsposition

Das Jagdrecht ist eigentumsrechtlich eine selbständige Rechtsposition. Kennzeichnend für das Jagdrecht ist, dass es eine Rechtsbeziehung zwischen dem Inhaber des Jagdrechts und dem Wild herstellt, in Form einer Zugriffs- und Aneignungsbefugnis.

Das Jagdrecht ist Eigentumsbefugnis und Eigentumsinhalt. Die rechtliche Verknüpfung von Jagdrecht und Eigentum am Grundstück soll lediglich besagen, dass das Jagdrecht durch die untrennbare Verbindung mit dem Grundeigentum, unter die Nutzungen fällt, die aus dem Eigentum am Grundstück gezogen werden können.[681] Die Nutzungsbefugnis am Jagdrecht kann durch schuldrechtlichen Vertrag selbständig übertragen werden und stellt in der Person des Berechtigten ein selbständig geschütztes Vermögensrecht dar.[682]

Ausgehend von diesem Befund soll nachfolgend das Verhältnis von Innehaben und Ausübung einer Rechtsposition ergründet werden, da der Grundstückseigentümer als Inhaber des Jagdrechts nur bei Vorliegen der Tatbestandsvoraussetzung des „bestimmten Gebietes" zur Ausübung des Rechts befugt ist.

---

680 BT-Drs. 17/12046, S. 9.
681 OVG Schleswig, Urt. v. 12.8.2004, Az.: 1 KN 24/03, BeckRS 2004, 13027, S. 4.
682 OVG Schleswig, Urt. v. 12.8.2004, Az.: 1 KN 24/03, BeckRS 2004, 13027, S. 4.

180 TEIL C: WILD UND GRUNDEIGENTUM

3. Das Verhältnis von Innehaben und Ausübung des Jagdrechts

a   Die Unterscheidung von Innehaben und Ausübung einer Rechtsposition in der Eigentumsordnung des GG – Beispiele

aa. Allgemeines Baurecht

Nicht allen Grundstückseigentümern, als Inhabern des Jagdrechts, billigt der Gesetzgeber zu, ihr Recht auch ausüben zu dürfen. Beschränkungen solcher Art sind der Rechtsordnung auch aus anderen Rechtsgebieten bekannt, z. B. aus dem Baurecht. Inhaber des Baurechts, als Nutzungsrecht am Naturgut Boden, sind alle Grundeigentümer.[683] Die Befugnis, ihr Baurecht auszuüben, hängt jedoch von weiteren Voraussetzungen des Bauplanungs- und Bauordnungsrechts ab. Liegen diese nicht vor, darf der Baurechtsinhaber, d. h. der Grundstückseigentümer sein Baurecht nicht ausüben.

bb. Erbbaurecht

Dass die Rechtsordnung das Auseinanderfallen von Innehaben und Ausübungsbefugnis eines Rechts kennt, zeigt auch das Erbbaurecht. Dort ist der Grundeigentümer qua Eigentümerposition grundsätzlich Inhaber des Baurechts, darf dieses jedoch nicht ausüben, da die Ausübung des Rechts einem anderen zusteht.[684]

cc. Zwischenergebnis

Es ist damit kennzeichnend für eigentumsrechtliche Positionen in der Eigentumsordnung des GG, dass das Innehaben der Rechtspositionen nicht automatisch auch zu deren Ausübung berechtigt.

b   Rechtsinhaberschaft und Rechtsnutzung – eine Abgrenzung von Jagdrecht und Jagdausübungsrecht

Im Sachenrecht wird das für die Nutzung einer Sache regelmäßig notwendige tatsächliche Herrschaftsverhältnis gem. § 854 Abs. 1

---

683 *Grochtmann*, S. 263.
684 Erbbaurechtsgesetz in der im Bundesgesetzblatt Teil III, Gliederungsnummer 403-6, veröffentlichten bereinigten Fassung, das zuletzt durch Artikel 4 Absatz 7 des Gesetzes vom 1. Oktober 2013 (BGBl. I S. 3719) geändert worden ist.

BGB als Besitz bezeichnet. Bei Rechten spricht man vom Rechtsbesitz.[685]

Ähnlich verhält es sich beim Jagdrecht und beim Jagdausübungsrecht als Bezeichnungen für das Innehaben und die Ausübung ein und derselben Eigentumsposition. Die Schwierigkeiten, das Nebeneinander von Jagdrecht und Jagdausübungsrecht rechtsdogmatisch zu begründen, ergeben sich daraus, dass die Rechtsprechung und die wohl h. M. in der Literatur das Jagdrecht als Teil des Grundeigentums sehen.[686]

Sieht man das Jagdrecht als selbständige Eigentumsposition neben dem Grundeigentum, so ist das Jagdrecht die Bezeichnung für die Eigentumsposition und die Bezeichnung „Ausübung des Jagdrechts" oder Jagdausübungsrecht ist dagegen die Bezeichnung für den Rechtsbesitz als Voraussetzung für die Ausübung der Eigentumsposition.

Dass der Jagdgesetzgeber einen solchen Ansatz im Verhältnis von Jagdrecht und Jagdausübungsrecht verfolgt hat, wird an den gesetzlichen Regeln zur Jagdpacht deutlich. Danach kann gem. § 11 Abs. 1 S. 1 die Ausübung des Jagdrechts in seiner Gesamtheit an Dritte verpachtet werden. In diesem Zusammenhang verwendet der Gesetzgeber erstmalig und ausschließlich im gesamten Bundesjagdgesetz den Begriff Jagdausübungsrecht, indem er in § 11 Abs. 1 S. 2 feststellt, ein Teil des Jagdausübungsrechts kann nicht Gegenstand eines Jagdpachtvertrages sein. Dies kann nur so verstanden werden, dass die synonyme Bezeichnung für die „Ausübung des Jagdrechts" und damit den Rechtsbesitz der Begriff Jagdausübungsrecht ist. Der Rechtsbesitz am Jagdrecht muss auf den Pächter übertragen werden können, da nur dann dieser das Jagdrecht ausüben kann. Anderenfalls wäre eine Verpachtung des Jagdrechts nicht möglich.[687] Auch die Formulierung des § 3 Abs. 1 S. 2 spricht dafür, dass es sich beim Jagdausübungsrecht um den Rechtsbesitz handeln muss, da dem Wortlaut folgend das Jagdrecht untrennbar mit dem Eigentum an Grund und Boden verbunden ist.

---

685 *Herrler*, in: Palandt, Kommentar zum BGB, Überblick v. § 854, Rdn. 4.
686 C V 1.
687 *Wetzel*, S. 11.

182   Teil C: Wild und Grundeigentum

Der Untrennbarkeitsgrundsatz soll als programmatische Aussage des Gesetzgebers sicherstellen, dass jagdliche Verhältnisse, wie sie zu Zeiten des Jagdregals geherrscht haben, nicht wieder auftreten.[688]

c   Annahme einer Identität von Jagdrecht und Jagdausübungsrecht – ein Widerspruch

Dem Untrennbarkeitsgrundsatz würde es jedoch widersprechen, ein neben dem Jagdrecht stehendes Jagdausübungsrecht anzunehmen, welches als identische Eigentumsposition neben dem Jagdrecht des Grundstückseigentümers besteht.

Es kann sich hier ein Widerspruch andeuten, in dem unterschiedliche Tatbestände gleich bewertet werden. Der Gesetzgeber hat in § 3 Abs. 1 S. 2 festgestellt, dass das Jagdrecht untrennbar mit dem Eigentum an Grund und Boden verbunden ist und gem. § 3 Abs. 1. S. 3 als selbständiges dingliches Recht nicht begründet werden kann. Das Jagdausübungsrecht ist gem. § 11 als Gegenstand des Jagdpachtvertrages Ausdruck eines vertraglichen Schuldverhältnisses zwischen Pächter und Verpächter oder gem. § 8 Abs. 5 i. V. m. § 10 Abs. 1 S. 1 eines gesetzlichen Schuldverhältnisses zwischen dem Grundeigentümer als Inhaber des Jagdrechts und der Jagdgenossenschaft, welches jedoch in allen Fällen die Beteiligung Dritter an der Ausübung des Jagdrechts ermöglicht.

Dieser Umstand steht im Widerspruch zu dem Verständnis, das Jagdausübungsrecht sei ein Stück abgespaltenes Eigentum, das in der Hand der Jagdgenossenschaft zu einem Eigentumsrecht erstarkt.[689]

Kann das Jagdrecht als selbständiges dingliches Recht nicht begründet werden, so wäre die Annahme, die Befugnis der Jagdgenossenschaft, das Jagdrecht ausüben zu dürfen gem. § 8 Abs. 5, führe zu einer dem Jagdrecht entsprechenden Eigentumsposition, wertungswidersprüchlich. Der jagdrechtliche Eigentümer wäre einmal der Inhaber des Jagdrechts, der Grundstückseigentümer

---

688   *Dietlein/Schwan*, S. 14.
689   *Wetzel*, S. 29 der eine Dinglichkeit des Jagdausübungsrechts annimmt.

und zum anderen die zur Ausübung des Jagdrechts befugte Jagdgenossenschaft. Diesem Verständnis steht jedoch auch der Untrennbarkeitsgrundsatz des § 3 Abs. 1 S. 2 entgegen, nach dem das Jagdrecht und das Grundeigentum untrennbar miteinander verbunden sind.

Die Auflösung dieses Widerspruchs gelingt nur, wenn man den gesetzlichen Vorgaben entsprechend das durch § 3 Abs. 1 vorgegebene Innehaben des Jagdrechts von der Ausübung des Jagdrechts dergestalt abgrenzt, dass die Ausübung des Jagdrechts Ausdruck der unmittelbaren Rechtsnutzungsbefugnis ist, welche in Abgrenzung zum Jagdrecht als Jagdausübungsrecht bezeichnet wird. Ein solcher Ansatz bewegt sich in dem vom Gesetzgeber vorgegebenen Verständnis, dass immer dann, wenn der Inhaber des Jagdrechts Dritte an der Ausübung des Jagdrechts beteiligt, wie im Fall der Jagdpacht gem. § 11, oder beteiligen muss, wie im Fall der Ausübung des Jagdrechts durch die Jagdgenossenschaft, der Begriff Jagdausübungsrecht als Ausdruck der Relativität dieser Rechtsposition Anwendung findet.

Das Verhältnis von Jagdrecht und Jagdausübungsrecht ist vergleichbar mit dem Verhältnis von Sacheigentum an einer Wohnung und dem Besitzrecht des Mieters. Beim Besitzrecht des Mieters handelt es sich um ein vom Wohnungseigentümer abgeleitetes Recht zum Besitz, dessen Rechtsgrundlage ein Schuldverhältnis in Form des Mietvertrages ist. Auch das Recht des Jagdpächters leitet sich aus einem vertraglichen Schuldverhältnis in Form des Jagdpachtvertrages ab, das Recht der Jagdgenossenschaft, das Jagdrecht ausüben zu dürfen, leitet sich aus einem gesetzlichen Schuldverhältnis ab, welches zwischen Grundstückseigentümer und Jagdgenossenschaft in dem Moment entsteht, ab dem das Grundstück des Grundstückseigentümers die gesetzliche Mindestgröße unterschreitet. Sobald das Schuldverhältnis erlischt, haben die relativ, weil nur aus einem Schuldverhältnis, Berechtigten, wie der Mieter, der Jagdpächter oder die Jagdgenossenschaft, keine Befugnisse mehr, während der Eigentümer sein Herrschaftsrecht unverändert hat.

Das Besitzrecht wie das Jagdausübungsrecht ermächtigen den Inhaber zur Nutzung. Beide Positionen sind vermögenswerte

Rechtspositionen, die eine Nutzungs- und Verfügungsbefugnis zum Inhalt haben.[690]

d Ergebnis

Die Befugnis zur Ausübung des Jagdrechts ist die unmittelbare Rechtsnutzungsbefugnis, welche in Abgrenzung zum Jagdrecht als Jagdausübungsrecht bezeichnet wird. Es würde dem Untrennbarkeitsgrundsatz aus § 3 Abs. 1 S. 2 widersprechen, ein neben dem Jagdrecht stehendes Jagdausübungsrecht anzunehmen, welches als identische Eigentumsposition neben dem Jagdrecht des Grundstückseigentümers besteht.

Der Grundstückseigentümer als Inhaber des Jagdrechts darf dieses auf jagdbare Tiere in deren Jagdzeit dann ausüben, wenn die Voraussetzung des „bestimmten Gebietes" in Form eines Eigenjagdbezirkes erfüllt ist. Fehlt es an dieser Voraussetzung, weil der Grundstückseigentümer Teil eines gemeinschaftlichen Jagdbezirkes ist, ist der Grundeigentümer zwar unverändert Inhaber des Jagdrechts, er ist jedoch aufgrund der gesetzlich angeordneten Übertragung des Rechtsbesitzes in Form der Befugnis, das Jagdrecht ausüben zu dürfen, daran gehindert, dieses auszuüben. Die Ausübung des Jagdrechts im gemeinschaftlichen Jagdbezirk steht der Jagdgenossenschaft zu, welche es für den Grundstückseigentümer ausübt,[691] wofür der Grundstückseigentümer gegenüber der Jagdgenossenschaft einen Anspruch auf Auszahlung des Pachterlöses gem. § 10 Abs. 3 hat.

4. Jagdrecht als Ausdruck individueller Persönlichkeitsentfaltung

Für die Frage, ob das Jagdrecht verfassungsrechtliches Eigentum ist, muss nun geklärt werden, inwieweit es privatnützig ausgeübt wird, da Jagd auch als öffentliche Aufgabe im Hinblick auf die allgemeinen Ziele der Arterhaltung des Schutzes von Land- und Forstwirtschaft vor Wildschäden verstanden werden kann.

---

690 BVerfGE 89, S, 1, 7, zum Besitzrecht des Mieters.
691 Siehe dazu C VI 6.

a Privatnützigkeit

Die Privatnützigkeit ist die Zuordnung des Eigentumsobjekts oder eines Rechts zu einem Rechtsträger, dem es als Grundlage privater Initiative von Nutzen sein soll.[692]

Kennzeichnend ist, dass der Eigentümer, hier der Inhaber des Jagdrechts,[693] von seinem Eigentum vernünftig Gebrauch machen kann, d. h. es der freien Entscheidung des Eigentümers obliegt, wie er sein Eigentum sinnvoll nutzt.[694] Die grundrechtliche Eigentumsverbürgung umfasst insbesondere die Befugnis, den Eigentumsgegenstand selbst zu nutzen[695] oder die durch ein Recht vermittelten Befugnisse auszuüben.

Beim Jagdrecht steht es seinem Inhaber grundsätzlich frei, davon Gebrauch zu machen, d. h. die vom Gesetzgeber als Ausübungsinhalt in § 1 Abs. 1 S. 1 festgelegten Befugnisse auszuüben.

Im Zentrum dieser Befugnisse steht das über § 1 Abs. 1 vermittelte Aneignungsrecht an jagdbaren wildlebenden Tieren. Privatnützigkeit im eigentumsrechtlichen Sinne dürfte demzufolge zu bejahen sein.

Zu überlegen wäre, ob die Pflicht des zur Ausübung des Jagdrechts Berechtigten gem. § 21 Abs. 2 S. 6, Abschusspläne für Schalenwild[696] erfüllen zu müssen, der Privatnützigkeit entgegensteht, da die Entscheidungsfreiheit des Eigentümers, sein Eigentum in Form der Ausübung des Jagdrechts nutzen zu dürfen, einem durch den Gesetzgeber vorgegebenen Zwang unterliegt.

---

692 BVerfG, Beschl. v. 13.12. 2006, Az.: 1 BvR 2084/05, NVwZ 2007, S. 808, 809.
693 Auch das Jagdausübungsrecht des Pächters eines Jagdbezirkes, der durch die Pacht Jagdausübungsberechtigter wird, ist für die Zeit der Pachtdauer durch Art 14 Abs. 1 GG geschützt. *Metzger*, in: Erbs/Kohlhaas, Kommentar zum BJagdG, § 3 Rdn. 6, nach dem der Jagdpächter ein abgeleitetes Jagdausübungsrecht innehat und damit konsequenterweise auch als Eigentümer anzusehen ist; *Schuck*, in: Schuck, Kommentar zum BJagdG, § 3, Rdn. 14, der eine Eigentümerstellung verneint, jedoch auch den Schutz des Jagdausübungsrecht des Pächters durch Art 14 GG bejaht; *Wetzel*, S. 31, zum Schutz des Jagdausübungsrechts des Pächters allgemein durch Art 14 Abs. 1 S. 1 GG.
694 BVerwG, Beschl. v. 28. 7 2016, Az. 4 B 12.16, ZfBR 692, 693; *Espinoza-Rausseo*, S. 56; *Leisner*, S. 171ff umfassend zu den Privatnützigkeitstheorien.
695 BVerfG, Beschl. v. 3.10.1989, Az.: 1 BvR 558/89, AP GG Art 14, Nr. 36.
696 Zum Schalenwild gehören gem. § 2 Abs. 3 Wisente, Elch-, Rot-, Dam-, Sika-, Reh-, Gams-, Stein-, Muffel- und Schwarzwild.

b Jagdausübung als Gemeinschaftsaufgabe durch gesetzlichen Abschusszwang gem. § 21 Abs. 2 S. 6

In Bezug auf die Ausübung des Jagdrechts als Eigentumsinhalt sind die Vorgaben zur Abschussplanung Bestimmungen von Inhalt und Schranken des Eigentums gem. Art. 14 Abs. 1. S. 2 GG.[697] Der Gesetzgeber muss bei der Bestimmung von Inhalt und Schranken des Eigentums i. S. v. Art. 14 I 2 GG die schutzwürdigen Interessen des Eigentümers und die Belange des Gemeinwohls in einen gerechten Ausgleich und ein ausgewogenes Verhältnis bringen.[698] Die Bindung an den Abschussplan für Schalenwild ist derart, dass dieser Plan weder über- noch unterschritten werden darf.[699] Die Abschussregelung ist ein Teil der Wildhege i. S. v. § 1 Abs. 2, mit welcher die Erhaltung eines gesunden Wildbestandes aller einheimischen Tierarten in angemessener Zahl angestrebt wird.[700] Dabei handelt es sich beim Bestand[701] jagdbarer, wildlebender Tiere auch um ein Gemeinschaftsgut, dass der Jagdausübungsberechtigte verantwortlich zu betreuen hat.[702] Die Abschussplanung ist ein Teil der Wildhege, indem durch sie die Erhaltung eines gesunden einheimischen Wildbestandes angestrebt wird. Sie dient, ausgerichtet an der sog. Kulturklausel des § 21 Abs. 1 S. 1, Zielen des Naturschutzes und volkswirtschaftlichen Zielen, aber auch dem Ziel des zur Ausübung des Jagdrechts Befugten nach individueller Jagdausübung.[703]

Diese Ziele der Abschussplanung, Schutz vor Wildschäden, Gewährleistung eines artenreichen und gesunden Wildbestandes und Wahrung der Belange des Naturschutzes und der Landschaftspflege, dienen einerseits dem Verfassungsauftrag zum Schutz der natürlichen Lebensgrundlagen gem. Art. 20a GG, zum anderen

---

697 *Welp*, in: Schuck, Kommentar zum BJagdG, § 21, Rdn. 2.
698 BVerfG Beschl. v. 13.12. 2006, Az.: 1 BvR 2084/05, NVwZ 2007, S. 808, 809.
699 *Metzger*, in: Erbs/Kohlhaas, Kommentar zum BJagdG, § 21 Rdn. 11.
700 *Metzger*, in: Erbs/Kohlhaas, Kommentar zum BJagdG, § 21 Rdn. 1.
701 Bezeichnung für die Gesamtzahl wildlebender Tiere einer Art in einem Gebiet.
702 *Metzger*, in: Lorz/Metzger/Stöckl, Kommentar zum BJagdG, Einl. Rdn. 2.
703 *Metzger*, in: Lorz/Metzger/Stöckl, Kommentar zum BJagdG, § 21, Rdn. 2, der die individuellen Ziele des Jagdausübungsberechtigten als jagdsportliche Ziele beschreibt.

V. JAGDRECHT ALS VERFASSUNGSRECHTLICHES EIGENTUM

werden sie im Hinblick auf die Verhütung unzumutbarer Wildschäden durch die Eigentumsgrundrechte Dritter legitimiert.[704]

Die Abschussplanung mit dem Erfüllungszwang stellt demzufolge einen Ausgleich zwischen den Nutzungsinteressen des Jagdausübungsberechtigten und den berechtigten Interessen der Allgemeinheit her.[705]

Das Wohl der Allgemeinheit ist nicht nur Grund, sondern auch Grenze für die dem Eigentum aufzuerlegenden Belastungen.[706] Einschränkungen der Eigentümerbefugnisse dürfen nicht weitergehen, als der Schutzzweck reicht, dem die Regelung dient.[707] Der Kernbereich der Eigentumsgarantie darf dabei nicht ausgehöhlt werden.[708]

Die Befugnis des Gesetzgebers zur Inhalts- und Schrankenbestimmung geht umso weiter, je mehr das Eigentumsobjekt in einem sozialen Bezug und einer sozialen Funktion steht.[709] Die Grenze der Beschränkung ist eigentumsrechtlich dann erreicht, wenn das Eigentum so weit ausgehöhlt wird, dass dem Inhaber kein Raum für eigenverantwortliche selbständige Nutzung bleibt. Dies ist bei den Regelungen zur Ausübung des Jagdrechts in Form der Vorgaben zur Erfüllung von Abschussplänen jedoch nicht der Fall. Die Regelungen zur Abschussplanung, insbesondere das Gebot der Abschussplanerfüllung, stehen als Inhalts- und Schrankenbestimmung der Privatnützigkeit des Jagdausübungsrechts nicht entgegen. Deutlich wird dies auch daran, dass die Nichterfüllung des Abschussplanes nicht vom Gesetzgeber als Straftatbestand oder Ordnungswidrigkeit sanktioniert wird. Das Risiko des zur Ausübung des Jagdrechts Befugten besteht jedoch darin, dass zur Verhinderung übermäßigen Wildschadens die Behörde gem. § 27 die Verringerung des Wildbestandes auf Kosten des zur Ausübung des Jagdrechts Befugten anordnen kann.

---

704 BVerwG, Urt. v. 14.4.2005, Az.: C 31.04., NuR 2006, S. 568, 569.
705 *Metzger*, in: Erbs/Kohlhaas, Kommentar zum BJagdG, § 21 Rdn. 6.
706 BVerfG, Beschl. v. 13.12. 2006, Az.: 1 BvR 2084/05, NVwZ 2007, S. 808, 809.
707 BVerfG, Beschl. v. 13.12. 2006, Az.: 1 BvR 2084/05, NVwZ 2007, S. 808, 809.
708 BVerfG, Beschl. v. 13.12. 2006, Az.: 1 BvR 2084/05, NVwZ 2007, S. 808, 809.
709 BVerwG, Urt. v. 14.4.2005, Az.: C 31.04., NuR 2006, S. 568, 569.

5. Grundsätzliche Verfügungsbefugnis über das Jagdrecht

Neben der Privatnützigkeit wird auch die grundsätzliche Verfügungsbefugnis über den Eigentumsgegenstand als Kernbereich der Eigentumsgarantie angesehen.[710] Verfügungsbefugnis beinhaltet die Freiheit, den Eigentumsgegenstand veräußern zu dürfen und aus dessen vertraglicher Überlassung zur Nutzung durch andere den Ertrag zu ziehen, der zur finanziellen Grundlage für die eigene Lebensgestaltung beiträgt.[711]

Das Jagdrecht ist als Aneignungsrecht an herrenlosen beweglichen Sachen im Sinne des § 985 Abs. 2 BGB ausgestaltet und vermittelt keine unmittelbare umfassende Sachherrschaft,[712] so dass das Vorliegen der am Sacheigentum entwickelten eigentumsrechtlichen Voraussetzung Verfügungsbefugnis hinsichtlich ihrer Anwendbarkeit auf Rechte näher zu ergründen ist.[713] Voraussetzungen für das Vorliegen einer Verfügungsbefugnis sind die konkrete Zuweisung des Rechts an den Berechtigten und eine funktionelle Vergleichbarkeit der Inhaberschaft des prüfungsgegenständlichen Rechts mit dem Sacheigentum.[714] Im Bereich der Naturgüter liegt der Schwerpunkt nicht auf der Verfügungs-, sondern auf der Nutzungsbefugnis.[715]

a Konkrete Zuweisung des Jagdrechts an den   Berechtigten

Wesentliches Merkmal des Eigentums an einem Recht im Sinne von Art. 14 GG ist, dass ein vermögenswertes Recht dem Berechtigten ebenso ausschließlich wie Sacheigentum zur privaten Nutzung und

---

710 BVerfG, Beschl. v. 13.12. 2006, Az.: 1 BvR 2084/05, NVwZ 2007, S. 808, 809.
711 BVerfG Beschl. v. 22.02.2001, Az.: 1 BvR 198/98, Rdn. 16., abgerufen am 06.04.2021 unter: https://www.bundesverfassungsgericht.de/ SharedDocs/Entscheidungen/DE/2001/02/rk20010222_1bvr019898.html; BVerfGE 101, 54, 75.
712 OVG NRW Urteil vom 21.03.1996 - 20 A 5871/94, Rdn. 278, abgerufen am 06.04.2021 unter: https://openjur.de/u/445107.html.
713 *Appel*, S. 145, mit einer ausführlichen Darstellung der eigentumsrechtlichen Voraussetzung Verfügungsbefugnis und Sacheigentum.
714 BVerfG Beschl. v. 26.5.1993, Az.: 1 BvR 208/93, Rdn. 20, abgerufen am 06.04.2021 unter: https://www.bundesverfassungsgericht.de/ SharedDocs/Entscheidungen/DE/1993/05/rs19930526_1bvr020893.html.
715 *Blasberg*, S. 112.

V. Jagdrecht als verfassungsrechtliches Eigentum 189

zur eigenen Verfügung zugeordnet ist.[716] Dies bedeutet, dass er die Befugnis haben muss, die damit verbundenen Befugnisse nach eigenverantwortlicher Entscheidung zu seinem privaten Nutzen ausüben zu dürfen.[717] Dies ist beim Jagdrecht der Fall. In Eigenjagdbezirken gem. § 4 1. Alt. i. V. m. § 7 Abs. 1 S. 1, Abs. 4 i, § 3 Abs. 3 darf der Grundstückseigentümer sein Jagdrecht ausüben, in gemeinschaftlichen Jagdbezirken ist die Ausübung des Jagdrechts gem. § 4 2. Alt. i. V. m. § 8 Abs. 5, § 3 Abs. 3 der Jagdgenossenschaft zugewiesen.

Die Beschränkung des Grundeigentümers, sein Jagdrecht nur dann selbst ausüben zu dürfen, wenn seine Grundflächen die Voraussetzungen eines Jagdbezirks erfüllen, stehen der Bejahung einer Verfügungsbefugnis nicht entgegen. Der das Eigentum inhaltlich konkretisierende Gesetzgeber darf hier Beschränkungen vornehmen.

b   Funktionelle Vergleichbarkeit

Funktionelle Vergleichbarkeit zwischen einer eigentümergleichen Rechtsinhaberschaft und Sacheigentum setzt voraus, dass das Innehaben des Rechts eine vergleichbare Wirkung hat wie das Innehaben der Sacheigentümerstellung. Der Eigentümer einer Sache kann gem. § 903 S. 1.BGB, soweit nicht das Gesetz oder Rechte Dritter entgegenstehen, mit der Sache nach Belieben verfahren und andere von jeder Einwirkung ausschließen. Ein so umfassendes Herrschaftsrecht, wie Eigentum an einer Sache vermittelt,[718] lässt sich auch aus dem Jagdrecht in Bezug auf die Nutzung jagdbarer Tiere ableiten.

Der Inhaber des Jagdrechts hat gem. § 1 Abs. 1 S. 1 die Befugnisse, die Jagd auf wildlebende Tiere auszuüben, d. h. gem. § 1 Abs. 4 diese aufzusuchen, sie zu verfolgen, zu erlegen und zu fangen sowie gem. § 1 Abs. 1 S. 1 sie sich anzueignen. Das Jagdrecht ist

---

716 BVerfG Beschl. v. 26.5.1993, Az.: 1 BvR 208/93, Rdn. 20, abgerufen am 06.04.2021 unter: https://www.bundesverfassungsgericht.de/ SharedDocs/Entscheidungen/DE/1993/05/rs19930526_1bvr020893.html.
717 BVerfGE 83, 201, 208 f.
718 *Herder*, in: Palandt, Kommentar zum BGB, § 903, Rdn. 1.

damit in seinem funktionellen Kern als ein Aneignungsrecht, an herrenlosen beweglichen Sachen im Sinne des § 985 Abs. 2 BGB, ausgestaltet.[719]

Der Umstand, dass Inhaberschaft und Ausübungsbefugnis des Jagdrechts auseinanderfallen können, steht der Einstufung des Jagdrechts als mit dem Eigentum an einer Sache vergleichbar nicht entgegen. Der zur Ausübung des Jagdrechts Befugte leitet seine Rechtsposition von dem Inhaber des Jagdrechts ab.[720]

Die funktionelle Vergleichbarkeit des Jagdrechts mit Sacheigentum ergibt sich auch aus dem strafrechtlichen Schutz des Jagdrechts gem. § 292 Abs. 1. Nr. 1 StGB. Danach macht sich strafbar, wer unter Verletzung fremden Jagdrechts dem Wilde nachstellt, es fängt, erlegt oder sich oder einem Dritten zueignet. § 292 schützt ausschließlich das jagdrechtliche Aneignungsrecht des zur Ausübung des Jagdrechts Berechtigten.[721]

Weiterhin genießt das Jagdrecht als konkrete subjektive Rechtsposition auch ebenso wie das Sacheigentum den Schutz des Art. 14 GG.[722] Es gehört zu den sonstigen Rechten i. S. d. § 823 Abs. 1 BGB.[723]

Eine funktionelle Vergleichbarkeit zwischen einer eigentümergleichen Rechtsinhaberschaft und Sacheigentum ist zu bejahen.

6. Vermögenswert des Jagdrechts

Das Jagdrecht hat auch einen Vermögenswert.[724] Der Vermögenswert einer Position wird maßgeblich durch den Markt bestimmt, so

---

719 OVG NRW Urteil vom 21.03.1996 - 20 A 5871/94, S. 9, abgerufen am 06.04.2021 unter: https://openjur.de/u/445107.html.
720 Siehe dazu C VI. 5..
721 *Heine/Hecker*, in Schönke/Schröder, Kommentar zum StGB, § 292 Rdn. 1.
722 *Metzger*, in: Erbs/Kohlhaas, Kommentar zum BJagdG, § 3 Rdn. 5.
723 BGH, Urt. vom 30.10.2003, Az.: III ZR 380/02, NJW-RR 2004, 100.
724 *Meyer-Ravenstein*, AUR 2012, S. 7, 8 zu Faktoren, welche bei der Bestimmung des Jagdwertes relevant sein können; *Moog*, AUR 2011, S. 300, 301 der mit Bezug auf das Wildschadensrisiko auch einen negativen Wert des Jagdrechts sieht.

dass es für die Bestimmung des Vermögenswertes auf die Möglichkeiten der Eigentumsübertragung ankommt.[725] Neben dem Verkauf der jagdlich nutzbaren Grundfläche, sofern diese die Größe eines Eigenjagdbezirkes hat, besteht die Nutzungsmöglichkeit der Jagd gem. § 11 Abs. 1 S. 1 durch Verpachtung der Ausübung des JagdrechtS. Es handelt sich um eine Rechtspacht, deren Gegenstand die Befugnis zur Ausübung des Jagdrechts ist.[726] Wesentlicher wertprägender Faktor sind die vorkommenden und jagdbaren Arten.[727] Wird der Katalog jagdbarer Arten gekürzt, kann dies unmittelbar zu einer Beeinflussung des Vermögenswertes des Jagdrechts führen, insbesondere, wenn man berücksichtigt, dass regelmäßig nicht alle jagdbaren Arten in jedem Revier vorkommen. Das Jagdrecht stellt demnach ein vermögenswertes Recht da.[728]

7. Ergebnis

Das Jagdrecht ist ein selbständiges Eigentumsrecht neben dem Grundeigentum.

Der Umstand, dass der Gesetzgeber die Befugnis zur Ausübung des Jagdrechts in gemeinschaftlichen Jagdbezirken gem. § 8 Abs. 5 der Jagdgenossenschaft gegeben hat, steht diesem Ergebnis nicht entgegen.

In der Beschränkung der Rechtsstellung des Grundeigentümers als Jagdrechtsinhaber liegt eine nach der Rechtsprechung des Bundesverfassungsgerichts mit dem Grundgesetz im Einklang stehende Inhaltsbestimmung des Eigentums i. S. d. Art. 14 Abs. 1 S. 2 GG.[729]

Damit ist zu prüfen, wie die Befugnis, das Jagdrecht ausüben zu dürfen, d. h. das sogenannte Jagdausübungsrecht eigentumsrechtlich einzuordnen ist.

---

725 *Froese*, in: Dietlein/Froese, Das Jagdliche Eigentum, Ebenen und Ebenenverflechtungen des jagdlichen Eigentums, S. 166f.
726 *Asche/Conrad*, S. 20.
727 *Burrack*, AUR 2009, S. 216, 219.
728 BGH Urt..v. 14.6.1982, Az.: III ZR 175/80, S. 6, aufgerufen am 06.04.2021, unter: https://www.prinz.law/urteile/bgh/III_ZR_175-80.
729 BVerfG, Beschl. v. 13.12. 2006, Az.: 1 BvR 2084/05, NVwZ 2007, S. 808, 809; *Munte*, S. 131.

VI Das Jagdausübungsrecht als verfassungsrechtliches Eigentum

Die allgemeine Befugnis, das Jagdrecht auf einer bestimmten Fläche umfassend ausüben und andere davon ausschließen zu dürfen, wird gemeinhin als Jagdausübungsrechts bezeichnet.[730] Der Rechtscharakter wird unterschiedlich bewertet.[731] Die Frage, ob es sich um ein selbständiges Recht handelt, ist jedoch entscheidende Voraussetzung für die eigentumsrechtliche Verortung.

1. Der Status des „Jagdausübungsrechts" in der Auslegung des BJagdG

Um zu gewährleisten, dass die Auslegung in einer gesicherten und nachprüfbaren Weise vor sich geht, bedarf es bestimmter Auslegungskriterien.[732] Dabei handelt es sich um den Wortsinn, die Systematik (Bedeutungszusammenhang des Gesetzes), historische Auslegung – Regelungsabsicht des historischen Gesetzgebers sowie objektiv-teleologische Kriterien.

a Wortlaut des BJagdG

In der Literatur wird zum Teil der Wortlaut des Gesetzes angeführt, welcher nahelegen soll, dass auch der Gesetzgeber vom Jagdausübungsrecht als einem selbständigen Recht ausgeht.[733] Dieser Befund wird jedoch durch die Auslegung des Gesetzes nicht bestätigt.

aa. Definition des Jagdrechts

Das Jagdrecht wird in § 1 Abs. 1 S. 1 vom Gesetzgeber definiert, als die Befugnis, auf einem bestimmten Gebiet wildlebende Tiere, die

---

730 *Schuck*, in: Schuck Kommentar zum BJagdG, § 3, Rdn. 13; *Metzger*, in: Erbs/Kohlhaas, Kommentar zum BJagdG, § 3 Rdn. 5.
731 *Wetzel*, S. 11 m. w. N.
732 *Larenz/Canaris*, S. 134 mit einer Übersicht der Auslegungsmethoden.
733 *Wetzel*, S. 14.

VI. DAS JAGDAUSÜBUNGSRECHT ALS VERFASSUNGS-
RECHTLICHES EIGENTUM

dem Jagdrecht unterliegen, (Wild) zu hegen, auf sie die Jagd auszuüben und sie sich anzueignen. Bemerkenswert ist die gewählte Formulierung „Das Jagdrecht ist die Befugnis". Der Gesetzgeber hat mit dem Wortlaut „ist die Befugnis" klargestellt, dass es sich beim Jagdrecht um eine Befugnis handelt. Hätte der Gesetzgeber neben dem Jagdrecht ein weiteres Recht speziell für die Ausübung der Jagd konstituieren wollen, so hätte dies bereits in der Definition dessen, was das Jagdrecht ist, seinen Niederschlag gefunden. Der Gesetzgeber hat jedoch die Befugnis, die Jagd auszuüben, explizit als Teil des Jagdrechts ausgestaltet und durch die singuläre Form „Das Jagdrecht ist die Befugnis" klargestellt, dass es sich bei der Ausübung des Jagdrechts um einen Inhalt des Jagdrechts handelt.

bb. Keine Definition des Jagdausübungsrechts

Eine Definition des Jagdausübungsrechts fehlt dagegen gänzlich. Zu prüfen ist, in welchem Zusammenhang der Gesetzgeber den Begriff Jagdausübungsrecht verwendet.

cc. Verwendung des Begriffs Jagdausübungsrecht

Der Begriff Jagdausübungsrecht wird vom Gesetzgeber im BJagdG ausschließlich im Zusammenhang mit der Beteiligung Dritter an der Ausübung des Jagdrechts in Form der Jagdpacht gem. § 11 verwendet. Was der Gesetzgeber unter dem Jagdausübungsrecht versteht, ergibt sich aus § 11 Abs. 1 S. 1. Dort heißt es: „Die Ausübung des Jagdrechts in seiner Gesamtheit kann an Dritte verpachtet werden. Ein Teil des Jagdausübungsrechts kann nicht Gegenstand eines Jagdpachtvertrages sein ..."

Dem Wortlaut folgend handelt es sich beim Jagdausübungsrecht um ein Synonym für die „Ausübung des Jagdrechts". Die Ausübung des Jagdrechts ist jedoch Teil der Befugnis, welche das Jagdrecht verkörpert, wie § 1 Abs. 1 S. 1 klarstellt.

Insofern kann man die Verwendung des Begriffs Jagdausübungsrecht als Begriffsverkomplizierung bezeichnen,[734] andererseits verwendet der Gesetzgeber den Terminus ausschließlich im

---

[734] So auch *Wetzel*, S. 14, der dennoch beim Jagdausübungsrecht von einem selbständigen Recht spricht.

Zusammenhang mit der Verpachtung der Ausübung des Jagdrechts. Selbst bei den Regeln zur Jagdgenossenschaft, wo das sogenannte Jagdausübungsrecht in der rechtswissenschaftlichen und -praktischen Diskussion die größte Rolle spielt,[735] hat der Gesetzgeber nicht diesen Begriff gewählt, sondern in § 8 Abs. 5 festgestellt, dass in gemeinschaftlichen Jagdbezirken die „Ausübung des Jagdrechts" der Jagdgenossenschaft zusteht, jedoch kein „Jagdausübungsrecht". Eine solche Verknüpfung zum Begriff des Jagdausübungsrechts ermöglicht erst § 10 Abs. 1 S. 1, nach dem die Jagdgenossenschaft die Jagd in der Regel durch Verpachtung nutzt. Erst der Weg über das Jagdpachtrecht führt zum Begriff des Jagdausübungsrechts.

dd. Ergebnis Wortlaut

Der Wortlaut des BJagdG gibt keinen Anhaltspunkt, dass der Gesetzgeber neben dem Jagdrecht ein diesem inhaltlich vollkommen gleiches Jagdausübungsrecht etablieren wollte.[736]

b Systematik

Der Sinn eines einzelnen Rechtssatzes erschließt sich zumeist erst dann, wenn man ihn im Kontext innerhalb des Gesamtregelungsgefüges betrachtet, dessen Teil er ist. Für eine systematische Auslegung dessen, was der Gesetzgeber mit dem Jagdausübungsrecht meint, bieten die Regelungen zum Eigenjagdbezirk und zur Verpachtung Anhaltspunkte.

aa. Jagdausübung im Eigenjagdbezirk § 7 Abs. 4 S. 1

In § 7 Abs. 4 S. 1 hat der Gesetzgeber geregelt, dass in einem Eigenjagdbezirk der Eigentümer jagdausübungsberechtigt ist. Daraus wird zum Teil abgeleitet, dass diese Regelung nur dann einen Sinn

---

735 *Wetzel*, S. 11ff, mit einer umfassenden Darstellung des Meinungsstandes zur Selbständigkeit des JagdausübungsrechtS.
736 So aber z. B. *Schuck*, in: Schuck Kommentar zum BJagdG, § 3, Rdn. 13.

VI. DAS JAGDAUSÜBUNGSRECHT ALS VERFASSUNGSRECHTLICHES EIGENTUM

ergibt, wenn das Jagdausübungsrecht ein neben dem Jagdrecht bestehendes eigenständiges Recht darstellt.[737]

Systematisch verkennt diese Auffassung, dass es sich beim Jagdrecht um eine Regelung handelt, welche aus mehreren Rechtssätzen besteht, aus denen sich der Tatbestand sowie die Rechtsfolge ergeben.[738]

Die befugte Ausübung des Jagdrechts ist eine eintretende Rechtsfolge, sobald die Tatbestandsvoraussetzung des Jagdrechts in Form des Vorliegens eines Jagdbezirkes gegeben ist.[739] Die Feststellung des Gesetzgebers, dass der Eigentümer in seinem Eigenjagdbezirk jagdausübungsberechtigt ist, hat demzufolge deklaratorischen Charakter.

Dass ein selbständiges Jagdausübungsrecht neben dem Jagdrecht systematisch keinen Anknüpfungspunkt im BJagdG findet, zeigt das Beispiel des Eigenjagdbezirks besonders deutlich. Der Grundrechtseigentümer ist Jagdrechtsinhaber und damit gem. § 1 Abs. 1 S. 1 befugt die Jagd auszuüben. Es würde zu einer Überlagerung von Jagdrecht und Jagdausübungsrecht kommen mit der Folge,[740] dass zwei identische Rechte mit denselben Rechtsfolgen existieren würden, was systematisch nicht gewollt sein kann. Deutlich wird dies auch, wenn man sich die Regelungen zur Verpachtung anschaut.

bb. Gegenstand der Jagdpacht

Die Jagdpacht ist nach einhelliger Meinung eine Rechtspacht.[741] Auf diese sind die Vorschriften über das Pachtverhältnis gem. § 581 BGB anzuwenden. Durch den Pachtvertrag wird der Verpächter gem. § 581 Abs. 1 S. 1 BGB verpflichtet, dem Pächter den Gebrauch des verpachteten Gegenstands und den Genuss der Früchte, soweit sie nach den Regeln einer ordnungsmäßigen Wirtschaft als Ertrag anzusehen sind, während der Pachtzeit zu gewähren. Bei einer

---

737 *Wetzel*, S. 16.
738 B I 3 b aa zur Gestaltung von Rechtssätzen.
739 C V. 2 d.
740 *Wetzel*, S. 12.
741 *Koch*, in: *Schuck*, Kommentar zum BJagdG, § 11 Rdn. 3, m. w. N.

Rechtspacht ist der Verpächter verpflichtet dem Pächter den Gebrauch des vertragsgegenständlichen Rechts zu gewähren. Der Gebrauch eines Jagdrechts erfolgt regelmäßig durch dessen Ausübung mit dem Ziel, die Früchte des Rechts zu ziehen. Früchte eines Rechts sind gem. § 99 BGB die Erträge, welche das Recht seiner Bestimmung gemäß gewährt. Dazu gehören gem. § 100 auch die Nutzungen. Nutzungen sind gem. § 100 BGB die Früchte eines Rechts sowie die Vorteile, welche der Gebrauch des Rechts gewährt.

Legt man die dargestellte Systematik der Rechtspacht zugrunde, so hat der Gesetzgeber in § 11 Abs. 1 S. 1 nichts anderes gesagt, als dass Gegenstand des Jagdpachtvertrages das Jagdrecht ist.[742] Der Jagdrechtsinhaber als Verpächter hat das Jagdrecht gem. § 581 BGB dem Pächter zum Gebrauch zu gewähren. Der Gebrauch des Jagdrechts ist jedoch nichts anderes als dessen Ausübung, welche als inhaltliche Befugnis des Jagdrechts bereits in § 1 Abs. 1 S. 1 beschrieben ist, mit der Formulierung „Ausübung des Jagdrechts".

Es handelt sich bei der Rechtspacht nicht um eine losgelöste Übertragung des Jagdrechts, sondern wie bei der Pacht in § 581 BGB beschrieben um die Gewährung des Gebrauchs des Jagdrechts. Dem steht auch nicht die untrennbare Verbindung des Jagdrechts mit dem Grundeigentum entgegen.[743] Der Grundeigentümer bleibt Jagdrechtsinhaber, gewährt jedoch den Gebrauch einem Dritten. Nichts anderes geschieht bei der Landpacht. Auch hier bleibt der Grundeigentümer Inhaber seines Eigentumsrechts am Boden, jedoch überlässt er gem. § 586 Abs. 1 BGB den Gegenstand in Form des Grundstücks einem Dritten zur Nutzung.

Durch die Verwendung des Begriffs Jagdausübungsrecht in § 11 Abs. 1 S. 2 soll kein separates Recht neben dem Jagdrecht konstituiert werden. Dies ergibt sich bereits daraus, dass der Begriff systematisch ausschließlich in § 11 Verwendung findet und dort in unmittelbarem Zusammenhang mit der für den Gebrauch des Jagdrechts stehenden Formulierung „Ausübung des Jagdrechts".

---

742 a. A. *Wetzel*, S. 16.
743 so aber *Hertel*, in; Dietlein/Froese, Jagdliches Eigentum, Die jagdlichen Eigentumsrechte des Jagdpächters, S. 273.

VI. DAS JAGDAUSÜBUNGSRECHT ALS VERFASSUNGSRECHTLICHES EIGENTUM

Indem der Gesetzgeber in § 11 Abs. 1 S. 1 feststellt, die Ausübung des Jagdrechts an Dritte könne in seiner Gesamtheit verpachtet werden, und in § 11 Abs. S. 2 ergänzt, dass ein Teil des Jagdausübungsrechts nicht Gegenstand eines Jagdpachtvertrages sein kann, gibt er zu erkennen, dass das Jagdausübungsrecht begrifflich nichts anderes als ein Synonym für die Ausübung des Jagdrechts ist.[744] Die Ausübung des Jagdrechts ist jedoch gerade dessen Gebrauch, den der Verpächter dem Pächter zu gewähren hat.

c Historische Auslegung

Als die Vorstellung des Gesetzgebers sind die Grundabsicht und diejenigen Vorstellungen anzusehen, die in den Beratungen der gesetzgebenden Körperschaft oder ihren zuständigen Ausschüssen zum Ausdruck gebracht worden und ohne Widerspruch geblieben sind.[745] Als Erkenntnisquelle für die Normvorstellung kommen die Beratungsprotokolle und die den Entwürfen beigegebenen Begründungen in Betracht.[746]

In seiner Begründung zur ersten Fassung des Bundesjagdgesetzes spricht der Gesetzgeber von dem Jagdrecht. Hinweise auf ein neben dem Jagdrecht konstituiertes Jagdausübungsrecht gibt es nicht.[747]

In Bezug auf die Jagdgenossenschaften stellt er fest, dass diese Einrichtungen beibehalten werden, da sie sich bewährt hätten.[748] Dafür, dass diese Inhaberin eines vom Jagdrecht abzugrenzenden Jagdausübungsrechts sein soll, finden sich keine Anhaltspunkte.

---

744 *Schuck*, in: Schuck, Kommentar zum BJagdG, § 3 Rdn. 13.der das Jagdrecht und das Jagdausübungsrecht unterscheidet aber an anderer Stelle feststellt, dass Jagdausübungsrecht sei lediglich Teil des Jagdrechts und betrifft dessen Ausübung. Dies ist jedoch widersprüchlich, denn wenn es sich um zwei Rechte handelt, dann kann nicht das eine Recht Teil des anderen sein.
745 *Larenz/Canaris*, S. 150.
746 *Larenz/Canaris*, S. 151.
747 BT Drs. Nr 1813, S.20.
748 BT Drs. Nr 1813, S.20

d Teleologische Auslegung

Teleologische Auslegung heißt Auslegung gemäß den erkennbaren Zwecken und Zielen einer Regelung.[749] Eine Regelung zum Jagdausübungsrecht, wie sie sich für das Jagdrecht findet, bietet das Gesetz nicht. Unter den teleologischen Auslegungskriterien, die sich aus den objektiven Zwecken des Rechts vornehmlich aus dem Gedanken der Gerechtigkeit ergeben, kommt dem Prinzip der Gleichbehandlung gleichgelagerter Sachverhalte eine hervorragende Bedeutung zu.[750] Die unterschiedliche Bewertung wertungsmäßig gleichliegender Tatbestände ist durch die Auslegung zu vermeiden.[751]

Ein solcher Wertungswiderspruch läge jedoch vor, wenn einerseits der Grundeigentümer gem. § 3 Abs. 1 Inhaber des Jagdrechts ist, welches gem. § 3 Abs. 1 S. 2 untrennbar mit dem Grundeigentum verbunden ist, andererseits ein Jagdausübungsrecht konstruiert wird, um den Gebrauch des Jagdrechts durch die Jagdgenossenschaft in gemeinschaftlichen Jagdbezirken zu begründen.

Der Widerspruch besteht darin, dass der Gesetzgeber für die Jagdgenossenschaft wie auch für die Beteiligung Dritter an der Jagdausübung in Form der Jagdpacht denselben Wortlaut wählt, nämlich „die Ausübung des Jagdrechts". Denn letztlich ist auch die Jagdgenossenschaft nur eine dritte Person im Verhältnis zum Jagdrechtsinhaber, dem Grundeigentümer. Bei der Jagdgenossenschaft soll jedoch das Jagdausübungsrecht zum Vollrecht erstarken,[752] damit diese es dann verpachten kann. Bei dem Eigenjagdbesitzer bedarf es dieser Konstruktion dagegen nicht, da er Inhaber des Jagdrechts ist und damit den Gebrauch dieses Rechts Dritten zur Nutzung überlassen darf.

---

749 *Larenz/Canaris*, S. 153.
750 *Larenz/Canaris*, S. 155.
751 *Larenz/Canaris*, S. 155.
752 *Metzger*, in: Erbs/Kohlhaas, Kommentar zum BJagdG, § 3 Rdn. 5.

VI. DAS JAGDAUSÜBUNGSRECHT ALS VERFASSUNGS-
RECHTLICHES EIGENTUM

2. These eines „Jagdrechts der Jagdgenossenschaften"

Die Etablierung des Jagdgenossenschaftssystems führte in Rechtsprechung und Literatur zu der Annahme eines Jagdrechts der Jagdgenossenschaften in Form eines eigenen Jagdausübungsrechts.[753] Nachfolgend soll den Argumenten einer solchen Konstruktion nachgespürt werden.

a Erhaltung der Wildbestände – Grund für das System der gemeinschaftlichen Jagdbezirke

aa. Historische Gründe für das Reviersystem

Die Verhinderung, dass jeder Grundeigentümer auf seinem Grund und Boden, unabhängig von der Größe der Fläche, die Jagd ausüben darf, findet ihre Ursache darin, dass mit der Aufhebung der Jagdregalität und der Zuordnung des Jagdrechts zum Grundeigentum die Wildbestände aufgrund der sehr kleinräumigen Bejagung stark reduziert wurden.[754]

Die Einführung von Mindestgrößen für Jagdbezirke, in denen die Jagd ausgeübt werden durfte, sollte dem entgegenwirken. Rechtsdogmatisch bestand die Herausforderung darin, das Jagdrecht der Grundeigentümer, welche die Mindestgröße eines Eigenjagdbezirkes nicht erreichten, zu beschränken, ohne diesen das Jagdrecht wieder zu nehmen.

bb. Rechtliche Lösung – „Jagd(ausübungs)recht der Jagdgenossenschaft"?

Die rechtliche Lösung sehen Rechtsprechung und die wohl h. M der Literatur darin, dass neben dem Jagdrecht des Grundeigentümers ein „Jagd(ausübungs)recht der Jagdgenossenschaft"[755] konstruiert wird, welches das Jagdrecht des Grundeigentümers verdrängt, solange nicht alle Voraussetzungen vorliegen, damit die Rechtsfolge in Form der Befugnis, das Jagdrecht auch ausüben zu dürfen, in

---

753 *Dietlein*, in: Dietlein/Froese, Jagdliches Eigentum, Rechtsgeschichte der Jagd, S. 39; *Wetzel*, S. 11f.; *Schuck*, in: Schuck, Kommentar zum BJagdG, § 8 Rdn. 51.
754 *Rösner*, S. 348.
755 So *Wetzel*, S. 11; *Dietlein*, JuS 1996, S. 593, 594.

Form eines Eigenjagdbezirkes beim Grundeigentümer vorliegt. Die gesetzliche Voraussetzung für die Ausübung des Jagdrechts ist demzufolge der Jagdbezirk, wie sich aus § 3 Abs. 3 ergibt, und gerade nicht das Grundeigentum. Insofern zeigt sich, dass ein Bedarf für die Konstruktion eines Jagdausübungsrechts neben dem Jagdrecht nicht besteht, da die Voraussetzungen für die Ausübung des Jagdrechts in Form des „bestimmten Gebietes" über die gesetzliche Definition dessen, was ein bestimmtes Gebiet i. S. d. Jagdrechtes ist, die rechtlichen Möglichkeiten bieten, die notwendig sind, um zu verhindern, dass Wildbestände durch zu kleine Jagdreviere unverhältnismäßig reduziert werden.

cc. Perspektivwechsel – Gemeindegrenzen vs. Lebensraum des Wildes

Ob der an Gemeindegrenzen orientierte Jagdbezirk[756] tatsächlich die maßgebliche Raumgröße ist, welche für die Erhaltung der Wildbestände so entscheidend ist, dass damit die Hinderung des Grundeigentümers, auf seinem Grund und Boden die Jagd auf Wild ausüben zu dürfen, begründet werden kann, ist zweifelhaft.

Entscheidender für die jagdliche Nutzung als maßgebliche Maßnahme zur Erhaltung von Wildbeständen dürfte eine lebensraumbezogene Betrachtung sein.[757] Die Befugnis zur Ausübung des Jagdrechts des Grundeigentümers könnte dann davon abhängen, ob sein Grundstück in einem Gebiet liegt, wo die entsprechenden Wildarten in nutzbarer Dichte vorkommen und eine damit an den Grundsätzen der Nachhaltigkeit orientierte Jagdausübung möglich ist.[758]

Für die Umsetzung des hier skizzierten Ansatzes würde sich das Konzept der Hegegemeinschaften anbieten. Die Hege hat gem.

---

[756] § 8 Abs. 1 BJagdG: „Alle Grundflächen einer Gemeinde oder abgesonderten Gemarkung, die nicht zu einem Eigenjagdbezirk gehören, bilden einen gemeinschaftlichen Jagdbezirk, wenn sie im Zusammenhang mindestens 150 Hektar umfassen."

[757] Zur Lebensraumnutzung des Rotwildes siehe *Meißner/Reinecke/Herzog*, in: Meißner/Schütz/Herzog, Vom Wald ins Offenland, S. 27ff.

[758] Zur jagdlichen Nachhaltigkeit siehe *Herzog*, Schriftenreihe des LJV Bayern, Band 27, S. 19ff.

VI. DAS JAGDAUSÜBUNGSRECHT ALS VERFASSUNGS-
RECHTLICHES EIGENTUM

§ 1 Abs. 2 zum Ziel die Erhaltung eines den landschaftlichen und landeskulturellen Verhältnissen angepassten artenreichen und gesunden Wildbestandes sowie die Pflege und Sicherung seiner Lebensgrundlagen; auf Grund anderer Vorschriften bestehende gleichartige Verpflichtungen bleiben unberührt. Sie muss so durchgeführt werden, dass Beeinträchtigungen einer ordnungsgemäßen land-, forst- und fischereiwirtschaftlichen Nutzung, insbesondere Wildschäden, möglichst vermieden werden. Damit würden die für die Wilderhaltung- sowie -nutzung und die bei anderen Naturnutzern wie der Land- oder Forstwirtschaft im Vordergrund stehenden Interessen, Spuren der Nahrungsaufnahme des Wildes zu vermeiden, auch bei der jagdlichen Raumgestaltung in den Mittelpunkt gerückt werden.

Ein weiterer Vorteil einer lebensraumbezogenen jagdlichen Raumordnung wäre, dass Auswüchse wie Wildbewirtschaftungszonen mit Totalabschussvorgaben, welche bereits heute rechtlich höchst fraglich sein dürften,[759] nicht mehr notwendig wären. Betrachtet man z. B. den Umgang mit der Wildart Rotwild, so werden in Teilen Deutschlands für diese Art Lebensräume allein orientiert an wirtschaftlichen Bedürfnissen der Land- und Forstwirtschaft per Rechtsverordnung festgelegt, während in allen anderen Gebieten jedes Tier dieser Wildart zu entnehmen ist, wobei die Entnahmevorgabe allein wirtschaftlich motiviert ist.[760]

b   Die Formulierung „Ausübung des Jagdrechts"

Aus welchem Grund das Jagdrecht und die „Ausübung des Jagdrechts" unterschiedliche Rechte sein sollen, erschließt sich nur politisch,[761] nicht aber rechtlich, wie noch zu zeigen sein wird.[762]

Betrachtet man die Formulierung des Gesetzgebers, mit welcher er die Jagdgenossenschaft in § 8 Abs. 5 ermächtigt, so fällt auf,

---

759   *Asche*, NuR 2003, S. 407ff.
760   https://www.rothirsch.org/unsere-positionen/jagdpolitik-der-laender/; Stand April 2014, abgerufen am 10.4.2021.
761   *Dietlein*, in: Dietlein/Froese, Jagdliches Eigentum, Rechtsgeschichte der Jagd, S. 40, zur Trennung von Jagdrecht und Jagdausübungsrecht.
762   C V 3.

dass der Gesetzgeber dort davon spricht, dass der Jagdgenossenschaft die Ausübung des Jagdrechts in gemeinschaftlichen Jagdbezirken zusteht. Er verwendet den Begriff Jagdrecht, dessen Ausübung gesetzlich durch § 8 Abs. 5 der Jagdgenossenschaft übertragen wird.

Steht jemandem die Befugnis zur Ausübung des Jagdrechts zu, ist dies jedoch nichts anderes als die Befugnis, das Jagdrecht ausüben zu dürfen. Diese Befugnis hat der Gesetzgeber in § 1 Abs. 1 S. 1 bereits legal definiert, indem er festgelegt hat, dass das Jagdrecht und eben nicht ein „Jagdausübungsrecht" die ausschließliche Befugnis ist, auf wildlebende Tiere, die dem Jagdrecht unterliegen, in einem bestimmten Gebiet die Jagd auszuüben und sie sich anzueignen. Die Befugnis, die Jagd auszuüben, ist demzufolge Inhalt des JagdrechtS. Konkret handelt es sich um die Rechtsfolge, welche eintritt, wenn die Tatbestandsvoraussetzungen des Jagdrechts vorliegen.

Auch wenn man die Begründung des Gesetzgebers zur ersten Ausfertigung des Bundesjagdgesetzes zugrunde legt, wird deutlich, dass das Jagdrecht ein Recht ist, dessen Inhaber der Grundeigentümer sein soll.[763] Wegen ihrer Bewährung wurde das System der Jagdgenossenschaften beibehalten, ohne diesen ein eigenes vom Jagdrecht zu trennendes Jagdausübungsrecht einzuräumen. Der vom Gesetzgeber gewählte Begriff des „Systems der Jagdgenossenschaften" zeigt vielmehr, dass es darum ging, das Jagdrecht in einer Art und Weise ausüben zu lassen, mit dem Ziel, dem Erhalt des Wildes am meisten zu dienen. Für die Schaffung eines Jagdrechts neben dem Jagdrecht des Grundeigentümers nur mit dem Namen Jagdausübungsrecht finden sich keine Anhaltspunkte.

c Zwischenergebnis

Ein selbständiges „Jagdausübungsrecht der Jagdgenossenschaft", welches neben dem Jagdrecht des Grundeigentümers steht, ist zu verneinen.

---

763 BT Drs. Nr. 1813, S. 20.

VI. DAS JAGDAUSÜBUNGSRECHT ALS VERFASSUNGS-   203
RECHTLICHES EIGENTUM

3. Die Begriffe Jagdrecht und Jagdausübungsrecht im Straftatbestand der Wilderei § 292 StGB

Bis zum Inkrafttreten des 6. StrafRG am 26.01.1996 war im Tatbestand der Wilderei § 292 StGB nur das Jagdrecht erwähnt. Der Umstand, dass neben der Rechtsprechung auch weite Teile der Literatur ein selbständiges Jagdausübungsrecht angenommen haben, machte es bereits aus verfassungsrechtlicher Sicht erforderlich, den Straftatbestand des § 292 StGB um diesen Begriff zu erweitern. Anderenfalls hätte bereits gem. Art. 103 Abs. 2 GG, der seinen Niederschlag in § 1 StGB gefunden hat, eine Bestrafung von Eingriffen in das Jagdausübungsrecht des Pächters mangels Tatbestandsmäßigkeit nicht erfolgen dürfen. Denn gem. § 1 StGB darf keine Bestrafung ohne Gesetz erfolgen.

Es hätte insofern die Gefahr von Wertungswidersprüchen bestanden, wenn einerseits die zivil- und verwaltungsrechtliche Rechtsprechung das Jagdausübungsrecht als selbständiges Recht ansieht, rechtswidrige und schuldhafte Eingriffe in das „Recht" jedoch strafrechtlich nicht sanktioniert werden könnten.

Die Anpassung des § 292 StGB ist damit jedoch kein Ausdruck des Anerkennens eines selbstständigen Jagdausübungsrechts,[764] sondern lediglich konsequente Folge des Umgangs der Rechtsprechung mit diesem Phänomen.

4. Das Jagdausübungsrecht in der Rechtsprechung

a Zivilrechtsprechung

aa. Rechtsprechungsdarstellung

Der BGH legt seiner Rechtsprechung die Annahme zugrunde, beim Jagdrecht handle es sich um einen Inhalt oder Ausfluss des Grundeigentums.[765] Grund für diese Annahme war der Umstand, dass in den Jagdgesetzen das Jagdrecht als ein mit dem Eigentum am

---

764 So aber Wetzel, S. 17.
765 BGH, Urt. v. 26. 2. 1958, Az.: V ZR 123/56, NJW 1958, S. 785, 786.

Grund und Boden untrennbar verbundenes Recht bezeichnet wurde.[766]

Daraus leitet der BGH ab, dass zwischen dem Jagdrecht und dem Recht zur Ausübung der Jagd unterschieden werden muss.[767] Konsequenterweise habe der Fortfall des Jagdrechts in der Person des ursprünglichen Jagdrechtsinhabers nicht zur Folge, dass damit auch ein diesem zustehendes Recht zur Ausübung der Jagd erlischt,[768] wenn die Rechtsgrundlage für die Nutzungen noch gültig ist.[769] Grund sei, dass das Jagdausübungsrecht zu den Nutzungen des Eigentums gehört.[770]

bb. Stellungnahme

Nutzungen sind gem. § 100 BGB die Früchte einer Sache oder eines Rechts sowie die Vorteile, welche der Gebrauch der Sache oder des Rechts gewährt. Sofern der BGH das Jagdausübungsrecht als Nutzung des Eigentums ansieht, kann damit nur die Nutzung des Grundeigentums gemeint sein, denn das Jagdrecht ist nach Auffassung des BGH Inhalt oder Ausfluss desselben. Ist das Jagdausübungsrecht Nutzung, so muss es gem. § 100 BGB Frucht des Grundeigentums oder der das Grundeigentum betreffenden Sache des Naturgutes Boden sein.

Früchte einer Sache sind gem. § 99 Abs. 1 BGB die Erzeugnisse der Sache und die sonstige Ausbeute, welche aus der Sache ihrer Bestimmung gemäß gewonnen wird. Bei Jagd handelt es sich um eine Form der Nutzung des Naturgutes Wild, so dass es sich dabei nicht um die Sachfrüchte des Naturguts Bodens handelt.[771]

Früchte eines Rechts sind gem. § 99 Abs. 1 die Erträge, welche das Recht seiner Bestimmung gemäß gewährt, insbesondere bei ei-

---

766 BGH, Urt. v. 26. 2. 1958, Az.: V ZR 123/56, NJW 1958, S. 785, 786.
767 BGH, Urt. v. 26. 2. 1958, Az.: V ZR 123/56, NJW 1958, S. 785, 786; BGH, Urt. v. 30. 10. 2003, Az.: III ZR 380/02, NJW-RR 2004, S. 100, 101.
768 BGH, Urt. v. 26. 2. 1958, Az.: V ZR 123/56, NJW 1958, S. 785, 786.
769 In der Entscheidung ging es um einen Wasserstraßenvertrag, welcher den ehemaligen Eigentümern der Flächen zusicherte, dass sie ihre Nutzungen behalten dürfen. (BGH, Urt. v. 26. 2. 1958, Az.: V ZR 123/56, NJW 1958, S. 785, 786).
770 BGH, Urt. v. 26. 2. 1958, Az.: V ZR 123/56, NJW 1958, S. 785, 786.
771 Siehe C V. 1 b bb.

VI. DAS JAGDAUSÜBUNGSRECHT ALS VERFASSUNGS-
RECHTLICHES EIGENTUM

nem Recht auf Gewinnung von Bodenbestandteilen die gewonnenen Bestandteile. In seiner Entscheidung vom 08.11.1990 stellt der Bundesgerichtshof fest, dass die Jagdbeute die Nutzung des Jagdausübungsrechts sei,[772] was nur so verstanden werden kann, dass es sich bei der Jagdbeute um die Rechtsfrucht handelt.

Es wird bereits deutlich, dass die rechtsdogmatische Konstruktion eines selbständigen Jagdausübungsrechts von den Begründungen des BGH nicht getragen wird. Denn wenn es sich beim Jagdausübungsrecht um eine selbständige und nach der Rechtsprechung auch eigentumsfähige Rechtsposition handelt, dann kann es rechtsdogmatisch keine Nutzung des Grundeigentums und damit Rechtsfrucht desselben sein, wie der BGH in seiner Entscheidung vom 26.02.1958 festgestellt hat.

Das Fehlen eines normativen Ansatzes im BJagdG für ein selbständiges Jagdausübungsrechts wird auch in der Entscheidung des BGH vom 05.03.1958 deutlich, wo der BGH feststellt, dass unter dem Begriff des Jagdrechts das Jagdausübungsrecht mit der ausschließlichen Befugnis zur Aneignung jagdbarer Tiere verstanden werde.[773] Hier setzt der BGH das Jagdrecht mit dem Jagdausübungsrecht gleich, was letztlich zeigt, dass es sich um ein und dasselbe Recht handelt.

Die Jagdbeute wird als Rechtsfrucht des Jagdausübungsrechts gesehen, was rechtsdogmatisch konsequent ist, jedoch im Widerspruch dazu steht, dass das Jagdausübungsrecht selbst eine Nutzung des Grundeigentums sein soll. Das Jagdausübungsrecht wäre dann selbst Rechtsfrucht und Grundlage der Fruchtziehung in einem.

b Verwaltungsrechtsprechung

Auch die verwaltungsgerichtliche Rechtsprechung spricht zum Teil synonym von Jagd- bzw. Jagdausübungsrecht,[774] was einer

---

772 BGH Urt. v. 8.11.1990, Az.: III ZR 251/89, NJW 1991, S. 1422, 1423
773 BGH Urt. v. 5.3.1958, Az.: V ZR 199/56, S. 4, abgerufen am 06.04.2021 unter: www.prinz.law/urteile/bgh/V_ZR_199-56.
774 VG Schleswig, Urt. v. 9.5.2017, Az.: 7 A 222/15, BeckRS 2017, 128507, Rdn. 14.

Gleichsetzung des Jagdrechts mit dem Jagdausübungsrecht gleichkommt und damit eher gegen die Annahme eines selbständigen Jagdausübungsrechts spricht.

Das OVG Hamburg sieht als Frucht der Jagd das Recht, sich Wild aneignen zu dürfen.[775] Die Befugnis, sich Wild aneignen zu dürfen, ist gem. § 1 Abs. 1 S. 1 originärer Inhalt des JagdrechtS. Insofern kann die Feststellung des OVG Hamburg nur so verstanden werden, dass die Frucht des Jagdrechts ist, sich Wild aneignen zu dürfen. Raum für ein vom Jagdrecht zu trennendes Jagdausübungsrecht bleibt dann jedoch nicht mehr, um Wertungswidersprüche zu vermeiden.

c   Bundesverfassungsgericht

In seiner Entscheidung zur Zwangsmitgliedschaft in Jagdgenossenschaften,[776] in welcher es um die Frage ging, ob ein Grundeigentümer als Mitglied eines gemeinschaftlichen Jagdbezirks die Jagdausübung durch Dritte auf seinem Grundstück dulden muss, setzt sich die synonyme Verwendung der Begriffe von Jagdrecht und Jagdausübungsrecht fort.

Einerseits stellt das Bundesverfassungsgericht fest, die Jagdgenossenschaft sei gem. § 8 Abs. 5 Inhaberin des Jagdausübungsrechts,[777] andererseits führt es später aus, der Gesetzgeber habe das Jagdrecht vom Eigentum getrennt und auf die Jagdgenossenschaft übertragen.[778]

d   Zwischenergebnis

Die synonyme Verwendung der Begriffe Jagdrecht und Jagdausübungsrecht in der Rechtsprechung zeigt, dass letztlich ein neben dem Jagdrecht selbständiges Jagdausübungsrecht nur einen nor-

---

775   OVG Hamburg, Urt. v. 20.4.2017, Az.: 5 Bf 51/16, BeckRS 2017, 116432, Rdn. 43.
776   BVerfG, Beschl. v. 13. 12. 2006, Az.: 1 BvR 2084/05, NVwZ 2007, S. 808ff.
777   BVerfG, Beschl. v. 13. 12. 2006, Az.: 1 BvR 2084/05, NVwZ 2007, S. 808, 809, Rdn. 22
778   BVerfG, Beschl. v. 13. 12. 2006, Az.: 1 BvR 2084/05, NVwZ 2007, S. 808, 809, Rdn. 25.

VI. DAS JAGDAUSÜBUNGSRECHT ALS VERFASSUNGS-
RECHTLICHES EIGENTUM

mativen Anknüpfungspunkt hat, welcher sich aus dem Zusammenhang eines Gebrauchs des Jagdrechts durch Dritte gem. § 11 Abs. 1 ergibt.

5. Der Begriff Jagdausübungsrecht – Bezeichnung für den Gebrauch des Jagdrechts durch Dritte

a Gebrauch des Jagdrechts durch die Jagdgenossenschaft

Der Gesetzgeber entschied sich dafür, dass Grundeigentümer, welche innerhalb derselben Gemeinde die Mindestflächenvoraussetzung für die Ausübung ihres Jagdrechts nicht erfüllen,[779] in einem gemeinschaftlichen Jagdbezirk zusammengefasst werden. Damit verbunden ist gem. § 9 Abs. 1 i. V. m. § 8 die Zwangsmitgliedschaft in einer Jagdgenossenschaft. In gemeinschaftlichen Jagdbezirken steht gem. § 8 Abs. 5 die Ausübung des Jagdrechts der Jagdgenossenschaft zu. Diese wiederum nutzt die Jagd gem. § 10 Abs. 1 in der Regel durch Verpachtung. Da demzufolge der nicht jagdberechtigte Grundeigentümer als Zwangsmitglied der Jagdgenossenschaft in der Konsequenz von seinem Jagdrecht nichts weiter hat als den Auskehrungsanspruch gegen die Jagdgenossenschaft, wird die historische Entwicklung der Trennung von Jagdrecht und Jagdausübungsrecht in gemeinschaftlichen Jagdbezirken in der Literatur auch als „juristischer Trick" bezeichnet.[780]

Konsequenterweise scheint es zu sagen, dass das Jagdausübungsrecht die Bezeichnung für den Gebrauch des Jagdrechts durch die Jagdgenossenschaft als Treuhänderin für den Jagdrechtsinhaber, den Grundeigentümer, ist.[781]

Auffassungen, die das Jagdausübungsrecht als vom Jagdrecht zu trennende Rechtsposition sehen,[782] scheuen die Konsequenz anzuerkennen, dass die dauerhafte und ausnahmslose Unterbindung,

---

779 Zu Tatbestand und Rechtsfolge des Jagdrechts siehe C IV 1 c und d.
780 *Wetzel*, S. 10.
781 Zum Treuhandmodell siehe C VI 5 a aa..
782 *Müller-Schallenberg/Hugenroth*, Rdn. 5; *Schuck*, in: Schuck, Kommentar zum BJagdG, § 3 Rdn. 13.

ein Recht ausüben zu dürfen, nichts anderes ist als der Verlust dieses Rechts oder dass das Jagdrecht zu einer bloßen Fiktion degradiert wird.[783]

Die Konstituierung der Jagdgenossenschaft und die Regelung, dass gem. § 8 Abs. 5 im gemeinschaftlichen Jagdbezirk die Jagdgenossenschaft das Jagdrecht ausübt, ist nichts anderes als der Einsatz eines Dritten in Form der Jagdgenossenschaft durch den Gesetzgeber. Rechtsdogmatisch ist und bleibt der Grundeigentümer Inhaber des Jagdrechts, der Gebrauch des Jagdrechts wird jedoch, wie es auch bei anderen Nutzungsrechten möglich ist, an einen Dritten übertragen.

Der Erklärungsansatz, der Gebrauch des Jagdrechts durch die Jagdgenossenschaft als Treuhänderin, folgt der vom Gesetzgeber vorgegebenen Systematik im Hinblick auf die Beteiligung Dritter an der Ausübung des Jagdrechts in Form der Verpachtung.

aa. Die Jagdgenossenschaft als Treuhandmodell der Grundeigentümer

Mitglied der Jagdgenossenschaft, als Körperschaft des öffentlichen Rechts, sind gem. § 8 Abs. 1 S. 1 alle Grundeigentümer der Grundflächen, die zu einem gemeinschaftlichen Jagdbezirk gehören und auf denen die Jagd ausgeübt werden darf. Der Gesetzgeber hat bestimmt, dass gem. § 8 Abs. 5 in gemeinschaftlichen Jagdbezirken die Ausübung des Jagdrechts der Jagdgenossenschaft zusteht. Die Jagdgenossenschaft agiert damit wie eine Treuhänderin der Grundeigentümer und übt für diese deren Jagdrecht aus.

Kennzeichnend für Treuhandeigentum ist, dass nach außen dem Treuhänder die volle Rechtsstellung eines Eigentümers verliehen wird, dieser im Innenverhältnis jedoch mehr oder weniger starken Beschränkungen unterliegt.[784]

So stellt sich das Verhältnis zwischen dem Grundeigentümer als Jagdrechtsinhaber und der Jagdgenossenschaft dar. Der Jagdgenossenschaft ist nach außen die Rechtsstellung des Jagdrechtsinhabers verliehen worden, während die Inhaberschaft des Jagdrechts

---

783 *Wetzel*, S. 10.
784 *Creifelds*, S, 1302.

VI. DAS JAGDAUSÜBUNGSRECHT ALS VERFASSUNGSRECHTLICHES EIGENTUM

im Innenverhältnis unverändert den Grundeigentümern zusteht. Deutlich wird das Innenverhältnis dadurch, dass die Stellung als Grundeigentümer einer bejagbaren Fläche zum einen gem. § 8 Abs. 1 maßgeblich für die Zugehörigkeit zur Jagdgenossenschaft und damit des Treugeberstatus ist und zum anderen gem. § 9 Abs. 3 jeder Jagdgenosse als Treugeber stimmberechtigt ist innerhalb der Jagdgenossenschaft, dabei jedoch auch die Größe seiner Grundfläche und damit seines Grundeigentums berücksichtigt wird. Nach § 9 Abs. 3 bedürfen Beschlüsse der Jagdgenossenschaft sowohl der Mehrheit der anwesenden und vertretenen Jagdgenossen als auch der Mehrheit der bei der Beschlussfassung vertretenen Grundfläche.

Für ein solches Modell spricht auch die vom Gesetzgeber im Zusammenhang mit der Jagdgenossenschaft gewählte Formulierung gem. § 8 Abs. 5, in gemeinschaftlichen Jagdbezirken stehe die „Ausübung des Jagdrechts" der Jagdgenossenschaft zu. Hätte der Gesetzgeber tatsächlich neben dem Jagdrecht ein Jagdausübungsrecht konstituieren wollen, hätte dies schon terminologisch im Gesetzeswortlaut seinen Niederschlag finden müssen.[785]

bb. Die Haftungsverteilung zwischen Jagdgenossenschaft und deren Mitglieder als Ausdruck eines Treuhandmodells

Für ein Treuhandmodell spricht auch die Haftungsverteilung zwischen den Jagdgenossen und der Jagdgenossenschaft.

Die Jagdgenossenschaft haftet als Körperschaft des öffentlichen Rechts für Verletzungshandlungen, welche der Vorstand in Ausübung seines Amtes begeht, nach den Grundsätzen der Amtshaftung gem. § 839 BGB.[786] Die Voraussetzungen sind erfüllt, wenn die Rechtsbeziehung zwischen der Jagdgenossenschaft und dem

---

785 Siehe dazu auch C VI 1, zum Begriff Jagdausübungsbrecht in der Auslegung des BJagdG.
786 *Munte*, in: Schuck, Kommentar zum Bundesjagdgesetz, § 9, Rdn. 63.

einzelnen Jagdgenossen, d. h. Grundeigentümer durch den Jagdvorstand verletzt wird.[787] Würde die Jagdgenossenschaft ein eigenes Recht haben und nicht nur als Treuhänderin agieren für die Grundeigentümer, wäre ein Haftungsanspruch nicht begründet, da die Jagdgenossenschaft lediglich ihr eigenes Recht verletzen würde aber nicht das anderer.

b   Gebrauch des Jagdrechts durch Verpachtung

Die Verpachtung ist der Gebrauch des Jagdrechts.[788] Der Jagdrechtsinhaber beteiligt Dritte an der Ausübung des JagdrechtS. Die Formulierung „Ausübung des Jagdrechts" verwendet der Gesetzgeber im Zusammenhang mit der Beteiligung Dritter an der Jagdausübung. Die Jagdgenossenschaft ist Dritte im Verhältnis zum Jagdrechtsinhaber.

Damit wären dann auch die Begrifflichkeiten insofern klar. Dem Gesetzgeber folgend, der den Begriff Jagdausübungsrecht ausschließlich in § 11 verwendet, würde dieser Begriff dafür stehen, dass es sich um die Ausübung des Jagdrechts handelt und damit um eine semantische Variation für die Wortgruppe „Ausübung des Jagdrechts", jedoch nicht um ein eigenes Recht, welches neben dem Jagdrecht steht.

6.   Ergebnis

Beim Jagdausübungsrecht handelt sich um die begriffliche Umschreibung der Beteiligung Dritter an der „Ausübung des Jagdrechts" im Verhältnis zum Jagdrechtsinhaber. Es handelt sich um die tatsächliche Ausübung des Jagdrechts, d. h. der Gebrauch desselben, welches der Pächter aufgrund des Pachtvertrages hat oder die Jagdgenossenschaft aufgrund des gesetzlichen Treuhandverhältnisses vom Jagdrecht des Jagdrechtsinhabers ableitet. Ein selbständiges oder vom Jagdrecht abgetrenntes Jagdausübungsrecht findet im BJagdG keinen normativen Anknüpfungspunkt.

---

787   *Munte*, in: Schuck, Kommentar zum Bundesjagdgesetz, § 9, Rdn. 63.
788   C VI 5 b.

VI. Das Jagdausübungsrecht als verfassungsrechtliches Eigentum

Vergleicht man das Verhältnis von Jagdrecht und Ausübung des Jagdrechts, so beschreibt das Jagdrecht die Eigentumsposition, während die „Ausübung des Jagdrechts" oder das Jagdausübungsrecht das Innehaben der „tatsächlichen Gewalt" definiert, vergleichbar mit dem Besitz im Sachenrecht.

Terminologisch wird auch im Sachenrecht von einem Besitzrecht gesprochen, ohne dass dies dazu führt, dass die Eigentumsposition zur bloßen Formalie eingestuft wird.

Dennoch wird man auch das Jagdausübungsrecht dem verfassungsrechtlichen Eigentumsschutz zuordnen können, entsprechend den Grundsätzen, welche das Bundesverfassungsgericht für die Eigentumsrechte des Mieters aufgestellt hat.[789] Eine Berufung auf Art. 14 GG dürfte aufgrund ihres nur formalen Status als öffentlich-rechtliche Körperschaften auch den Jagdgenossenschaften möglich sein.[790]

---

789 BVerfGE 89, 1, 6.
790 *Axer*, in: Epping/Hillgruber, Beck.Online-Kommentar zum GG, Art. 14, Rdn. 41.

D Wild zwischen Eigentums- und Naturschutz

Wild als Eigentumsposition steht in vielfältigen Wechselbeziehungen zur Umwelt. Eigentumsschutz und Umweltschutz beruhen darauf, dass ohne Nutzung der Umwelt kein Leben, ohne Eigentum keine Freiheit und ohne Umweltschutz, auf Dauer gesehen, weder das eine noch das andere möglich ist.[791]

Bei der Nutzung des Naturgutes Wild sind es gerade die umfassenden Nutzungsbeschränkungen der jagdlichen Eigentumsposition, die das zentrale Problem des Eigentumsschutzes ausmachen.[792] Diese können die Innehabung von Eigentum zu einem nutzlosen Recht machen,[793] wie z. B. Jagdbeschränkungen zeigen, welche mit Festsetzungen von Landschafts- und Naturschutzgebieten einhergehen.

Will man Wild eigentumsrechtlich im Gefüge des Grundgesetzes verorten, wird man für die Gewichtung von Eigentumsschutz und Umweltschutz das Verhältnis von Art. 14 Abs. 1 GG sowie von Art. 14 Abs. 2 GG im Lichte der Staatszielbestimmung von Art. 20a GG betrachten müssen (I).

Zieht man die Begründung in Form von Naturschutzaspekten des Bundesgesetzgebers heran, mit welcher die eigentumsrechtliche Position in Form des Katalogs jagdbarer Arten gekürzt wurde,[794] so bietet sich ein Perspektivwechsel an, in dem einmal die eigentumsrechtliche Einordnung des Wildes aus der Perspektive des Jagdrechts sowie aus der Perspektive des Naturschutzrechtes erfolgt (II). Abschließend soll am Beispiel des Wolfes dargestellt werden, wie sich die Aufnahme einer streng geschützten Art in den Katalog der jagdbaren Arten auswirken würde (III).

---

791 *Ehlers*, in: VVDStRL, 51, 1992, S. 211, 247: zit. nach *Blasberg*, S. 1.
792 *Blasberg*, S. 11, allg. zum Eigentumsschutz im Umweltrecht.
793 *Blasberg*, S. 11.
794 BT Drs. S.12 - „Nur so wird erreicht, daß in ihrem Bestand rückläufige Populationen von intakten Populationen durch Zuwanderung wieder ergänzt werden können."

I Wild im Spannungsfeld zwischen Art. 14 Abs. 1 und Artt. 14 Abs. 2, 20a GG

1. Eigentumsrechtliche Sozialbindung gem. Art. 14 Abs. 2 GG

Wild ist Inhalt der jagdlichen Eigentumsposition und unterliegt damit der Verfügungs- und Nutzungsbefugnis des berechtigten Eigentümers, welche durch die Sozialbindung des Eigentums gem. Art. 14 Abs. 2 GG beschränkt wird. Hinzukommt, das Wild als Bestandteil der natürlichen Lebensgrundlagen von der Staatszielbestimmung des Art. 20a GG erfasst wird, wodurch sich ein weiter Gestaltungsspielraum für den Gesetzgeber ergibt.[795] Die Regelungen in Art. 14 Abs. 2 GG bilden jedoch die abschließende und ausschließliche Grundlage für Beeinträchtigungen der Eigentümerinteressen bei der Gestaltung der Eigentumsordnung.[796]

Die überwiegende Meinung in der Literatur sieht in Art. 14 Abs. 2 GG eine Grundpflicht.[797] Grundpflichten sind nach diesem Verständnis Pflichten, die dem Individuum durch das Grundgesetz auferlegt werden und gegenüber der staatlichen Gemeinschaft zu erfüllen sind.[798]

Gleichzeitig ist Art. 14 Abs. 2 GG nach der Rechtsprechung des Bundesverfassungsgerichts auch die Grenze für die dem Eigentum aufzuerlegenden Belastungen.[799] Dazu führt das BVerfG in seiner Entscheidung vom 02.03.1999 aus:

„Das Wohl der Allgemeinheit ist nicht nur Grund, sondern auch Grenze für die dem Eigentum aufzuerlegenden Belastungen. Einschränkungen der Eigentümerbefugnisse dürfen nicht weitergehen als der Schutzzweck reicht, dem die Regelung dient."[800]

Die Eigentumsgesetze, d. h. die Rechtspositionen, welche der Gesetzgeber im Rahmen seiner eigentumsrechtlichen Befugnis zur

---

795 *Murswiek*, in: Sachs, Kommentar zum GG, Art. 20a Rdn. 17.
796 *Grochtmann*, S. 195.; *Blasberg*, S. 106.
797 *Randelzhofer*, in Merten/Papier, Hdb. der Grundrechte Bd. II, § 37 Rdn. 33.
798 *Randelzhofer*, in Merten/Papier, Hdb. der Grundrechte Bd. II, § 37 Rdn. 19.
799 *Blasberg*, S. 106.
800 BVerfG, Beschl. v. 2.3.1999, Az.: 1 BvL 7/91, NVwZ 2005, 1412, 1413; BVerfGE 100, 226, 241.

I. EIGENTUM UND SOZIALBINDUNG 215

Inhaltsgestaltung gem. Art. 14 Abs. 1 S. 2 GG dem Eigentümer zugewiesen hat, stehen nicht zur Disposition des Gesetzgebers, soweit es sich um Rechtspositionen handelt, welche der Verfassungsgeber vorgefunden hat.[801] Ist mit der Rechtsprechung des Bundesverfassungsgerichts zu Art. 14 Abs. 2 GG das Wohl der Allgemeinheit die absolute Grenze für alle Beschränkungen,[802] folgt daraus, dass die vom Verfassungsgeber vorgefundene in den Rang grundgesetzlichen Eigentums gehobene Vermögenssphäre nach „strikter Respektierung"[803] verlangt. Dies bedeutet nichts anderes, als dass die schon bestehenden Zuordnungsverhältnisse in ihrer Substanz sowie in ihren Kernbefugnissen unangetastet zu lassen sind, wenn sich nicht aus Art. 14 Abs. 2 GG eine Rechtfertigung für die geplante Verschlechterung der Eigentümerposition ergibt.[804]

Die rechtliche Zuordnung von wildlebenden Tieren durch die eigentumsrechtliche Qualifikation zu Wild hat der Verfassungsgeber vorgefunden und als Inhaltsbestimmungen des Eigentums im Geltungsbereich des Grundgesetzes durch Aufnahme in das Bundesjagdgesetz manifestiert.[805] Insofern ist eine Kürzung des Katalogs jagdbarer Arten nur dann zulässig, wenn Gründe des Allgemeinwohls dies rechtfertigen.

a   Kürzung des Katalogs jagdbarer Arten im Licht der Sozialbindung des Eigentums

Für eine Einschränkung des Katalogs jagdbarer Arten, wie sie der Gesetzgeber mit der Kürzung des Katalogs jagdbarer Arten vorgenommen hat, hätten Gründe des Allgemeinwohls vorliegen müssen. Ob die Begründung, die Kürzung sei notwendig, um für die Arten, welche die Qualifikation Wild verloren haben, innerhalb des Bundesgebietes Schutz von einheitlicher Intensität gewährleisten zu können,[806] ein Allgemeinwohlbelang ist, kann dahinstehen,

---

801   *Grochtmann*, S. 183.
802   *Grochtmann*, S. 183.
803   So zu Recht *Grochtmann*, S. 183.
804   *Grochtmann*, S. 183.
805   BT Drs. Nr. 1813, Entwurf vom 20.1.1951 zum Bundesjagdgesetz.
806   BT Drs. 7/4285, S. 12.

wenn der Schutzzweck bereits im Rechtskreis des Jagdrechts erreichbar ist. Denn in dem Fall wäre, der Rechtsprechung des Bundesverfassungsgerichts folgend, die Kürzung des Katalogs jagdbarer Arten und damit ein enteignender Eingriff nicht erforderlich, da der Schutzzweck auch durch das Jagdrecht erreicht worden wäre.

b Hegepflicht als Ausdruck der Sozialbindung des jagdrechtlichen Eigentums

Die Hegeverpflichtung gem. § 1 Abs. 2 S. 1 ist Ausdruck der Sozialbindung des jagdrechtlichen EigentumS i. S. d. Art. 14 Abs. 2 GG. Die Hege hat die Erhaltung eines den landschaftlichen und landeskulturellen Verhältnissen angepassten artenreichen und gesunden Wildbestandes zum Ziel sowie die Pflege und Sicherung seiner Lebensgrundlagen. Die Regelung gilt bundesweit und ist Ausdruck der Belange des Allgemeinwohlbelangs, wildlebende Tiere als wichtigen Bestandteil der natürlichen Lebensgrundlagen zu erhalten.

Die Hegeverpflichtung des Jagdrechts hat demzufolge den Schutz der natürlichen Lebensgrundlagen und der Tiere zum Inhalt, wie er nunmehr auch als Staatszielbestimmung des Art. 20a GG zum Ausdruck kommt.[807] Wesentlicher Bestandteil der natürlichen Lebensgrundlagen i. S. d. Art. 20a GG sind auch die als Wild klassifizierten wildlebenden Tiere. Insofern soll die Norm des Art. 20a GG kurz dargestellt werden, um anschließend das Verhältnis von Art. 14 GG und Art. 20a GG zu ergründen.

2. Staatszielbestimmung gem. Art. 20a GG

Die Aufnahme einer Norm wie Art. 20a GG als Staatszielbestimmung[808] in die Verfassung ist Ausdruck des enormen Bedeutungszuwachses, den der Schutz der Umwelt in den letzten Jahrzehnten erfahren hat.[809]

---

807 BT Drs.12/6000 S. 65ff zum Diskussionsverlauf bei der Aufnahme der Staatszielbestimmung Art 20a in das GG und die konkrete Formulierung; BT Drs. 14/8860 explizite Ergänzung des Schutzes der Tiere in Art. 20a GG.
808 Zum Begriff Staatszielbestimmung, *Lööck*, S. 48.
809 *Blasberg*, S. 23.

I. Eigentum und Sozialbindung 217

Staatszielbestimmungen sind in Abgrenzung zu Grundrechten Direktiven für politisches Handeln und haben allein objektivrechtliche Wirkungen.[810] Eine Staatszielbestimmung ist nach ständiger Rechtsprechung des Bundesverfassungsgerichts nicht geeignet, Grundrechte ohne nähere Konkretisierung durch den Gesetzgeber unmittelbar zu beschränken.[811] Indem der Schutz der natürlichen Lebensgrundlagen zunächst dem Gesetzgeber zugewiesen wird („durch die Gesetzgebung"), enthält die Norm einen Gestaltungsauftrag an den Gesetzgeber, zugleich betont er die Bedeutung der Gesetze für die Verfolgung des Staatsziels.[812]

Das Bundesverfassungsgericht hat Teilbereiche des Umweltschutzes, wie z. B. die Erhaltung der Artenvielfalt und Naturschönheit nicht nur als einen wichtigen öffentlichen Belang angesehen, sondern als Gemeinschaftsgut von überragender Bedeutung bezeichnet.[813]

Die Wahl des verfassungsrechtlichen Normentyps Staatszielbestimmung durch den Verfassungsgeber zeigt jedoch, dass es einer Konkretisierung der in Art. 20a GG enthaltenen Zielvorgaben durch den Gesetzgeber bedarf. Diese Offenheit einer Staatszielbestimmung im Hinblick auf die Gestaltungsmöglichkeiten des Gesetzgebers ist der Grund, dass eine unmittelbare Schrankenziehung gegenüber Grundrechten ausscheidet.[814]

Das unmittelbare Verhältnis von Art. 20a GG und Art. 14 GG wird angedeutet, wenn man den Diskussionsverlauf im Gesetzgebungsverfahren zu Art. 20a GG betrachtet.[815] In die Diskussion ist auch ein Vorschlag eingebracht worden, in Artikel 14 GG zu den sozialen Schranken im Art. 14 Abs. 2 GG auch eine ökologische Schranke hinzuzufügen: „Eigentum verpflichtet. Sein Gebrauch soll zugleich dem Wohle der Allgemeinheit dienen, *das den Schutz*

---

810 *Blasberg*, S. 34.
811 BVerfGE 52, 283, 298; 59, 231, 262.
812 BT Drs. 12/6000, S. 68.
813 BVerfG, Urt. v. 3.11.1982, Az.: 1 BvL 4/78, NJW 1983, 439. 440.
814 *Blasberg*, S. 39.
815 BT Drs. 12/6000, S. 65ff.

der natürlichen Grundlagen des Lebens umfasst."[816] Der Vorschlag erwies sich schon unter den Berichterstattern als nicht mehrheitsfähig und ist auch nicht mehr zu einem offiziellen Antrag erhoben worden.[817]

3. Das Verhältnis von Art. 14 GG und Art. 20a GG

Das Eigentum wird vom Bundesverfassungsgericht als elementares Grundrecht eingestuft, das Bekenntnis zu ihm als Wertentscheidung des Grundgesetzes von besonderer Bedeutung. Hatte sich das Bundesverfassungsgericht mit dem Verhältnis von Eigentum und Naturschutz zu befassen, hob es stets den hohen Rang des Artenschutzes hervor unter Verweis auf Art. 20a GG.[818]

Verfassungsrechtlich sind der Schutz der natürlichen Lebensgrundlagen durch Art. 20a GG und der Eigentumsschutz durch Art. 14 GG in die Hände des Gesetzgebers gelegt. Die Gemein- und damit letztlich auch die Umweltnützigkeit des Eigentümerhandelns, wie es die Verfassung in Art. 14 Abs. 2 GG vorgibt und des staatlichen Handelns wie es Art. 20a GG vorgibt, zur Geltung zu bringen, ist Aufgabe des Gesetzgebers.[819]

Definiert der Staat in Gestalt des eigentumsinhaltsbestimmenden Gesetzgebers umweltrelevante Güter als öffentliche Sachen und nimmt er sie dadurch aus der privatrechtlichen Verfügungsbefugnis heraus, hat er ein weitreichendes Instrument, die Knappheit der Umweltgüter auch verfassungsrechtlich adäquat zu verarbeiten.[820] Wie sich die Herausnahme eines Umweltgutes aus der privatrechtlichen Verfügungsbefugnis auswirkt, zeigt die Entscheidung des Bundesverfassungsgerichts zur Nassauskiesung. Die Schaffung einer öffentlich-rechtlichen Benutzungsordnung, wie sie

---

816 BT Drs. 12/6000, S. 68.
817 BT Drs. 12/6000, S. 68.
818 BVerfG Beschl. v. 10.10.1997, Az.: 1 BvR 310/84, NJW 1998, S. 367, 368.
819 *Czybulka*, NuR 2020, S. 73, 75 zur Notwendigkeit eines differenzierenden Sprachgebrauchs zum Gemeinwohl in Relation zu den Staatszielbestimmungen des GG.
820 *Blasberg*, S. 103.

II. ABGRENZUNG DER RECHTSKREISE JAGD- UND NATURSCHUTZRECHT

durch das Wasserhaushaltsgesetz für das Grundwasser geschaffen wurde, führt zu einem Ausschluss des Grundrechtsschutzes.[821]

Hat der eigentumsgestaltende Gesetzgeber dagegen Naturgüter der privatrechtlichen Verfügungsbefugnis überantwortet – wie dies bei wildlebenden Tieren, welche als Wild qualifiziert sind, der Fall ist[822] –, dann greift auch der volle eigentumsrechtliche Grundrechtsschutz und Einschränkungen des Katalogs wildlebender Arten müssen sich an den Vorgaben des Art. 14 GG messen lassen.

4. Ergebnis

Die Sozialpflichtigkeit des Eigentums gem. Art. 14 Abs. 2 GG bietet den tragenden verfassungsrechtlichen Grund für gesetzliche Eigentumsbeschränkungen und ist gleichzeitig auch die Grenze für dem Eigentum aufzuerlegende Belastungen.[823]

Eigentumsrechtlich würde demzufolge eine Einschränkung des eine eigentumsrechtliche Position verbriefenden Kataloges der jagdbaren Arten mit dem Argument der Arterhaltung nur dann als Allgemeinwohlbelang zu rechtfertigen sein, wenn der Rechtskreis des Jagdrechts den Schutz und Erhalt des Wildes nicht mindestens mit derselben Intensität berücksichtigt wie das Naturschutzrecht.

II Die eigentumsrechtliche Einordnung wildlebender Tiere als Wild im Lichte der Abgrenzung der Rechtskreise Jagdrecht und Naturschutzrecht

Das Jagdrecht und das Naturschutzrecht in Form des Artenschutzrechts haben vielfältige Berührungspunkte, da beide Rechtsgebiete den Umgang mit wildlebenden Tieren und deren Lebensräumen zum Inhalt haben.

Im Zusammenhang mit der Qualifizierung wildlebender Tiere als Wild sind zwei Fragen aus eigentumsrechtlicher Sicht zu klären. Zum einen, ob die naturschutzrechtliche Einstufung jagd-

---

821 BVerfGE 58, 300, 328.
822 Siehe B I IV.
823 BVerfGE 100, 226, 241.

barer Tierarten in artenschutzrechtliche Schutzkategorien Auswirkungen auf das jagdliche Eigentum hat und zum anderen, ob und unter welchen Voraussetzungen Tierarten, welche zunächst nur vom Naturschutzrecht erfasst werden, für jagdbar erklärt und damit in den Rechtskreis des Jagdrechts mit den entsprechenden eigentumsrechtlichen Wirkungen überführt werden können.

Voranzustellen ist dem jedoch, wie sich die Rechtskreise des Jagd- und des Naturschutzrechts abgrenzen. Die Bundesregierung hat 1973 in ihrem Entwurf eines Gesetzes für „Naturschutz und Landschaftspflege"[824] die Abgrenzung zwischen den Vorschriften des Jagd- und des Naturschutzrechts mit unterschiedlichen Zielsetzungen begründet.[825] Stehen im Zentrum beider Rechtskreise als Schutzgut wildlebende Tiere, so sind die Ziele und Funktionen sowie die Verantwortungszuweisung für die Erreichung der Ziele doch unterschiedlich.

1. Trennung der Rechtskreise Jagd- und Naturschutz

Die Trennung der Rechtskreise ist bereits in der Erstverkündung des Bundesnaturschutzgesetzes 1976 in § 20 Abs. 3 BNatschG a. F.[826] vom Gesetzgeber festgelegt worden. Mit der Gesetzesnovelle des Bundesnaturschutzgesetzes 1986 hat der Gesetzgeber die Unberührtheitsklausel geschärft. Lautete § 20 Abs. 3 BNatschG 1976 noch: *„Die Vorschriften des Pflanzenschutzrechts, des Viehseuchenrechts, des Tierschutzrechts sowie des Forst-, Jagd- und Fischereirechts bleiben unberührt"*, so wurde mit der Novelle des BNatschG 1986 die Unberührtheitsklausel wie folgt ergänzt: *„Die Vorschriften des Pflanzenschutzrechts, des Viehseuchenrechts, des Tierschutzrechts sowie des Forst-, Jagd- und Fischereirechts bleiben von den Vorschriften dieses Abschnitts und den aufgrund dieses Abschnitts erlassenen Rechtsvorschriften*[827] *unberührt."*[828] Die Ergänzung des Wortlautes der Unberührtheitsklausel deutet bereits das sich daraus ergebene Verhältnis vom

---

824 BT Drs. 7/886.
825 BT Drs. 7/886, S. 38.
826 Bundesnaturschutzgesetz in der Fassung v. 20.12.1976, BGBl Teil I S. 3574ff.
827 Anm.: Unterstreichung vom Verfasser.
828 § 20 Abs. 2 BNatschG in der Fassung v. 10.12.1986, BGBl Teil 1, S. 2349.

II. ABGRENZUNG DER RECHTSKREISE JAGD- UND NATURSCHUTZRECHT

Jagdrecht als lex specialis zum Naturschutzrecht an.[829] Jedoch lässt die Wortwahl „unberührt" Raum, zu anderen Auslegungsergebnissen zu kommen. Mit der Gesetzesnovelle des BNatschG im Jahre 2002 wurde folgender Satz der Unberührtheitsklausel unmittelbar nachfolgend ergänzend in § 37 Abs. 2 BNatschG eingefügt: *„Soweit in jagd- oder fischereirechtlichen Vorschriften keine besonderen Bestimmungen zum Schutz und zur Pflege der betreffenden Arten bestehen oder erlassen werden, sind vorbehaltlich der Rechte der Jagdausübungs- oder Fischereiberechtigten die Vorschriften dieses Abschnitts und die auf Grund und im Rahmen dieses Abschnitts erlassenen Rechtsvorschriften anzuwenden."*[830]

In dieser Formulierung stellt der Gesetzgeber klar, dass es sich bei den jagdrechtlichen Regelungen zum Artenschutz um „besondere Bestimmungen" im Verhältnis zu den naturschutzrechtlichen Vorgaben handelt. Diese gehen dem Grundsatz *„Lex specialis derogat legi generali"* folgend den allgemeinen artenschutzrechtlichen Bestimmungen des Naturschutzrechts vor. Ein solches Verständnis der naturschutzrechtlichen Unberührtheitsklausel ist mit Blick auf die Rechtsprechung sowie weiten Teilen der Literatur umstritten.

2. Die naturschutzrechtliche Unberührtheitsklausel

In § 37 Abs. 2 S. 1 BNatschG ist geregelt, dass die Vorschriften des Jagdrechts von den Vorschriften des Kapitels 5 des BNatschG unberührt bleiben. Strittig ist das Verständnis über das Verhältnis beider Normenkomplexe zueinander.

a Gleichrangigkeit von Naturschutz- und Jagdrecht

Nach wohl herrschender Meinung in Rechtsprechung und Literatur kommt den Vorschriften des Jagdrechts kein genereller Vorrang vor jenen des Artenschutzrechts zu.[831] Vielmehr sei in jedem Einzelfall der Vorrang der jeweiligen Norm eines Rechtsgebietes vor

---

829 zweifelnd *Köck*, ZUR 2015, S. 589, 591.
830 BT Drs. 14/7469, S. 18.
831 *Wolf*, ZUR 2012, 331, 336; *Gellermann*, in: Landmann/Rohmer, Kommentar zum BNatschG, § 37, Rdn. 12 m. w. N. zu Literatur und Rechtsprechung.

der des anderen durch Auslegung zu ermitteln.[832] Beide Rechtsbereiche bestehen gleichrangig nebeneinander, so dass der jeweilige Vorrang im Kollisionsfall nach allgemeinen Auslegungsregeln zu bestimmen ist.[833]

b Vorrang des Jagdrechts

Andere Stimmen sehen einen Vorrang des Jagdrechts, sofern das Jagdrecht eigenständige Vorschriften zum Schutz und zur Pflege der jeweiligen Arten enthält.[834]

c Stellungnahme

Der Ansicht, dass das Jagdrecht Vorrang vor den Regelungen des 5. Kapitels des Bundesnaturschutzgesetzes hat, ist zuzustimmen.

aa. Wortlaut

Der Vorrang jagdrechtlicher Normen vor denen des Artenschutzrechts ergibt sich aus dem Wortlaut von § 37 Abs. 2 S. 2 BNatschG. Danach sind die Vorschriften des 5. Kapitels des Bundesnaturschutzgesetzes und die auf Grund dieses Kapitels erlassenen Rechtsvorschriften nur dann anzuwenden, soweit in jagd- oder fischereirechtlichen Vorschriften keine besonderen Bestimmungen zum Schutz und zur Pflege der betreffenden Arten bestehen oder erlassen werden. Mit der Formulierung, „Soweit in jagd- oder fischereirechtlichen Vorschriften keine besonderen Bestimmungen ... bestehen oder erlassen werden" hat der Gesetzgeber klargestellt, dass es sich beim Jagdrecht um die speziellere Regelung handelt, welche dem Grundsatz „lex specialis derogat legi generali" folgend dem naturschutzrechtlichen Artenschutzrecht vorgeht. Es gilt also die speziellere Regelung. Somit überlagern die jagdrechtlichen Aneignungsrechte die naturschutzrechtlichen Besitzverbote und die

---

832 *Müller-Walter*, in: Lorz/Konrad/Mühlbauer/Müller-Walter/Stöckel, Kommentar zum BNatschG, § 37 Rdn. 4.
833 BT Drs. 10/5064, S. 18
834 *Brenner*, Jagdrecht und Naturschutzrecht Teil 2, NuR 2017, S. 217, 223; *Meyer-Ravenstein*, AgrarR 2000, S. 277, 280.

II. ABGRENZUNG DER RECHTSKREISE JAGD- UND NATUR-   223
SCHUTZRECHT

artenschutzrechtlichen Zugriffsverbote finden bei einer zulässigen Jagdausübung keine Anwendung.[835]

bb. Systematik

Die Regelungen der Sätze 1 und 2 des § 37 Abs. 2 stehen in einem untrennbaren Zusammenhang.[836] Insofern ist das zum Teil vertretene Verständnis von § 37 Abs. 2 S. 2 BNatschG, es handle sich bei Satz 2 um eine Klarstellung dahingehend, dass das Naturschutzrecht dem Jagd- und Fischereirecht vorgehe, wenn das Jagd- und Fischereirecht keine besonderen Bestimmungen zum Schutz und zur Pflege der betreffenden Art erhalte,[837] unzutreffend, soweit es zu dem Ergebnis kommt, Satz 2 regele einen Vorrang des Naturschutzrechts vor dem Jagdrecht. Liest man die Sätze 1 und 2 des § 37 Abs. 2 BNatschG im Zusammenhang, so fällt zunächst auf, dass der Gesetzgeber in § 37 Abs. 2 S. 1 BNatschG sich auf die Rechtsgebiete des Pflanzenschutzrechts, des Tierschutzrechts, des Seuchenrechts sowie des Forst-, Jagd- und Fischereirechts bezieht. Alle genannten Rechtsgebiete bleiben von den Vorschriften des Artenschutzrechts unberührt. Stünde § 37 Abs. 2 S. 1 BNatschG allein, so würde die Wortwahl „unberührt" für das Verhältnis von Jagd- und Naturschutzrecht dem Verständnis entsprechen, dass die Rechtsbereiche gleichrangig nebeneinander bestehen. Der jeweilige Vorrang wäre im Kollisionsfall nach allgemeinen Auslegungsregeln[838] zu bestimmen.[839]

Die sich aus § 37 Abs. 2 S. 1 BNatschG ergebene Gleichrangigkeit hat der Gesetzgeber mit § 37 Abs. 2 S. 2 jedoch für die Rechtsgebiete Jagd- und Fischereirecht explizit aufgehoben und klargestellt, dass die Rechtskreise des Jagd- und Fischereirechts vorrangig vor dem Naturschutzrecht gelten. Nur in dem Ausnahmefall, dass

---

835 *Meyer-Ravenstein/Louis*, Rechtsgutachten zur Übernahme des Wolfes in das sächsische Jagdrecht, 2009, S. 9, https://www.natur.sachsen.de/download/PE_08_07_2011_09_45_18.pdf.
836 *Brenner*, Jagdrecht und Naturschutzrecht Teil 2, NuR 2017, S. 217, 223.
837 So *Müller-Walter*, in: Lorz/Konrad/Mühlbauer/Müller-Walter/Stöckel, Kommentar zum BNatschG, § 37 Rdn. 13.
838 *Larenz/Canaris*, S. 141ff mit einer Übersicht zu Auslegungskriterien im Einzelnen.,
839 BT Drs. 10/5064, S. 18

das Jagdrecht keine Regelungen zum Schutz und zur Pflege der betreffenden Art enthalten sollte und enthalten wird, gilt als subsidiär das Naturschutzrecht. Mit § 37 Abs. 2 S. 2 BNatschG hat der Gesetzgeber die Subsidiarität des Naturschutzrechts zum Jagdrecht klargestellt und gerade nicht zum Ausdruck gebracht, dass das Naturschutzrecht Vorrang vor dem Jagdrecht haben soll.

cc. Historische Auslegung

Ein Vorrang des Naturschutzrechts wurde im Gesetzgebungsprozess explizit diskutiert und abgelehnt. Nach den Änderungsgesetzen von 1986, vom 30. April und 26. August 1998 war das Naturschutzrecht in der 14. Legislaturperiode Gegenstand einer umfassenden Neuregelung. Durch das Gesetz vom 3. April 2002 (BGBl. I S. 1193) zur Neuregelung des Rechts des Naturschutzes und der Landschaftspflege und zur Anpassung anderer Rechtsvorschriften (BNatSchGNeuregG) wurde das Bundesnaturschutzgesetz von 1976 komplett abgelöst. Unverändert hinsichtlich ihrer Stellung wie auch ihres Wortlautes wurde die Unberührtheitsklausel in die Neuregelung übernommen. Die Diskussion zur Gesetzesänderung 1986 zeigt, dass durchaus Überlegungen bestanden haben, ein Vorrangverhältnis zu konstituieren. So wurde erwogen die Unberührtheitsklausel dahingehend zu ergänzen, dass die genannten Normen nur dann unberührt bleiben sollen, soweit sie den Zielen des Bundesnaturschutzgesetzes nicht widersprechen.[840] Dieser Antrag wurde jedoch abgelehnt, mit dem Hinweis, dass ein solcher Vorrang des Bundesnaturschutzgesetzes gerade nicht gewollt sei.[841]

dd. Teleologische Auslegung

Teleologische Auslegung heißt Auslegung gemäß den erkennbaren Zwecken und Zielen einer Regelung.[842] Ziel des Natur- und Artenschutzrechts in Bezug auf wildlebende Tiere ist es, diese vor menschlichen Einwirkungen, die eine missbräuchliche Vernichtung oder eine missbräuchliche Nutzung seltener oder bedrohter

---

840 BT Drs. 10/6341, S.42.
841 BT Drs. 10/6341, S.42.
842 *Larenz/Canaris*, S. 153.

II. ABGRENZUNG DER RECHTSKREISE JAGD- UND NATUR-
SCHUTZRECHT

Tierarten befürchten lassen, zu schützen, insbesondere wenn sie für die Leistungsfähigkeit des Naturhaushaltes wichtig sind.[843] Wildlebende Tiere, die den Vorschriften des Jagd- und Fischereirechts unterliegen, werden durch den dort geregelten speziellen Artenschutz geschützt.[844] Die Formulierung „spezieller Artenschutz" des Jagdrechts bestätigt den Befund, dass das Ziel der Regelung des § 37 Abs. 2 S. 2 BNatschG ist, klarzustellen, dass das Jagdrecht als spezialgesetzlicher Regelungskatalog für alle Tierarten, die als Wild klassifiziert sind, den Normen des Naturschutzrechts vorgeht. Diesem Normzweck hat der Gesetzgeber die Kenntnis zugrunde gelegt, dass für den Bereich des Jagdrechts im Entwurf eines Zweiten Gesetzes zur Änderung des Bundesjagdgesetzes[845] der jagdrechtliche Artenschutz auch unter dem Gesichtspunkt des allgemeinen Naturschutzes verstärkt wurde.[846]

ee. Jagdrechtliche Unberührtheitsklausel gem. § 44a BJagdG

Will man sich das Verhältnis von Jagd- und Naturschutzrecht erschließen, so gibt mit § 44a auch die jagdrechtliche Unberührtheitsklausel des Bundesjagdgesetzes Hinweise, wie der Gesetzgeber das Verhältnis der Rechtskreise gestaltet hat. Danach bleiben die Vorschriften des Lebensmittelrechts, Seuchenrechts, Fleischhygienerechts und Tierschutzrechts unberührt. Wäre der Gesetzgeber von einer Gleichrangigkeit der Rechtskreise des Jagd- und des Naturschutzrechts ausgegangen, so hätte das Naturschutzrecht in Form des Artenschutzrechts gem. Kapitel 5 BNatschG mit genannt werden müssen. Indem der Gesetzgeber in der jagdrechtlichen Unberührtheitsklausel das Naturschutzrecht nicht erwähnt, die anderen Rechtskreise in Form des Seuchen- und Tierschutzrechts, welche auch Gegenstand der naturschutzrechtlichen Unberührtheitsklausel gem. § 37 Abs. 2 S. 1 BNatschG sind, aber sehr wohl erwähnt,

---

843 BT Drs. 7/5251, S. 12.
844 BT Drs. 7/5251, S. 12.
845 BT Drs. 7/4285.
846 BT Drs. 7/5251, S. 12.

bringt er klar zum Ausdruck, dass das Jagdrecht dem Naturschutzrecht vorgeht und das Naturschutzrecht eben nicht unberührt oder gleichrangig neben dem Jagdrecht gilt. Anderenfalls hätte der Gesetzgeber das Naturschutzrecht in den Katalog des § 44a mit aufgenommen.

ff. Ergebnis

Das Jagdrecht geht als Spezialregelung den artenschutzrechtlichen Regelungen des Naturschutzrechts vor. Das Naturschutzrecht kommt als Subsidiär-Normenkatalog im Verhältnis zum Jagdrecht immer dann zur Anwendung, wenn das Jagdrecht keine spezialgesetzliche Regelung enthält.[847] Wildlebende Tiere, die dem Jagdrecht unterliegen, genießen demzufolge den speziellen Artenschutz des Jagdrechts.[848] Dass der jagdrechtliche Artenschutz mindestens dasselbe Schutzniveau gewährleistet wie das Artenschutzrecht des Naturschutzgesetzes, wird an den unterschiedlichen Zielen und Funktionen der Rechtsgebiete sowie den sich daraus ergebenden Schutzintensitäten deutlich.

3. Artenschutz im Naturschutzgesetz

a   Ziele des Naturschutzrecht

Ziele sind regelmäßig Zustandsbeschreibungen, welche erreicht werden sollen.[849] Bezogen auf das Naturschutzrecht kommt dem Schutz der natürlichen Lebensgrundlagen sowie der biologischen Vielfalt vor dem Hintergrund vielfältiger Belastungen in einem dicht besiedelten Land besondere Bedeutung zu. Erforderlich sind Maßnahmen zur dauerhaften Sicherung der Leistungs- und Funktionsfähigkeit des Naturhaushalts, der Regenerations- und nachhaltigen Nutzungsfähigkeit der Naturgüter sowie der Tier- und Pflanzenwelt.[850]

---

847   *Glaser*, NuR 2007, S. 439, 442.
848   *Müller-Walter*, in: Lorz/Konrad/Mühlbauer/Müller-Walter/Stöckel, Kommentar zum BNatschG, § 37, Rdn. 13.
849   Duden, zum Begriff Ziel, abgerufen am 06.04.2021, unter: https://www.duden.de/rechtschreibung/Ziel.
850   BT Drs. S. 14/6378, S. 1.

II. ABGRENZUNG DER RECHTSKREISE JAGD- UND NATURSCHUTZRECHT

Das Naturschutzrecht soll, nach der Intention des Gesetzgebers, mit rechtlichen Mitteln die Probleme lösen, die durch den fortschreitenden Nutzungswandel der Landschaft und der natürlichen Landschaftsfaktoren infolge der zunehmenden Technisierung und Industrialisierung, der fortschreitenden Veränderung in der Bodenbewirtschaftung und der wachsenden Mobilität der Bevölkerung entstanden sind.[851]

Die Ziele des Naturschutzrechts ergeben sich aus § 1 BNatschG, welche in Form eines Handlungsauftrags normiert wurden.[852] Danach sollen gem. § 1 Abs. 1 BNatschG Natur und Landschaft auf Grund ihres eigenen Wertes und als Grundlage für Leben und Gesundheit des Menschen auch in Verantwortung für die künftigen Generationen im besiedelten und unbesiedelten Bereich so geschützt werden, dass die biologische Vielfalt, die Leistungs- und Funktionsfähigkeit des Naturhaushalts einschließlich der Regenerationsfähigkeit und nachhaltigen Nutzungsfähigkeit der Naturgüter sowie die Vielfalt, Eigenart und Schönheit sowie der Erholungswert von Natur und Landschaft auf Dauer gesichert sind.

Der Gesetzgeber hat mit der Reform des Naturschutzrechts 2020 das Ziel verfolgt, die Flächennutzung natur-, umwelt- und landschaftsverträglich zu gestalten, einen angemessenen Ausgleich zwischen den Interessen der Menschen an der Nutzung und dem besonderen Schutzinteresse der Natur zu fördern und die Beteiligungsmöglichkeiten von Betroffenen und Vereinen zu stärken.[853]

Das Artenschutzrecht als Teilgebiet des Naturschutzrechts dient gem. § 37 Abs. 1 BNatschG dem Schutz der Tiere wildlebender Arten vor Beeinträchtigung durch den Menschen. Artenschutz ist ein Instrument des Naturschutzes[854] und hat zum Ziel, dem Verlust der Artenvielfalt Einhalt zu gebieten.[855] Der Artenschutz ist seit dem 24.12.1976 im fünften Abschnitt des Bundesnaturschutzgesetzes geregelt.

---

851 BT Drs. 7/886, S. 25.
852 *Gassner/Heugel*, Rdn.10.
853 BT Drs. S. 14/6378, S. 1.
854 *Müller-Walter*, in Lorz/Konrad/Mühlbauer/Müller-Walter/Stöckel, Kommentar zum BNatschG, § 37, Rdn. 1.
855 *Gassner/Heugel*, Rdn.509; *Kloepfer*, Umweltrecht, § 11, Rdn. 207.

b   Funktion des Naturschutzrechts

Mit Funktion wird regelmäßig die Aufgabe und Wirkweise einer Sache beschrieben.[856] Die Funktion des Rechts ist es, den Weg normativ vorzuzeichnen, bei dessen Befolgung die angestrebten Ziele erreicht werden.

Die Verwirklichung der Ziele des Naturschutzes vollziehen sich in immer genauer werdenden Stufen der Rechtskonkretisierung.[857]

- Der Artenschutz umfasst gem. § 37 Abs. 1 S. 2
- den Schutz der Tiere und Pflanzen wildlebender Arten und ihrer Lebensgemeinschaften vor Beeinträchtigungen durch den Menschen und die Gewährleistung ihrer sonstigen Lebensbedingungen,
- den Schutz der Lebensstätten und Biotope der wildlebenden Tier- und Pflanzenarten sowie
- die Wiederansiedlung von Tieren und Pflanzen verdrängter wildlebender Arten in geeigneten Biotopen innerhalb ihres natürlichen Verbreitungsgebiets.[858]

c   Der Artenschutzbegriff des Naturschutzgesetzgebers

Hier stellt sich die Frage, welches Verständnis der Gesetzgeber dem Begriff des Artenschutzes zugrunde gelegt hat. Als Gegenstand des Naturschutzes erschließt sich der Artenschutz nicht durch definitorische Bemühungen um den Begriff der Art und deren Schutzstatus.[859] Die Schutz- und damit Zielrichtung entfaltet sich erst in dem jeweiligen gesetzlichen Kontext, d. h. im Rahmen spezifischer gesetzlicher Vorgaben. Die Tierwelt und damit sämtliche Arten, unabhängig von ihrem jeweiligen Schutzstatus, gehören als ein natürlicher Faktor neben Boden, Wasser, Luft, Klima und Pflanzen zum

---

856   Duden, zum Begriff Funktion, https://www.duden.de/rechtschreibung/Funktion.
857   *Gassner/Heugel*, Rdn.100; *de Witt/Geismann*, S. 8.
858   *Gassner/Heugel*, Rdn.516, zu den allgemeinen Aufgaben des Artenschutzes.
859   *Gassner/Heugel*, Rdn. 47 zum Begriff des Naturschutzes allgemein.

II. ABGRENZUNG DER RECHTSKREISE JAGD- UND NATUR- SCHUTZRECHT

komplexen Wirkungsgefüge des NaturhaushalteS. Mit Naturhaushalt wird eine Vielzahl verschiedener in Beziehung stehender und sich gegenseitig beeinflussender Ökosysteme bezeichnet. Von Gesetzes wegen ist der Naturhaushalt als Ganzes und nicht bestimmte Komponenten oder Abgrenzungen desselben entscheidend.[860] Bei der Anwendung des Artenschutzrechts darf in der Praxis nicht die umfassende ganzheitliche Betrachtung bei Bestimmung des Schutzumfanges aus dem Blick geraten.[861] Diese Perspektive ist insbesondere dann zu berücksichtigen, wenn es um die Entnahme einzelner Exemplare einer streng geschützten Art geht, welche z. B. aufgrund einer Verletzung keinen Einfluss auf den Fortbestand der Art mehr haben können. Mit Blick auf das Ziel des Artenschutzes, geht in einem solchen Fall das Individuum dem Schutz der Art vor, was z. B. erhebliche Auswirkungen auf das Verhältnis von Tierschutz und Artenschutz haben kann. [862] Entsprechend den Vorgaben deS. § 37 Abs. 2 S. 1 BNaschG bleiben die Regelungen des Tierschutzgesetzes von den artenschutzrechtlichen Vorgaben unberührt. Kann ein Indiviuum aufgrund einer Verletzung keinen Beitrag mehr zum Erhalt der Art leisten, wird dessen individueller Schutz hinsichtlich seines Wohlbefindens als vorrangig vor den Regelungen des Artenschutzes anzusehen sein.

Auch der Blick in die europarechtlichen Regelungen zum Artenschutz, wie sie in der FFH RL zum Ausdruck kommen zeigt, dass der Schutz einzelner Arten nur mit dem Blick auf den gesamten Lebensraum und den darin vorkommenden Arten gesehen werden darf. Zum Ausdruck kommt ein solches Verständnis in Art. 16 Abs. 1 lit. a FFH RL, der die Entnahme von Individuuen streng geschützter Arten gestattet, wenn dies zum Schutz der wildlebenden Tiere und Pflanzen und zur Erhaltung der natürlichen Lebensräume notwendig ist.

---

860 *Gassner/Heugel*, Rdn. 71.
861 *Gassner/Heugel*, Rdn. 71.
862 *Guber*, NuR 2012, S. 623, 627.

d System der Schutzkategorien

Wildlebende Tiere werden verschiedenen Schutzkategorien zugeordnet. Es wird zwischen dem allgemeinen, dem besonderen und dem strengen Schutz von Arten unterschieden. Allgemein geschützt sind gem. § 39 Abs. 1 BNatschG alle wildlebenden Tierarten. Wildlebende Arten sind alle in Freiheit vorkommenden Arten, deren Individuen nicht ausschließlich von Menschen gezüchtet werden.[863]

Dem besonderen Schutz unterfallen die Arten, welche in der folgenden Form, in § 7 Abs. 2 Nr. 13 BNatschG aufgeführt sind:

- Tier- und Pflanzenarten, die in Anhang A oder Anhang B der Verordnung (EG) Nr. 338/97[864] aufgeführt sind,
- nicht unter Anhang A oder Anhang B der Verordnung (EG) Nr. 338/97 fallende Tier- und Pflanzenarten, die in Anhang IV der Richtlinie 92/43/EWG aufgeführt sind, sowie alle europäischen Vogelarten und
- Tier- und Pflanzenarten, die in einer Rechtsverordnung nach § 54 Abs. 1 BNatschG aufgeführt sind.

Die höchste Schutzeinstufung erfahren die streng geschützten Arten. Streng geschützt sind gem. § 7 Abs. 2 Nr. 14 BNatschG alle Arten, welche bereits den Status besonders geschützte Art haben und die in Anhang A der Verordnung (EG) Nr. 338/97, in Anhang IV der Richtlinie 92/43/EWG oder in einer Rechtsverordnung nach § 54 Abs. 2 BNatschG aufgeführt sind.

e Zugriffs-, Besitz- und Vermarktungsverbote

Der allgemeine Schutz wildlebender Tiere begründet einen Mindestschutz.[865] Dieser beinhaltet gem. § 39 Abs. 1 Nr. 1 BNatschG

---

863 BT Drs. 10/5064, S. 18.
864 (EG) Nr. 338/97des Rates vom 9. Dezember 1996 über den Schutz von Exemplaren wildlebender Tier- und Pflanzenarten durch Überwachung des Handels, ABl. L 61 vom 3.3.1997, S. 1, L 100 vom 17.4.1997, S. 72, L 298 vom 1.11.1997, S. 70, L 113 vom 27.4.2006, S. 26, zuletzt geändert durch die Verordnung (EG) Nr. 709/2010, ABl. L 212 vom 12.8.2010, S. 1.
865 *Gassner/Heugel*, S. 534.

II. ABGRENZUNG DER RECHTSKREISE JAGD- UND NATURSCHUTZRECHT

das Verbot, wild lebende Tiere mutwillig zu beunruhigen oder ohne vernünftigen Grund zu fangen, zu verletzen oder zu töten. Mutwilligkeit liegt vor, wenn sie mit Vorsatz erfolgt, ohne dass ein rechtfertigender oder entschuldigender Beweggrund gegeben ist.[866] Ein vernünftiger Grund liegt vor, wenn eine Handlung erlaubt ist oder im Rahmen einer Abwägung aus Sicht eines durchschnittlich Gebildeten dem Naturschutz aufgeschlossenen Betrachters gerechtfertigt wäre.[867]

Während bei allgemein geschützten Arten ein Zugriff auf einzelne Individuen gem. § 39 Abs. 1 BNatschG erlaubt ist, wenn ein vernünftiger Grund vorliegt,[868] so bestehen für besonders und streng geschützte Arten absolut geltende Zugriffsverbote gem. § 44 Abs. 1 BNatschG, Besitzverbote gem. § 44 Abs. 2 Nr. 1 und Vermarktungsverbote gem. § 44 Abs. 2 Nr. 2 BNatschG. Die Zugriffs-, Besitz- und Vermarktungsverbote bilden den Kern des naturschutzrechtlichen Artenschutzes.[869]

Für die verwaltungsrechtliche Beurteilung der Verbotstatbestände ist beachtlich, dass diese selber keine subjektiven Merkmale enthalten, so dass es für die Frage der Tatbestandsmäßigkeit einer Handlung unerheblich ist, ob sie absichtlich, vorsätzlich, fahrlässig oder ohne Sorgfaltsverstoß begangen wird.[870] Die Behörde kann gegen eine Handlung vorgehen, auch wenn dem Handelnden nicht einmal Fahrlässigkeit vorgeworfen werden kann.[871]

Auf der Ebene des Straf- und Ordnungswidrigkeitenrechts kommt es dagegen darauf an, ob die Handlung vorsätzlich oder fahrlässig begangen wurde, wobei bereits die fahrlässige Begehung gem. § 71 Abs. 4 BNatschG bestraft wird.

Gemäß § 1 BArtSchV i. V. m. Anl. 1 BArtSchV werden von wenigen Ausnahmen abgesehen alle Säugetiere als besonders geschützte Arten klassifiziert und damit auch der überwiegende Teil

---

866 *Gassner/Heugel*, S. 535.
867 *Gassner/Heugel*, S. 535.
868 Zum Merkmal des vernünftigen Grundes, siehe *Binder*, NuR 2007, S. 806ff.
869 *Gassner/Heugel*, Rdn. 563.
870 *Gassner/Heugel*, Rdn. 568.
871 *Gassner/Heugel*, Rdn. 568.

der jagdbaren Arten.[872] Unterliegen Tiere dem Jagdrecht, so sind sie gem. § 4 Abs. 1 BArtSchV vom Verbot des Nachstellens, Fangens und Tötens ausgenommen.

f   Verantwortungszuweisung im Naturschutzrecht

Die Verantwortungszuweisung ist aus eigentumsrechtlicher Sicht insofern von besonderer Bedeutung, weil sie das Zuordnungsverhältnis vorzeichnet, welches eine maßgebliche Voraussetzung dafür ist, eine Rechtsposition als Eigentum i. S. d. Art. 14 Abs. 1 GG einzustufen.[873] Insofern ist zu ergründen, ob das Naturschutzrecht Zuordnungen in Form von Verantwortungszuweisungen trifft.

aa. Naturschutz als Jedermannsverantwortung

Im Naturschutzrecht soll gem. § 2 Abs. 1 BNatschG jedermann nach seinen Möglichkeiten zur Verwirklichung der Ziele des Naturschutzes und der Landschaftspflege beitragen und sich so verhalten, dass Natur und Landschaft nicht mehr als nach den Umständen unvermeidbar beeinträchtigt werden.[874]

Es wird zwischen einer Beitragspflicht und einer Verhaltenspflicht unterschieden, wie sich aus den Formulierungen „beitragen ... und sich verhalten" ergibt.

Die Beitragspflicht wird, und dies wohl nicht zu Unrecht, in der Literatur als rechtlich konturlos bezeichnet,[875] da sie auf die bloße Möglichkeit abstellt.

Dies kann nur so verstanden werden, dass die objektiv gegebenen Möglichkeiten gemeint sind.[876] Unmittelbare durchsetzbare

---

872   *Müller-Walter*, in: Lorz/Konrad/Mühlbauer/Müller-Walter/Stöckel, Kommentar zum BNatschG, § 1 BArtSschV, Rdn. 25.
873   *Grochtmann*, S. 183, zum Zuordnungsverhältnis und dem Wohl der Allgemeinheit als Belastungsgrenze des Eigentümers.
874   *Gassner*, Rdn. 91.
875   *Gassner/Heugel*, Rdn. 38.
876   *Gassner/Heugel*, Rdn. 36.

II. ABGRENZUNG DER RECHTSKREISE JAGD- UND NATURSCHUTZRECHT

Handlungs- oder Unterlassungspflichten für die einzelne Privatperson enthält das Naturschutzrecht nicht.[877] Es handelt sich mehr um einen moralischen Appell.[878]

Die Verhaltenspflicht dagegen ist präziser gefasst und findet ihren Niederschlag in konkreten Ver- und Geboten. Als anschauliches Beispiel zeigen dies die Regelungen zum Artenschutz in § 44 BNatschG, welche die Zugriffs-, Besitz- und Vermarktungsverbote regeln.

Die wesentlichste Bedeutung haben die Ziele und Grundsätze des BNatschG als allgemeiner Verhaltensmaßstab für Privatpersonen. Eigentumsrechtlich sind sie bei der Anwendung und Auslegung im Zusammenhang mit der Sozialbindung des Eigentums besonders zu berücksichtigen.[879]

bb. Naturschutz als Staatsaufgabe

Anders stellt sich die Situation bei der Verantwortung des Staates dar.

Hier werden die Behörden des Bundes und der Länder in § 2 Abs. 2 BNatschG verpflichtet, im Rahmen ihrer Zuständigkeiten zur Verwirklichung der Ziele des Naturschutzes beizutragen.[880] Im Unterschied zu Privatpersonen reduziert sich diese Verpflichtung nicht bloß darauf, wenn die „Möglichkeit" dazu besteht. Damit wird explizit eine Gesamtverantwortung der Verwaltung gegenüber Natur und Landschaft auf- und damit auch klargestellt, dass Naturschutz als Staatsaufgabe wahrzunehmen ist.[881] Die Staatsziel-

---

877 *Müller-Walter*, in: *Lorz/Konrad/Mühlbauer/Müller-Walter/Stöckel*, Kommentar zum BNatschG, § 2, Rdn. 2.
878 *Gassner/Heugel*, Rdn. 38.
879 BT Drs. 14/6378 S. 38 noch zu § 4 a. F. der inhaltlich in § 2 Abs 1 Bundesnaturschutzgesetz übernommen worden ist, in der Fassung vom 29. Juli 2009 (BGBl. I S. 2542), das zuletzt durch Artikel 290 der Verordnung vom19. Juni 2020 (BGBl. I S. 1328) geändert worden ist.
880 *Müller-Walter*, in: *Lorz/Konrad/Mühlbauer/Müller-Walter/Stöckel*, Kommentar zum BNatschG, § 2, Rdn. 4.
881 *Gassner/Heugel*, Rdn. 9; *Müller-Walter*, in: *Lorz/Konrad/Mühlbauer/Müller-Walter/Stöckel*, Kommentar zum BNatschG, § 2, Rdn. 4.

bestimmung des Art. 20a GG bekräftigt diese Verantwortungszuweisung.[882] Danach hat der Staat auch in Verantwortung für die künftigen Generationen die natürlichen Lebensgrundlagen und die Tiere zu schützen, im Rahmen der verfassungsmäßigen Ordnung durch die Gesetzgebung und nach Maßgabe von Gesetz und Recht durch die vollziehende Gewalt und die Rechtsprechung.

Die Verantwortungszuweisung im Naturschutzrecht als Aufgabe des Staates deutet an, dass das Naturschutzrecht vor allem als Ordnungsrecht einzuordnen ist.

4. Artenschutz im Jagdrecht

a Ziele des Jagdrechts

Das Jagdrecht wird als Recht der Natur-[883] und Umweltnutzung[884] charakterisiert. Vergleichbar mit dem Recht der Waldwirtschaft sowie der Landwirtschaft ist das Jagdrecht von der naturgutbezogenen Seite konzipiert worden.[885] Es wurde nicht als Individualrecht in Form eines „Jedermannsrechts" ausgestaltet, sondern einem definierten Berechtigtenkreis zugewiesen, den Grundeigentümern.[886] Das Jagdrecht steht gem. § 3 Abs. 1 S. 1 dem Eigentümer an Grund und Boden zu. Dieser Regelungsansatz zeigt bereits einen wesentlichen Unterschied zum Naturschutzrecht. Anders als das Naturschutzrecht begründet das Jagdrecht eine Rechtsposition, welche einem vom Gesetzgeber benannten Berechtigten zusteht und auch mit Pflichten für diesen verbunden ist, welche gegenüber diesem durchsetzbar sind. Als Pflichten seien hier beispielhaft die Hegepflicht gem. § 1 Abs. 1 S. 2 oder die Tierschutzpflicht gem. § 22a, Schmerzen und Leiden beim Wild zu verhindern, genannt und

---

882 *Gassner/Heugel*, Rdn. 9.
883 *Czybulka*, NuR 2006, S. 7.
884 *Wolf*, ZUR 2012, S. 331, 332.
885 *Czybulka*, NuR 2006, S. 7, 8., spricht von der bodenrechtlichen Seite, was etwas missverständlich ist, da es beim Jagdrecht um das Naturgut Wild geht und damit ein anderes Naturgut als Boden.
886 *Schuck*, in: Schuck, Kommentar zum BJagdG, § 3 Rdn. 1. m. w N.

II. ABGRENZUNG DER RECHTSKREISE JAGD- UND NATUR- SCHUTZRECHT

zwar unabhängig davon, ob die Leidensverursachung durch jagdliche Handlungen erfolgt ist.[887] Eine Pflicht zum Schutz des Eigentums Dritter lässt sich aus der Verpflichtung zum Wildschadenersatz gem. § 29 ableiten.

Der eigentumsrechtliche Regelungsansatz findet in den Zielen und Funktionen des Jagdrechts seinen Niederschlag. Die Ziele des Jagdrechts erschöpfen sich nicht in der Ermöglichung der Jagdausübung und der Vermeidung von Wildschäden, sondern umfassen auch zentrale Gesichtspunkte des Natur- und Artenschutzes und des Tierschutzes.[888] Dafür stellt das Jagdrecht ein Ordnungssystem zur Verfügung, um die Erhaltung eines den landschaftlichen und landeskulturellen Verhältnissen angepassten artenreichen und gesunden Wildbestandes sowie die Pflege und Sicherung seiner Lebensgrundlagen zu gewährleisten.[889] Ein Hauptinhalt ist es, bedrohte Wildarten zu schützen und die natürlichen Lebensgrundlagen des Wildes so weit wie möglich wiederherzustellen.[890] Daneben gilt es, einen Rechtsrahmen zur Verfügung zu stellen, welcher es ermöglicht, die von jagdbaren Tieren verursachten Schäden am Wald und auf landwirtschaftlichen Kulturen auf ein wirtschaftlich tragbares Maß zu begrenzen und die jagdlichen mit den sonstigen öffentlichen Belangen, insbesondere mit denen des Naturschutzes, des Tierschutzes, der Landschaftspflege sowie der Erholungsnutzung, in Einklang zu bringen.[891] Zentrales Ziel des Jagdrechts ist es, die Jagdausübung und die Jagdorganisation zu regeln und eine nachhaltige biotopgerechte Wildbewirtschaftung durchzusetzen, welche der nachhaltigen Gewinnung eines gesunden Lebensmittels in Form von Wildbret sowie der tierschutzgerechten Gewinnung von tierischen Naturrohstoffen dient.

---

887 *Guber*, in: Schriftenreihe des LJV Bayern, Band 27, S. 43, 46.
888 BVerfG, Beschl. v. 13.12.2006, Az.: 1 BvR 2084/05, NuR 2007, S. 199, 201.
889 § 1 Abs. 2 – Ziele der Hege.
890 § 1 LJagdG Berlin; § 1 BbgJagdG; § 2 JWMG Baden-Württemberg.
891 § 1 LJagdG Berlin; § 1 BbgJagdG.

b Funktionen des Jagdrechts

Die Aufgabe und Wirkweise des Jagdrechts ist gekennzeichnet durch die Einfügung in die moderne Rechtsordnung als Querschnittsbereich. Als solcher bedient es sich der Formen des Verwaltungs-, des Zivil- sowie des Straf- und Ordnungswidrigkeitenrechts.[892]

Zentrale Aufgabe des Jagdrechts ist es dabei, die Nutzung und den Schutz eines Teils der natürlichen Lebensgrundlagen im Interesse der einzelnen Berechtigten und der Allgemeinheit zu ordnen.

Bei der Jagd im heutigen Sinn handelt es sich auch um eine Aufgabe des Allgemeininteresses.[893] Der Allgemeinbezug kommt dadurch zum Ausdruck, dass die Jagd als Form der Naturnutzung einem eigenen Ordnungssystem in Form des Jagdrechts unterliegt, welches dem Nutzungsberechtigten Pflichten auferlegt, die neben der Nutzungsberechtigung des Naturgutes „wildlebendes Tier" auch die Pflicht zur Erhaltung der natürlichen Lebensgrundlagen sowie den Schutz Dritter umfassen.[894]

Im Gegensatz dazu steht die naturschutzrechtliche Naturnutzung kraft Gemeingebrauchs, bei welcher es sich im Wesentlichen um ein Benutzen der Natur handelt, ohne dass für den Benutzer besondere Erhaltungspflichten entstehen.[895]

Aus dieser Differenzierung lassen sich die wesentlichen Funktionen der Jagd ableiten, welche auch für die verfassungsrechtliche Begründung der Notwendigkeit einer flächendeckenden Jagdausübung maßgeblich sind.[896]

---

892 *Metzger in:* Lorz/Metzger/Stöckel, Kommentar zum Bundesjagdgesetz, Einleitung, Rdn. 1.
893 Bundesregierung in EGMR Urt. v. 26.06.2012, Az.: 9300/07, NJW 2012, S. 3629, 3630, Rdn. 54-65.
894 BVerfG, Beschl. v. 13.12.2006, Az.: 1 BvR 2084/06, NVwZ, S. 808, 809; *Metzger in:* Lorz/Metzger/Stöckel, Kommentar zum Bundesjagdgesetz, Einl. Rdn. 3.
895 Siehe dazu die Verantwortungsverteilung im Naturschutzrecht, D II 1 c.
896 Zur Nowendigkeit einer flächendeckenden Jagdausübung, BVerfG Beschl. v. 13.12.2006, Az.: 1 BvR 2084/06, NVwZ, S. 808, 810.

II. ABGRENZUNG DER RECHTSKREISE JAGD- UND NATUR-   237
SCHUTZRECHT

c   Schutz durch Nutzung - Ökonomische Funktion der Jagd

Die Jagd beinhaltet nach § 1 BJagdG das Aufsuchen, Nachstellen, Erlegen und Fangen von Wild.[897] Jagd und Fischerei sind die beiden wichtigsten Nutzungsarten wildlebender Tierarten mit dem Ziel der Gewinnung eines hochwertigen Nahrungsmittels in Form von Wildbret sowie von Naturrohstoffen zur Herstellung von Kleidung, Schmuck oder Alltagsgegenständen (Nutzungsfunktion).[898]

aa. Nutzungsbezogene Einordnung wildlebender Tiere als jagdbar im Lichte der Eigentumsgarantie

Im Zusammenhang mit der Nutzungsfunktion der Jagd wird immer wieder die Frage diskutiert, ob die Zuordnung wildlebender Tiere zum Katalog jagdbarer Arten und damit zur jagdrechtlichen Eigentumsposition davon abhängen sollte, dass diese Tiere sinnvoll genutzt, d. h. verwertet werden können.[899] Hier ist zwischen den Tierarten zu unterscheiden, welche bereits als jagdbare Art in § 2 eigentumsrechtlich zugeordnet sind und Arten, welche zur jagdbaren Art erklärt werden.

Eine Reduzierung des Katalogs jagdbarer Arten, wie er in § 2 und den Landesjagdgesetzen normiert ist, darf rechtsdogmatisch nur unter der Berücksichtigung der verfassungsrechtlichen Eigentumsgarantie erfolgen. Die dem Jagdrecht unterstellten Arten bilden jede für sich eine eigentumsrechtliche Rechtsposition,[900] für deren Entziehung die Voraussetzungen des Art. 14 Abs. 3 GG vorliegen müssen.[901]

Bisher nicht im Katalog jagdbarer Arten aufgeführte Spezies sollten dann für jagdbar erklärt und damit dem Jagdrecht unterstellt werden, wenn es sich um Arten handelt, welche für den Menschen nutzbar sind oder welche mit den für den Menschen jagdlich

---

897   Bundesministerium für Umwelt, Naturschutz und Reaktorsicherheit, Nationale Strategie zur biologischen Vielfalt, Oktober 2007, S. 74
898   Bundesministerium für Umwelt, Naturschutz und Reaktorsicherheit, Nationale Strategie zur biologischen Vielfalt, Oktober 2007, S. 74
899   *Czybulka*, NuR 2006, S. 7, 10.
900   Siehe B I 3.
901   Zur Enteignung siehe B IV.

nutzbaren Arten in Korrelation stehen.[902] Zu Recht spricht Asche davon, das Jagdrecht an den jagdlich nutzbaren Arten aufzubauen und den Katalog um die Arten zu erweitern, welche mit den jagdbaren arten korrelieren.[903] Raubtiere (carnivora) wie z. B. der Wolf (canis lupus) werden dabei immer beide Kategorien erfüllen, einmal als Art, welche vom Menschen als Fleischlieferant genutzt werden könnte,[904] wobei dies in mitteleuropäischen Kulturkreisen vermutlich eher die Ausnahme wäre. In jedem Fall liefert der Wolf mit seinem Fell einen wertvollen Naturrohstoff. Daneben korrelieren Raubtiere mit anderen jagdbaren Arten, so dass eine Unterstellung unter das Jagdrecht verbunden mit der Eröffnung von Jagdzeiten eine regulierend-ausgleichende Nutzung ermöglichen würde.[905]

bb. Naturschutz durch Nutzung

Die Nutzungsfunktion der Jagd bewirkt letztlich auch einen effektiven jagdlichen Naturschutz. Der klassische Naturschutz kann, worauf Bode/Emmert zutreffend hinweisen, die Sicherung der Kulturlandschaft nicht allein bewerkstelligen.[906] Der wirksamste Schutz sei es, das Nutzungsinteresse des Menschen für eine ökologisch stabile und vielfältige Landschaft einzusetzen.[907] Hierbei darf jedoch nicht übersehen werden, dass das Jagdrecht Umweltnutzung und Umweltschutz miteinander verbindet und nicht nur auf die Umweltnutzung[908] zu reduzieren ist.[909] Bereits lange vor Geltung der heutigen naturschutzrechtlichen Regelungen diente das

---

902 *Asche*, Jägermagazin 2016, S. 36, 37.
903 *Asche*, Jägermagazin 2016, S. 36, 37.
904 *Okamara/Herzog*, S. 251, welche auf eine zumindest in historischer Zeit gelegentliche Nutzung, in *"schlechten Zeiten"* hinweisen; Zur Essbarkeit und Nutzung von Wölfen als Fleischlieferant, https://www.severint.net/2020/02/20/kann-man-woelfe-essen/, abgerufen am 06.04.2021.
905 Zur staatlichen Handlungspflicht Raubtiere in das Jagdrecht aufzunehmen, erläutert am Beispiel des Wolfes, siehe D III. 7.
906 *Bode/Emmert*, S. 286.
907 *Bode/Emmert*, S. 286.
908 So *Kloepfer*, Umweltrecht, § 11, Rn. 284.
909 *Brenner*, Jagdrecht und Naturschutzrecht Teil 2, NuR 2017, S. 217, 220.

II. ABGRENZUNG DER RECHTSKREISE JAGD- UND NATURSCHUTZRECHT

Jagdrecht dem Erhalt wildlebender Tiere und damit dem Artenschutz.[910] Diese umweltrechtliche Prägung des Jagdrechts findet ihren Ausdruck in der ökologischen Funktion des Jagdrechts.

d Artenschutz -- Ökologische Funktion der Jagd

Zentrale Ansätze, welche den Artenschutz als die ökologische Funktion der Jagd zum Ausdruck bringen,[911] sind die Grundsätze deutscher Weidgerechtigkeit gem. § 1 Abs. 3 sowie die Pflicht zur Hege gem. § 1 Abs. 1 S. 2. und die Vorgaben zur Gestaltung der Abschussregelung. Dabei geht es darum, einen gesunden Wildbestand aller heimischen Tierarten[912] und deren Lebensraum zu erhalten und zu verbessern.[913]

aa. Grundsätze deutscher Weidgerechtigkeit

Weidgerechtigkeit ist der Sammelbegriff aller ungeschriebenen und geschriebenen Regelungen, welche bei der Ausübung des Jagdrechts zu beachten sind.[914] Es handelt sich um einen unbestimmten Rechtsbegriff, der keinen Ermessensspielraum beinhaltet, sondern im vollen Umfang der verwaltungsgerichtlichen Nachprüfung unterliegt.[915] Die Grundsätze deutscher Weidgerechtigkeit empfangen ihre Gültigkeit aus ihrem sittlichen Gehalt. Dieser wird vor allem auch aus der Naturschutzfunktion der Jagd abgeleitet.[916] Zentraler Aspekt ist dabei die Umwelt,[917] insbesondere die ökologischen Zusammenhänge. Der gesetzlich verankerte Grundsatz der

---

910 *Schuck*, in: Schuck, Kommentar zum BJagdG, Einl. Rdn. 20.
911 Die ökologische Funktion des Jagdrechts beinhaltet den Naturschutz, insbesondere in Form der Lebensraumerhaltung und -verbesserung sowie den Schutz der Tiere. Zum Schutz der Tiere durch das Jagdrecht siehe bereits *Schoenchen*, S. 1.
912 Zum Rechtsbegriff „heimische Tierart" siehe *Guber/Herzog* NuR 2017, S. 43, 81f.
913 *Ecke/Ködel*, in: Stubbe, Beiträge zur Jagd- und Wildforschung, Bd. 40, 20 Jahre Programm Biotopverbesserung des Landesjagdverbandes Sachsen-Anhalt – Ergebnisse, Erfahrungen, Probleme, S.376f, mit Beispielen zu Maßnahmen der Lebensraumverbesserung.
914 *Schuck*, in: Schuck, Kommentar zum BJagdG, § 1, Rdn. 27.
915 *Schuck*, in: Schuck, Kommentar zum BJagdG, § 1, Rdn. 27.
916 *Metzger*, in: Lorz/Metzger/Stöckel, Kommentar zum BJagdG, § 1, Rdn.12
917 Weitere Aspekte, welche den Grundsätzen der Weidgerechtigkeit zugrunde liegen bei *Schuck*, in: Schuck, Kommentar zum BJagdG, § 1, Rdn. 27a.

„Weidgerechtigkeit" ist Ausdruck für die Funktion der Jagd in ihrer Wirkweise, die natürliche Ressource Wild nachhaltig und tierschutzgerecht zu nutzen. Der Jäger wird damit sowohl der Arterhaltung, der Bewahrung des Ökosystems, aber auch dem Wohle des Individuums verpflichtet.[918]

Die Naturschutzfunktion der Jagd betont auch der Gesetzgeber in seiner Novelle des Bundesjagdgesetzes 1976: „Die Landschaft wird durch die Industriegesellschaft immer stärker mit nachteiligen Folgen für die wildlebenden Tiere belastet. Die freie Landschaft wird durch bauliche Anlagen zunehmend in Anspruch genommen. Dadurch nehmen Umweltschäden auch in bisher gering oder kaum belasteten Gebieten zu. In der Kulturlandschaft vollzieht sich ein tiefgreifender Wandel. Rationalisierung der Land- und Forstwirtschaft führt auf allen geeigneten Standorten zu intensiver Bodennutzung. Der Lebensraum der wildlebenden Tiere wird dadurch ständig mehr eingeschränkt; viele Arten werden in ihrem Bestand bedroht oder gefährdet. Diese Umweltverhältnisse haben im Jagdwesen schon seit vielen Jahren die Hege für bedrohte Tierarten als primäre Aufgabe in den Vordergrund gerückt."[919]

Mit der Novelle des Bundesjagdgesetzes 1976 hat der Gesetzgeber die ökologische Funktion des Jagdrechts geschärft, indem die Hege in Konkretisierung der Grundsätze der Weidgerechtigkeit[920] als Verpflichtung aufgenommen wurde.[921] Das Bundesjagdgesetz hat in § 1 bisher schon die Hege ausdrücklich angesprochen. Im Hinblick auf die fortschreitende Gefährdung vieler Tierarten sah es der Gesetzgeber als nunmehr dringend geboten, eine gesetzliche

---

918 *Herzog*, Schriftenreihe des LJV Bayern, Band 27, S. 19, 20.
919 BT Drs. 7/4285, S. 11f.
920 Dass die Hege eine Ausprägung der Grundsätze der Weidgerechtigkeit ist ergibt sich bereits aus § 4 RJagdG, siehe dazu *Scherping/Vollbach*. Kommentar zum RJagdG, § 4 Nr. 2.
921 BT Drs. 7/4285, S. 12.

II. ABGRENZUNG DER RECHTSKREISE JAGD- UND NATURSCHUTZRECHT

Verpflichtung zur Hege einzuführen.[922] Jagd ist in der Kulturlandschaft zur Vermeidung erheblicher ökologischer Schäden notwendig.[923]

bb. Hegepflicht

Die Hegepflicht hat gem. § 1 Abs. 1 S. 2 i. V. m. Abs. 2 den Inhalt, einen den landschaftlichen und landeskulturellen Verhältnissen angepassten artenreichen und gesunden Wildbestand zu erhalten sowie die Pflege und Sicherung seiner Lebensgrundlagen zu gewährleisten.[924] Der Hegebegriff umfasst alle ökonomischen und ökologischen Aspekte, die bei der Anpassung des Wildbestandes an die land- und forstwirtschaftlich genutzte und betreute Landschaft zu berücksichtigen sind.[925]

Ökologisches Ziel jagdlicher Betätigung ist es, vor allem Schäden am natürlichen Lebensraum wildlebender Tiere zu verhindern,[926] indem durch Regulierung von Beständen auf eine lebensraumangemessene Anzahl von Individuen versucht wird, auf dem begrenzten Lebensraum in der Kulturlandschaft möglichst vielen Arten ein Überleben in idealerweise nutzbarem Umfang zu ermöglichen.[927]

Der veränderten Aufgabenstellung des Jagdwesens, welche durch die Hegepflicht die ökologische Funktion des Jagdrechts mehr in den Fokus rückt, wurde auch dadurch Rechnung getragen,

---

922 BT Drs. 7/4285, S. 12.
923 Bundesministerium für Umwelt, Naturschutz und Reaktorsicherheit, Nationale Strategie zur biologischen Vielfalt, Oktober 2007, S. 74
924 *Brenner/Hyckel*, NuR 2019, S. 15, 16f, welche explizit darauf hinweisen, dass ein dem Gedanken der Hege verpflichtetes Jagdrecht gerade dem Schutz der natürlichen Lebensgrundlagen dient.
925 BVerfG, Beschl.v. 13. 12. 2006, Az.: 1 BvR 2084/05, NVwZ 2007, S. 808, 809.
926 Bundesministerium für Umwelt, Naturschutz und Reaktorsicherheit, Nationale Strategie zur biologischen Vielfalt, Oktober 2007, S. 74
927 *Heck*, Z. JagdwisS. 2003, S. 288, 294 der feststellt, dass die jagdliche Nutzung des Rotwildes, verbunden mit der Pflicht zur Hege gem. § 1 i. V. m. § 21 Abs. 1 S. 1 mit den Festlegungen des Übereinkommens zur Erhaltung der biologischen Vielfalt, insbesondere mit dem dort geregelten Grundsatz der nachhaltigen Nutzung gem. Art. 10 i. V. m. Art. 2 Abschnitt 2, Art. 1 und Art. 3 CBD vereinbar ist.

dass der Gesetzgeber den Begriff „wildlebende Tiere, die dem Jagdrecht unterliegen, (Wild)" anstelle des bisherigen Begriffs „wildlebende jagdbare Tiere (Wild)" neu eingeführt hat. Der Jagdausübungsberechtigte wird dadurch verstärkt in die Verantwortung für alle dem Jagdrecht unterliegenden wildlebenden Tiere genommen,[928] unabhängig davon, ob sie eine Jagdzeit haben oder nicht. Der Inhaber des Jagdrechts sowie der zur Ausübung des Jagdrechts Berechtigte sind danach verpflichtet, alle Tierarten, die dem Jagdrecht unterliegen, unabhängig von deren tatsächlicher Bejagungsmöglichkeit zu schützen und zu erhalten. Von dieser Pflicht sind die jagdbaren Tierarten, welche keinem besonderen Artenschutz unterliegen, genauso erfasst wie die Arten, welche besonders oder sogar streng geschützt sind.[929] Dies kann dazu führen, dass Arten, die keinen besonderen Schutzstatus haben oder zwar besonders, aber nicht streng geschützt sind, vor streng geschützten Arten geschützt werden müssen. Insofern öffnet die aus dem Jagdrecht fließende Hege- und Wildschutzverpflichtung die gesetzliche Möglichkeit, Tierarten dem Jagdrecht zu unterstellen, unabhängig von deren artenschutzrechtlichen Schutzstatus. Voraussetzung für Eingriffe in Populationen streng geschützter Arten ist der Erhaltungszustand der betroffenen Population, welche sich durch den Eingriff nicht verschlechtern darf.[930] Der Erhaltungszustand der Art ist gem. § 21 Abs. 1 S. 2 auch Maßstab für die Abschussregelung und könnte als deren ökologische Funktion bezeichnet werden.

Kritisch wird in der Literatur der Umstand betrachtet, dass die gesetzliche Hegepflicht trotz der zahlreichen Einzelaspekte nicht ausreichend präzisiert ist, insbesondere fehle es an einem ausreichend klaren Handlungsauftrag und quantitativen und qualitativen Vorgaben.[931]

---

928 BT Drs. 7/4285, S. 12.
929 *Brenner*, Jagdrecht und Naturschutzrecht Teil 1, NuR 2017, S. 145, 148.
930 Zum naturschutzrechtlichen Populationsbegriff als Maßstab für den Erhaltungszustand des Wolfsvorkommens in Deutschland, siehe *Herzog/Guber*, NuR 2018, S. 682, 687.
931 *Hellenbroich*, S. 275.

II. ABGRENZUNG DER RECHTSKREISE JAGD- UND NATURSCHUTZRECHT

Dem wird man jedoch entgegenhalten können, dass die Hegepflicht ihre Ausformung auf bundesrechtlicher Ebene in den Regelungen zur Abschussplanung gem. § 21,[932] den Vorgaben zu Jagd- und Schonzeiten gem. § 22 sowie nicht zuletzt auch durch den Jagdschutz gem. § 23 erhält, welchen der Handlungsauftrag zugrunde liegt, einen den landschaftlichen und landeskulturellen Verhältnissen angepassten, artenreichen und gesunden Wildbestand zu erhalten. Eine weitere konkrete Ausformung erfährt die Hegepflicht in den Landesgesetzen in Form von Maßnahmen zur Biotopverbesserung. Beispielhaft sei an dieser Stelle auf § 1 Abs. 2 Nr. 3 Bbg JagdG[933] verwiesen, wonach die natürlichen Lebensgrundlagen des Wildes zu sichern, zu verbessern und so weit wie möglich wiederherzustellen sind.

Die Erhaltung der Artenvielfalt sowie die Pflege und Sicherung seiner Lebensgrundlagen und damit der Schutz und die Erhaltung der jagdlich genutzten Naturgüter sind dabei dem Inhaber des Jagdrechts zugewiesen.[934] Beim Inhaber des Jagdrechts handelt es sich um den Grundstückseigentümer, da das Jagdrecht gem. § 3 Abs. 1, aufgrund einfachgesetzlicher Zuweisung, untrennbar mit dem Grundeigentum verbunden ist. Daneben ist jedoch auch der zur Ausübung des Jagdrechts Befugte zur Hege verpflichtet.[935]

Die Verantwortung für den Schutz der jagdbaren Arten ist mit der Hegepflicht gem. § 1 Abs. 1 S. 2 dem Jagdrechtsinhaber und damit einer konkreten Person zugewiesen, dem jagdrechtlichen Eigentümer. Dieser ist verantwortlich Wild und dessen Lebensraum im eigenen Interesse, aber auch im Interesse der Allgemeinheit zu erhalten. Diese Pflicht obliegt auch dem zur Ausübung des Jagdrechts Berechtigten.[936]

---

932 *Metzger*, in: Lorz/Metzger/Stöckel, Kommentar zum BJagdG, § 21, Rdn. 1.
933 Jagdgesetz für das Land Brandenburg in der Fassung v. 9. Oktober 2003, GVBl. I/03,[Nr. 14, S.250.
934 *Schuck*, in: Schuck, Kommentar zum BJagdG, § 1 Rdn. 16.
935 *Schuck*, in: Schuck, Kommentar zum BJagdG, § 1 Rdn. 16.
936 Zum Verhältnis von Innehaben und Ausübung des Jagdrechts siehe C V 3.

cc. Störverbote

Das jagdrechtliche Artenschutzrecht hat mit § 19a BJagdG ein besonderes Störverbot gestaltet. Danach ist es verboten, Wild, insbesondere soweit es in seinem Bestand gefährdet oder bedroht ist, unbefugt an seinen Zufluchts-, Nist-, Brut- oder Wohnstätten durch Aufsuchen, Fotografieren, Filmen oder ähnliche Handlungen zu stören. Es handelt sich um ein Jedermanns-Verbot.[937]

Das Verbot gilt für sämtliche Wildarten.[938] Geschützt ist nicht der gesamte Lebensraum des Wildes, sondern nur seine Zufluchts-, Nist-, Brut-, und Wohnstätten.[939]

Ein Schutz des Wildes vor Störungen durch Dritte allgemein in seinem Lebensraum lässt sich auch aus dem Jagdrecht selbst ableiten.

Das allgemeine Störverbot im gesamten Lebensraum des Wildes richtet sich an jedermann und leitet sich aus dem Rechtscharakter des Jagdrechts als absolutes Recht ab.[940] Eine Ausnahme vom allgemeinen Störverbot liegt dann vor, wenn sich die Handlungen im Rahmen des allgemeinen Waldbetretungsrechts bewegen, wie es sich aus § 14 BWaldG und den Landeswaldgesetzen ergibt.

Das Jagdrecht gewährt dem zur Ausübung des Jagdrechts Befugten gegenüber jedermann einen Anspruch auf Unterlassung von störenden Handlungen. Welche Handlungen konkret gemeint sind, ergibt sich aus § 1 Abs. 4, in welchem die vom Begriff der Jagdausübung als Bestandteil des Jagdrechts umfassten Handlungen abschließend aufgezählt sind. Zu diesen Handlungen gehören das Aufsuchen und das Nachstellen von Wild. Sofern eine Handlung vorliegt, welche die unmittelbare Eignung zum Inhalt hat, das Wild zu stören, ist ein solches Verhalten vom allgemeinen Wald- und Landschaftsbetretungsrecht, wie es sich aus § 14 BWaldG sowie den Landeswaldgesetzen ableiten lässt, nicht mehr gedeckt. Dazu gehört das gezielte Aufsuchen von Wild in seinen Einständen

---

937 *Wetzel*, in: Schuck, Kommentar zum BJagdG, § 19a Rdn. 2.
938 *Wetzel*, in: Schuck, Kommentar zum BJagdG, § 19a Rdn. 3.
939 *Wetzel*, in: Schuck, Kommentar zum BJagdG, § 19a Rdn. 4.
940 *Schuck*, in: Schuck, Kommentar zum BJagdG, § 3 Rdn. 18, zum Rechtscharakter des Jagdrechts m. w. N.

II. ABGRENZUNG DER RECHTSKREISE JAGD- UND NATURSCHUTZRECHT

z. B. zu Beobachtungszwecken oder um es zu filmen oder zu fotografieren,[941] unabhängig davon, ob es sich um einen der speziellen, in § 19a genannten, Aufenthaltsorte handelt.

dd. Zugriffsverbote

Das unbefugte Nachstellen und der Zugriff auf Wild ist jedermann, mit Ausnahme des zur Ausübung des Jagdrechts Befugten, untersagt. Ein Verstoß ist gem. § 292 StGB strafbewehrt.

ee. Die Abschussregelung

Die Abschussregelung soll gem. § 21 Abs. 1 S. 2 dazu beitragen, dass ein gesunder Wildbestand aller heimischen Tierarten in angemessener Zahl erhalten bleibt und insbesondere der Schutz von Tierarten gesichert ist, deren Bestand bedroht erscheint. Funktion dieser Regelung ist es, in erster Linie die Artenvielfalt als solche zu erhalten, als eine wesentliche Voraussetzung für die Funktion des Naturhaushalts.[942] Daraus ergibt sich das Gebot, bei der Abschussregelung auf alle Wildarten zu achten, denn gem. § 21 Abs. 1 S. 1 ist der Abschuss des Wildes so zu regeln, dass auch die Belange des Naturschutzes und der Landschaftspflege zu berücksichtigen sind. Mit der Formulierung „des Wildes", ohne Beschränkung auf spezielle Arten, bringt der Gesetzgeber zum Ausdruck, dass bei Abschussregelungen nicht nur auf bestimmte Wildarten geachtet werden darf,[943] sondern alle Arten gleichermaßen einzubeziehen sind. Im Rahmen der Gestaltungen von Abschussregelungen ist demzufolge auch die Wechselwirkung von Arten untereinander in die Überlegungen einzubeziehen. Wirkt sich das Vorkommen einer Tierart negativ auf andere Tierarten aus, so ermöglicht das Jagdrecht durch das Instrument des Abschusses Vorkommen der Tierarten so zu regulieren, dass ein Aussterben einzelner Tierarten verhindert wird.

Die Möglichkeit der letalen Entnahme von Tieren mit dem Ziel, andere Tier- oder Pflanzenarten zu erhalten und zu schützen,

---

941 *Schuck*, in: Schuck, Kommentar zum BJagdG, § 3 Rdn. 18.
942 *Welp*, in: Schuck, Kommentar zum BJagdG, § 21, Rdn. 4.
943 *Welp*, in: Schuck, Kommentar zum BJagdG, § 21, Rdn. 4.

findet sich auch in den naturschutzrechtlichen Regelungen. So gestattet die FFH RL in Art. 16 Abs. 1 lit. a vom Tötungsverbot streng geschützter Arten abzuweichen, d. h. die Entnahme von Individuen solcher Arten zu gestatten, wenn dies zum Schutz wildlebender Tiere und Pflanzen und zur Erhaltung der natürlichen Lebensräume erforderlich ist. Entscheidend ist, dass die streng geschützte Art einen Erhaltungszustand erreicht hat, dass dieser sich durch die Entnahme einzelner Individuen nicht verschlechtert. Hat eine streng geschützte Art einen günstigen Erhaltungszustand erreicht und beeinflusst andere vorkommende Arten in einem Umfang, dass deren Ausrottung zu befürchten ist, so hat der Staat eine Handlungspflicht, die mit der Ausrottung bedrohte Tierart zu schützen und jagdliche Maßnahmen gegenüber der streng geschützten in ihrem Erhaltungszustand günstigen Art zuzulassen.[944]

In der Literatur wird zum Teil begrifflich zwischen Jagd und „Bestandsregulierung durch Verwaltungsmaßnahmen" unterschieden, wenn es um die Regulierung streng geschützter Arten geht.[945] Begründet wird dies damit, dass Bestandsregulierung im Gemeinschaftsrecht wissenschaftliche Beobachtung (Monitoring), strenge Kontrolle und selektive Entnahme bzw. Haltung der geschützten Art voraussetze.[946] Dem Begründungsansatz ist jedoch zu widersprechen. Das Gemeinschaftsrecht selber lässt die Regulierung wildlebender Tiere durch Abschuss im Rahmen einer Ausnahme gem. Art. 16 Abs. 1 lit. e FFH RL zu und bezeichnet Maßnahmen dieser Art zutreffend als Jagd,[947] so dass der Bedarf einer terminologischen Unterscheidung nicht besteht.

---

944 So stellt sich aktuell die Situation für das Mufflon in Deutschland dar. Der sich immer weiter ausbreitende Wolf wird diese heimische Tierart in Deutschland mit großer Wahrscheinlichkeit ausrotten. dazu, *Herzog/Schröpfer*, Säugetierkundliche Informationen, S. 259, 261; Hier besteht die staatliche Handlungspflicht die rechtlichen Rahmenbedingungen so zu gestalten, dass beiden Arten der Fortbestand ermöglicht wird, dazu *Guber/Herzog* NuR 2017, S. 73, 87f.
945 so *Czybulka*, NuR 2006, S. 7, 9.
946 *Czybulka*, NuR 2006, S. 7, 9.
947 Leitfaden zum strengen Schutzsystem für Tierarten von gemeinschaftlichem Interesse im Rahmen der FFH-Richtlinie 92/43/EWG, 2007, S. 63; *Brenner*, Jagdrecht und Naturschutzrecht Teil 1, NuR 2017, S. 145, 149.

II. Abgrenzung der Rechtskreise Jagd- und Naturschutzrecht

Rechtsdogmatisch ist das maßgebliche Kriterium für die Einordnung einer Handlung als Jagd die Klassifizierung der wildlebenden Tierart, auf welche die Handlung abzielt. Handelt es sich um Wild im Rechtssinne, d. h. eine Art, welche durch den nationalen Gesetz- oder Verordnungsgeber für jagdbar erklärt wurde,[948] unabhängig davon, ob diese ganzjährig geschont oder naturschutzrechtlich streng geschützt ist, dann sind sämtliche Maßnahmen, welche als Aktivitäten in Form von Aufsuchen, Nachstellen, Fangen und Erlegen einzuordnen sind, als Jagd einzustufen gem. § 1 Abs. 4. Dabei kommt es auch nicht darauf an, ob die jagdlichen Handlungen in besonders geschützten Gebieten stattfinden. Entscheidendes Kriterium für die Beantwortung der Frage, ob es sich um Jagd handelt und damit das Jagdrecht maßgeblicher Rechtskreis ist, ist die Einstufung der jeweiligen Tierart als Wild i. S. d. § 2 oder nach Landesrecht.

Fehlt die gesetzliche Klassifizierung als jagdbare Art, so ist der rechtlich maßgebliche Anknüpfungspunkt für die Anwendung des Jagdrechts nicht gegeben.

Dem Naturschutzrecht fehlen die Instrumente, um Bestände, d. h. die Vorkommen wildlebender Tiere nachhaltig und mit dem Ziel der Arterhaltung zu regulieren. Zeichnet sich ein solcher Regulierungsbedarf ab, weil eine bisher nur dem Naturschutzrecht unterliegende, streng geschützte und mit jagdbaren Arten korrelierende Art einen günstigen Erhaltungszustand erreicht hat und durch diese Art ein Ausrottungsrisiko für andere Arten verursacht wird, so entsteht die staatliche Pflicht, die das Ausrottungsrisiko verursachende Art dem Jagdrecht zu unterstellen, damit letztlich auch tierschutzgerechte letale Entnahmen erfolgen dürfen. Denn ein Wirbeltier darf gem. § 4 Abs. 1 TierSchG nur unter wirksamer Schmerzausschaltung (Betäubung) in einem Zustand der Wahrnehmungs- und Empfindungslosigkeit oder sonst, soweit nach den gegebenen Umständen zumutbar, nur unter Vermeidung von

---

[948] *Meyer-Ravenstein/Louis*, Übernahme des Wolfes in das sächsische Jagdrecht, S. 5.

Schmerzen getötet werden. Einzige Ausnahme vom Betäubungsgebot stellt gem. § 4 Abs. 1 S. 2 TierSchG die Tötung eines Wirbeltieres im Rahmen weidgerechter Ausübung der Jagd dar.

Neben der ökologischen Funktion, die Regulierung einer Art durch Abschuss durchzuführen, um andere Arten zu erhalten, rückt die Schutzfunktion der Jagd in das Zentrum der Betrachtung, wenn nicht bejagbare, streng geschützte Arten wie der Wolf jagdbare Arten wie das Mufflon auszurotten drohen,[949] da es sich bei den jagdbaren Arten um eine vom Schutzbereich des Art. 14 Abs. 1 S. 1 GG erfasste Rechtsposition handelt.[950] Die Rechtsposition als solche, nämlich Mufflons bejagen zu dürfen, wird zwar durch die tatsächliche Ausrottung dieser Art nicht berührt, jedoch wird diese Eigentumsposition inhaltsleer, wenn das Mufflon aufgrund der staatlich geförderten Ausbreitung des Wolfes gänzlich eliminiert wird und der Staat dabei rechtlich zulässige Schutzmöglichkeiten für das Mufflon nicht ergreift bzw. umsetzt. Dass die Ausrottung des Mufflons in Deutschland sehr wahrscheinlich ist, wenn dem nicht aktiv entgegengewirkt wird, zeigt die wildbiologische Einschätzung Herzog/Schröpfers: *„Die Frage könnte also zunächst lauten: Was können wir verlieren, wenn wir nichts unternehmen? Die Antwort: Es besteht das Risiko, dass ein kompletter Genpool verlorengeht. Damit ist eigentlich klar, dass einfaches Zuwarten nicht die Lösung sein kann, sondern dass aktive Managementmaßnahmen erforderlich sind. Aus naturschutzfachlicher Sicht sollten geeignete Managementmaßnahmen idealerweise sowohl auf Seite der Prädatoren als auch auf Seite der Beuteart ansetzen."*[951]

---

949 *Herzog/Schröpfer*, Säugetierkundliche Informationen, S. 259ff, zur Situation des Mufflons in Deutschland bei weiterer Ausbreitung des Wolfes aus wildbiologischer Sicht.
950 Siehe zur Eigentumsposition B I 3.
951 *Herzog/Schröpfer*, Säugetierkundliche Informationen, S. 259, 261.

II. ABGRENZUNG DER RECHTSKREISE JAGD- UND NATURSCHUTZRECHT

e Das Jagdrecht als normativer Ausdruck staatlicher Schutzpflichten

Traditionellerweise wirken Grundrechte als Eingriffsverbote gegenüber dem Staat und verfolgen das Ziel, den Einzelnen vor ungerechtfertigten Freiheitsbeschränkungen durch staatliches Handeln zu bewahren.[952] Nach der ständigen Rechtsprechung des Bundesverfassungsgerichts enthalten die Grundrechtsnormen nicht nur subjektive Abwehrrechte des Einzelnen gegen den Staat, sondern sie verkörpern zugleich eine objektive Wertordnung, die als verfassungsrechtliche Grundentscheidung für alle Bereiche des Rechts gilt und Richtlinien und Impulse für Gesetzgebung, Verwaltung und Rechtsprechung gibt.[953] Die Grundrechte bilden die Basis für umfassende staatliche Schutzpflichten.[954]

Die Entscheidung, wie die staatlichen Schutzpflichten zu erfüllen sind, gehört nach dem Grundsatz der Gewaltenteilung und dem demokratischen Prinzip in die Verantwortung des vom Volk unmittelbar legitimierten Gesetzgebers.[955]

Das Jagdrecht wird auch als gesetzlicher Ausdruck der staatlichen Schutzpflicht für grundrechtliche Schutzgüter betrachtet.[956] Die Schutzpflicht beinhaltet den Schutz des Menschen und seines Eigentums vor Schäden durch wildlebende jagdbare Tiere. Beim Eigentumsschutz ist zwischen dem Schutz der Eigentumsposition des Jagdrechtsinhabers sowie dem Eigentumsschutz Dritter zu unterscheiden.

aa. Eigentumsschutz des Jagdrechtsinhabers durch die Klassifizierung wildlebender Tiere als jagdbar

Als Abwehrrecht schützt Art. 14 Abs. 1 GG den Einzelnen vor dem Entzug bzw. vor der Beeinträchtigung konkreter bereits vorhandener Eigentumspositionen.[957]

---

952 *Epping*, Grundrechte, Rdn. 123.
953 BVerfGE 39, S. 1, 41.
954 BVerfGE 39, S. 1, 41.
955 BVerfGE 56, 54, 81.
956 *Munte*, NuR 2009, S. 536ff.
957 *Epping*, Grundrechte, Rdn.444.

Wird eine jagdbare Wildart durch eine ausschließlich dem Naturschutzrecht unterfallende Tierart in ihrer Existenz bedroht, so stellt sich die Frage, ob der Staat hier auch eigentumsrechtlich verpflichtet ist, die bedrohte jagdbare Art zu erhalten und damit verbunden die ausschließlich dem Naturschutzrecht unterfallende Art zu regulieren, sofern der Erhaltungszustand dieser Art eine Regulierung zulässt. Eine solche Handlungspflicht des Staates ist jedenfalls dann anzunehmen, wenn der Staat durch die Gestaltung der Naturschutzrechtslage und der damit verbundenen Förderung der Tierart, welche die jagdbare Art auszurotten droht, gegen verfassungsrechtliche Schutzpflichten verstoßen und in den Schutzbereich des Art. 14 eingreifen würde, ohne dass dieser Eingriff gerechtfertigt ist.

i Eröffnung des Schutzbereichs gem. Art. 14 Abs. 1 GG

Das Jagdrecht auf eine konkrete Wildart bildet eine vom Schutz vor Beeinträchtigungen gem. Art. 14 Abs. 1 GG umfasste Eigentumsposition. Demzufolge ist der Schutzbereich von Art. 14 GG eröffnet, wenn eine jagdbare Tierart einem Ausrottungsrisiko ausgesetzt wird.[958] Die Eigentumsposition in Form des Jagdrechts auf die jeweilige Tierart wäre im Fall von deren Ausrottung inhaltsleer.

ii Eingriff durch Handeln

Ein staatliches Verhalten ist im Hinblick auf die abwehrrechtliche Funktion der Grundrechte nur dann rechtfertigungsbedürftig, wenn es einen Eingriff in ein Grundrecht darstellt. Dabei ist zwi-

---

958 Für das Vorliegen eines Ausrottungsrisikos sind wildbiologische Untersuchungen notwendig, welche ein solches Ausrottungsrisiko mit hinreichender Wahrscheinlichkeit feststellen müssen. Als Beispiel können die wildbiologischen Feststellungen zur Wirkung der zunehmenden Ausbreitung des Wolfes auf die Mufflon-Vorkommen in Deutschland herangezogen werden, zu denen *Herzog/Schröpfer*, in: Säugetierkundliche Informationen, S. 259, 261, aus wildbiologischer Sicht feststellen: „*Nach derzeitigem Kenntnisstand müssen wir davon ausgehen, dass mit Etablierung der großen Prädatorenarten in einer Region das Mufflon innerhalb weniger Jahre verschwindet,…*".

II. ABGRENZUNG DER RECHTSKREISE JAGD- UND NATUR- SCHUTZRECHT

schen dem klassischen und dem erweiterten Eingriffsbegriff zu unterscheiden.[959] Grundrechte können neben dem klassischen Eingriff[960] auch durch faktisch-mittelbare Auswirkungen staatlichen Handelns beeinträchtigt werden.[961] Die grundrechtliche Beeinträchtigung muss dem Staat zurechenbar sein.

Wird eine Tierart von einer anderen Tierart ausgerottet oder ist deren Ausrottung sehr wahrscheinlich, so ist dies zunächst ein natürlicher Vorgang und stellt einen Zustand dar, wie er auch ohne staatliches Zutun eintreten könnte.

Das Handeln des Staates muss ursächlich für die Ausrottung bzw. für das Ausrottungsrisiko sein. Während beim klassischen Eingriffsbegriff die Finalität eine Zielgerichtetheit des staatlichen Handelns auf den als Beschwer verstandenen Umstand voraussetzt, genügt für den erweiterten Eingriff jeder Erfolg, der vorhersehbar ist.[962] Der erweiterte oder auch moderne Eingriffsbegriff meint eine staatliche Maßnahme, deren belastende Wirkung nicht bei ihrem Adressaten, sondern bei einem Dritten eintritt.[963]

Als Maßnahme würde die ausschließliche Unterstellung der Tierart, von der die Ausrottungsgefahr ausgeht, unter den Rechtskreis des Naturschutzrechts zu sehen sein. Die Unterstellung einer Tierart unter den Rechtskreis des Naturschutzrechtes, selbst wenn es sich um eine Prädatorenart wie z. B. den Wolf handelt, lässt zunächst nicht zwangsläufig vorhersehen, dass diese Art zur Ausrottung einer anderen Art führt. Die Zuordnung einer Tierart zum Rechtskreis des Naturschutzrechts führt demzufolge nicht zu einer Beschwer, welche als Eingriff bewertet werden kann, auch wenn die geschützte Tierart eine jagdbare Art auszurotten droht.

Entscheidend ist vielmehr die Frage, ob die Ausrottung einer jagdbaren Art durch eine ausschließlich dem Naturschutzrecht unterstehende Prädatorenart trotz naturschutzrechtlich zulässigen

---

959 Zum Eingriffsbegriff siehe B III 2.
960 Zu den Voraussetzungen für den klassischen Grundrechtseingriff siehe *Voßkuhle/Kaiser*, JuS 2009, S. 313f; *Epping*, Grundrechte, Rdn. 392.
961 *Epping*, Grundrechte, Rdn. 393.
962 *Epping*, Grundrechte, Rdn. 395.
963 *Voßkuhle/Kaiser*, JuS 2009, S. 313.

Regulierungsmöglichkeiten hinsichtlich der Prädatorenart als Eingriff zu werten ist. Die mögliche Beschwer beim Grundrechtsträger wird demzufolge nicht durch die ausschließliche Zuordnung der Art zum Rechtskreis des Naturschutzrechts hervorgerufen, sondern durch das Unterlassen in Form der Schaffung gesetzlicher Rahmenbedingungen, welche eine Regulierung der Prädatorenart und damit den Schutz der jagdbaren Art vor deren Ausrottung ermöglichen.

Insofern stellt sich die Frage, wann ein Eingriff in den Schutzbereich von Art. 14 GG durch Unterlassen vorliegt.

iii Eingriff durch Unterlassen – staatliche Schutzpflichten

Die Rechtsfigur des Eingriffs durch Unterlassen wird in den Ausnahmefällen bei der Prüfung von Grundrechtsverletzungen herangezogen, wenn der Staat besondere Schutzpflichten gegenüber dem Grundrechtsinhaber hat.[964] Sie setzt eine verfassungsrechtliche Garantenstellung des Staates voraus.[965]

Rechtsdogmatischer Ansatz für staatliche Schutzpflichten ist das Verständnis, dass die Grundrechte eine objektive Werteordnung errichten und vom Staat infolgedessen verlangen für eine tatsächliche Verwirklichung dieser Werteordnung in allen Lebensbereichen einzutreten.[966] Die Schutzpflichten verlangen vom Staat, für einen effektiven Grundrechtsschutz des Einzelnen Sorge zu tragen, auch vor nicht vom Staat ausgehenden Gefahren.[967] Denn Bedrohungen persönlicher von den Grundrechten geschützter Freiheit können nicht bloß vom Staat selbst ausgehen, sondern z. B. auch von der Natur.[968]

Ein Eingriff durch Unterlassen kann dann vorliegen, wenn der Gesetzgeber im Hinblick auf einen verfassungsrechtlichen Auftrag,

---

964 *Michael/Morlok*, Grundrechte, Rdn. 511.
965 *Michael/Morlok*, Grundrechte, Rdn. 511.
966 BVerfGE 39, 1, 41.
967 *Epping*, Grundrechte, Rdn. 123.
968 *Epping*, Grundrechte, Rdn. 123.

II. ABGRENZUNG DER RECHTSKREISE JAGD- UND NATUR- SCHUTZRECHT

der auch in der Verpflichtung einer gesetzlichen Nachbesserung bestehen kann, gänzlich untätig geblieben ist.[969]

Maßgeblich ist dabei, ob den staatlichen Organen eine evidente Verletzung der in den Grundrechten verkörperten Grundentscheidungen zur Last gelegt werden kann.[970] Diese Begrenzung der verfassungsrechtlichen Nachprüfung sieht das BVerfG deshalb als geboten an, weil es regelmäßig eine höchst komplexe Frage sei, wie eine positive staatliche Schutz- und Handlungspflicht, die erst im Wege der Verfassungsinterpretation aus den in den Grundrechten verkörperten Grundentscheidungen hergeleitet wird, durch aktive gesetzgeberische Maßnahmen zu verwirklichen sei.[971] Je nach der Beurteilung der tatsächlichen Verhältnisse, der konkreten Zielsetzungen und ihrer Priorität sowie der Eignung der denkbaren Mittel und Wege sind verschiedene Lösungen möglich.[972]

So kann die ausschließliche Zuordnung einer Prädatorenart, welche sich im Geltungsbereich des Grundgesetzes wiederansiedelt, zum Rechtskreis des Naturschutzrechts zunächst eine verfassungskonforme Lösung sein.

Das BVerfG räumt dem Staat bei der Erfüllung seiner Schutzpflichten, welche nach dem Grundsatz der Gewaltenteilung und dem demokratischen Prinzip in die Verantwortung des vom Volk unmittelbar legitimierten Gesetzgebers gehören,[973] einen weiten Einschätzungs-, Wertungs- und Gestaltungsspielraum ein.[974] Die Reichweite des Spielraums wird von der Bedeutung der betroffenen Rechtsgüter begrenzt.[975]

Gefährdet eine sich im Geltungsbereich des Grundgesetzes auf natürlichem Weg wiederansiedelnde Prädatorenart jagdbare Tierarten in dem Umfang, dass die Ausrottung der jagdbaren Tierart wahrscheinlich ist, stehen sich die Rechtsgüter „natürliche Lebensgrundlage" gem. Art. 20a GG, welche auch das Naturgut

---

969 BVerfG, Beschl. v. 2.5.2018, Az.: 1 BvR 3250/14, NVwZ 2018, S. 1635.
970 BVerfGE 33, 303, 333; 4, 7, 18; 27, 253, 283; 36, 321, 330f.
971 BVerfGE 56, 54, 81.
972 BVerfGE 56, 54, 81.
973 BVerfGE 56, 54, 81.
974 *Epping*, Grundrechte, Rdn. 127.
975 BVerfGE 77, 170, 215.

„wildlebende Tiere" umfassen,[976] und das Eigentum gem. Art. 14 GG gegenüber. In der Abwägung wird dabei nicht unberücksichtigt bleiben können, dass die jagdbare Tierart ebenso wie die Prädatorenart Teil der von der Staatszielbestimmung des Art. 20a GG umfassten natürlichen Lebensgrundlagen ist.

Daneben wird die jagdbare Tierart jedoch auch noch vom Schutzbereich des Art. 14 GG erfasst, da im Fall von deren Ausrottung die eigentumsrechtliche Rechtsposition in Form des Jagdrechts auf diese Art leerlaufen würde, d. h., keine Bezugssache mehr vorhanden wäre, welche einer eigentumsrechtlichen Zuordnung in Form einer Zugriffsbefugnis bedürfen würde. Wenn selbst ein dem Naturschutz aufgeschlossener Eigentümer von seinem Jagdrecht auf eine jagdbare Art keinen vernünftigen Gebrauch machen kann, da die jagdbare Art ausgerottet wurde, wird dessen Privatnützigkeit vollständig beseitigt.[977] Die Rechtsposition des Betroffenen, in Form des Jagdrechts auf die konkrete jagdbare Art, nähert sich bei deren Ausrottung durch die Prädatorenart damit einer Lage, in der sie den Namen „Eigentum" nicht mehr verdient.[978]

Der mit der staatlichen Schutzpflicht verbundene grundrechtliche Anspruch des Eigentümers ist mit Blick auf diese Gestaltungsfreiheit nur darauf gerichtet, dass die öffentliche Gewalt Vorkehrungen zum Schutze des Grundrechts trifft, die nicht gänzlich ungeeignet oder völlig unzulänglich sind.[979] Ein Verfassungsverstoß liegt vor, wenn evident ist, dass eine ursprünglich rechtmäßige Regelung wegen zwischenzeitlicher Änderung der Verhältnisse verfassungsrechtlich untragbar geworden ist, und wenn der Gesetzgeber gleichwohl weiterhin untätig geblieben ist oder offensichtlich fehlerhafte Nachbesserungsmaßnahmen getroffen hat.[980] Eine evidente Verfehlung liegt vor, wenn die öffentliche Gewalt Schutzvorkehrungen entweder überhaupt nicht getroffen hat oder getroffene

---

976 *Murswiek*, in: Sachs, Art. 20a GG, Rdn. 30.
977 BVerfG, Beschl. v. 2. 3. 1999, Az.: 1 BvL 7/91; NJW 1999, S. 2877, 2878.
978 BVerfG, Beschl. v. 2. 3. 1999, Az.: 1 BvL 7/91; NJW 1999, S. 2877, 2878 zum Begriff des Eigentums.
979 BVerfGE 77, 170, 215.
980 BVerfGE 56, 54, 81.

II. ABGRENZUNG DER RECHTSKREISE JAGD- UND NATURSCHUTZRECHT

Regelungen und Maßnahmen gänzlich ungeeignet oder völlig unzulänglich sind das gebotene Schutzziel zu erreichen oder erheblich dahinter zurückbleiben.[981]

Die Mindestvorgaben der staatlichen Handlungspflicht werden durch das Untermaßverbot bestimmt.[982] Maßgeblich dafür sind die Art und Schwere der Grundrechtsbeeinträchtigung, die Wahrscheinlichkeit des Schadenseintritts und die Existenz, Art und Wirkung vorhandener Regelungen sowie entgegenstehender Rechtsgüter oder staatlicher Pflichten.[983]

Zeichnet sich ab, dass eine ausschließlich dem Naturschutzrecht zugeordnete Prädatorenart eine jagdbare Art auszurotten droht, weil sich das Vorkommen der Prädatorenart im Geltungsbereich des Grundgesetzes immer stärker ausbreitet, so dass der Erhaltungszustand sich im Fall einer Regulierung nicht verschlechtern würde, so wird eine Garantenstellung des Staates zu bejahen sein. der Gesetzgeber ist verpflichtet gesetzliche Nachbesserungsmaßnahmen zu treffen, welche den Erhalt der jagdbaren Art neben der Prädatorenart gewährleisten.

Die Korrelation der Prädatorenart mit der jagdbaren Art legt nahe, die Prädatorenart dem Rechtskreis des Jagdrechts zu unterstellen. Das Jagdrecht als Umweltschutz- und -nutzungsrecht hat im Gegensatz zum Rechtskreis des Naturschutzrechts alle notwendigen Instrumente, die erforderlich sind, um einen den landschaftlichen und landeskulturellen Verhältnissen angepassten artenreichen und gesunden Wildbestand zu erhalten sowie die Pflege und Sicherung seiner Lebensgrundlagen zu gewährleisten.

bb. Eigentumsschutz Dritter

Die staatliche Schutzpflicht vermittelt beim Grundrechtsschutz Dritter im Gegensatz zu den Abwehrrechten gegen staatliches Handeln einen Status positivus.[984] Danach hat der Rechtsstaat die Auf-

---

981 BVerfGE 77, 170, 215.
982 *Epping*, Grundrechte, Rdn. 128.
983 *Epping*, Grundrechte, Rdn. 128, m. w. N.
984 *Isensee*, Handbuch des Staatsrechts V, § 111, Rdn. 3, zitiert nach *Munte*, NuR 2009, S. 536, 540.

gabe, durch Gesetze das Zusammenleben der Menschen so zu ordnen, dass die Freiheit des Einzelnen neben der Freiheit des anderen bestehen kann.[985] Die staatliche Verpflichtung zum Schutz grundrechtlicher Schutzgüter leitet sich aus dem Verständnis der Grundrechte als Elemente der objektiven Rechtsordnung ab.[986] Im Fokus ist dabei der horizontale Konflikt zwischen Bürger und Bürger, im Gegensatz zur Abwehrfunktion der Grundrechte, welche den Konflikt Bürger und Staat in das Zentrum der Betrachtung rücken.[987]

Das Jagdrecht bezweckt die Entschärfung eines potenziellen, horizontalen Konflikts zwischen Bürger und Bürger aufgrund unterschiedlicher verfassungsrechtlich geschützter Güter.

Das Jagdrecht gibt vor, wie die Jagd auszuüben ist. Im Zentrum steht dabei mit Blick auf das Eigentum Dritter der Schutz vor Schäden durch wildlebende Tiere, die dem Jagdrecht unterliegen. Dies kommt vor allem in dem Grundsatz zum Ausdruck, dass die Hege wildlebender jagdbarer Tiere gem. § 1 Abs. 2 S. 2 so durchgeführt werden muss, dass Beeinträchtigungen einer ordnungsgemäßen land-, forst- und fischereiwirtschaftlichen Nutzung, insbesondere Wildschäden, möglichst vermieden werden.[988] Indem der Gesetzgeber in § 21 Abs. 1 S. 1 geregelt hat, dass der Abschuss des Wildes so zu regeln ist, dass die berechtigten Ansprüche der Land-, Forst- und Fischereiwirtschaft auf Schutz gegen Wildschäden voll gewahrt bleiben, verdeutlicht er, dass die Nutzung des jagdlichen Eigentums durch den Berechtigten dort ihre Grenze findet, wo der Wildbestand die ordnungsgemäße Land-, Forst- und Fischereiwirtschaft und damit das Eigentum gem. Art. 14 Abs. 1 GG oder das Recht am eingerichteten und ausgeübten Gewerbebetrieb gem. Art. 12 Abs. 1. S. 1 GG Dritter beeinträchtigt. Die Pflicht zur Aufstellung und Durchsetzung von Abschussplänen nach § 21 dient ebenso dem Schutz des Eigentums der Waldbesitzer.[989]

---

985 *Munte*, NuR 2009, S. 536, 540.
986 *Munte*, NuR 2009, S. 536, 540.
987 *Munte*, NuR 2009, S. 536, 540.
988 BVerfG, Beschl. v. 13.12.2006, Az.: ! BvR 2084/05 Rdn. 17, NVwZ 2007, S. 808, 810.
989 *v. Pückler*, AUR, 1995, S. 193, 194 der einen Drittschutz beim Abschussplan ablehnt, mit einer Übersicht zum Meinungsstand.

cc. Schutz der körperlichen Unversehrtheit

In der heutigen Kulturlandschaft sind Wildunfälle im Straßenverkehr ein hohes Sicherheitsrisiko für die Verkehrsteilnehmer. Sind Wildtiere durch punktuell erhöhte Wilddichten gezwungen noch mehr zu wandern, z. B. um Nahrung zu finden, ist von einer steigenden Anzahl von Wildunfällen auszugehen.[990]

Für das Jahr 2018/2019 sind 234 860 Wildunfälle allein mit den Wildarten Reh-, Schwarz-, Dam- und Rotwild registriert worden.[991] Bei Kollisionen mit Wildtieren der genannten Arten ist schon aufgrund deren Größe das Risiko von Personenschäden gegeben. Damit verbunden ist die Gefährdung des Grundrechts der Verkehrsteilnehmer auf körperliche Unversehrtheit gem. Art. 2 Abs. 2 S. 1 GG.[992] Ob der jagdrechtliche Eigentümer des Revieres, in dem sich ein Unfall ereignet, die Ursache für die Gefahr eines Wildunfalles setzt, wenn er z. B. keinen Abschuss in ausreichendem Umfang tätigt, bedarf einer separaten Bewertung und dürfte wohl eher zu verneinen sein.[993]

Die Auswertung der Unfallstatistiken sowie der Abschusszahlen am Beispiel der häufigsten Schalenwildart, dem Rehwild, zeigt jedoch für die in Abb. 2 beispielhaft betrachteten Zeiträume 2016/17, 2017/18 und 2018/19, dass Jagd einen Beitrag dazu leistet, Unfälle zu vermeiden. Festzustellen sind im Vergleich der Jahre 2017/18 mit 2018/19 für 2018/19 drei signifikante Entwicklungen:

- Es steigen Unfall- und Streckenzahlen . Dies deutet auf ein Ansteigen der Population insgesamt hin, so dass ohne jagdliche Entnahmen die Unfallzahlen noch höher wären.
- Die Unfallzahlen steigen, während die Streckenzahlen sinken. Deutlich wird hier eine mögliche unmittelbare Korrelation zwischen Strecken- und Unfallzahlen.

---

990 *Munte*, S. 41.
991 Wildunfallstatistik des DJV, https://www.jagdverband.de.
992 *Munte*, NuR 2009, S. 536, 541.
993 Anders *Munte*, NuR 2009, S. 536, 541, der in dem zu geringen Abschuss durch den zur Ausübung des Jagdrechts Berechtigten einen zurechenbaren Verursachungsbeitrag sieht.

- Die Streckenzahlen und Unfallzahlen sinken . Dies deutet auf ein Abnehmen der Population in einem Gebiet insgesamt hin, stützt jedoch auch die Annahme, dass ohne jagdliche Entnahmen die Unfallzahlen höher ausfallen würden.

Ausgangspunkt für die Bewertung der Entwicklungen kann dabei nur der Bestand bzw. die Bestandsentwicklung eines Vorkommens sein, d. h. die Gesamtzahl der Individuen in einem Lebensraum.[994] Der für die Auswertung maßgebliche Lebensraum ist das jeweilige Bundesland. Steigt die Anzahl der in einem Lebensraum vorkommenden Individuen an, z. B aufgrund einer höheren Vermehrungsrate, so hat dies Auswirkungen auf die Unfallzahlen und die Streckenergebnisse. Zu berücksichtigen ist dabei, dass für Wildarten wie Rehwild eine exakte Feststellung des Bestandes regelmäßig nur in Form von Schätzungen möglich ist. Die Entwicklung der Abschusszahlen sowie die Unfallzahlen sind insofern Indikatoren, welche als Indizien für einen hohen oder niedrigen Bestand gewertet werden können. Steigen oder sinken Unfall- wie auch Streckenzahlen, spricht dies für Schwankungen in dem jeweiligen Vorkommen, d. h., steigen oder sinken Unfall- und Streckenzahlen gleichermaßen, sind dies Indizien dafür, dass insgesamt mehr oder weniger Tiere der betroffenen Art in dem betrachteten Gebiet vorkommen. Für die Schutzfunktion der Jagd kann daraus geschlossen werden, dass bei steigendem Bestand ohne jagdliche Betätigung die Unfallzahlen noch höher ausfallen würden. Dieser Befund scheint durch die dritte Entwicklung bestätigt zu werden, welche bei einer sinkenden Streckenzahl steigende Unfallzahlen zeigt.

---

994 Zum Verhältnis von Population wildlebender Tiere und Verkehrsunfällen, siehe *Ziegler*, Warum die Zahl der Wildunfälle steigt, Spiegel Panorama, 2016, https://www.spiegel.de/panorama/wildunfaelle-die-zahl-der-unglueckeim-strassenverkehr-steigt-a-1119631.html, abgerufen am 16.04.2022.

II. ABGRENZUNG DER RECHTSKREISE JAGD- UND NATURSCHUTZRECHT

Land	2016_2017 Rehwild Unfälle	2016_2017 Rehwild Strecke	2017_2018 Rehwild Unfälle	2017_2018 Rehwild Strecke	2018_2019 Rehwild Unfälle	2018_2019 Rehwild Strecke
Baden-Württemberg	22790	164624	24050	165391	25280	225525
Bayern	48960	320721	50870	323900	54080	319296
Berlin	100	458	90	338	70	380
Brandenburg	1320	68550	1340	61373	1380	60613
Bremen	190	503	190	495	180	445
Hamburg	280	1139	320	1052	260	1105
Hessen	15480	91780	14940	92062	16150	94437
Mecklenburg-Vorp.	5360	57572	5450	53582	5630	60661
Niedersachsen	28710	139342	24490	121755	25330	128851
Nordrhein-Westfalen	26550	95551	28160	99480	28590	99118
Rheinland-Pfalz	13000	86898	12510	88702	13440	88794
Saarland	1370	9730	1690	10779	1310	9989
Sachsen	6440	36215	6450	35531	6590	37346
Sachsen-Anhalt	7180	50617	6910	49511	7270	49366
Schleswig-Holstein	13150	50403	10720	47612	12530	48073
Thüringen	4540	40355	3410	39161	4720	40121

Abbildung 2 Quelle: Strecken- und Unfallstatistiken des DJV

Betrachtet man in der folgenden Abbildung (Abb. 3) das Verhältnis von jagdlicher Jahresstrecke und den Unfallzahlen, wird deutlich, dass die Annahme zulässig sein dürfte, eine kontinuierlich hohe jagdliche Entnahme bewirkt, dass eine signifikante Erhöhung der Unfallzahlen vermieden wird.

II. Abgrenzung der Rechtskreise Jagd- und Naturschutzrecht

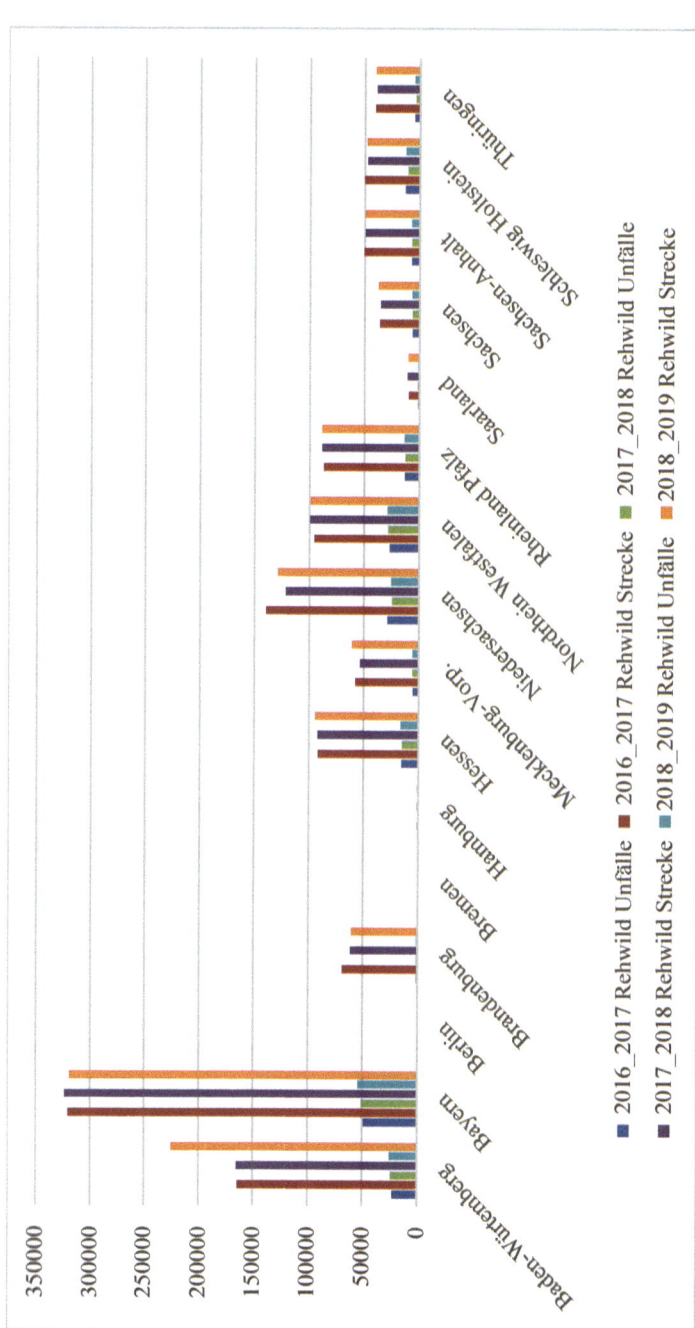

Abbildung 3 Die Zahlen sind der Strecken- und Unfallstatistik des DJV entnommen.

Insofern bewirkt Jagd im Rahmen des jagdrechtlichen Regelungskataloges mindestens mittelbar auch den Schutz der körperlichen Unversehrtheit von Teilnehmern des Straßenverkehrs.

f   Verantwortungszuweisung im Jagdrecht

Die Verantwortung für die Erhaltung eines den landschaftlichen und landeskulturellen Verhältnissen angepassten artenreichen und gesunden Wildbestandes sowie die Pflege und Sicherung seiner Lebensgrundlagen hat der Jagdausübungsberechtigte. Zum Ausdruck kommt diese Verantwortung in Form konkreter Beitragspflichten, welche dem Jagdausübungsberechtigten vom Gesetzgeber auferlegt werden.

Zentrale Beitragspflicht des Jagdausübungsberechtigten für den Schutz des Wildes ist die Hegepflicht gem. § 1 Abs. 1 S. 2, welche auch in den Vorschriften zum Jagdschutz[995] und zur Abschussplanung sowie in besonderen tierschutzrechtlichen Verpflichtungen konkretisiert wurde.[996]

Beitragspflichten sind regelmäßig mit Aufwand verbunden in Form der Erbringung persönlicher sowie finanzieller Leistungen, welche der Jagdausübungsberechtigte erbringen muss. Die Wahrnehmung der Verantwortung des Jagdausübungsberechtigten, die ihm auferlegten Beitragspflichten zu erfüllen, hat der Gesetzgeber durch Sanktions- und Haftungstatbestände abgesichert. Hält der Jagdausübungsberechtigte die ihm auferlegten Beitragspflichten nicht ein, setzt er sich einem finanziellen sowie persönlichen Haftungsrisiko aus.

aa. Schutz des Wildes - Jagdschutz

iv   Verantwortungsumfang

Kennzeichnend für das Jagdrecht ist eine explizite Verantwortungszuweisung an den Jagdschutzberechtigten für den Schutz des

---

995 *Ellenberger*, in: Schuck, Kommentar zum BJagdG, § 23, Rdn. 49, zum Jagdschutz als Teil der Hegepflicht.
996 *Wolf*, ZUR 2012, S. 331, 332.

II. ABGRENZUNG DER RECHTSKREISE JAGD- UND NATURSCHUTZRECHT

Wildes vor jeglichen Gefahren in Form des Jagdschutzes gem. § 23.997

Der Jagdschutz umfasst gem. § 23 nach näherer Bestimmung durch die Länder den Schutz des Wildes, insbesondere vor Wilderern, Futternot, Wildseuchen, vor wildernden Hunden und Katzen, sowie die Sorge für die Einhaltung der zum Schutz des Wildes und der Jagd erlassenen Vorschriften.

Deutlich wird an dieser Verantwortungszuweisung, dass es sich beim Jagdrecht gem. § 1 Abs. 1 in Form der Befugnis, auf einem bestimmten Gebiet wildlebende Tiere, die dem Jagdrecht unterliegen, (Wild) zu hegen, auf sie die Jagd auszuüben und sie sich anzueignen, um eine eigentumsrechtliche Rechtsposition handelt. Denn nur der Eigentümer als Rechtsinhaber ist gem. Art. 14 Abs. 2 verpflichtet, sein Recht in Form des Eigentums sozial gerecht zum Wohle der Allgemeinheit zu nutzen.998 Vor dem Hintergrund des allgemeinen Vorbehalts des Gesetzes und der ausdrücklichen Verpflichtung in Art. 14 Abs. 1 S. 2 an den Gesetzgeber, Inhalt und Schranken des Eigentums zu bestimmen, obliegt es jedoch dem Gesetzgeber, den Umfang der Sozialpflichtigkeit festzulegen.999 Diese Verpflichtung hat der Gesetzgeber für jagdbare Arten in Form der Hegepflicht gem. § 1 Abs. 1 S. 2 sowie mit dem expliziten Jagdschutz-Auftrag an den Jagdausübungsberechtigten, das Wild gem. § 23 vor jeglichen Gefahren zu schützen, umgesetzt. Zum Jagdschutz gehört auch der Schutz des Wildes vor Beutegreifern, welche nahrungssuchend Wild töten oder ihre Gelege fressen.1000

Die Länder haben in einigen Fällen die Pflicht zur Ausübung des Jagdschutzes gesetzlich festgeschrieben.1001 So haben Berlin

---

997 *Lorz*, NuR 1982, S. 401, 403.
998 *Axer*, in: Epping/Hillgruber, Beck Online Kommentar zum GG Art. 14, Rdn. 25.
999 *Axer*, in: Epping/Hillgruber, Beck Online Kommentar zum GG Art. 14, Rdn. 25.
1000 *Ellenberger*, in: Schuck, Kommentar zum BJagdG, § 23, Rdn. 46, der jedoch den Umfang des Jagdschutzes zu eng, nur auf Beutegreifer die dem Jagdrecht unterliegen, beschränkt.
1001 *Ellenberger*, in: Schuck, Kommentar zum BJagdG, § 23, Rdn. 49, mit einer Übersicht.

und Brandenburg z. B. jeweils explizit festgelegt, dass der Jagdausübungsberechtigte verpflichtet ist, den Jagdschutz in seinem Jagdbezirk auszuüben.[1002]

Die Verpflichtung auf Landesebene umfasst auch den Schutz des Wildes vor Beeinträchtigungen durch sämtliche wildlebende Tierarten, soweit diese keinen besonderen Schutz nach Naturschutzrecht genießen.[1003]

    v   *Haftungsrisiko bei Nichterfüllung der Jagdschutzpflichten*

Will man das Haftungsrisiko konkretisieren, welchem sich der Jagdausübungsberechtigte aussetzt, wenn er seine Jagdschutzpflichten nicht erfüllt, so wird man zwischen den einzelnen Pflichten unterscheiden müssen.

Beim Schutz des Wildes vor Wilderern oder wildernden Hunden und Katzen genügt der Jagdausübungsberechtigte seiner Pflicht, wenn er gegenüber Straftätern, wie im Fall des Verdachts der Wilderei, oder von Ordnungswidrigkeiten, im Fall von wildernden Hunden und Katzen, die zuständigen öffentlichen Stellen einschaltet.[1004]

Der konkrete Pflichtenkatalog für den Jagdausübungsberechtigten bei Schutz des Wildes vor Futternot ergibt sich regelmäßig aus den landesrechtlichen Vorschriften. Der Jagdausübungsberechtigte ist z. B. in Brandenburg[1005] und Mecklenburg-Vorpommern[1006] verpflichtet bei witterungsbedingtem Äsungsmangel und dem Vorliegen einer durch die zuständige Behörde bestätigten Futternot für den Zugang des Wildes zu natürlicher artgerechter Äsung zu sorgen. Verstößt der Jagdausübungsberechtigte gegen diese Pflicht,

---

1002 § 38 Abs. 2 BbgJagdG in der Fassung v. 9. Oktober 2003, GVBl I/03 Nr. 14, S. 233 zuletzt geändert am 10. Juli 2014, GVBL. I/14 Nr 33; § 31 Abs. 2 LJagdG Bln in der Fassung v. 25. September 2006 zuletzt geändert am 2.2.2018, GVBl. S. 160.
1003 § 38 Abs. 1 Bbg JagdG; § 31 Abs. 1 LJagdG Bln.
1004 *Ellenberger*, in: Schuck, Kommentar zum BJagdG, § 23, Rdn. 49.
1005 § 41 Abs. 4 Bbg JagdG.
1006 § 18 Abs. 1 S. 1 LJagdG M-V.

II. Abgrenzung der Rechtskreise Jagd- und Naturschutzrecht

so kann die zuständige Behörde die Maßnahmen auf seine Rechnung ersatzweise durchführen lassen,[1007] der Jagdausübungsberechtigte ist insofern gegenüber der Behörde ersatzpflichtig.

Die Jagdschutzpflicht des Jagdausübungsberechtigten, das Wild vor Wildseuchen zu schützen, hat in § 24 eine Konkretisierung erfahren. Danach hat der Jagdausübungsberechtigte das Auftreten einer Wildseuche unverzüglich der zuständigen Behörde anzuzeigen. Kommt er dieser Anzeigepflicht nicht nach, so kann dies bereits bei fahrlässiger Begehung gem. § 39 Abs. 2 Nr. 4 mit einem Bußgeld von bis zu fünftausend Euro geahndet werden.

Eine besondere Ausprägung der Verantwortung des Jagdausübungsberechtigten sind die Tierschutzvorgaben des Jagdrechts, welche eine besondere Verantwortung des Jagdausübungsberechtigten begründen.[1008]

bb. Eigentumsschutz bei Dritten

i Verantwortungsumfang des Eigentumsschutzes Dritter

Der gesetzliche Auftrag, das Eigentum Dritter zu schützen, kommt in § 21 Abs. 1 S. 1 zum Ausdruck. Danach ist der Abschuss des Wildes so zu regeln, dass die berechtigten Ansprüche der Land-, Forst- und Fischereiwirtschaft voll gewahrt bleiben. Die Verbindlichkeit dieses Schutzauftrags findet auch in der Verpflichtung des zur Ausübung des Jagdrechts Berechtigten Ausdruck, dass Abschusspläne gem. § 21 Abs. 2 S. 6 zu erfüllen sind. Zentrales Ziel ist es, das Eigentum Dritter vor Wildschäden zu schützen.

ii Haftungsrisiko bei Nichterfüllung

Das Haftungsrisiko für den Jagdausübungsberechtigten kommt in §§ 29, 31 zum Ausdruck. Danach haftet der Jagdausübungsberechtigte für Schäden, welche durch Schalenwild, Fasane oder Wildkaninchen an Grundstücken oder den abgeernteten, aber noch nicht eingebrachten Feldfrüchten entstanden sind. Es handelt sich hier

---

1007 § 41 Abs. 5 BbG JagdG; § 18 Abs. 1 S. 2 LJagdG M-V.
1008 Dazu sogleich in D II 6 f.

bei gemeinschaftlichen Jagdbezirken um einen verschuldensunabhängigen Schadenersatzanspruch, welchen der berechtigte Dritte gegen den Jagdausübungsberechtigten hat. Die Bestimmung von Art und Umfang des Schadenersatzes bestimmen sich nach den §§ 249 ff. BGB.

5. Stellungnahme – Artenschutz im Jagd- und Naturschutzrecht

a   Interessenlagen

Die Ziele und Funktionen des Naturschutzrechts und des Jagdrechts zeigen trotz vieler Gemeinsamkeiten im Bereich ihrer ökologischen Funktion, wenn es um die Erhaltung von wildlebenden Tieren und deren Lebensräumen geht, auch erhebliche Unterschiede. Diese Unterschiede kommen insbesondere in der ökonomischen Funktion sowie in der Funktion, Grundrechte zu schützen, des Jagdrechts zum Ausdruck, welche in der Form beim Naturschutzrecht nicht vorliegen. Jedoch haben auch diese Funktionen, insbesondere die ökonomische Funktion des Jagdrechts, unmittelbare Auswirkungen auf den Artenschutz, denn der wirksamste Schutz der Natur ist das Nutzungsinteresse des Menschen.[1009]

Der klassische Naturschutz, welcher geprägt ist vom Schutz der Natur um ihrer selbst willen, konnte und kann die Sicherung der Arten in der Kulturlandschaft nicht allein bewerkstelligen,[1010] sondern nur ein vom Gedanken der Nachhaltigkeit geprägtes Nutzungsinteresse des Menschen.[1011]

b   Verantwortungszuweisung

Kennzeichnend für die Unterschiedlichkeiten der beiden Rechtskreise Jagd- und Naturschutzrecht ist eine explizite Verantwortungszuweisung für den Schutz der Arten im Jagdrecht im Gegensatz zum Naturschutzrecht, wo eine solche Verantwortungszuweisung fehlt. Der jagdrechtliche Eigentümer ist verpflichtet, das Wild

---

1009 *Bode/Emmert*, S. 286.
1010 Siehe dazu D II 5 c.
1011 *Bode/Emmert*, S. 286.

II. ABGRENZUNG DER RECHTSKREISE JAGD- UND NATURSCHUTZRECHT

vor jeglichen Gefahren zu schützen[1012] sowie einen angemessenen Wildbestand zu erhalten.[1013] Die jagdrechtliche Verantwortungszuweisung wird getragen von der Interessenlage des jagdlichen Eigentümers die natürliche Ressource Wild langfristig nutzen zu können sowie von der Interessenlage der Allgemeinheit wildlebende Tierarten zu erhalten. Beide Interessenlagen werden getragen vom Gedanken der Nachhaltigkeit. Verpflichtet diesen Interessenlagen für die dem Jagdrecht unterliegenden Tiere gerecht zu werden ist jedoch nur der jagdliche Eigentümer.

Eine solche Verantwortungszuweisung an einen konkreten Verpflichteten kennt das Naturschutzrecht für die nicht jagdbaren wildlebenden Tiere nicht. Handelt es sich bei den das Wild gefährdenden Arten um nicht jagdbare Tierarten, die als besonders geschützte Arten gem. § 7 Abs. 2 Nr. 13 BNatschG oder um streng geschützte Arten gem. § § 7 Abs. 2 Nr. 14 BNatschG eingeordnet sind, so hat der Gesetzgeber ebenfalls Maßnahmen zum Schutz der wildlebenden Tiere vorgesehen, die sich aus § 45 Abs. 7 Nr. 2 und Nr. 5 BNatschG ergeben. Es handelt sich um eine Ermächtigungsgrundlage der zuständigen Landesbehörden weitere Ausnahmen von den Verboten des § 44 BNatschG im Einzelfall zuzulassen.[1014] In dem Fall obliegt es den Landesbehörden die ihnen vom Gesetzgeber eingeräumte Verantwortung zu nutzen und geeignete Vorschriften zu erlassen, welche eine Gefährdung von Wildarten durch besonders oder streng geschützte Tierarten verhindern.

Deutlich wird an dieser Verantwortungszuweisung, dass es sich beim Jagdrecht gem. § 1 Abs. 1, um eine eigentumsrechtliche Rechtsposition handelt. Denn nur der Eigentümer ist gem. Art. 14 Abs. 2 verpflichtet sein Eigentum sozial gerecht zum Wohle der Allgemeinheit zu nutzen.[1015] Vor dem Hintergrund des allgemeinen Vorbehalts des Gesetzes und der ausdrücklichen Verpflichtung in Art. 14 Abs. 1 S. 2 an den Gesetzgeber, Inhalt und Schranken des

---

[1012] Jagdschutz gem. § 23.
[1013] Ziele der Hege gem. § 1 Abs. 2.
[1014] *Müller-Walter.*, in: Lorz/Konrad/Mühlbauer/Müller-Walter/Stöckel, Komm. zum BNatschG, § 45, Rdn. 14.
[1015] *Axer*, in: Epping/Hillgruber, Beck Online Kommentar zum GG, Art. 14, Rdn. 25.

Eigentums zu bestimmen, obliegt es jedoch dem Gesetzgeber, den Umfang der Sozialpflichtigkeit festzulegen.[1016] Diese Verpflichtung hat der Gesetzgeber für jagdbare Arten in Form der Hegepflicht gem. § 1 Abs. 1 S. 2 sowie mit dem expliziten Auftrag an den Jagdausübungsberechtigten, das Wild gem. § 23 vor jeglichen Gefahren zu schützen, umgesetzt. Zum Jagdschutz gehört auch der Schutz des Wildes vor Beutegreifern, welche nahrungssuchend Wild töten oder ihre Gelege fressen.[1017] Die Verpflichtung zum Schutz des Wildes umfasst den Schutz vor Beeinträchtigungen durch sämtliche wildlebende Tierarten, soweit diese keinen besonderen Schutz nach Naturschutzrecht genießen,[1018] d. h. unabhängig davon, ob es sich um Wild handelt oder nicht jagdbare Tierarten.

Das vom Gesetzgeber seinerzeit bei einer Anpassung des Katalogs jagdbarer Arten bemühte Argument, die Unterstellung ursprünglich jagdbarer Arten unter das naturschutzrechtliche Artenschutzrecht sei notwendig, weil die betroffenen Arten in ihrem Bestand gefährdet seien,[1019] ist jedenfalls rechtlich nicht damit zu begründen, dass der naturschutzrechtliche Artenschutz intensiver ist.

c   Folgen der unterschiedlichen Verantwortungszuweisung für jagd- und naturschutzrechtlichen Artenschutz

Vielmehr würden zahlreiche Arten durch den Wegfall der Hegepflicht sowie der strafbewehrten Jagdwilderei einen deutlich schlechteren Schutz erfahren.[1020]

Die Schwäche des naturschutzrechtlichen Artenschutzes im Gegensatz zum jagdrechtlichen Artenschutz ist, dass es einen kon-

---

1016 *Axer*, in: Epping/Hillgruber, Beck Online Kommentar zum GG, Art. 14, Rdn. 25.
1017 *Ellenberger*, in: Schuck, Kommentar zum BJagdG, § 23, Rdn. 46, der jedoch den Umfang des Jagdschutzes zu eng nur auf Beutegreifer, die dem Jagdrecht unterliegen beschränkt.
1018 § 38 Abs. 1 Bbg JagdG; § 31 Abs. 1 LJagdG Bln.
1019 BT Drs. 7/4285, S. 12 zur Kürzung des Katalogs jagdbarer Arten mit der Novelle des Bundesjagdgesetzes 1976.
1020 So auch *Hellenbroich*, S.275.

II. ABGRENZUNG DER RECHTSKREISE JAGD- UND NATURSCHUTZRECHT

kreten Verantwortlichen für Maßnahmen zur Erhaltung gefährdeter Arten nicht gibt.[1021] Dieser ist im jagdrechtlichen Artenschutz mit dem zur Hege verpflichteten Jagdbezirksinhaber oder Grundstückseigentümer dagegen konkret festgelegt.[1022]

d Beispiel für jagdrechtlichen Artenschutz

Dieses Alleinstellungsmerkmal des jagdrechtlichen Artenschutzes wird bestätigt durch die Förderung von gefährdeten, jedoch dem jagdrechtlichen Artenschutz unterliegenden Arten wie dem Rebhuhn oder dem LuchS.

Beim Rebhuhn wurde die jagdliche Nutzung freiwillig eingestellt, verbunden mit der Intensivierung von arterhaltenden Maßnahmen durch die Jagdbezirksinhaber.[1023] Einigkeit besteht aus naturschutzfachlicher Sicht, dass Hauptursache für den Rückgang des Rebhuhns die intensive Landwirtschaft ist.[1024] Ein Wechsel der Rechtskreise würde demzufolge die Art schlechterstellen, da die konkrete grundstücksbezogene Verantwortung des Eigentümers entfallen würde und damit auch gezielte arterhaltende Maßnahmen nicht mehr durchgeführt werden dürften. Durch die Maßnahmen der Grundstückseigentümer und Jagdbezirksinhaber wurden zumindest lokale Stabilisierungen der Bestände erreicht.[1025]

1021 *Hellenbroich*, S. 275, der ausführt, dass für eine Vergleichbarkeit der Schutzintensitäten das Naturschutzrecht insoweit ergänzt werden müsste, dass es eine der Hegepflicht entsprechende Pflicht begründet wird.
1022 Zur besonderen Situation bei der Befriedung eines Grundstücks aus ethischen Gründen gem. § 6a BJagdG, *Guber*, NuR 2014, S. 752, 759.
1023 Pressemitteilung des BJV v. 23.10.2015, https://www.lifepr.de/inaktiv/landesjagdverband-bayern-ev/BJV-Rettet-das-Niederwild-Rebhuhn-Jaeger-verzichten-freiwillig-auf-Rebhuhn-Jagd-hegen-statt-bejagen-heisst-die-Devise/boxid/557746, abgerufen am 8.3.2021.
1024 Siehe z. B. NABU, Das Rebhuhn, https://www.nabu.de/tiere-und-pflanzen/aktionen-und-projekte/vogel-des-jahres/1991-rebhuhn/index.html, abgerufen am 08.03.2021.
1025 Rheinisch-Westfälischer Jäger, Wie Rebhuhnhege funktionieren kann, 08/2017, https://www.rwj-online.de/rwj/archiv/verschiedenes/wie-rebhuhn-hege-funktionieren-kann_6_2558.html, abgerufen am 08.03.2021.

Auch dem Luchs gelingt es, sich aufgrund der dem jagdrechtlichen Artenschutz zugrunde liegenden Hegeverpflichtung, immer besser als Wildart zu etablieren.[1026]

e Beispiel für naturschutzrechtlichen Artenschutz

Betrachtet man die Entwicklung eines dem Rebhuhn vergleichbaren Feldvogels, dem Kiebitz, welcher jedoch dem naturschutzrechtlichen Artenschutz unterliegt, so ist festzustellen, dass der Gefährdungsstatus der Art sich nicht verbessert hat,[1027] obwohl ausschließlich das Regime des Naturschutzrechts Anwendung gefunden hat.

f Ergebnis

Der Vergleich des jagd- mit dem naturschutzrechtlichen Artenschutz zeigt, dass die Unterstellung einer Art unter den naturschutzrechtlichen Artenschutz keine höhere Schutzintensität entfaltet wie der jagdrechtliche Artenschutz. Näher liegt es, dass der jagdrechtliche Artenschutz auch aufgrund der konkreten Verantwortungszuweisung an den Inhaber des Jagdrechts und an den zur Ausübung des Jagdrechts Berechtigten einen effektiveren Schutz gewährleistet.

Das Argument für die Einschränkung des Katalogs jagdbarer Arten, es würde für die betroffene Art den Artenschutz verstärken, wenn diese vom Rechtskreis des Naturschutzrechts erfasst wird, und damit dem Gemeinwohlinteresse gem. Art. 14 Abs. 3 GG dienen, ist damit widerlegt.

Ebenso verhält es sich beim Tierschutz, wenn man vergleicht, wie Aspekte des Tierschutzes im Jagdrecht und im Naturschutzrecht berücksichtigt werden.

1026 Managementplan Luchse in Bayern, S. 7, www.bayern-wild.de, abgerufen am 8.3.2021; Luchsprojekt im Harz, Bericht der Monitoringjahre 2012/2013, S. 16, www.luchsprojekt-harz.de, abgerufen am 8.3.2021.
1027 *Fürste/Prell/Toschki*, S. 14.

II. ABGRENZUNG DER RECHTSKREISE JAGD- UND NATUR- SCHUTZRECHT

Die absoluten Zugriffsverbote des Naturschutzrechts führen zu Einschränkungen des Tierschutzes für besonders und streng geschützte Arten.[1028]

6. Eine vergleichende Betrachtung des Tierschutzes im Jagd- und Naturschutzrecht im Licht der Artt. 14 Abs. 2 und 20a GG

a Abgrenzung Tierschutz und Artenschutz

Die Diskussion um den Tierschutz hat nach Jahrzehnten neben dem bereits bestehenden Staatsziel „Schutz der natürlichen Lebensgrundlagen" zur Aufnahme des Tierschutzes als Staatsziel in Art. 20a GG geführt.[1029] Der Staat ist verpflichtet die Tiere im Rahmen der verfassungsmäßigen Ordnung durch die Gesetzgebung und nach Maßgabe von Recht und Gesetz durch die vollziehende Gewalt und die Rechtsprechung zu schützen. Durch die Änderung der Verfassung hat sich der Gestaltungsspielraum für die rechtsprechende Gewalt in mehrerer Hinsicht verändert. Der Judikative wird ein neuer Abwägungs- und Auslegungsmaßstab vorgegeben.[1030] Art. 20a GG greift das in § 1 S. 1 TierSchG zentral formulierte Anliegen des Tierschutzes auf, nach dem das Leben und Wohlbefinden des Tieres zu schützen ist.

Der Gesetzgeber hat sich für eine Form des individuellen Tierschutzes entschieden, welche einem ethischen Ansatz folgend das Tier als Mitgeschöpf schützt. Der ethische Tierschutzansatz stellt die Vermeidung von Leiden in seinen Mittelpunkt. Dem Tierschutzgesetz liegt eine Abwägung zwischen Lebensschutz und Leidensbeendigung zu Grunde.[1031] Bei erheblichen, nicht zu lindernden Schmerzen oder Leiden wird sogar eine Verpflichtung zur Tötung eines Tieres angenommen, da „nach allgemeiner Anschauung der Schutz des Wohlbefindens eines Tieres über den Schutz seines

---

1028 *Guber*, NuR 2012, S. 623, 627.
1029 *Kloepfer*, Umweltrecht, § 11, Rdn. 286, mit einer Übersicht zum Meinungsstand.
1030 *Kloepfer*, Umweltrecht, § 11, Rdn. 287.
1031 *Lööck*, S. 47f; Tierschutzbericht der Bundesregierung 1999, BT Drs. 14/600, S. 52.

Lebens gestellt wird".[1032] Tierschutz umfasst damit nicht nur das Wie, sondern auch das Ob der Tötung.

Das naturschutz- wie auch das jagdrechtliche Artenschutzrecht dient dem Schutz der Tiere wildlebender Arten vor Beeinträchtigung durch den Menschen (§ 37 Abs. 1 BNatschG; § 1Abs. 2 S. 1 i. V. m. § 19a BJagdG) und hat auch das Ziel eine nachhaltige Nutzung des Naturgutes wildlebendes Tier zu ermöglichen. Artenschutz hat den Zweck, dem Verlust der Artenvielfalt Einhalt zu gebieten.[1033]

Maßgeblich für die artenschutzrechtliche Einordnung eines konkreten Sachverhalts ist eine ökosystematische Betrachtung[1034] der Rolle des betroffenen Individuums, d. h. die Frage, welche Funktion das Individuum für die Art und damit für das jeweilige Ökosystem hat. Artenschutzrechtlich ist die Funktion des Individuums die Art zu erhalten, um das Ziel zu erreichen, dem Verlust der Artenvielfalt Einhalt zu gebieten. Ökosystematisch spielt das Individuum selber eine eher untergeordnete Rolle, da prägend das Auftreten der Art insgesamt, d. h. einer Vielzahl von Individuen ist. Grundvoraussetzung für die artspezifische Funktion eines Individuums, die Art zu erhalten, ist, dass jedes einzelne Individuum ausreichend vital ist.[1035] Fehlt eine ausreichende Vitalität, des betroffenen Individuums, verbunden mit dadurch hervorgerufenen Leiden, hat der Tierschutz bezogen auf das konkrete Individuum Vorrang vor den artenschutzrechtlichen Verboten.[1036]

Zur Ermöglichung einer solchen Abwägung hat der Gesetzgeber das Verhältnis des Tierschutzes zum Naturschutzrecht sowie zum Jagdrecht durch Unberührtheitsklauseln geregelt.

1032 Tierschutzbericht der Bundesregierung 1999, BT Drs. 14/600, S. 52.
1033 *Gassner/Heugel*, Rdn.509; *Kloepfer*, Umweltrecht, Rdn.207.
1034 *Müller*, Unter Räubern, S. 10ff, grundlegend zum ökosystematischen Ansatz bei der Betrachtung von Arten am Beispiel der Räuber-Beutebeziehung.
1035 *Guber*, NuR 2012, S. 623, 625.
1036 *Guber*, NuR 2012, S. 623, 627.

II. ABGRENZUNG DER RECHTSKREISE JAGD- UND NATUR-
SCHUTZRECHT

b   Unberührtheit der Rechtskreise Tierschutz und Artenschutz

Der Gesetzgeber hat durch die sog. artenschutzrechtliche Unberührtheitsklausel in § 37 Abs. 2 S. 1, nach der auch die Vorschriften des Tierschutzrechts unberührt von den artenschutzrechtlichen Regelungen bleiben, klargestellt, dass der Individual-Tierschutz des Tierschutzgesetzes nicht automatisch hinter artenschutzrechtliche Vorgaben zurücktritt.[1037]

Insofern ist die zum Teil von Gerichten vertretene Auffassung, es handle sich beim Tierschutzgesetz um eine Ergänzung des Artenschutzrechts,[1038] unzutreffend. Es handelt sich um zwei Rechtsgebiete, welche unterschiedliche Schutzumfänge betreffen. Beide Gesetze stehen nicht ohne weiteres in einem Ergänzungsverhältnis zueinander. Dies wird auch daran deutlich, dass der Individual-Tierschutz im Gegensatz zum Artenschutz nicht zum Bereich des Umweltrechts zählt.[1039]

c   Unberührtheit der Rechtskreise Tierschutz und Jagdrecht

Anders als beim Jagd- und Artenschutzrecht, wo der Gesetzgeber den Vorrang des Jagdrechts vor dem naturschutzrechtlichen Artenschutz in § 39 Abs. 2 S. 2 BNatschG explizit festgeschrieben hat, stehen Tierschutz und Jagdrecht gem. § 44a gleichrangig nebeneinander.

Die Vorschriften des Tierschutzrechts bleiben gem. § 44a von den Vorschriften des Jagdrechts unberührt. Sie sind daher neben und zusätzlich zu denen des Bundesjagdgesetzes sowie der Landesjagdgesetze anzuwenden.[1040] Der Gesetzgeber darf die Bestimmungen des Tierschutzrechts durch jagdrechtliche Regelungen nicht aufheben, einschränken oder aushöhlen. Er kann sie aber ergänzen und konkretisieren.[1041]

1037 *Guber*, NuR 2012, S. 623ff zum Verhältnis von Tierschutz- und Artenschutzrecht.
1038 LG Lüneburg Urt. v. 23.10.2010 - *Az. 29 Ns/ 3105 Js 321487/07 (16/10)*.
1039 *Kloepfer*, Umweltrecht, Rdn. 284.
1040 OLG Köln, Beschl. v. 5.3.2010, Az.: 83 Ss 102/09, BeckRS 2010, 6668.
1041 *Guber*, Schriftenreihe des LJV Bayern, Band 27, S. 43, 44.

d   Tier- und Artenschutz als gleichrangige Staatsziele gem. Art. 20a GG

Ein solches Verständnis ergibt sich auch aus der Neufassung des Art. 20a GG und der Aufnahme des Individual-Tierschutzes in die Verfassung. Durch die Ergänzung, dass der Staat neben den natürlichen Lebensgrundlagen auch die Tiere schützt, wird die Gleichwertigkeit deutlich. Der Artenschutz, d. h. der Schutz von Tieren und Pflanzen als Gattungen und Arten, nicht aber als Individuen, war bereits durch das Staatsziel Schutz der natürlichen Lebensgrundlagen gewährleistet.[1042] Indem der Verfassungsgeber den Schutz der Tiere in Art. 20a GG ergänzt hat, wird die Gleichrangigkeit von Artenschutz und Tierschutz auch auf verfassungsrechtlicher Ebene klargestellt.

e   Tierschutz und Artenschutz – abweichungsfeste Kompetenzen der konkurrierenden Gesetzgebung

Dass Tierschutz und Artenschutz gleichberechtigt nebeneinander bestehen sollen, lässt sich auch aus den Gesetzgebungskompetenzregeln der Art. 72, 74 GG ablesen. Art. 74 Abs. 1 Nr. 20 umfasst den Tierschutz, Nr. 29 den Naturschutz. Im Bereich des Naturschutzes können die Länder gem. Art. 72 Abs. 3 Nr. 2 GG von den Bundesregelungen abweichen. Diese Abweichungsbefugnis auf dem Gebiet des Naturschutzes umfasst jedoch nicht den Artenschutz, wie in Art. 72 Abs. 3 Nr. 2 GG explizit geregelt ist. Der Tierschutz unterliegt in keiner Form dem Abweichungsvorbehalt des Art. 72 Abs. 3 GG. Für Tierschutz und Artenschutz gilt damit gleichermaßen die in Art. 72 Abs. 1 GG statuierte Regel der konkurrierenden Gesetzgebung, nach der die Länder nur so lange Befugnis zur Gesetzgebung auf dem jeweiligen Gebiet haben, wie der Bund nicht von seiner Regelungskompetenz Gebrauch gemacht hat.

Beide Rechtsbereiche bestehen gleichrangig nebeneinander, so dass der jeweilige Vorrang im Kollisionsfall nach allgemeinen Auslegungsregeln zu bestimmen ist.[1043]

1042 *Schulze-Fielitz* in: Dreier, Kommentar zum GG, Art. 20a, Rdn. 35.
1043 BT Drs. 10/5064, S. 18.

II. Abgrenzung der Rechtskreise Jagd- und Naturschutzrecht

Für die im Raum stehende Frage der Schutzintensität beim Tierschutz innerhalb der Rechtskreise Jagdrecht und Naturschutzrecht sind damit die tierschützenden Regeln innerhalb jedes Rechtskreises herauszuarbeiten, um feststellen zu können, innerhalb welchem Rechtskreis der Tierschutz als öffentliches Interesse und Allgemeinwohlbelang i. S. d. Art. 14 Abs. 3 GG besonders zur Geltung kommt.

f Regelungen des Tierschutzes im Jagdrecht

aa. Tierschutz als Inhalt der jagdrechtlichen Weidgerechtigkeit

Die Weidgerechtigkeit umfasst nicht nur die gesetzlich normierten Rahmenbedingungen der Jagdausübung, sondern auch die Grundzüge jagdlicher Ethik sowie die ungeschriebenen Regeln zum Tierschutz bei der Jagd.[1044]

Ein wesentliches Schutzgut der Weidgerechtigkeit ist der Tierschutz.[1045] Die zunehmende Gewichtung des Tierschutzes in der Gesellschaft, welche ihren Ausdruck auch in der Verabschiedung des Tierschutzgesetzes[1046] fand, hat dazu geführt, dass die tierschutzrechtlichen Aspekte der Weidgerechtigkeit vom Jagd-Gesetzgeber weiter konkretisiert wurden. Tierschutz hat in einer Vielzahl von Regelungen des Bundesjagdgesetzes sowie den Landesjagdgesetzen seinen jagdrechtlich-normativen Ausdruck gefunden. So haben der Elterntierschutz nach § 22 Abs. 4 oder z. B. die Vorgaben der sachlichen Verbote über notwendige technisch-physikalische Vorgaben zu Waffen und Munition gem. § 19 Abs. 1 Nr. 1 und Nr. 2 das Ziel, unnötige Leiden des Tieres zu vermeiden.[1047]

1044 *Schuck*, in: Schuck, Kommentar zum BJagdG, § 1 Rdn. 27; *Weinrich*, NuR 2019, S. 314, 315.
1045 *Metzger*, in: Erbs/Kohlhaas, Kommentar zum BJagdG, § 1, Rdn. 19.
1046 Tierschutzgesetz v. 24.Juli 1972, BGBl. Teil I, 1972, Nr. 74, S. 1277ff.
1047 VG Düsseldorf, Beschl. v. 25.11.2010, Az.: 15 L 1867/10, Rdn. 18, www.openjur.de, abgerufen am 20.01.2021.

Zentrale tierschützende Norm im Jagdrecht ist die Pflicht zur Verhinderung von vermeidbaren Schmerzen oder Leiden gem. § 22a.[1048]

bb. Gebot der Leidensvermeidung für Wild

Zum Ausdruck kommt der jagdrechtliche Tierschutz insbesondere in § 22a, welcher 1976 im Bundesjagdgesetz ergänzt wurde und in dem die Verpflichtung des zur Ausübung des Jagdrechts Berechtigten explizit festgeschrieben wird, dass das Wild vor vermeidbaren Leiden und Schmerzen zu bewahren ist.[1049] Diese Verpflichtung verdeutlicht die besondere Verantwortung des zur Ausübung des Jagdrechts Berechtigten.

Mit der tierschutzrechtlichen Konkretisierung in § 22a hat der Gesetzgeber klargestellt, dass der zur Ausübung des Jagdrechts Berechtigte verpflichtet ist, alle gebotenen Maßnahmen zu ergreifen, wenn es darum geht, Leiden bei verletztem oder krankem Wild zu vermeiden.[1050] Die Pflicht zur Hilfeleistung trifft den Jagdausübungsberechtigten in seinem Jagdbezirk, unabhängig davon, ob er eine Ursache für das Leiden des Wildes gesetzt hat.[1051] Flüchtet ein verletztes Tier, welches in den Katalog der jagdbaren Arten aufgenommen wurde von der Unfallstelle, so ist in erster Linie der Jagdausübungsberechtigte verpflichtet in seinem Jagdbezirk nachzusuchen, um festzustellen, ob der Zustand des verletzten Tieres eine Tötung erfordert oder ob die Schwere der Verletzung ein Wiedererlangen der Gesundheit zulässt.

Diese Pflicht erstreckt sich auf alle Individuen, sofern diese zu einer jagdbaren Tierart gehören, d. h. als Wild klassifiziert sind.

1048 *Schuck*, in: Schuck, Kommentar zum BJagdG, § 22a, Rdn. 1; *Metzger*, in: *Erbs/Kohlhaas*, Kommentar zum BJagdG, § 22a Rdn. 1.
1049 BT Drs. 7/4285, S. 8f.
1050 *Schuck*, in: Schuck, Kommentar zum BJagdG, § 22a Rdn. 1, mwN.
1051 *Metzger*, in: Erbs/Kohlhaas, Kommentar zum BJagdG, § 22a Rdn. 6.

II. ABGRENZUNG DER RECHTSKREISE JAGD- UND NATURSCHUTZRECHT

cc. Verantwortlicher für Tierschutz im Jagdrecht

i Umfang der Tierschutzverantwortung

Dem Jagdausübungsberechtigten ist über die bei der Jagdausübung zu beachtenden Grundsätze deutscher Weidgerechtigkeit gem. § 1 Abs. 1, Abs. 3 sowie mit dem gesetzlichen Auftrag gem. § 22 a vermeidbare Schmerzen und Leiden des Wildes zu verhindern, die tierschutzrechtliche Verantwortung für ausschließlich solche Arten zugewiesen, welche als Wild einzuordnen sind, d. h. dem Jagdrecht unterliegen.[1052]

Das Tierschutzrecht steht gem. § 44a selbständig neben dem Jagdrecht, sodass die tierschutzrechtlichen Anforderungen vom Jagdausübungsberechtigten bei Jagdhandlungen oder jagdbezogenen Handlungen gleichermaßen zu berücksichtigen sind. Mit der tierschutzrechtlichen Konkretisierung in § 22a hat der Gesetzgeber jedoch auch klargestellt,[1053] dass der Jagdausübungsberechtigte verpflichtet, aber eben auch allein berechtigt ist, wenn es darum geht, verletztes oder krankes Wild verfolgen zu dürfen. Es kommt dabei nicht darauf an, ob ein Verhalten des Jagdausübungsberechtigten ursächlich für die Verletzung war. Entscheidend ist allein, dass der Jagdausübungsberechtigte konkrete Kenntnis von einem verletzten Tier hat, das Tier zu einer jagdbaren Art gehört und sich in seinem Jagdbezirk befindet. Die Jagdgesetze gehen insofern dem Tierschutzgesetz vor, da es sich bei den jagdgesetzlichen tierschützenden Regelungen um spezialgesetzliche Ausgestaltungen des

---

1052 *Scherping/Vollbach*, Kommentar zum RJagdG, § 4, Ziff. 5 die zu den Inhalten der Weidgerechtigkeit feststellen: „Zur Waidgerechtigkeit gehört auch, dass der Jäger bei seinen jagdlichen Maßnahmen die durch andere Gesetze zum Schutz der Tierwelt getroffenen Bestimmungen unbedingt innehält"; *Weinrich*, NuR 2019, S. 314ff über die Anwendung des Rechtsbegriffs „Weidgerechtigkeit" in der heutigen Zeit: „Nach heute herrschender Auffassung umfasst die Weidgerechtigkeit nicht nur die gesetzlich normierten Rahmenbedingungen der Jagdausübung, sondern auch die Grundzüge jagdlicher Ethik sowie die ungeschriebenen Regeln der jagdlichen Praxis."
1053 *Müller-Schallenberg*, NuR 2007, S. 161, 163 zu den tierschutzrechtlichen Konkretisierungen im BJagdG.

Tierschutzes handelt, hinter welche das allgemeine Tierschutzrecht, wie es im TierSchG geregelt ist, zurücktritt.[1054]

ii Haftungsrisiko des Jagdausübungsberechtigten bei Verstoß gegen die tierschutzrechtliche Verantwortung

Indem der Gesetzgeber den Jagdberechtigten rechtlich verpflichtet, bei schwer kranken wildlebenden jagdbaren Tieren einzuschreiten, hat er eine Handlungspflicht des Jagdberechtigten begründet. Es handelt sich um eine gesetzliche Garantenpflicht.[1055] Verstößt der Jagdausübungsberechtigte dagegen, kann er sich gem. § 22a i. V. m. § 17 Nr. 2 b TierSchG wegen eines Verstoßes gegen Tierschutzvorgaben strafbar machen. Dies bedeutet, dass mit Kenntnis von einem schwer kranken Tier, welches dem Jagdrecht unterliegt, der Jagdausübungsberechtigte in seinem Jagdbezirk die gebotenen Maßnahmen ergreifen muss, um das Leiden zu beenden,[1056] unabhängig davon, auf welche Ursache die Leiden des betroffenen jagdbaren Tieres zurückzuführen sind.

g Regelungen zum Tierschutz im Naturschutzrecht

aa. Tierschutz für allgemein geschützte Arten

Für wildlebende Tiere, die dem allgemeinen Artenschutz unterliegen, ist es gem. § 39 Abs. 1 Nr. 1 BNatschG grundsätzlich verboten, diese mutwillig zu beunruhigen oder ohne vernünftigen Grund zu fangen, zu verletzen oder zu töten. Der Begriff des vernünftigen Grundes bezieht sich auf alle drei Tatbestandsvarianten, d. h. das Fangen, Verletzen und Töten.[1057] Der Zugriff auf ein Tier, welches den allgemeinen Artenschutz genießt und nicht besonders oder

---

1054 *Guber*, Schriftenreihe des LJV Bayern, Band 27, S. 43, 44.
1055 *Hirt/Maisack/Moritz*, Kommentar zum TierSchG, § 17 Rdn.93.
1056 *Guber*, Schriftenreihe des LJV Bayern, Band 27, S. 43, 49.
1057 *Müller-Walter*, in: Lorz/Konrad/Mühlbauer/Müller-Walter/Stöckel, Kommentar zum BNatschG, § 39, Rdn. 7.

II. ABGRENZUNG DER RECHTSKREISE JAGD- UND NATURSCHUTZRECHT

streng geschützt ist, mit dem Ziel, Tierleid zu beenden, ist ein vernünftiger Grund i. S. d. § 39 BNatschG.[1058]

Rechtsdogmatisch handelt es sich bei dem vernünftigen Grund um einen Rechtfertigungsgrund,[1059] der seinen Ursprung im Tierschutzrecht hat. Nach § 1 S. 2 TierSchG darf niemand einem Tier ohne vernünftigen Grund Schmerzen, Leiden oder Schäden zufügen. Der Leidensbegriff ist bei wildlebenden, nicht an Menschen gewöhnten Tieren sehr weit gefasst.

Unter Leiden sind nach inzwischen gefestigter Rechtsprechung alle nicht vom Begriff des Schmerzes umfassten Beeinträchtigungen im Wohlbefinden zu verstehen,[1060] die über ein schlichtes Unbehagen hinausgehen und eine nicht ganz unwesentliche Zeitspanne fortdauern.[1061]

Leiden können sowohl körperlich als auch (tier-)seelisch empfunden werden.[1062] Der Begriff wird ausgefüllt durch Empfindungen wie Angst, Panik, starke Aufregung, Erschöpfung, Trauer, innere Unruhe, starkes Unwohlsein, Hunger- oder Durstqualen.[1063] Auslöser von Leiden sind in aller Regel Einwirkungen, die der Wesensart, den Instinkten, dem Selbst- und Arterhaltungstrieb des Tieres zuwiderlaufen.[1064] Dazu zählt auch die Isolation von Tieren, welche stets in der Gemeinschaft leben.[1065]

Für allgemein geschützte Arten ist eine Abwägung vorzunehmen anhand einer Zweck-Mittel-Relation, wobei maßgeblich die Sicht eines durchschnittlich gebildeten, dem Naturschutz gegenüber aufgeschlossenen Betrachters maßgeblich ist.[1066]

1058 *Müller-Walter*, in: Lorz/Konrad/Mühlbauer/Müller-Walter/Stöckel, Kommentar zum BNatschG, § 39, Rdn. 7.
1059 *Müller-Walter*, in: Lorz/Konrad/Mühlbauer/Müller-Walter/Stöckel, Kommentar zum BNatschG, § 39 BNatschG, Rdn. 7.
1060 *Pfohl*, in: Münchner Kommentar zum StGB, § 17 TierSchG, Rn. 67ff, mit einer umfassenden Darstellung des Begriffsverständnisses Schmerz i. S. d. TierSchG.
1061 *Pfohl* in: Münchner Kommentar zum StGB, § 17 TierSchG Rdn. 70.
1062 *Pfohl*, in: Münchner Kommentar zum StGB, § 17 TierSchG Rdn. 70.
1063 *Pfohl*, in: Münchner Kommentar zum StGB, § 17 TierSchG Rdn. 70.
1064 *Pfohl*, in: Münchner Kommentar zum StGB, § 17 TierSchG Rdn. 71.
1065 *Pfohl*, in: Münchner Kommentar zum StGB, § 17 TierSchG Rdn. 71.
1066 *Müller-Walter*, in: Lorz/Konrad/Mühlbauer/Müller-Walter/Stöckel, Kommentar zum BNatschG, § 39, Rdn. 7.

Danach liegt eine rechtswidrige Handlung nicht vor, wenn Tiere allgemein geschützter Arten, welche krank oder hilflos sind, zur Pflege und Erholung aufgenommen werden.[1067] Hier ist jedoch zu berücksichtigen, dass ein Ergreifen von bereits verletzten Tieren Angst, Panik und starke Aufregung auslösen kann, so dass in der Zweck-Mittel-Abwägung die Leidensbeendigung in Form der Tötung des Tieres die tierschutzgerechteste Maßnahme sein kann.

Dem Tierschutz liegt eine Abwägung zwischen Lebensschutz und Leidensbeendigung zu Grunde.[1068] Bei erheblichen, nicht zu lindernden Schmerzen oder Leiden wird sogar als „vernünftiger Grund" eine Verpflichtung zur Tötung eines Tieres angenommen, da „nach allgemeiner Anschauung der Schutz des Wohlbefindens eines Tieres über den Schutz seines Lebens gestellt wird".[1069]

Diesen umfänglichen Tierschutzansatz, welcher als Ultima Ratio auch die Tötung einschließt, gewährt das Naturschutzrecht den besonders und streng geschützten Arten nicht.

bb. Tierschutz für besonders und streng geschützte Arten

Für besonders und streng geschützte Arten ist es gem. § 44 Abs. 1 Nr. 1 BNatschG grundsätzlich verboten, diesen nachzustellen, sie zu fangen, zu verletzen oder zu töten oder ihre Entwicklungsformen aus der Natur zu entnehmen, zu beschädigen oder zu zerstören. Es handelt sich um absolute Verbote, d. h. selbst Maßnahmen, die im Ergebnis dem Schutz der Tiere dienen sollen, werden von den Verboten erfasst.[1070]

Eine gesetzliche Ausnahme von diesen Verboten ist in § 45 Abs. 5 BNatschG vorgesehen,[1071] um Tierleid zu beenden. Abweichend von den Entnahme- und Besitzverboten des § 44 Abs. 1 Nr. 1, Abs. 2 Nr. 1 BNatSchG sowie vorbehaltlich des jagdrechtlichen

---

1067 *Müller-Walter*, in: Lorz/Konrad/Mühlbauer/Müller-Walter/Stöckel, Kommentar zum BNatschG, § 39, Rdn. 7.
1068 Tierschutzbericht der Bundesregierung 1999, BT Drs. 14/600, S. 52
1069 Tierschutzbericht der Bundesregierung 1999, BT Drs. 14/600, S. 52.
1070 *Giesberts/Reinhardt*, in: Beck Online Kommentar zum Umweltrecht, § 44 BNatschG Rdn. 13.
1071 *Gellermann*, in: Landmann/Rohmer, Kommentar zum BNatschG, § 45 Rdn. 1.

II. ABGRENZUNG DER RECHTSKREISE JAGD- UND NATURSCHUTZRECHT

Aneignungsrechts, begründet § 45 Abs. 5 S. 1 BNatSchG die Befugnis zur vorübergehenden Inbesitznahme verletzter, hilfloser oder kranker Tiere besonders oder streng geschützter Arten mit dem Ziel, sie gesund zu pflegen.[1072]

Verletzte oder kranke Tiere dürfen deshalb von jedermann der Natur entnommen werden, um sie gesund zu pflegen und unverzüglich wieder freizulassen.[1073]

Der Verstoß gegen den gem. §§ 71 Abs. 1 Nr. 1, 69 Abs. 2 Nr. 1, 44 Abs. 1 Nr. 1 BNatschG strafbewehrten Verbotstatbestand des § 44 Abs. 1 Nr. 1 BNatschG ist im Fall des § 45 Abs. 5 BNatschG demzufolge nicht strafbar.[1074]

Die Straffreiheit für die Leidensbeendigung schwer verletzter Individuen besonders oder streng geschützter Arten umfasst jedoch nicht die Ultima Ratio in Form der Tötung. Ist ein Tier einer besonders oder streng geschützten Art so schwer verletzt, dass die Beendigung der Leiden nur durch die Tötung des Individuums erreicht werden könnte, macht sich derjenige, welcher die Tötung vollziehen würde, strafbar gem. § 71 Abs. 1 Nr. 2 i. V. m. § 69 Abs. 2 Nr. 1 b BNatschG. Dies ergibt sich daraus, dass der „besondere Grund" als Rechtfertigung für eine Tötung, wie er für allgemein geschützte Arten in § 39 Abs. 1 Nr. 1 BNatschG genannt ist, in der Ausnahmeregelung des § 45 Abs. 5 für den Zugriff auf besonders und streng geschützte Arten nicht mit aufgenommen wurde.

Insofern ist der Tierschutz für allgemein geschützte Arten umfänglicher im Naturschutzrecht berücksichtigt als für besonders oder streng geschützte Arten. Die Leiden von Individuen besonders oder streng geschützter Arten dürfen nach derzeitigem Regelungsstand unabhängig davon, ob sie so schwer sind, dass eine Gesundung aussichtslos ist, nicht beendet werden. Hier deutet sich ein Widerspruch an zu dem Grundsatz des Tierschutzrechts, dass

---

1072 *Gellermann*, in: Landmann/Rohmer, Kommentar zum BNatschG, § 45 Rdn. 14.
1073 *Müller-Walter*, in: Lorz/Konrad/Mühlbauer/Müller-Walter/Stöckel, Kommentar zum BNatschG, § 45, Rdn. 12.
1074 *Müller-Walter*, in: Lorz/Konrad/Mühlbauer/Müller-Walter/Stöckel, Kommentar zum BNatschG, § 45, Rdn. 12.

nach allgemeiner Anschauung der Schutz des Wohlbefindens eines Tieres über den Schutz seines Lebens gestellt wird.[1075]

cc. Verantwortlicher für Tierschutz im Naturschutzrecht

Jeder soll gem. § 2 Abs. 1 BNatschG nach seinen Möglichkeiten zur Verwirklichung der Ziele des Naturschutzes und der Landschaftspflege beitragen und sich so verhalten, dass Natur und Landschaft nicht mehr als nach den Umständen unvermeidbar beeinträchtigt werden. Dem Charakter des Naturschutzrechts entsprechend ist eine spezielle Verantwortungszuweisung für die Einhaltung des Tierschutzes über die Jedermanns-Verantwortung hinaus im Naturschutzrecht nicht geregelt.

Wie jedermann seine Verantwortung wahrnehmen darf, wildlebenden Tieren, welche nicht dem Jagdrecht unterliegen, ein Mindestmaß an Tierschutz in Form von Leidensvermeidung und Leidensverkürzung zukommen zu lassen, wird durch die Schutzkategorien vorgezeichnet und das durch diese vorgegebene Schutzregime.

h Stellungnahme – Vergleich Tierschutz im Jagd- und Naturschutzrecht

Es ist festzuhalten, dass der Tierschutz für allgemein geschützte Arten umfassender berücksichtigt ist als für besonders oder streng geschützte Arten.

Handelt es sich um jagdbare Tiere, gilt das Jagdrecht und damit der jagdrechtliche Tierschutz, der sämtliche Optionen der Leidensbeendigung und damit die volle Umsetzung des Individualtierschutzes zulässt.

Im Zentrum von tierschutzrechtlich gebotenen leidensbeendenden Maßnahmen steht als Ultima Ratio regelmäßig die Entnahme einzelner verletzter Individuen durch deren Tötung. Dem Tierschutz, wie er im Tierschutzgesetz seinen Niederschlag gefun-

---

1075 Tierschutzbericht der Bundesregierung 1999, BT Drs. 14/600, S. 52.

II. ABGRENZUNG DER RECHTSKREISE JAGD- UND NATURSCHUTZRECHT

den hat, liegt eine Abwägung zwischen Lebensschutz und Leidensbeendigung zu Grunde.[1076] Bei erheblichen, nicht zu lindernden Schmerzen oder Leiden wird sogar eine Verpflichtung zur Tötung eines Tieres angenommen, da *„nach allgemeiner Anschauung der Schutz des Wohlbefindens eines Tieres über den Schutz seines Lebens gestellt wird".*[1077]

Der Jagdausübungsberechtigte ist gem. § 22a BJagdG verpflichtet, wildlebende Tiere, die dem Jagdrecht unterliegen und sich in seinem Jagdbezirk befinden, vor vermeidbaren Schmerzen und Leiden zu bewahren. Es handelt sich um eine Garantenstellung des Jagdausübungsberechtigten, der alle Maßnahmen zu ergreifen hat, die erforderlich und zumutbar sind, um das Ziel der Leidensvermeidung zu erreichen.[1078]

Auch hier wird deutlich, dass das Verantwortungsmodell des Jagdrechts, auch im Bereich des Gemeinwohlinteresses Tierschutz, Vorteile gegenüber dem Naturschutz hat. Mit dem Jagdausübungsberechtigten hat der Gesetzgeber eine Person benannt, die in seinem Jagdbezirk auch für den Tierschutz beim Wild verantwortlich ist, unabhängig davon, wer die Verletzung verursacht hat. Dies zeigt, dass den Tieren, welche in den Geltungsbereich des Jagdrechts fallen, letztlich mehr Tierschutz zu Teil wird als den Arten, welche nur dem Naturschutzrecht unterliegen.

Fälle, wie sie im Zusammenhang mit im Verkehr verunfallten Wölfen geschehen sind,[1079] welche schwer verletzt aufgrund der rechtlichen Restriktionen im Naturschutzrecht und der Rechtsprechung[1080] leiden müssen, sind bei Arten, welche als Wild qualifiziert sind, gem. § 22a rechtlich ausgeschlossen.

1076 Tierschutzbericht der Bundesregierung 1999, BT Drs. 14/600, S. 52.
1077 Tierschutzbericht der Bundesregierung 1999, BT Drs. 14/600, S. 52.
1078 Zur Garantenstellung des Jagdausübungsberechtigten, siehe *Guber*, Schriftenreihe des LJV Bayern, Band 27, S. 43, 49.
1079 https://www.jawina.de/forum-natur-fordert-mehr-gruenbruecken-fuer-woelfe/#more-20641, Abruf:23.01.2021.
1080 Zur Rechtsprechung siehe *Guber*, NuR 2012, S. S. 623ff.

7. Eigentumsrechtliche Wirkung einer artenschutzrechtlichen Einstufung jagdbarer Tierarten

Es stellt sich die Frage, wie es sich eigentumsrechtlich auswirkt, wenn jagdbare Tierarten artenschutzrechtlich besonders oder streng geschützt werden.

Betroffen ist die jagdrechtliche Eigentumsposition in Form der Befugnis gem. § 1 Abs. 1 i. V. m. § 2 Abs. 1 oder § 2 Abs. 2 i. V. m. Landesrecht, auf einem bestimmten Gebiet wildlebende Tiere, die dem Jagdrecht unterliegen, (Wild) zu hegen, auf sie die Jagd auszuüben und sie sich aneignen zu dürfen.

a Maßgeblicher Rechtskreis

Werden jagdbare Arten naturschutzrechtlich unter besonderen oder strengen Schutz gem. § 7 Abs. 2 Nr. 13, 14 BNatschG gestellt, so ist zunächst zu prüfen, ob es sich um einen stärkeren Schutz handelt als das Jagdrecht, welches als artenschutzrechtliche Spezialnorm für jagdbare Tierarten diesen für die betroffenen Wildarten bereits vorsieht. Soweit in jagdrechtlichen Vorschriften keine besonderen Bestimmungen zum Schutz und zur Pflege der betreffenden Arten bestehen oder erlassen werden, sind gem. § 37 Abs. 2 S. 2 die artenschutzrechtlichen Vorschriften des 5. Kapitels des Bundesnaturschutzgesetzes anzuwenden. Das naturschutzrechtliche Artenschutzrecht findet jedoch gem. § 37 Abs. 2 S. 2 BNatschG seine Anwendungsgrenze in den Rechten des Jagdausübungsberechtigten, da die Vorschriften des 5. Kapitels des Bundesnaturschutzgesetzes nur vorbehaltlich der Rechte des Jagdausübungsberechtigten anzuwenden sind.

Die Umsetzung von europarechtlichen oder internationalen Artenschutzvorgaben für Tierarten, welche als Wild qualifiziert sind, müssen demzufolge im jagdrechtlichen Artenschutz erfolgen.[1081]

1081 *Brenner*, Jagdrecht und Naturschutzrecht, Teil 2, NuR 2017, S. 217, 224.

II. ABGRENZUNG DER RECHTSKREISE JAGD- UND NATUR-
SCHUTZRECHT

b Eingriff

Wird für den berechtigten Eigentümer der Zugriff auf jagdbare Arten beschränkt, so handelt es sich um einen Eingriff in das verfassungsrechtlich durch Art. 14 Abs. 1 GG geschützte Eigentum.[1082]

Einschränkungen der jagdrechtlichen Eigentümerbefugnisse bei artenschutzrechtlichen Maßnahmen dürfen als Ausdruck der Sozialbindung des Eigentums gem. Art. 14 Abs. 2 GG nicht weitergehen, als der Schutzzweck reicht, dem die Regelung dient.[1083]

c Die Sozialbindung des jagdrechtlichen Eigentums

Wird eine jagdbare Tierart in ihrem Bestand bedroht, bewirkt die durch Art. 14 Abs. 2 GG zum Ausdruck kommende Sozialbindung des Eigentums eine Verstärkung der im Jagdrecht enthaltenen eigentumsrechtlichen Pflichten, als Ausdruck der Sozialbindung des Eigentums. Nach dem Grundgesetz soll die Sozialbindung gewährleisten, dass der Gebrauch des Eigentums zugleich dem Wohle der Allgemeinheit dient.[1084] Der Gesetzgeber hat dem Grundsatz des Vorbehalts des Gesetzes gem. Art. 14 Abs. 1 S. 2 GG folgend die Sozialpflichtigkeit des jagdrechtlichen Eigentums für den Umgang mit bedrohten Wildarten in der Hegepflicht[1085] und bei den Grundsätzen der Abschussregelung konkretisiert.[1086]

Das Wohl der Allgemeinheit ist nicht nur Grund, sondern auch Grenze für die dem Eigentum aufzuerlegenden Belastungen.[1087]

Im Einzelnen sind hier die Zugriffs-, Besitz- und Vermarktungsbefugnisse des Eigentümers zu betrachten.

1082 Zum Begriff des Eingriffs siehe B III 1.
1083 BVerfG, Beschl. v. 2.3.1999, Az.: 1 BvL 7/91, NVwZ 2005, 1412, 1413; BVerfGE 100, 226, 241.
1084 *Leisner*, Sozialbindung, S. 86.
1085 Zur Hegepflicht siehe D I 1 b. und D II 2 b bb ii.
1086 Zur Berücksichtigung des Schutzes bedrohter Tierarten bei der Abschussregelung siehe D II 2 b bb iii.
1087 BVerfG, Beschl. v. 2.3.1999, Az.: 1 BvL 7/91, NVwZ 2005, 1412, 1413; BVerfGE 100, 226, 241.

d Zugriffsbefugnisse

Kennzeichnend für das jagdrechtliche Eigentum ist die ausschließliche Befugnis, auf Wild die Jagd auszuüben und es sich aneignen zu dürfen. Zu unterscheiden ist zwischen lebenden und toten Individuen der betroffenen Wildart, wenn es um die Erhaltung der Art, also um Artenschutz geht.

aa. Zugriff auf lebende Individuen

Sollen Tierarten geschützt werden, um deren Erhaltung zu gewährleisten, ist die Beschränkung des Zugriffs auf die Individuen der betroffenen Art zentrales Instrument. Betroffen sind damit alle Handlungen, welche gem. § 1 Abs. 3 zur Jagdausübung gehören, wie das Aufsuchen und das Nachstellen, welches regelmäßig von den Störverboten erfasst wird, wie auch das Fangen und Erlegen.[1088]

Ist der Wildbestand der betroffenen Art in dem Zustand, dass eine nachhaltige Nutzung zum Zeitpunkt der Betrachtung wildbiologisch nicht möglich ist, weil es bei einer Weiternutzung zur massiven Verschlechterung oder gar zum Aussterben der Population kommen würde, dürfte die Beschränkung des Eigentümers in seiner jagdrechtlichen Befugnis aufgrund des eingreifenden Regelungsgehaltes eine zulässige Schrankenbestimmung des Eigentums gem. Art. 14 Abs. 1 S. 2 GG sein.[1089] Als rechtliches Instrument steht dem Gesetzgeber die Aufhebung der Jagd- und damit verbunden die Festlegung von Schonzeiten gem. § 22 zur Verfügung.[1090]

Dem Zugriffsverbot folgend wäre auch ein Besitz und Vermarktungsverbot für lebende Individuen der betroffenen Art eine zulässige Beschränkung des Eigentums, sofern die betroffenen Individuen lebens- und fortpflanzungsfähig sind.

[1088] Zu den artenschutzrechtlichen Zugriffsbeschränkungen siehe z. B. Art. 12 FFH-RL.
[1089] Zur Abgrenzung von Inhalts- und Schrankenbestimmung, siehe *Grochtmann*, S. 227.
[1090] Zum Charakter der Schonzeit als Inhalts- und Schrankenbestimmung des Eigentums siehe *Badura*, Die Beschränkung einer Ausübung der Jagd durch Regelung von Jagd- und Schonzeiten, S. 9

II. ABGRENZUNG DER RECHTSKREISE JAGD- UND NATURSCHUTZRECHT

Ob die Zugriffsverbote sich auch auf Individuen erstrecken müssen, welche aufgrund ihres Alters an der Fortpflanzung nicht mehr teilnehmen und auch im Sozialgefüge der Art keine arterhaltende Funktion mehr haben, muss der Gesetzgeber im Einzelfall, d. h. in Abhängigkeit von der konkreten Art abwägen, damit die Grenze, welche durch Art. 14 Abs. 2 GG gezogen wird, Berücksichtigung findet. Denn das Wohl der Allgemeinheit, welches auch in artenschutzrechtlichen Beschränkungen seinen gesetzlichen Ausdruck findet, ist nicht nur Grund, sondern auch Grenze für die dem Eigentum aufzuerlegenden Belastungen.[1091]

Trägt ein Individuum nicht mehr zum Erhalt der Art bei und hat auch im artspezifischen Sozialgefüge keine tragende Rolle mehr, besteht keine Veranlassung Eigentümerbefugnisse in Form des Zugriffs, des Besitzes und der Aneignung zu beschränken. Das Individuum kann dem Ziel des Artenschutzes, die Art zu erhalten, nicht mehr dienen, so dass eine Einschränkung der Eigentümerbefugnisse nicht gerechtfertigt wäre.

Das Vermarktungsverbot dürfte jedoch auch in diesen Fällen eine zulässige Schrankenbestimmung des Eigentums sein, um Missbrauchsrisiken durch monetäre Motivationen zu reduzieren.

bb. Zugriff auf tote Individuen

Bei toten Individuen von Wildarten, welche naturschutzrechtlich besonders oder streng geschützt werden, ist eine Beschränkung der Eigentümerbefugnisse über das Vermarktungsverbot hinaus nicht zu rechtfertigen. Die toten Individuen erbringen zum Erhalt der Art keinen Beitrag mehr. Die von Art. 14 Abs. 2 GG gezogene Grenze der Sozialpflichtigkeit des Eigentums würde überschritten, wenn dem jagdrechtlichen Eigentümer seine Besitz- und Aneignungsbefugnis genommen werden würde, bei toten Individuen jagdbarer Art, welche besonders oder streng naturschutzrechtlich geschützt werden, da der Schutz der Art durch die Beschränkung über das Vermarktungsverbot hinaus gerade nicht bewirkt wird.

1091 BVerfG, Beschl. v. 2.3.1999, Az.: 1 BvL 7/91, NVwZ 2005, 1412, 1413; BVerfGE 100, 226, 241.

8. Ergebnis

Ist bei jagdbaren Arten ein besonderer oder strenger Artenschutz erforderlich und werden aus diesem Grund Befugnisse des jagdrechtlichen Eigentümers beschränkt, liegt ein Eingriff vor in Form einer Schrankenbestimmung gem. Art. 14 Abs. 1 S. 2 GG. Die Umsetzung der Schutzmaßnahmen muss im Rechtskreis des Jagdrechts erfolgen, da es sich beim Jagdrecht um den spezialgesetzlichen Regelungskreis für als Wild qualifizierte wildlebende Tiere handelt, welcher auch das für Wild geltende spezielle Artenschutzrecht enthält. Die Eigentümerbefugnisse dürfen nur in dem Umfang beschränkt werden, wie es zur Erhaltung der Art notwendig ist. Dies bedeutet, dass bei lebenden Individuen, welche aus wildbiologischer Sicht zum Erhalt der Art keinen Beitrag mehr leisten können oder welche nicht mehr lebensfähig sind, Zugriffs-, Besitz- und Aneignungsverbote unverhältnismäßig und als Eigentumseingriff nicht zu rechtfertigen wären. Gleiches gilt für tote Individuen der betroffenen Art. Verfassungsrechtlich gerechtfertigt wäre allein ein Vermarktungsverbot.

III Aufnahme streng geschützter Arten in den Katalog jagdbarer Tierarten am Beispiel des Wolfes (Canis Lupus)

1. Eigentumsrechtliche Wirkung

Werden streng geschützte Tierarten als jagdbare Art qualifiziert, so handelt es sich um eine Inhaltsbestimmung des Eigentums gem. Art. 14 Abs. 1 S. 2 GG.[1092] Der Gesetzgeber darf Eigentumsrechten nicht nur einen neuen Inhalt geben, sondern darf auch neue Rechte einführen.[1093] Der zur Ausübung des Jagdrechts Berechtigte erhält mit der Klassifizierung des Wolfes als jagdbare Art die eigentums-

---

1092 Zum Begriff der Inhaltsbestimmung siehe B III 2. a aa.
1093 BVerfGE 83, 201, 212.

III. AUFNAHME STRENG GESCHÜTZTER ARTEN IN DAS JAGDRECHT

rechtliche Rechtsposition, auf einem bestimmten Gebiet wildlebende Tiere der betreffenden Art zu hegen, auf sie die Jagd auszuüben und sie sich anzueignen.[1094]

2. Offenheit des Bundesjagdgesetzes für die Aufnahme einer streng geschützten Art durch das Landesrecht

Das Bundesjagdgesetz regelt in § 2 Abs. 2 explizit, dass die Länder weitere Tierarten bestimmen können, welche dem Jagdrecht unterliegen. Eine Beschränkung, welche die Klassifizierung einer Tierart als Wild vom naturschutzrechtlichen Status der jeweiligen Art abhängig macht, hat der Bundesgesetzgeber nicht getroffen. Insofern überlässt das Bundesjagdgesetz es der Entscheidung der Länder, weitere Tierarten für jagdbar zu erklären, wie z. B. den Wolf.

3. Kompetenzrechtliche Zulässigkeit der Qualifizierung des Wolfes als jagdbare Art durch den Bundesgesetzgeber

Unstrittig ist, dass der Bundesgesetzgeber eine streng geschützte Art in den Katalog der jagdbaren Arten gem. § 2 aufnehmen und sie damit dem Schutzschirm des jagdrechtlichen Artenschutzes unterstellen darf. Insbesondere sprechen europarechtliche Artenschutzvorgaben nicht dagegen. Das europäische Rechtsinstrument der Richtlinie überlässt es den Mitgliedsstaaten, wie und in welcher Form sie die europarechtlichen Vorgaben in ihr Rechtssystem integrieren, und macht keine Vorgaben, in welchem Rechtskreis die Vorgaben aus der Richtlinie umgesetzt werden.[1095]

a Gesetzgebungskompetenz des Bundes

Das Jagdwesen wie auch der Naturschutz sind nach der Föderalismusreform der konkurrierenden Gesetzgebungsbefugnis gem. Art. 74 Abs. 1 Nr. 28 und 29 GG zugeführt worden. Im Bereich der konkurrierenden Gesetzgebung haben gem. Art. 72 Abs. 1 GG die Länder die Befugnis zur Gesetzgebung, solange und soweit der Bund

---

1094 Zur eigentumsrechtlichen Rechtsposition siehe B I 4.
1095 *Brenner*, Jagdrecht und Naturschutzrecht, Teil 2, NuR 2017, S. 217, 225.

von seiner Gesetzgebungszuständigkeit nicht durch Gesetz Gebrauch gemacht hat.

b   Einfachgesetzliche Abgrenzung

Der jagdrechtliche Artenschutz würde gem. § 37 Abs. 2 S. 2 BNatschG Vorrang vor dem naturschutzrechtlichen Artenschutz haben. Der Gesetzgeber hat diese Möglichkeit gesehen und dennoch festgelegt, dass auch für diese Fälle die Subsidiarität des naturschutzrechtlichen Artenschutzes zum jagdrechtlichen Artenschutz gelten soll. Dies ergibt sich aus der Formulierung in § 37 Abs. 2 S. 2 BNatschG: „Soweit keine ... Bestimmungen ... erlassen werden." Durch diese grammatikalische Ausrichtung bringt der Gesetzgeber zum Ausdruck, dass auch in Zukunft besondere Bestimmungen zum Schutz und zur Pflege der betreffenden Arten erlassen werden können, welche dann Vorrang vor den naturschutzrechtlichen Regelungen haben. Dadurch wird im naturschutzrechtlichen Artenschutzrecht klargestellt, dass die Aufnahme einer Art in das Jagdrecht unabhängig von deren Schutzstatus zulässig ist, verbunden mit der Möglichkeit, entsprechende Schutzregelungen für diese Art in das Jagdrecht aufzunehmen. Anderenfalls hätte der Gesetzgeber den jagdrechtlichen Vorbehalt auf bestimmte Arten begrenzt. Dies ist jedoch gerade nicht der Fall. Vielmehr schreibt der Gesetzgeber, dass, sofern für die betreffende Art im Jagdrecht besondere Schutzbestimmungen erlassen werden, diese dem naturschutzrechtlichen Artenschutz vorgehen. Voraussetzung für besondere Schutzbestimmungen für eine Art im Jagdrecht ist jedoch, dass diese Art in den Katalog der jagdbaren Arten aufgenommen werden muss, da nur dann die Art unter den besonderen Schutzschirm des Jagdrechts fällt.

4.   Kompetenzrechtliche Zulässigkeit des Landesgesetzgebers – Zuordnung des Wolfes zum Jagdrecht gem. Art. 72 Abs. 3 Nr. 2 GG

Die Zulässigkeit der Qualifizierung streng geschützter Arten als jagdbare Art und die damit verbundene Aufnahme in den Katalog

III. AUFNAHME STRENG GESCHÜTZTER ARTEN IN   291
DAS JAGDRECHT

jagdbarer Arten durch die Länder ist in der rechtswissenschaftlichen Literatur umstritten.

Auslöser der unterschiedlichen Auffassungen ist die Frage, ob Aspekte desselben Themenkomplexes, in Form des Artenschutzes durch den Bundes- und durch den Landesgesetzgeber, gleichermaßen geregelt werden dürfen. Konkret stellt sich die Frage, ob der Landesgesetzgeber den Wolf als auf Bundesebene artenschutzrechtlich streng geschützt eingestufte Art auf Landesebene als jagdbare Art einstufen und damit dem jagdrechtlichen Artenschutzregime unterstellen darf.[1096]

Als zentraler Abgrenzungskonflikt für die Beantwortung der Frage, ob die Länder den Wolf als jagdbare Art einordnen dürfen, wird das Verhältnis gesehen vom allgemeinen Artenschutz, wie er im Naturschutzgesetz geregelt ist, und dem besonderen Artenschutz für Wild, wie er sich aus den Bundes- und Landesjagdgesetzen ergibt. Handelt es sich beim Jagdwesen wie auch beim Naturschutz um Regelungsmaterien, welche der konkurrierenden Gesetzgebung gem. Art. 74 Abs. 1 Nr. 28 und 29 GG unterfallen, so hat der Gesetzgeber in Art. 72 Abs. 3 Nr. 1 für das Jagdwesen, ohne das Recht der Jagdscheine, dem Landesgesetzgeber die Möglichkeit eröffnet, abweichende Regelungen von Bundesgesetzen treffen zu dürfen. Im Gegensatz dazu dürfen die Länder gem. Art. 72 Abs. 3 Nr. 2 vom naturschutzrechtlichen Artenschutz keine abweichenden Regelungen treffen.

[1096] Dafür: *Brenner*, Jagdrecht und Naturschutzrecht Teil 2 NuR 2017, S.217, 224; *Glaser*, NuR 2007, S. 439, 442; *Wolf*, ZUR 2012 S. 331, 338; *Meyer-Ravenstein*, in: *Meyer-Ravenstein/Louis*, Übernahme des Wolfes in das sächsische Jagdrecht, S. 54, wenn für Verwaltungsentscheidungen die Beachtung des EU Rechts in Form der FFH RL vorgeschrieben wird.; Dagegen: *Köck*, ZUR 2015, S. 589, 597; *Ditscherlein*, S. 89.

a Das Verhältnis von jagdrechtlichem Artenschutz und naturschutzrechtlichem Artenschutz im Katalog der Gesetzgebungskompetenz der Art. 72 und 74 GG

Will man das Verhältnis von jagdrechtlichem Artenschutz und naturschutzrechtlichem Artenschutz näher bestimmen, für die Abgrenzung der Gesetzgebungskompetenzen von Bund und Ländern, so ist zunächst festzustellen, dass das Recht des Artenschutzes keinen eigenen Kompetenztitel darstellt.[1097] Das Recht des Artenschutzes wird in Art. 72 Abs. 3 Nr. 2 GG als ein Ausschnitt des Kompetenztitels „Naturschutz und Landschaftspflege", wie er sich aus Art. 74 Abs. 1 Nr. 29 GG ergibt, dargestellt. Das Recht des naturschutzrechtlichen Artenschutzes ist dabei als eines von mehreren Elementen des Klammerzusatzes in Art. 72 Abs. 3 Nr. 2 GG von der Abweichungskompetenz der Länder ausgenommen. Im Gegensatz dazu ist für den Kompetenztitel des Jagdwesens gem. Art. 72 Abs. 3 Nr. 1 GG nur das Recht der Jagdscheine als Klammerzusatz genannt. Das Recht des Artenschutzes als Teilgebiet des Naturschutzes ist erstmals verfassungsrechtlich explizit angesprochen worden.[1098] Das Grundgesetz verfolgt mit den Zuständigkeitskatalogen der Art. 70 ff. GG den Zweck, eine vollständige Verteilung der staatlichen Aufgaben und Befugnisse zwischen Bund und Ländern zu erreichen.[1099] Die jeweilige Kompetenzmaterie wird dabei entweder faktisch-deskriptiv durch Benennung der zu regelnden Lebenssachverhalte oder normativ-rezeptiv durch Aufnahme eines vorgefundenen Normbereichs als zu regelnde Materie der Kompetenznorm zugeordnet.[1100]

Dem Bundesverfassungsgericht folgend, bestimmt sich der Zuweisungsbereich der Kompetenznorm in der Regel nach der ein-

---

1097 *Sachs*, in: Dietlein/Froese, Jagdliches Eigentum, Verteilung der Gesetzgebungskompetenzen in Fragen des Jagdwesens zwischen Bund und Ländern, S. 129.; *Brenner*, Jagdrecht und Naturschutzrecht Teil 2 NuR 2017, S.217, 218.
1098 *Sachs*, in: Dietlein/Froese, Jagdliches Eigentum, Verteilung der Gesetzgebungskompetenzen in Fragen des Jagdwesens zwischen Bund und Ländern, S. 129.
1099 BVerfGE 109, 190, 218.
1100 BVerfGE 109, 190, 218.

III. AUFNAHME STRENG GESCHÜTZTER ARTEN IN DAS JAGDRECHT

fachgesetzlichen Ausformung in dem Umfang der normativ ausgeformten Materie, welche der Verfassungsgeber vorgefunden und in der Kompetenznorm benannt hat.[1101] Für das Artenschutzrecht hat der Verfassungsgeber mit der Benennung des naturschutzrechtlichen Artenschutzrechtes in Art. 72 Abs. 3 Nr. 2 GG zum Ausdruck gebracht, dass die normative Ausformung, wie sie in Kapitel 5 des Bundesnaturschutzgesetzes ihren Ausdruck gefunden hat, Maßstab für den Zuweisungsbereich der Kompetenznorm ist. Indem der Verfassungsgeber beim Kompetenztitel des Jagdwesens gem. Art. 72 Abs. 3 Nr. 1 GG den jagdrechtlichen Artenschutz gerade nicht als abweichungsfeste Regelungsmaterie im Klammerzusatz neben dem Recht der Jagdscheine genannt hat, wird man dies nur so verstehen können, dass der abweichungsfeste naturschutzrechtliche Artenschutz den Bereich Artenschutz nicht vollumfänglich erfassen will, sondern nur in dem Umfang, wie er in der einfachgesetzlichen Ausformung des Bundesnaturschutzgesetzes zum Ausdruck kommt. Sinn und Zweck der Umschreibung eines vom Verfassungsgeber bereits vorgefundenen Normenbereichs in der Kompetenzvorschrift sprechen dafür, dass der vorgefundene Normenbereich von ihr erfasst werden soll.[1102]

Der jagdrechtliche Artenschutz ist als Teilgebiet jagdrechtlicher Vorschriften in § 37 Abs. 2 S. 2 BNatschG explizit als besonderes Artenschutzrecht genannt, welches vorrangig, vor dem naturschutzrechtlichen Artschutzrecht anzuwenden ist. Entsprechend heißt es in der Begründung für die Grundgesetzänderung: „Das Recht des Artenschutzes umfasst nicht den jagdrechtlichen Artenschutz."[1103]

Der jagdrechtliche Artenschutz ist dem Kompetenztitel des Jagdwesens unterstellt und demzufolge von der Abweichungsbefugnis gem. Art. 72 Abs. 3 GG umfasst.[1104]

1101 BVerfGE 109, 190, 218.
1102 BVerfGE 109, 190, 218.
1103 BT Drs. 16/813, S. 11.
1104 *Sachs*, in: Dietlein/Froese, Jagdliches Eigentum, Verteilung der Gesetzgebungskompetenzen in Fragen des Jagdwesens zwischen Bund und Ländern, S. 129.

b Abweichungsgesetzgebung gem. Art. 72 Abs. 3 GG und Bindungen der Länder an das europäische Gemeinschaftsrecht

Indem der Verfassungsgeber den Ländern die Möglichkeit eröffnet hat, durch den Erlass entsprechender Regelungen die Zuständigkeit des jagdrechtlichen Artenschutzes für sich zu beanspruchen, hat er sie nicht von der Beachtung und Umsetzung europarechtlicher Artenschutzvorgaben entbunden.[1105] Das Recht zur Abweichungsgesetzgebung suspendiert die Bindungen an das Gemeinschaftsrecht nicht.[1106] Die Länder sind genauso wie der Bund verpflichtet gemeinschaftsrechtliche Vorgaben zu beachten, wenn sie streng geschützte Tierarten dem jagdrechtlichen Artenschutzregime unterstellen.

c Einfachgesetzliche Abgrenzung bundesnaturschutzrechtlicher Artenschutz – landesjagdrechtlicher Artenschutz

Auf einfachgesetzlicher Ebene gehen jagdrechtliche Artenschutzregelungen für die jeweils betroffene Wildart gem. § 37 Abs. 2 S. 2 BNatschG den artenschutzrechtlichen Regelungen des Bundesnaturschutzgesetzes vor.[1107]

5. Zulässigkeit der Einordnung des Wolfes als jagdbare Art nach europäischem Artenschutzrecht

Die FFH RL lässt offen, ob zur Umsetzung der Richtlinienvorgaben der Wolf dem Rechtsregime des Jagdrechts oder des Naturschutzrechts unterstellt wird. Jedenfalls ist der Richtlinie nicht zu entnehmen, dass eine Aufnahme in das Jagdrecht unzulässig ist. Nach ständiger Rechtsprechung des EuGH erfordert die Umsetzung einer Richtlinie nicht unbedingt eine förmliche und wörtliche Übernahme ihrer Bestimmungen in eine ausdrückliche spezifische Rechtsvorschrift, sondern kann ihr durch einen allgemeinen recht-

---

1105 *Brenner*, Jagdrecht und Naturschutzrecht Teil 2 NuR 2017, S.217, 225.
1106 *Wolf*, ZUR 2012, S. 331, 334.
1107 Siehe D II 2 c ff.

III. AUFNAHME STRENG GESCHÜTZTER ARTEN IN DAS JAGDRECHT

lichen Kontext Genüge getan werden, jedoch muss dieser tatsächlich die vollständige Anwendung der Richtlinie hinreichend klar und bestimmt gewährleisten.[1108]

Das Unionsrecht steht demzufolge einer Umsetzungsregel, die auch streng geschützte Tierarten dem Jagdrecht unterstellt, nicht entgegen.[1109]

6. Gestaltung und Umfang der Eigentümerbefugnisse – Zugriff und Aneignung von Wölfen als jagdbare Art

Die Klassifizierung des Wolfes als Wild gem. § 2 Abs. 1 oder gem. § 2 Abs. 2 i. V. m. Landesrecht begründet durch die Eigentumsposition des Jagdrechts gem. § 1 Abs. 1 die Befugnis, Wölfe zu hegen, auf sie die Jagd auszuüben und sie sich anzueignen. Während die Ausübung der Hege des Wolfes als Maßnahme der Arterhaltung und damit des Artenschutzes uneingeschränkt auch aus unionsrechtlicher Sicht zulässig ist, muss bei der Befugnis, die Jagd auszuüben, und der Aneignungsbefugnis das europäische Artenschutzrecht berücksichtigt werden, so dass eine allgemeine Freigabe gegen Art. 12 FFH RL verstoßen würde. Jedoch ist zu berücksichtigen, dass die Qualifizierung des Wolfes als jagdbare Art eine Inhaltsbestimmung des Eigentums ist und damit der Maßstab für die Zulässigkeit von Beschränkungen nicht nur das europäische Artenschutzrecht ist, sondern auch Art. 14 Abs. 1 S. 1 GG.

a Verhältnis von europäischem Artenschutzrecht und Art. 14 Abs. 1 S. 1 GG

Gegenüber nationalem Recht genießen das europäische Primärrecht sowie das Sekundärrecht, d. h. Verordnungen, Richtlinien und andere Handlungsformen der EU gem. Art. 288 AEUV einen Anwendungsvorrang vor nationalem Recht.[1110] Das Recht der Europäischen Union kann sich nur wirksam entfalten, wenn es entge-

---

1108 EuGH, Urteil v. 20.10.2005, Az.: C-6/04, Rdn. 21, abgerufen am 06.04.2021, unter: http://curia.europa.eu/juris/liste.jsf?language=de&num=C-6/04.
1109 *Brenner*, Jagdrecht und Naturschutzrecht Teil 1, NuR 2017, S. 145, 151.
1110 *Epping*, Grundrechte, Rdn. 1029.

genstehendes mitgliedstaatliches Recht verdrängt. Der Anwendungsvorrang des Unionsrechts führt nicht dazu, dass entgegenstehendes nationales Recht nichtig wäre. Mitgliedstaatliches Recht kann vielmehr weiter seine Geltung entfalten, wenn und soweit es jenseits des Anwendungsbereichs einschlägigen Unionsrechts einen sachlichen Regelungsbereich behält.[1111] Insbesondere, wenn das Unionsrecht den Mitgliedstaaten Spielräume einräumt oder belässt, können nationale Grundrechte zur Anwendung kommen, da hier keine vollständige bzw. abschließende Bindung durch das Unionsrecht besteht.[1112]

Für den Umgang mit dem Wolf als jagdbare Art eröffnet Art. 16 Abs. 1 lit. e FFH RL dem umsetzenden Gesetzgeber Spielräume, welche die Entnahme von Individuen an sich gestattet, ohne dass es auf das Vorliegen besonderer Gründe ankommt.[1113] In Umsetzung der unionsrechtlichen Artenschutzvorgaben ist der nationale Gesetzgeber an das vom Grundgesetz vorgegebene Wertsystem gebunden. Bei der Klassifizierung des Wolfes als jagdbare Art rücken die Verfassungsgüter Eigentum als Grundrecht gem. Art. 14 Abs. 1 S. 1 GG sowie die Staatszielbestimmung des Art. 20 a GG in das Zentrum der Betrachtung.

b   Verpflichtung des nationalen Gesetzgebers zur Nutzung europarechtlicher Spielräume bei der Umsetzung artenschutzrechtlicher Vorgaben bei der Eigentumsgestaltung

Gestaltet der Gesetzgeber Eigentum inhaltlich durch Schaffung einer Rechtsposition, so ist der Schutzbereich nicht von Natur aus gegeben, sondern wird durch das einfache Recht in seinem konkreten Umfang begründet.[1114] Klassifiziert der Gesetzgeber den Wolf als jagdbare Art, bedeutet dies, dass das Jagdrecht auf den Wolf nur

---

1111 BVerfG, Beschl. v. 6.7.2010, Az.: 2 BvR 2661/06, Rdn. 53, abgerufen a, 06.04.2021, unter: https://www.bundesverfassungsgericht.de/SharedDocs/Entscheidungen/DE/2010/07/rs20100706_2bvr266106.html.
1112 *Jarass*, Charta der Grundrechte der EU, Rdn. 15.
1113 *Brenner*, Jagdrecht und Naturschutzrecht Teil 2 NuR 2017, S.217, 226f.
1114 *Epping*, Grundrechte, Rdn. 433.

III. AUFNAHME STRENG GESCHÜTZTER ARTEN IN
DAS JAGDRECHT

als Eigentum mitsamt der umgesetzten artenschutzrechtlichen Vorgaben und Beschränkungen geschützt ist. Hat der Gesetzgeber jedoch den für das Eigentumsgrundrecht maßgeblichen Spielraum nicht genutzt, stellt sich die Frage, wie dieser Umstand zu berücksichtigen ist.[1115]

aa. Eigentumsausgestaltung – Wechselbeziehung zwischen staatlichem Handeln und Grundrechtswahrnehmung

Ist ein Grundrecht normgeprägt, besteht eine Wechselbeziehung zwischen dem staatlichen Handeln des Gesetzgebers und dem Einzelnen, der sein Grundrecht wahrnehmen will.[1116] Der Einzelne ist auf staatliche Regelungen angewiesen. Schafft der Staat Regelungen, begrenzt und konturiert er damit zugleich den grundrechtlichen Schutz.[1117] Die Besonderheit dabei ist, dass die vom Gesetzgeber geschaffene Regelung die Grundrechtswahrnehmung erst ermöglicht.[1118]

bb. Wolf im Jagdrecht als Eigentumsausgestaltung

Erst durch die Aufnahme des Wolfes in den Katalog der jagdbaren Arten entsteht die vom Schutzbereich des Art. 14 Abs. 1. S. 1 GG erfasste Rechtsposition „Jagdrecht auf die wildlebende Tierart Wolf". Diese Rechtsposition würde dem jagdrechtlichen Eigentümer die Möglichkeit eröffnen, die Tierart zu nutzen, da er nur so in die Lage versetzt werden würde, die Jagd auf den Wolf ausüben zu dürfen, im Rahmen der eigentumsrechtlichen Schranken, welche die Jagd- und Schonzeiten vorgeben.

Man spricht hier von Ausgestaltung und meint damit jedes gesetzgeberische Handeln, mit dem der Staat bei normgeprägten Grundrechten zur Schutzbereichsbestimmung tätig wird.[1119] Die

---

1115 *Heidenreich*, NuR 1992, S.210, 215, der staatliche Handlungspflichten ablehnt.
1116 *Epping*, Grundrechte, Rdn.434.
1117 *Epping*, Grundrechte, Rdn.434.
1118 *Epping*, Grundrechte, Rdn.434.
1119 *Epping*, Grundrechte, Rdn.434.

Verfassungsmäßigkeit der Ausgestaltung ist an der Institutsgarantie gem. Art. 14 Abs. 1 S. 1 GG zu messen.[1120] So ist im Bereich des Art. 14 Abs. 1 GG gesetzgeberisches Handeln daran zu messen, ob gegen Wesensmerkmale der Institutsgarantie wie grundsätzlich freie Verfügbarkeit und Privatnützigkeit verstoßen wurde. Der Gesetzgeber muss im Rahmen seines weiten Ausgestaltungsspielraumes die praktische Verwirklichung persönlicher Freiheit anstreben und dabei für einen schonenden Ausgleich gegenläufiger Grundrechtspositionen sorgen.[1121]

cc. Wolf im Jagdrecht – Artenschutz und die Wesensmerkmale des Eigentums

Setzt der Gesetzgeber europäisches Artenschutzrecht national um, indem er den Wolf dem besonderen Artschutzregime des Jagdrechts unterstellt, gestaltet er dadurch eine Eigentumsposition. Der Gesetzgeber ist gem. Art. 14 Abs. 1 GG verpflichtet sich bei der Ausgestaltung von Eigentumspositionen an den Wesensmerkmalen der Institutsgarantie Eigentum zu orientieren.

Eröffnet das umzusetzende europäische Artenschutzrecht die Möglichkeit der Entnahme einzelner Individuen, wie dies mit Art. 16 Abs. 1 lit. e FFH RL der Fall ist, wird damit die Eigentumsposition überhaupt erst inhaltlich gefüllt, da es sich anderenfalls lediglich um eine Hülle handelt, aufgrund der Beschränkungen, wie sie sich aus Art. 12 FFH RL ergeben.

Der verfassungsrechtliche Auftrag an den Gesetzgeber, Eigentum normativ zu gestalten, zielt darauf ab, dem Einzelnen die Grundrechtswahrnehmung zu ermöglichen. Beim Eigentum ist diese geprägt durch die Merkmale der grundsätzlich freien Verfügbarkeit und Privatnützigkeit. Diese Freiheitsmerkmale finden ihre Grenze in der Sozialpflichtigkeit des Eigentums gem. Art. 14 Abs. 2 GG, wonach Eigentum auch dem Wohl der Allgemeinheit dienen soll.[1122] Das Wohl der Allgemeinheit ist nicht nur Grund, sondern

---

1120 *Epping*, Grundrechte, Rdn.437.
1121 *Epping*, Grundrechte, Rdn.565.
1122 *Blasberg*, S. 106.

III. AUFNAHME STRENG GESCHÜTZTER ARTEN IN
DAS JAGDRECHT

auch Grenze für die dem Eigentum aufzuerlegenden Belastungen.[1123] Danach wird der Gesetzgeber bei der normativen Ausgestaltung des Eigentums die das Rechtsinstitut Eigentum prägenden Merkmale wie Privatnützigkeit aus Gründen des Artenschutzes einschränken dürfen, je stärker die Art gefährdet ist. Jedoch verpflichtet die Institutsgarantie aus Art. 14 Abs. 1 GG den Gesetzgeber dabei nur so weit wie nötig und nicht so weit wie möglich zu gehen. Dies bedeutet, dass Gestaltungsspielräume für Eigentümerbefugnisse bei der Umsetzung europäischer Richtlinien genutzt werden müssen, um den Wesensmerkmalen des Eigentums gerecht zu werden. Konkret sind Zugriffsbefugnisse auf streng geschützte Arten dem Eigentümer zuzugestehen, wenn das Artenschutzrecht diese wie z. B. in Art. 16 Abs. 1 lit e zulässt.[1124]

dd. Wolf im Jagdrecht – Die Verfassungsgüter Artenschutz und Eigentum in praktischer Konkordanz

Dieser Befund wird bestätigt, wenn man Artenschutz in den Kanon der Verfassungsgüter einordnet und dabei ins Verhältnis zum Verfassungsgut Eigentum setzt. Artenschutz findet seinen verfassungsnormativen Ausdruck in der Staatszielbestimmung von Art. 20a GG als Bestandteil der natürlichen Lebensgrundlagen. Der Ausgleich zwischen Grundrechten und Staatszielbestimmung muss im Kollisionsfall aufgelöst werden. Dabei wirkt Art. 20a GG als verfassungsimmanente Schranke.[1125] Die Grenze für die verfassungsmäßig geschützten Positionen müssen dem Grundsatz der praktischen Konkordanz entsprechend[1126] durch einen stetigen Schutzgüter- und Interessenausgleich zur größtmöglichen Entfaltung gebracht werden.[1127]

1123 BVerfG, Beschl. v. 2.3.1999, Az.: 1 BvL 7/91, NVwZ 2005, 1412, 1413; BVerfGE 100, 226, 241.
1124 Maßgebliches Kriterium ist der Erhaltungszustand der betroffenen streng geschützten Art, der sich durch die Maßnahme nicht verschlechtern darf.
1125 *Asche*, NuR 2003, S. 407, 410.
1126 Zum Begriff der praktischen Konkordanz siehe *Hesse*, Rdn. 219 zit. nach *Epping*, Grundrechte, Rdn. 91.
1127 *Michael/Morlok*, Grundrechte, Rdn. 733.

Für die Rechte des jagdrechtlichen Eigentümers bei der Ausgestaltung seiner Rechtsposition durch den Gesetzgeber kann dies nur bedeuten, dass der nationale Gesetzgeber die verfassungsmäßige Ordnung insbesondere in Form der grundrechtlichen Gewährleistungen in maximal zulässigem Umfang zur Geltung bringen muss. Dazu gehört bei der Aufnahme des Wolfes in den Katalog der jagdbaren Arten zu prüfen, in welchem Umfang die Entnahme von Exemplaren gem. Art. 16 Abs. 1 lit. e FFH RL zulässig ist, und den Zulässigkeitsrahmen einfachgesetzlich so zu normieren, dass dem Grundrechtsinhaber die Wahrnehmung seines Grundrechts ermöglicht wird. So wird in der Literatur zu Recht darauf hingewiesen, dass eine Ausübung des Jagdrechts auf den Wolf erfolgen darf, wenn dieser jagdbare Art ist und einer der Ausnahmefälle des Art. 16 Abs. 1 lit. e FFH RL erfüllt ist.[1128]

Eigentumsrechtlich ist bei der Ausübung des Jagdrechts zwischen den Tätigkeiten der Jagdausübung, wie sie in § 1 Abs. 3 mit dem Aufsuchen, Nachstellen, Erlegen und Fangen von Wild beschrieben sind, und der Aneignung von Exemplaren der streng geschützten Art zu unterscheiden. Die Tätigkeiten der Jagdausübung gem. § 1 Abs. 3 beziehen sich regelmäßig auf lebende Exemplare. Die Aneignungsbefugnis als zentrales Element des jagdrechtlichen Eigentums schließt auch tote Exemplare ein, welche für den Artenschutz keine Funktion mehr haben und auch keinen Beitrag zum Erhalt der Art mehr leisten können.

i   Jagdausübung auf Wölfe

Für die Jagdausübung auf Wölfe ist der Erhaltungszustand der Art der Maßstab für die Beurteilung, ob diese zulässig ist.

Der Erhaltungszustand der betroffenen Population darf sich durch die Entnahme einzelner Tiere nicht verschlechtern. Ist dieser Zustand erreicht, was bei der Population, zu der die in Deutschland vorkommenden Wölfe gehören, der Fall sein dürfte,[1129] wird der eigentumsgestaltende Gesetzgeber die Jagdausübung in dem von

---

1128 *Wolf*, ZUR, S. 331, 334.
1129 So *Okamara/Herzog*, S. 201; anderer Auffassung, *Wolf/Luchta*, NuR 2017, S. 509, 516.

III. AUFNAHME STRENG GESCHÜTZTER ARTEN IN   301
DAS JAGDRECHT

Art. 16 Abs. lit. e FFH RL vorgezeichneten Rahmen gestatten müssen. Denn das durch die verfassungsrechtliche Eigentumsgarantie gem. Art. 14 Abs. 1 GG geschützte Jagdrecht darf nur aus den im Bundes- und Landesjagdgesetz genannten Gründen u. a. der Hege des Wildes und des Arten- und Tierschutzes eingeschränkt werden. Gestattet das Artenschutzrecht die Bejagung von Tieren, so kann der Artenschutz gerade nicht als Begründung dafür angeführt werden, dass eine Bejagung unzulässig sei.

ii   Aneignung von toten Wölfen

Sind Individuen jagdbarer Arten zu Tode gekommen und werden von dem zur Ausübung des Jagdrechts Berechtigten gefunden, ist dieser grundsätzlich berechtigt sich diese anzueignen. Beim Wolf stehen diesem Aneignungsrecht die Besitz- und Aneignungsverbote gem. Art. 12 Abs. 2 FFH RL entgegen. Nimmt man das Verfassungsgut, die Art zu schützen und zu erhalten, fehlt bei einem toten Individuum ein Erhaltungsbeitrag. Kann das betroffene Individuum keinen Beitrag mehr zum Artschutz erbringen, besteht keine Veranlassung, die Befugnisse des Eigentümers, hinsichtlich seiner Aneignungsbefugnis, einzuschränken, so dass über die Ausnahme des Art. 16 Abs. 1 lit. e FFL die jagdrechtliche Aneignungsbefugnis des Eigentümers für zu Tode gekommene Wölfe, welche der zur Ausübung des Jagdrechts Befugte in seinem Jagdbezirk findet, durch den Gesetzgeber gestaltet werden könnte und wohl auch müsste, wenn der Verfassungsauftrag aus Art. 14 Abs. 1 S. 1 GG ernst genommen wird. Beschränkt bleiben müsste der Eigentümer wohl in der Vermarktung, um das Risiko zu reduzieren aus monetär motivierten Vermarktungsgründen, gezielt den Tod von Individuen streng geschützter Arten herbeizuführen.

ee. Artenschutzrechtliche Voraussetzungen für die Bejagung des Wolfes

Art. 16 Abs. 1 lit e FFH RL gestattet es den Mitgliedstaaten explizit, „unter strenger Kontrolle selektiv und in beschränktem Ausmaß die Entnahme oder Haltung einer begrenzten und von den zuständigen einzelstaatlichen Behörden spezifizierten Anzahl von Exemplaren der bestimmten Tier- und Pflanzenarten des Anhangs

IV zu erlauben." Die Norm des Art. 16 Abs. 1 lit. e FFH RL betrifft den Fall der Entnahme im Rahmen einer nachhaltigen Nutzung, da die Zulässigkeit der Entnahme an keine weiteren besonderen Voraussetzungen geknüpft ist. Im Vergleich dazu setzen die Ausnahmen gem. Art. 16 Abs. 1 lit. a bis c FFH RL besondere Gefährdungslagen voraus, und Art. 16 Abs. 1 lit. d FFH RL legt eine Zweckbindung fest, d. h., die Entnahme darf nur zu dem in der Norm genannten Zweck erfolgen.

Für die Ausnahme des Art. 16 Abs. 1 lit. e FFH RL müssen demzufolge gem. Art. 16 Abs. 1 FFH RL die folgenden allgemeinen für alle Ausnahmen geltenden Voraussetzungen erfüllt sein, damit eine Entnahme zulässig ist:

- Es darf keine andere zufriedenstellende Lösung geben
- Die Population der betroffenen Art muss trotz der Ausnahme in einem günstigen Erhaltungszustand verweilen[1130]

Nicht die Beibehaltung des Jagdrechts, sondern seine Einschränkung muss gemessen an den geltenden jagdrechtlichen Vorgaben gerechtfertigt sein.[1131]

Die Umsetzung einer EU-Richtlinie in innerstaatliches Recht erfordert nach ständiger Rechtsprechung des EuGHs nicht notwendig eine förmliche und wörtliche Übernahme ihrer Bestimmungen in eine ausdrückliche, besondere Gesetzesvorschrift.[1132] Je nach dem Inhalt der Richtlinie kann hierzu ein allgemeiner rechtlicher

---

1130 *Okamara/Herzog*, S. 201, die aus wildbiologischer Sicht einen günstigen Erhaltungszustand für die baltisch-osteuropäische Wolfspopulation konstatieren, zu der auch die Wolfsvorkommen in Deutschland gehören. Dazu führen sie aus: *„Selbst wenn wir die „mitteleuropäische Flachlandpopulation" der aus populationsbiologischer Sicht, wie auch naturschutzrechtlich, der Status einer Subpopulation zukommt, isoliert betrachten würden, wäre dieses Vorkommen in einem günstigen Erhaltungszustand."*
1131 VG Berlin, Urt. v. 27.03.2008, Az.: 1 A 193/07, BeckRS 2009, 42150, S. 5.
1132 EuGH, Urt. v. 28. Februar 1991, Az.: 131/88, Rdn.6, abgerufen am 06.04.2021, unter: https://lexetius.com/1991,246.

III. AUFNAHME STRENG GESCHÜTZTER ARTEN IN
DAS JAGDRECHT

Kontext genügen, wenn dieser tatsächlich die vollständige Anwendung der Richtlinie mit hinreichender Klarheit und Genauigkeit gewährleistet.[1133]

Dies setzt jedoch voraus, dass der Gesetzgeber die Ausnahme des Art. 16 Abs. 1 lit. e FFH RL auch umsetzt und die gesetzlichen Rahmenbedingungen schafft, damit der jagdrechtliche Eigentümer seine Befugnisse ausüben darf. So liegt es z. B. nahe, den Umgang mit dem Wolf ähnlich zu gestalten, wie es eigentumsrechtlich beim Luchs der Fall ist. Hier wird zwischen lebenden und toten Individuen unterschieden,[1134] um der Aneignungsbefugnis des zur Ausübung des Jagdrechts Berechtigten in dem artenschutzrechtlich zulässigen Umfang Geltung zu verschaffen.

c   Ergebnis

Die europäischen sowie die nationalen Naturschutzvorgaben stehen einer Aufnahme des Wolfes in das Jagdrecht nicht entgegen. Die FFH-Richtlinie räumt mit Art. 16 Abs. 1 lit. e bei den Zugriffsbefugnissen auf Individuen der Art Wolf einen Handlungsspielraum ein, der auch bei der Ausgestaltung der Eigentumsposition des jagdlichen Eigentums vom Gesetzgeber zu nutzen ist.

7. Die staatliche Handlungspflicht, den Wolf als jagdbare Art zu klassifizieren und die Bejagung gesetzlich zuzulassen

Die Beeinträchtigung einzelner Wildarten durch den Wolf in dem Umfang, dass eine Ausrottung befürchtet wird, lässt die Frage aufkommen, ob eine Bejagung zum Schutz des Eigentums staatlich ermöglicht werden müsste.[1135] Betroffene Eigentumsposition i. S. d.

1133 EuGH, Urt. v. 28. Februar 1991, Az.: 131/88, Rdn.6, abgerufen am 06.04.2021, unter: https://lexetius.com/1991,246.
1134 Zur Unterscheidung der Zugriffsbefugnisse zwischen toten und lebenden Individuen streng geschützter Arten siehe D II 7 d.
1135 Bereits heute besteht die Möglichkeit über die naturschutzrechtliche Ausnahmeregelung des § 47 Abs. 7 BNatschG in Einzelfällen letale Entnahmen von Individuen streng geschützter Arten zu zulassen. Entscheidend ist, dass der Normgeber diese gesetzlichen Handlungsspielräume nutzt, was zurzeit nicht der Fall ist. Zu den Tatbestandsvoraussetzungen des § 47 Abs. 7 BNatschG, siehe *Borwiek*, NuR 2019, S. 21, 22f.

Art. 14 Abs. 1 S. 1 GG wäre das Jagdrecht auf die von der Ausrottung betroffene Wildart. Werden Rückgänge lokaler Vorkommen einer Wildart aufgrund von Einflüssen einer streng geschützten Tierart in dem Umfang verursacht, dass die betroffene Wildart im Geltungsbereich des Bundesjagdgesetzes zu verschwinden droht, kann in dem strengen Schutz der die Ausrottung verursachenden Wildart, ohne dass eine Bejagung als Teil eines ganzheitlichen Wildtiermanagements zugelassen wird,[1136] ein Eingriff in das verfassungsrechtlich geschützte Eigentum liegen.

a   Staatliche Schutzpflicht des Eigentums

Auch das Grundrecht auf Eigentum in Art. 14 I GG umfasst eine staatliche Schutzpflicht.[1137]

Auf die Tatsache, dass das Wild bis zur Aneignung durch den Jagdausübungsberechtigten herrenlos ist, kommt es für die eigentumsrechtliche Bewertung nicht an.[1138] Denn maßgebliche Rechtsposition, welche vom Schutzbereich des Art. 14 Abs. 1 GG erfasst wird, ist die durch das Jagdrecht vermittelte Befugnis, auf die als jagdbar erklärte Tierart die Jagd ausüben und sich diese aneignen zu dürfen.

b   Eingriffsähnliche Vorwirkungen

Das Grundgesetz hat den Schutz vor Grundrechtsbeeinträchtigungen nicht an den Begriff des Eingriffs gebunden oder diesen inhaltlich vorgegeben.[1139] So sind auch mittelbar faktische Wirkungen auf

---

1136 Zur begrifflichen Abgrenzung von Wildtiermanagement und Jagd, *Herzog*, Wildtiermanagement, S. 108.
1137 BVerfG, Beschl. v. 24.3.2021; Az.: 1 BvR 2656/18, 1 BvR 78/20, 1 BvR 96/20, 1 BvR288/20, NJW 2021, S. 1723, 1735, Rdn.171.
1138 So auch *Brenner*, Jagdrecht und Naturschutzrecht Teil 1, NuR, S. 145, 148.
1139 BVerfG, Beschl. v. 26.6.2002, Az.: 1 BvR 670/91, Rdn. Nr. 70, abgerufen am 06.04.2021, unter: https://www.bundesverfassungsgericht.de/entscheidungen/rs20020626_1bvr067091.html.

III. AUFNAHME STRENG GESCHÜTZTER ARTEN IN DAS JAGDRECHT

Grundrechte von Verfassungs wegen nur dann nicht zu beanstanden, wenn sie sich verfassungsrechtlich hinreichend rechtfertigen lassen.[1140]

Das BVerfG hat im Zusammenhang mit der Begründung unverhältnismäßiger Gefahren durch staatliche Maßnahmen, welche das Risiko einer Beeinträchtigung künftiger grundrechtlicher Freiheit begründen, eine eingriffsähnliche Vorwirkung angenommen, welche bei fehlender Rechtfertigung zur Verfassungswidrigkeit der staatlichen Maßnahme führt.[1141]

Überträgt man diesen Ansatz auf den aktuellen Umgang mit dem Wolf, so führt die Maßnahme des Gesetzgebers, in Form der Unterlassung gesetzlicher Regelungen,[1142] welche eine Ausrottung jagdbarer Arten durch den Wolf verhindern, zu einer Beeinträchtigung künftiger grundrechtlicher Freiheit. Diese Freiheit kommt darin zum Ausdruck, dass der jagdliche Eigentümer sein Jagdrecht auf die von der Ausrottung betroffene Wildart auch in Zukunft ausüben kann bzw. aufgrund des gesetzgeberischen Unterlassens eben nicht mehr ausüben kann, auf Grund der Ausrottung der Wildart.

Die bloße Gefährdung des Freiheitsrechtes Eigentum ist jedoch nicht bereits wegen einer Verletzung objektiven Verfassungsrechts verfassungswidrig, denn ein Verstoß gegen Art. 20a GG kann hinsichtlich des Umgangs mit dem Wolf durch den Gesetzgeber nicht festgestellt werden.

Jedoch können Maßnahmen des Gesetzgebers oder sein Unterlassen insoweit verfassungswidrig sein, als sie unverhältnismäßige Gefahren der Beeinträchtigung künftiger grundrechtlicher Freiheit begründen. Führt die unkontrollierte Ausbreitung des sich

---

1140 BVerfG, Beschl. v. 26.6.2002, Az.: 1 BvR 670/91, Rdn. Nr. 70, abgerufen am, 06.04.2021, unter: https://www.bundesverfassungsgericht.de/entscheidungen/rs20020626_1bvr067091.html.
1141 BVerfG, Beschl. v. 24.3.2021; Az.: 1 BvR 2656/18, 1 BvR 78/20, 1 BvR 96/20, 1 BvR288/20, NJW 2021, S. 1723, 1737, Rdn.183.
1142 Ein Eingriff durch Unterlassen kann dann vorliegen, wenn der Gesetzgeber im Hinblick auf einen verfassungsrechtlichen Auftrag, der auch in der Verpflichtung einer gesetzlichen Nachbesserung bestehen kann, gänzlich untätig geblieben ist. Dazu BVerfG, Beschl. v. 2.5.2018, Az.: 1 BvR 3250/14, NVwZ 2018, S. 1635.

in einem sehr günstigen Erhaltungszustand befindenden Wolfsvorkommens in Deutschland zur Ausrottung einer jagdbaren Art, muss der Gesetzgeber zur Gewährleistung einer freiheitsschonenden Etablierung der Wolfspopulation neben jagdbaren Arten hinreichende Vorkehrungen treffen. Denn die jagdbare Art ist als eigentumsrechtliche Rechtsposition vom Schutz des Art. 14 Abs. 1 GG erfasst. Die vom Grundgesetz geschützte Freiheit jagdlicher Eigentümer künftiger Generationen ist jedenfalls einer eingriffsähnlichen Vorwirkung ausgesetzt,[1143] wenn zum heutigen Zeitpunkt die Ausbreitung einer Art staatlich gefördert wird mit der Folge, dass diese Förderung zum Wegfall einer bereits vorhandenen Eigentumsposition führt.

Dazu stellt das BVerfG explizit fest:

> „Das Grundgesetz verpflichtet unter bestimmten Voraussetzungen zur Sicherung grundrechtsgeschützter Freiheit über die Zeit und zur verhältnismäßigen Verteilung von Freiheitschancen über die Generationen."[1144]

c   Ergebnis – staatliche Handlungspflicht

Zeichnet sich ab, dass eine ausschließlich dem Naturschutzrecht zugeordnete Prädatorenart eine jagdbare Art auszurotten droht, weil sich das Vorkommen der Prädatorenart im Geltungsbereich des Grundgesetzes immer stärker ausbreitet, so dass der Erhaltungszustand sich im Fall einer Regulierung nicht verschlechtern

---

1143 Mit der „eingriffsähnlichen Vorwirkung" betritt das BVerfG dogmatisches Neuland, da es neben dem klassischen (engen) und den neuen (weiten) Eingriffsbegriff nun eine weitere Eingriffskategorie gibt. Zur eingriffsähnlichen Vorwirkung, BVerfG, Beschl. v. 24.3.2021; Az.: 1 BvR 2656/18, 1 BvR 78/20, 1 BvR 96/20, 1 BvR288/20, NJW 2021, S. 1723ff.
1144 BVerfG, Beschl. v. 24.3.2021; Az.: 1 BvR 2656/18, 1 BvR 78/20, 1 BvR 96/20, 1 BvR288/20, NJW 2021, S. 1723, 1737, Rdn.183.

III. AUFNAHME STRENG GESCHÜTZTER ARTEN IN
DAS JAGDRECHT

würde, ist der Gesetzgeber verpflichtet gesetzliche Nachbesserungsmaßnahmen zu treffen,[1145] welche den Erhalt der jagdbaren Art neben der Prädatorenart gewährleisten.[1146]

Verstärkt wird die staatliche Handlungspflicht dadurch, dass das grundrechtliche geschützte Eigentum mit einem größeren Gewicht zu Buche schlägt als der Artenschutz.[1147]

[1145] Neben der aus dem Eigentumsrecht abzuleitenden staatlichen Handlungspflicht kann sich eine solche auch aus dem Recht auf körperliche Unversehrtheit ergeben, gem. Art. 2 Abs. 2 S. 1 GG, sofern die unkontrollierte Ausbreitung von Großraubtieren in bewohnter Kulturlandschaft zu einer Gefahr für die Menschen werden kann. *Geist*, in: Stubbe Beiträge zur Jagd- und Wildforschung, Bd. 39, Lassen sich Großraubtiere in bewohnter Kulturlandschaft halten?, S. 200, der aus Sicherheitsgründen den Bestand von Großraubtieren wie Wölfen in einer Kulturlandschaft als nicht langfristig sicherbar ansieht.
[1146] Siehe dazu D II 2 b cc.
[1147] *Brenner*, Jagdrecht und Naturschutzrecht Teil 1, NuR, S. 145, 149.

E Zusammenfassung und Thesen

I Zusammenfassung

1. Wild in der Eigentumsordnung des Grundgesetzes

Die Qualifikation wildlebender Tiere als Wild in Form von § 2 Abs. 1 oder gem. § 2 Abs. 2 i. V. m. Landesrecht ist als selbständige subjektive Rechtsposition eine allgemeine Inhaltsbestimmung des jagdlichen Eigentums.[1148] Damit verbunden ist die für das Eigentum kennzeichnende Befugnis, von einem anderen normkonformes Verhalten verlangen zu können.[1149] Der Eigentümer hat einen Anspruch i. S. d. § 194 Abs. 1 BGB, die Beachtung seines Eigentums von Dritten einzufordern und diese von der Nutzung in seinem Jagdbezirk auszuschließen. Die Einstufung wildlebender Tiere als Wild stellt eine privatrechtliche Zuordnung dar.[1150]

Aufgrund der Vorgehensweise des Gesetzgebers, nur bestimmte wildlebende Tierarten als Wild zu qualifizieren, wird man konsequenterweise die Qualifikation jeder einzelnen Art als eigene eigentumsrechtliche Rechtsposition einstufen müssen. Beim Katalog jagdbarer Arten handelt es sich demzufolge um eine Vielzahl von einzelnen eigentumsrechtlichen Rechtspositionen, welche vom Schutzbereich des Art. 14 Abs. 1 GG erfasst werden.

1148 *Badura*, Die Beschränkungen der Jagd durch Regelung von Jagd- und Schonzeiten, S. 9 zur Aufhebung von Jagdzeiten durch Rechtsverordnung.
1149 BVerfGE 83, 201, 209.
1150 *Brenner*, Quo Vadis, S. 53, der darauf hinweist, dass in der Einordnung von Jagd und Jagdausübung als öffentliche Aufgabe ein freiheitsnegierendes Grundrechtsverständnis zum Ausdruck kommt. Nichts anderes kann für die Klassifizierung von Tieren als Wild gelten, welche als ein das Jagdrecht konkretisierenden unvollständigen Rechtssatz, dieses überhaupt erst ausübungsfähig macht.

2. Eigentumsrechtliche Zuordnung durch Rechtsverordnung – Kürzung des Katalogs jagdbarer Arten

Die Kürzung des Katalogs jagdbarer Arten sowie die vollständige Aufhebung von Jagdzeiten sind Sachbereiche, welche der parlamentarische Gesetzgeber nach dem Wesentlichkeitsgrundsatz durch ein formelles Gesetz regeln muss.[1151] Grund dafür ist, dass es sich bei der Kürzung des Katalogs jagdbarer Arten wie auch bei der vollständigen Aufhebung der Jagdzeiten um Regelungen handelt, welche im grundrechtsrelevanten Bereich „wesentlich für die Verwirklichung der Grundrechte", hier des jagdlichen Eigentumsrechts, sind.

3. Die Kürzung des Katalogs jagdbarer Arten – Enteignung i. S. d. Art. 14 Abs. 3 GG

Sachgerecht erscheint es, dem Wortlaut des Art. 14 Abs. 3 S. 1 GG folgend, eine Enteignung immer dann anzunehmen, wenn rechtmäßige und rechtmäßig verwendete Eigentums-Rechtspositionen komplett entzogen werden und dies zum Wohle der Allgemeinheit, d. h. zur Erfüllung öffentlicher Aufgaben geschieht. Dies zugrunde legend wäre bei der Kürzung des Katalogs jagdbarer Arten, bezogen auf den absoluten Verlust der Rechtsposition, eine Wildart hegen, bejagen und sich aneignen zu dürfen, eine Enteignung i. S. d. Art. 14 Abs. 3 GG zu bejahen. Maßgebliche Rechtsposition wäre die über § 1 Abs. 1 gewährte umfassende ausschließliche Zugriffsbefugnis des Berechtigten in seinem Jagdbezirk auf die Individuen der jeweiligen „Wild"-Art, welche diesem endgültig entzogen würde. Die mit der Kürzung verfolgte öffentliche Aufgabe wäre regelmäßig der Erhalt der betreffenden Art. Ob die Herausnahme einer Art aus dem Katalog der jagdbaren Arten tatsächlich dem verfolgten Ziel, der Arterhaltung, dient, ist zweifelhaft,[1152] da in dem

---

[1151] BVerfGE 47, 46, 79 m.w.N.
[1152] Siehe dazu beispielhaft der freiwillige Jagdverzicht beim Rebhuhn, welcher trotzdem nicht zu einer spürbaren Zunahme der Bestände geführt hat, da Hauptursache für den Rückgang der Rebhühner nicht die Jagd ist, sondern der

I. ZUSAMMENFASSUNG 311

Fall nur noch der Schutzbereich des Naturschutzrechts für diese Art gelten würde.[1153] Dieser Aspekt wäre auf der Ebene der Verhältnismäßigkeit der Enteignung im Voraussetzungsmerkmal der Geeignetheit zu erörtern.

Die vom BVerfG im Zusammenhang mit Enteignungen gem. Art. 14 Abs. 3 GG aufgestellte Voraussetzung der Güterbeschaffung findet, mangels normativen Anhaltspunkts im GG, für den Entzug von Rechtspositionen nach hier vertretener Auffassung keine Anwendung.

Durch das Merkmal der Güterbeschaffung wäre die Enteignung i. S. d. Art. 14 Abs. 3 GG beschränkt auf solche Fälle, in denen Sachgüter hoheitlich beschafft werden, mit denen ein konkretes, der Erfüllung öffentlicher Aufgaben dienendes Vorhaben durchgeführt werden soll.[1154]

Der Schutz von Eigentums-Rechtspositionen, wie er durch Art. 14 Abs. 1 S. 1 i. V. m. Abs. 3 GG gewährleistet werden soll, wird durch das Merkmal der Güterbeschaffung auf lediglich den Anwendungsfall des Entzuges von Sachgütern reduziert. Damit ist nicht mehr die Schwere des Eingriffs und das Ausmaß der Belastungen, in Form der Entziehung einer Eigentumsposition, maßgebend für die Qualifizierung als Enteignung, sondern dessen Form und Zweckrichtung.[1155] Dies wirkt sich besonders intensiv aus, wenn es um die Entziehung von Eigentumspositionen geht ohne unmittelbaren Sachgüterbezug, wie dies z. B. bei einer Kürzung des Katalogs jagdbarer Arten der Fall ist. Eine solche Einengung entschädigungspflichtiger Enteignungen findet in Art. 14 Abs. 3 GG jedoch keine Grundlage.

Wendet man den Art. 14 Abs. 3 GG an ohne das vom BVerfG geprägte Merkmal der Güterbeschaffung, so liegt auch bei der Kürzung des Katalogs der jagdbaren Arten eine Enteignung gem. Art. 14 Abs. 3 GG vor.

Verlust von Ackerrändern, Brachen und Blühflächen in unserer Kulturlandschaft – siehe dazu: https://www.deutschewildtierstiftung.de/wildtiere/rebhuhn.
1153 Siehe D II 3.
1154 Zum Merkmal der Güterbeschaffung, BVerfG NVwZ 2009, S. 1158 1159.
1155 *Axer*, in: Epping/Hillgruber, Kommentar zum GG, Art. 14, Rdn. 73.

4. Kürzung des Bundeskatalogs jagdbarer Arten als abweichungsfeste Regelungsmaterie

Einschränkungen des Bundeskatalogs jagdbarer Arten gem. § 2 Abs. 1 dürfen entsprechend der Gesetzgebungskompetenz Art. 74 Abs. Abs. 1 Nr. 14 GG nur durch den Bundesgesetzgeber erfolgen, da es sich um Enteignungen handelt. Das Recht der Enteignung ist jedoch nicht von der Abweichungsbefugnis gem. Art. 72 Abs. 3 GG umfasst. Es handelt sich um einen eigenen Kompetenztitel der konkurrierenden Gesetzgebung gem. Art. 74 Abs. 1 Nr. 14 GG. Der Bund hat mit der Regelung von § 2 Abs. 2, in welcher die Länder nur zur Erweiterung des Katalogs jagdbarer Arten ermächtigt werden, sowie mit der Kürzung des Katalogs jagdbarer Arten im Rahmen der Novelle des BJagdG 1976 von seiner Gesetzgebungsbefugnis Gebrauch gemacht, so dass die Länder gem. Art. 72 Abs. 1 GG keine Befugnis zu abweichenden Regelungen haben.

5. Kürzung des Katalogs jagdbarer Arten nur durch den parlamentarischen Gesetzgeber

Haben die Länder weitere Arten in den Katalog jagdbarer Arten gem. § 2 Abs. 2 aufgenommen, so bedarf eine Herausnahme dieser Arten eine Entscheidung des parlamentarischen Landesgesetzgebers.

6. Das Jagdrecht als maßgebliche Eigentumsposition

Maßgebliches Eigentumsrecht für die Nutzung jagdbarer wildlebender Tiere ist das Jagdrecht, dessen Inhaber gem. § 3 Abs. 1 der Grundeigentümer ist. Zu berücksichtigen ist, dass die Befugnis zur Ausübung des Jagdrechts dem Grundeigentümer nur dann gem. § 3 Abs. 3 zusteht, wenn es sich bei seinem Grundstück um einen Jagdbezirk i. S. d. § 4 handelt.

Das Jagdrecht ist ein selbständiges Eigentumsrecht neben dem Grundeigentum.

Der Umstand, dass der Gesetzgeber die Befugnis zur Ausübung des Jagdrechts in gemeinschaftlichen Jagdbezirken gem. § 8 Abs. 5 der Jagdgenossenschaft gegeben hat, steht diesem Ergebnis nicht entgegen.

I. ZUSAMMENFASSUNG 313

In der Beschränkung der Rechtsstellung des Grundeigentümers als Jagdrechtsinhaber liegt eine nach der Rechtsprechung des Bundesverfassungsgerichts mit dem Grundgesetz im Einklang stehende Inhaltsbestimmung des Eigentums i. S. d. Art. 14 Abs. 1 S. 2 GG.[1156]

7. Abgrenzung Jagdrecht und Jagdausübungsrecht

Beim Jagdausübungsrecht handelt es sich um die begriffliche Umschreibung der Beteiligung Dritter an der „Ausübung des Jagdrechts" im Verhältnis zum Jagdrechtsinhaber. Es handelt sich um die tatsächliche Ausübung des Jagdrechts, d. h. den Gebrauch desselben, welches der Pächter aufgrund des Pachtvertrages hat oder die Jagdgenossenschaft aufgrund des gesetzlichen Treuhandverhältnisses vom Jagdrecht des Jagdrechtsinhabers ableitet. Ein selbständiges oder vom Jagdrecht abgetrenntes Jagdausübungsrecht findet im BJagdG keinen normativen Anknüpfungspunkt.

Vergleicht man das Verhältnis von Jagdrecht und Ausübung des Jagdrechts, so beschreibt das Jagdrecht die Eigentumsposition, während die „Ausübung des Jagdrechts" oder das Jagdausübungsrecht das Innehaben der „tatsächlichen Gewalt" definiert, vergleichbar mit dem Besitz im Sachenrecht.

Terminologisch wird auch im Sachenrecht von einem Besitzrecht gesprochen, ohne dass dies dazu führt, dass die Eigentumsposition zur bloßen Formalie eingestuft wird.

Dennoch wird man auch das Jagdausübungsrecht dem verfassungsrechtlichen Eigentumsschutz zuordnen können, entsprechend den Grundsätzen, welche das Bundesverfassungsgericht für die Eigentumsrechte des Mieters aufgestellt hat.[1157] Eine Berufung auf Art. 14 GG dürfte aufgrund ihres nur formalen Status als öffentlich-rechtliche Körperschaften auch den Jagdgenossenschaften möglich sein.[1158]

[1156] BVerfG, Beschl. v. 13.12. 2006, Az.: 1 BvR 2084/05, NVwZ 2007, S. 808, 809; *Munte*, S. 131.
[1157] BVerfGE 89, 1, 6.
[1158] *Axer*, in: Epping/Hillgruber, Beck.Online-Kommentar zum GG, Art. 14, Rdn. 41.

8. Artenschutz des Wildes im Jagdrecht

Die Sozialpflichtigkeit des Eigentums gem. Art. 14 Abs. 2 GG bietet den tragenden verfassungsrechtlichen Grund für gesetzliche Eigentumsbeschränkungen und ist gleichzeitig auch die Grenze für dem Eigentum aufzuerlegende Belastungen.[1159]

Ist bei jagdbaren Arten ein besonderer oder strenger Artenschutz erforderlich und werden aus diesem Grund Befugnisse des jagdrechtlichen Eigentümers beschränkt, liegt ein Eingriff vor in Form einer Schrankenbestimmung gem. Art. 14 Abs. 1 S. 2 GG. Die Umsetzung der Schutzmaßnahmen muss im Rechtskreis des Jagdrechts erfolgen, da es sich beim Jagdrecht um den spezialgesetzlichen Regelungskreis für als Wild qualifizierte wildlebende Tiere handelt, welcher auch das für Wild geltende spezielle Artenschutzrecht enthält. Die Eigentümerbefugnisse dürfen nur in dem Umfang beschränkt werden, wie es zur Erhaltung der Art notwendig ist. Dies bedeutet, dass bei lebenden Individuen besonders oder streng geschützter Arten, welche aus wildbiologischer Sicht zum Erhalt der Art keinen Beitrag mehr leisten können oder welche nicht mehr lebensfähig sind, Zugriffs-, Besitz- und Aneignungsverbote unverhältnismäßig und als Eigentumseingriff nicht zu rechtfertigen wären. Gleiches gilt für tote Individuen der betroffenen Art. Verfassungsrechtlich gerechtfertigt wäre allein ein Vermarktungsverbot.

9. Staatliche Handlungspflichten, streng geschützte Arten, die mit jagdbaren Arten korrelieren, in den Katalog der jagdbaren Arten aufzunehmen und eine Bejagung im Rahmen der zulässigen Ausnahmen zuzulassen

Neben der ohnehin bestehenden europarechtlichen Pflicht, EU-Richtlinien vollständig in nationales Recht umzusetzen, besteht aus verfassungsrechtlicher Sicht in Form der Institutsgarantie gem. Art. 14 Abs. 1 GG eine Verpflichtung des Gesetzgebers, den Spielraum, den die umzusetzende FFH-Richtlinie z. B. mit Art. 16 Abs. 1 lit e FFH RL bei den Zugriffsbefugnissen auf Individuen der Art Wolf

---

1159 BVerfGE 100, 226, 241.

einräumt, auch bei der Ausgestaltung der Eigentumsposition zu nutzen.

Berücksichtigt man jetzt, dass das grundrechtlich geschützte Eigentum mit einem größeren Gewicht zu Buche schlägt als der Artenschutz,[1160] dann ergibt sich daraus die staatliche Pflicht, die Bejagung und Aneignung der streng geschützten Art Wolf im Lichte der durch das Artenschutzrecht zulässigen Ausnahmen einfach gesetzlich zu normieren.

10. Zulassung einer Bejagung des Wolfes

Führt die unkontrollierte Ausbreitung des sich in einem sehr günstigen Erhaltungszustand befindenden Wolfsvorkommens in Deutschland zur Ausrottung einer jagdbaren Art, muss der Gesetzgeber zur Gewährleistung einer freiheitsschonenden Etablierung der Wolfspopulation neben jagdbaren Arten hinreichende Vorkehrungen treffen. Denn die jagdbare Art ist als eigentumsrechtliche Rechtsposition vom Schutz des Art. 14 Abs. 1 GG erfasst. Die vom Grundgesetz geschützte Freiheit jagdlicher Eigentümer künftiger Generationen ist jedoch der eingriffsähnlichen Vorwirkung ausgesetzt, wenn zum heutigen Zeitpunkt die Ausbreitung einer Art staatlich gefördert wird mit der Folge, dass diese Förderung zum Wegfall einer bereits vorhandenen Eigentumsposition führt.

Dazu stellt das BVerfG explizit fest:
„Das Grundgesetz verpflichtet unter bestimmten Voraussetzungen zur Sicherung grundrechtsgeschützter Freiheit über die Zeit und zur verhältnismäßigen Verteilung von Freiheitschancen über die Generationen."[1161]

II Thesen

- Mit der gesetzlichen Klassifizierung von Tierarten als Wild entsteht eine vom Schutzbereich des Art. 14 Abs. 1 GG er-

---

1160 *Brenner*, Jagdrecht und Naturschutzrecht Teil 1, NuR, S. 145, 149.
1161 BVerfG, Beschl. v. 24.3.2021; Az.: 1 BvR 2656/18, 1 BvR 78/20, 1 BvR 96/20, 1 BvR288/20, NJW 2021, S. 1723, 1737, Rdn.183.

fasste eigentumsrechtliche Rechtsposition, die dem Berechtigten gesetzlich ein subjektives Eigentumsrecht in Form des Jagdrechts an der als Wild qualifizierten Tierart einräumt, d. h. eine Befugnis, von einem anderen normkonformes Verhalten verlangen zu können.[1162]

- Die Kürzung des Katalogs jagdbarer Arten sowie die vollständige Aufhebung von Jagdzeiten sind Sachbereiche, welche der parlamentarische Gesetzgeber nach dem Wesentlichkeitsgrundsatz durch ein formelles Gesetz regeln muss..[1163]

- Die Kürzung des Katalogs jagdbarer Arten, bezogen auf den absoluten Verlust der jagdrechtlichen Rechtsposition einer Wildart, ist eine Enteignung i. S. d. Art. 14 Abs. 3 GG.

- Das vom BVerfG entwickelte Merkmal der Güterbeschaffung findet keinen dogmatischen Anknüpfungspunkt in den verfassungsrechtlichen Voraussetzungen der Enteignung gem. Art. 14 Abs. 3 GG.

- Das Jagdrecht ist eigentumsrechtlich eine selbständige Rechtsposition neben dem Grundeigentum. Kennzeichnend für das Jagdrecht ist, dass es eine Rechtsbeziehung zwischen dem Inhaber des Jagdrechts und dem Wild herstellt. Das Grundstückseigentum ergreift nur das Grundstück und die darauf befindlichen Sachen, wenn diese in einem rechtlichen Zuordnungsverhältnis zum Grundstück stehen. Ein solches Zuordnungsverhältnis zwischen Grundstück und Wild fehlt jedoch. Das Grundeigentum schafft keine Rechtsbeziehung zum Wild.

- In den Fällen des gemeinschaftlichen Jagdbezirks wird das Jagdrecht der Jagdgenossenschaft treuhänderisch zur Ausübung verliehen.Beim Jagdausübungsrecht handelt es sich

---

1162 BVerfGE 83, 201, 209.
1163 BVerfGE 47, 46, 79 m.w.N.

II. THESEN 317

um die begriffliche Umschreibung der Beteiligung Dritter an der „Ausübung des Jagdrechts" im Verhältnis zum Jagdrechtsinhaber. Es handelt sich um die tatsächliche Ausübung des Jagdrechts, d. h. den Gebrauch desselben, welches der Pächter aufgrund des Pachtvertrages hat oder die Jagdgenossenschaft aufgrund des gesetzlichen Treuhandverhältnisses vom Jagdrecht des Jagdrechtsinhabers ableitet. Ein selbständiges oder vom Jagdrecht abgetrenntes Jagdausübungsrecht, welches gleichrangig neben dem Jagdrecht steht, findet im BJagdG keinen normativen Anknüpfungspunkt.

- Vergleicht man das Verhältnis von Jagdrecht und Ausübung des Jagdrechts, so beschreibt das Jagdrecht die Eigentumsposition, während die „Ausübung des Jagdrechts" oder das Jagdausübungsrecht das Innehaben der „tatsächlichen Gewalt" definiert, vergleichbar mit dem Besitz im Sachenrecht. Terminologisch wird auch im Sachenrecht von einem Besitzrecht gesprochen, ohne dass dies dazu führt, dass die Eigentumsposition zur bloßen Formalie eingestuft wird.

- Das Jagdausübungsrecht wird vom verfassungsrechtlichen Eigentumsschutz erfasst, entsprechend den Grundsätzen, welche das Bundesverfassungsgericht für die Eigentumsrechte des Mieters aufgestellt hat.[1164] Eine Berufung auf Art. 14 GG ist auch den Jagdgenossenschaften möglich.[1165]

- Kennzeichnend für die Unterschiedlichkeiten der beiden Rechtskreise Jagd- und Naturschutzrecht ist eine explizite Verantwortungszuweisung im Jagdrecht für den Schutz des Wildes vor jeglichen Gefahren an den Jagdausübungsberechtigten in Form des Jagdschutzes gem. § 23 sowie die

---

1164 BVerfGE 89, 1,6.
1165 *Axer*, in: Epping/Hillgruber, Beck.Online-Kommentar zum GG, 41. Edition, Art. 14, Rdn. 41.

Verpflichtung, einen angemessenen Wildbestand zu erhalten, als zentraler Inhalt der Hegepflicht gem. § 1 Abs. 2. Eine solche Verantwortungszuweisung an einen konkreten Verpflichteten kennt das an die Allgemeinheit gerichtete Naturschutzrecht für die nicht jagdbaren wildlebenden Tiere nicht. Deutlich wird an dieser Verantwortungszuweisung, dass es sich beim Jagdrecht gem. § 1 Abs. 1 in Form der Befugnis, auf einem bestimmten Gebiet wildlebende Tiere, die dem Jagdrecht unterliegen, (Wild) zu hegen, auf sie die Jagd auszuüben und sie sich anzueignen, um eine eigentumsrechtliche private Rechtsposition handelt und nicht um eine Aufgabe der Allgemeinheit.

- Nur der Eigentümer ist gem. Art. 14 Abs. 2 verpflichtet, sein Eigentum sozial gerecht zum Wohle der Allgemeinheit zu nutzen.[1166] Vor dem Hintergrund des allgemeinen Vorbehalts des Gesetzes und der ausdrücklichen Verpflichtung in Art. 14 Abs. 1 S. 2 an den Gesetzgeber, Inhalt und Schranken des Eigentums zu bestimmen, obliegt es jedoch dem Gesetzgeber, den Umfang der Sozialpflichtigkeit festzulegen.[1167] Diese Verpflichtung hat der Gesetzgeber für jagdbare Arten in Form der Hegepflicht gem. § 1 Abs. 1 S. 2 sowie mit dem expliziten Auftrag an den Jagdausübungsberechtigten, das Wild gem. § 23 vor jeglichen Gefahren zu schützen, umgesetzt. Zum Jagdschutz gehört auch der Schutz des Wildes vor Beutegreifern, welche nahrungssuchend Wild töten oder ihre Gelege fressen.[1168] Die Verpflichtung zum Schutz des Wildes umfasst den Schutz vor Beeinträchtigungen durch sämtliche wildlebende Tierar-

---

[1166] *Axer*, in: Epping/Hillgruber, Beck Online Kommentar zum GG Art. 14, Rdn. 25.
[1167] *Axer*, in: Epping/Hillgruber, Beck Online Kommentar zum GG Art. 14, Rdn. 25.
[1168] *Ellenberger*, in: Schuck, Kommentar zum BJagdG, § 23, Rdn. 46, der jedoch den Umfang des Jagdschutzes zu eng nur auf Beutegreifer die dem Jagdrecht unterliegen beschränkt.

ten, soweit diese keinen besonderen Schutz nach Naturschutzrecht genießen,[1169] d. h. unabhängig davon, ob es sich um Wild handelt oder nicht jagdbare Tierarten.

- Das Jagdrecht bildet eine Spezialregelung für alle wildlebenden Tierarten, welche als Wild qualifiziert sind, und gilt vorrangig vor naturschutzrechtlichen Vorgaben. Zum Ausdruck kommt das Vorrangverhältnis des Jagdrechts vor dem Naturschutzrecht für die jagdbaren Arten in der naturschutzrechtlichen Unberührtheitsklausel gem. § 37 Abs. 2 BNatschG.

- Ist bei jagdbaren Arten ein besonderer oder strenger Artenschutz erforderlich und werden aus diesem Grund Befugnisse des jagdrechtlichen Eigentümers beschränkt, liegt ein Eingriff vor in Form einer Schrankenbestimmung gem. Art. 14 Abs. 1 S. 2 GG. Die Umsetzung der Schutzmaßnahmen muss im Rechtskreis des Jagdrechts erfolgen, da es sich beim Jagdrecht um den spezialgesetzlichen Regelungskreis für als Wild qualifizierte wildlebende Tiere handelt, welcher auch das für Wild geltende spezielle Artenschutzrecht enthält.

- Die Eigentümerbefugnisse dürfen nur in dem Umfang beschränkt werden, wie es zur Erhaltung der Art notwendig ist. Dies bedeutet, dass bei lebenden Individuen, welche aus wildbiologischer Sicht zum Erhalt der Art keinen Beitrag mehr leisten oder welche nicht mehr lebensfähig sind, Zugriffs-, Besitz- und Aneignungsverbote unverhältnismäßig und als Eigentumseingriff nicht zu rechtfertigen wären. Gleiches gilt für tote Individuen der betroffenen Art. Verfassungsrechtlich gerechtfertigt wäre allein ein Vermarktungsverbot.

- Es besteht eine durch die Eigentumsordnung des Grundgesetzes vorgezeichnete Verpflichtung des Gesetzgebers, den

---

[1169] § 38 Abs. 1 Bbg JagdG; § 31 Abs. 1 LJagdG Bln.

Spielraum den die umzusetzende FFH-Richtlinie z. B. mit Art. 16 Abs. 1 lit e FFH RL bei den Zugriffsbefugnissen auf Individuen der Art Wolf einräumt, auch bei der Ausgestaltung der Eigentumsposition zu nutzen. Berücksichtigt man, dass das grundrechtliche geschützte Eigentum mit einem größeren Gewicht zu Buche schlägt als der Artenschutz,[1170] dann ergibt sich daraus die staatliche Pflicht, die Bejagung und Aneignung der streng geschützten Art Wolf im Lichte der durch das Artenschutzrecht zulässigen Ausnahmen einfach gesetzlich zu normieren.

- Zeichnet sich ab, dass eine ausschließlich dem Naturschutzrecht zugeordnete Prädatorenart eine jagdbare Art auszurotten droht, weil sich das Vorkommen der Prädatorenart im Geltungsbereich des Grundgesetzes immer stärker ausbreitet, so dass der Erhaltungszustand sich im Fall einer Regulierung nicht verschlechtern würde, ist der Gesetzgeber verpflichtet gesetzliche Nachbesserungsmaßnahmen zu treffen, welche den Erhalt der jagdbaren Art neben der Prädatorenart gewährleisten, und die Prädatorenart in das Jagdrecht aufzunehmen.[1171]

1170 *Brenner*, Jagdrecht und Naturschutzrecht Teil 1, NuR, S. 145, 149.
1171 Siehe dazu D III 7.

Literaturübersicht

Ammer, Christian; Vor, Torsten; Knoke, Thomas; Wagner, Stefan	Der Wald-Wild-Konflikt, Göttinger Forstwissenschaften, Band 5, Göttingen 2010 (zit.: Ammer/Vor/Knoke/Wagner, S.)
Appel, Markus	Der Eigentumsschutz von Nutzungsmöglichkeiten – ein (un-) gelöstes Problem des Eigentumsgrundrechts?, in: NuR 2005, S. 427–433 (zit.: Appel, NuR 2005, S. 427)
Appel, Markus	Schriften zum öffentlichen Recht, Band 968: Entstehungsschwäche und Bestandsstärke des verfassungsrechtlichen Eigentums, Berlin 2004 (zit.: Appel, S.)
Asche, Florian	Wo ist Wolfs Revier?, in: Jägermagazin 06/2016, S. 36–37 (zit.: Asche, Jägermagazin 2016, S. 36)
Asche, Florian	Zur Zulässigkeit des Totalabschusses von Rotwild in Rotwildfreigebieten, in: NuR 2003, S. 407–411 (zit.: Asche, NuR 2003, S. 407)
Asche, Florian; Conrad, Peter	Der Jagdpachtvertrag, 1. Auflage, Grevesmühlen, 2009 (zit.: Asche/Conrad, S.)
Badura, Peter	Die Beschränkung einer Ausübung der Jagd durch Regelung von Jagd- und Schonzeiten, Forum Natur, Band 1, 2003 (zit.: Badura, Die Beschränkung einer Ausübung der Jagd durch Regelung von Jagd- und Schonzeiten, S.)

Becker, Florian	Öffentliches und privates Recht, in: NVwZ 2019, S. 1385–1392 (zit.: Becker, NVwZ 2019, S. 1385)
Binder, Regina	Der „vernünftige Grund" für die Tötung von Tieren, in: NuR 2007, S. 806–813 (zit.: Binder, NuR 2007, S. 806)
Blasberg, Daniela	Bibliothek des Eigentums, Band 4: Inhalts- und Schrankenbestimmungen des Grundeigentums zum Schutz der natürlichen Lebensgrundlagen (Das Verhältnis von Art. 14 Abs. 1 und 2 GG zu Art. 20a GG), Berlin 2008 (zit.: Blasberg, S.)
Bode, Wilhelm; Emmert, Elisabeth	Jagdwende: Vom Edelhobby zum ökologischen Handwerk, 3. Auflage, München 2000 (zit.: Bode/Emmert, S.)
Borwieck, Karoline	Die Tötung des Wolfes zur Abwendung von Übergriffen auf Nutztiere, in: NuR 2019, S. 21–26 (zit.: Borwiek, NuR 2019, S. 21)
Brade, Alexander	Additive Grundrechtseingriffe, in: Studien zum öffentlichen Recht, Bd. 26, 1. Aufl., Leipzig 2020 (zit.: Brade, S.)
Braun, Annette	Forschung Soziologie, Band 58: Wahrnehmung Wald und Natur, Wiesbaden 2000 (zit.: Braun, S.)
Brenner, Michael; Hyckel, Jonas	Die Jagd in Naturschutzgebieten, in: NuR 2019, S. 15–21 (zit.: Brenner/Hyckel, NuR 2019, S. 15)

Brenner, Michael	Jagdrecht und Naturschutzrecht Teil 1, NuR 2017, S. 145–154 (zit.: Brenner, Jagdrecht und Naturschutzrecht Teil 1, NuR 2017, S. 145)
Brenner, Michael	Jagdrecht und Naturschutzrecht Teil 2, NuR 2017, S. 217–227 (zit.: Brenner, Jagdrecht und Naturschutzrecht Teil 2, NuR 2017, S. 217)
Brenner, Michael	Quo vadis Jagdrecht – Das neue Jagdrecht in Baden-Württemberg auf dem Prüfstand des Verfassungsrechts, 2015 (zit.: Brenner, Quo vadis Jagdrecht, S.)
Brenner, Michael	Vom Jagdrecht zum Wildtiermanagement, in: DÖV 2014, S. 232–240 (zit.: Brenner, DÖV 2014, S. 232)
Brenner, Michael; Bürner, Martin; Kurz, Sören	Jagdrecht in Baden-Württemberg, Kurzkommentar zum Jagd- und Wildtiermanagement gesetz, 12. Auflage, Stuttgart, München, Berlin, Hannover, Weimar, Dresden 2015 (zit. Brenner/Bürner/Kurz, Jagdrecht in Baden-Württemberg, § , Rdn.)
Burrack, Michael	Jagdrecht 2008: höchst- und obergerichtliche Rechtsprechung, in: AUR 2009, S. 216–220 (zit.: Burrack, AUR 2009, S. 216)
Busch, Bernhard	Das Verhältnis des Art. 80 Abs. 1 S. 2 GG zum Gesetzes- und Parlamentsvorbehalt, in: Schriften zum öffentlichen Recht, Bd. 610, Berlin 1992 (zit.: Busch, S.)

Callies, Christian; Burchardt, Dana (Hrsg.)	Formelle und materielle Abweichungsrechte der Bundesländer zwischen europa- und bundesrechtlichen Vorgaben: Überlegungen am Beispiel der Reglungen zur UVP-Pflichtigkeit wasserrechtlicher Vorhaben, in: Berliner Online-Beiträge zum Europarecht, Nr. 85 v. 06.12.2012 (zit.: Callies/Burchardt, S.)
Creifelds, Carl	Rechtswörterbuch, 24. Auflage, München 2020 (zit.: Creifelds, S.)
Czybulka, Detlef	Reformnotwendigkeit des Jagdrechts aus Sicht einer Harmonisierung mit dem internationalen Recht der Biodiversität und dem Artenschutzrecht, in: NuR 2006, S. 7–15 (zit.: Czybulka, NuR 2006, S. 7)
Czybulka, Detlef	Eigentum an Natur – Das Waldeigentum, in: NuR 2020, S. 73–84 (zit.: Czybulka, NuR 2020, S. 73)
Dandelmann, Bernhard	Jahrbuch der Preußischen Forst- und Jagdgesetzgebung und Verwaltung, Berlin 1984 (zit.: Dandelmann, S.)
Danwitz, Thomas von; Depenheuer, Otto; Engel, Christian	Bibliothek des Eigentums, Band 1, Bericht zur Lage des Eigentums, Berlin, Heidelberg, New York, Barcelona, Hongkong, London, Mailand, Paris, Tokio 2002 (zit.: Danwitz/Depenheuer/Engel, S.)
Demange, Viktor	Die rechtliche Stellung des Jagdpächters, Diss. Schiltigheim 1912 (zit.: Demange, S)

Depenheuer, Otto; Möhring, Bernhard (Hrsg.)	Bibliothek des Eigentums, Band 8, Waldeigentum, Heidelberg, Dordrecht, London, New York 2010 (zit.: Bearb., in: Depenheuer/Möhring, Waldeigentum, Titel, S.)
Depenheuer, Otto; Kahl, Bruno (Hrsg.)	Bibliothek des Eigentums, Band 15, Staatseigentum, Berlin 2017 (zit.: Bearb., in: Depenheuer/Kahl, Staatseigentum, Titel, S.)
Depenheuer, Otto; Shirivani, Foroud (Hrsg.)	Bibliothek des Eigentums, Band 16, Die Enteignung, Berlin, 2018 (zit.: Bearb., in: Depenheuer/Shirivani, Die Enteignung, Titel, S.)
De Witt, Siegfried; Geismann, Maria	Artenschutzrechtliche Verbote in der Fachplanung, 2. Aufl. Berlin 2013 (zit.: de Witt/Geismann, S.)
Dickel, Karl	Das neue preußische Wildschongesetz vom 14. Juli 1904 mit Anweisungen und Ausführungsvorschriften, Heidelberg 1906 (zit.: Dickel, S. , §)
Dietlein, Johannes	Die Klagebefugnis des Jagdgenossen – BVerwG, NVwZ 1995, 1200, in: JuS, 1996, S. 593–598 (zit.: Dietlein, JuS 1996, S. 593)
Dietlein, Johannes; Schwan, Alexander	Düsseldorfer Rechtswissenschaftliche Schriften, Band 68: Pflichtmitgliedschaften in Jagdgenossenschaften, Baden-Baden 2000 (zit.: Dietlein/Schwan, S.)
Dietlein, Johannes; Froese, Judith (Hrsg.)	Bibliothek des Eigentums, Band 17: Jagdliches Eigentum, Heidelberg 2018 (zit. Bearb., in: Dietlein/Froese, Jagdliches Eigentum, Titel, S.)

Dietlein, Johannes	Aktuelle Entwicklungen der Enteignungsdogmatik – Eine Bestandsaufnahme nach der Garzweiler-Entscheidung des Bundesverfassungsgerichts vom 17.12.2013, in: AuR 2015, S. 167-171 (zitiert: Dietlein, AuR 2015, S.167)
Ditscherlein, Elke	Zur landesrechtlichen Aufhebung von Jagdzeiten, Anmerkungen zum Urteil des OVG Schleswig vom 12.08.2004, in: NuR 2006, S. 286-289 (zit.: Ditscherlein, NuR 2006, S. 285)
Ditscherlein, Elke	Naturschutz und Jagdrecht, Berlin 2004 (zit.: Ditscherlein, Naturschutz und Jagdrecht, S.)
Dreier, Horst (Hrsg.)	Kommentar zum Grundgesetz, Band 1, 3. Auflage, Tübingen 2013 (zit.: Bearb., in: Dreier, Kommentar zum GG, Art., Rdn.)
Ebner, M.; Lammel, R.; Reimoser, F.; Underberg, Ch. und E.; Burhenne, W.	Gesellschaftliche Bedeutung der Jagd (FUST-Position 6), in: Leitlinien für integratives Wildtiermanagement, Band 164A, Berlin 2009 (zit.: Ebner/Lammel/Reimoser/Underberg/Burhenne, S.)
Eckl, Andreas; Ludwig, Bernd (Hrsg.)	Was ist Eigentum? Philosophische Positionen von Platon bis Habermas, München 2005 (zit.: Eckl/Ludwig, S.)
Epping, Volker	Grundrechte, 8. Auflage, Berlin 2019 (zit.: Epping, Grundrechte, Rdn.)

Epping, Volker; Hillgruber, Christian (Hrsg.)	Beckscher Online-Kommentar zum Grundgesetz, 5. Edition, Stand: 15.11.2020 (zit.: Bearb., in: Epping/Hillgruber, Beck Online Kommentar zum GG, Art, Rdn.)
Erbs, Georg; Kohlhaas, Max; Häberle, Peter (Hrsg.)	Strafrechtliche Nebengesetze, Kommentar zum JagdG, Stand: 233. EL, Oktober 2020 (zit.: Bearb. in: Erbs/Kohlhaas, Kommentar zum BJagdG, §, Rdn.)
Espinoza-Rausseo, Alexander	Naturschutz und Eigentum, Zugleich ein Beitrag zur Theorie der Grundrechtskollisionen, Berlin 2003. (zit.: Espinosa-Rausseo, S.)
Froese, Judit	Bibliothek des Eigentums, Band 12, Wohnungseigentum zwischen individualgrundrechtlicher Gewährleistung und kollektiver Einbindung, Heidelberg, New York, Dordrecht, London 2015 (zit. Froese, S.)
Fürste, A.; Prell, Jürgen; Toschki A.	Literaturstudie zu Bestandstrend sowie Ursachen für die Bestandsentwicklung von ausgewählten Feldvogelarten, Forschungsinstitut für Ökosystemanalyse und -bewertung e. V., Aachen 2017, https://docplayer.org/134525121-Literaturstudie-bestandstrend-sowie-ursachen-fuer-die-bestandsentwicklung-von-ausgewaehlten-feldvogelarten-erstellt-von.html, abgerufen am 08.03.2021 (zit.: Fürste/Prell/Toschki, S.)

Gassner, Erich	Natur- und Landschaftsschutzrecht, 2. Aufl., Berlin 2016 (Gassner, Rdn.)
Gassner, Erich	Der Vollzug des Art. 20a GG, NuR 2014, S. 482 (zit.: Gassner, NuR 2014, S. 482)
Gassner, Erich; Heugel, Michael	Das neue Naturschutzrecht, München 2010 (zit.: Gassner/Heugel, Rdn.)
Giesberts, Ludger; Reinhardt, Michael (Hrsg.)	Beck Online Kommentar zum Umweltrecht, 57. Edition, Stand: 01.01.2021, München 2021 (zit.: Giesberts/Reinhardt, in: Beck Online Kommentar zum Umweltrecht, § Gesetz, Rdn.)
Glaser, Andreas	Das Jagdrecht im Spannungsfeld bundesstaatlicher Gesetzgebung, in: NuR 2007, S. 439–446 (zit.: Glaser, NuR 2007, S. 439)
Gsell, Beate; Krüger, Wolfgang; Lorenz, Stephan; Reymann, Christoph (Gesamthrsg.); Hager, Johannes (Hrsg.)	Beck Online – Großkommentar zum BGB, Stand: 01.04.2020 (zit. Bearb., in: Beck Online GK zum BGB, Rdn.)
Guber, Steffen; Herzog, Sven	Die naturschutzrechtliche raum- und wirkungsbezogene Klassifikationssystematik von Arten sowie daraus folgende staatliche Handlungspflichten – erläutert an den Arten Mufflon (Ovis ammon musimon) und Wolf (Canis lupus), in: NuR 2017, S. 73–88 (zit.: Guber/Herzog, NuR 2017, S. 43)

Guber, Steffen	Umfang tierschutzrechtlicher Handlungspflichten des Jagdausübungsberechtigten bei schwer verletzten wildlebenden Tieren, in: Schriftenreihe des LJV Bayern e. V., Band 27, Würzburg 2019, S. 43-54 (zit.: Guber, Schriftenreihe des LJV Bayern, Band 27, S. 43)
Guber, Steffen	Das Befriedungsverfahren gem. § 6a BJagdG, in: NuR 2014, S. 752-759 (zit.: Guber, NuR 2014, S. 752)
Guber, Steffen	Totalabschuss einer lokalen Wildpopulation, wegen einer Waldzertifizierung, in: NuR 2014, S. 318-323 (zit.: Guber, NuR 2014, Totalabschuss, S. 318)
Guber, Steffen	Das Verhältnis von Tier- und Artenschutz – Rechtfertigung von leidensverkürzenden Maßnahmen bei tödlich verletzten Tieren streng geschützter Arten, in: NuR 2012, S. 623-627 (zit.: Guber, NuR 2012, S. 623)
Grochtmann, Ansgar	Art. 14 GG – Rechtsfragen der Eigentumsdogmatik, Münster, New York, München, Berlin 2000 (zit.: Grochtmann, Rechtsfragen der Eigentumsdogmatik, S.)
Grochtmann, Ansgar	Die Normgeprägtheit des Art. 14 GG, Berlin 2010 (zit.: Grochtmann, S.)
Hammer, Wilhelm	Eigentum an Wildtieren, in NuR 1992, S. 62-65 (zit.: Hammer, NuR 1992, S. 62)

Hasel, Karl; Schwartz, Ekkehard	Forstgeschichte, 3. Auflage, Remagen 2006 (zit.: Hasel/Schwartz, S.)
Hau, Wolfgang; Poseck, Roman (Hrsg.)	Beck-Online, Kommentar zum BGB, 57. Edition, 2021 (zit.: Bearbeiter, in: BeckOK zum BGB, § , Rdn.)
Heck, A.	Zur Vereinbarkeit jagdrechtlicher und naturschutzrelevanter Vorschriften Deutschlands mit dem Übereinkommen über die biologische Vielfalt (Biodiversitätskonvention) – Eine Analyse am Beispiel des Rotwildes (Cervus elaphus Linné, 1758), in: Z. für Jagdwissenschaft, 2003, S. 288–302 (zit.: Heck, ZJagdwiss. 2003, S. 288)
Heidenreich, Klaus	Staatliche Entschädigungspflicht für Auswirkungen besonders geschützter Tierarten, NuR 1992, S. 210 ff. (zit.: Heidenreich, NuR 1992, S. 210)
Hellenbroich, Tobias	Europäisches und deutsches Artenschutzrecht, Stuttgart 2006 (zit.: Hellenbroich, S.)
Herzog, Sven	Tierschutz im Lichte jagdlicher Nachhaltigkeit, in: Schriftenreihe des LJV Bayern e. V., Band 27, Würzburg 2019, S. 19–27 (zit.: Herzog, Schriftenreihe des LJV Bayern, Band 27, S. 19)
Herzog, Sven	Wildtiermanagement, Wiebelsheim 2019 (zit.: Herzog, Wildtiermanagement, S.)

Herzog, Sven; Guber, Steffen	Der naturschutzrechtliche Populationsbegriff als Maßstab zur Beurteilung des Erhaltungszustandes einer Art gem. § 45 Abs. 7 S. 2 BNatschG erläutert am Beispiel des Wolfes (Canis lupus), in: NuR 2018, S. 682–688 (zit.: Herzog/Guber, NuR 2018, S. 682)
Herzog Sven; Schröpfer, Rüdiger	Das Mufflon Ovis ammon musimon (Pallas, 1811) in Europa: Faunenverfälschung oder Maßnahme der ex-situ-Generhaltung?, in: Säugetierkundliche Informationen, Jena 10, H. 52 2016, S. 259–264 (zit.: Herzog/Schröpfer, Säugetierkundliche Informationen, S. 259)
Hespeler, Bruno	Hege – Eine durchaus kritische Betrachtung, Wien 2019 (zit.: Hespler, S.)
Hesse, Konrad	Grundzüge des Verfassungsrechts der Bundesrepublik Deutschland, 20. Auflage, Heidelberg 1999 (zit.: Hesse, Rdn.)
Hirt, Albert; Maisack, Christoph; Moritz, Johanna	Kommentar zum Tierschutzgesetz, 3. Auflage, München 2016 (zit.: Hirt/Maisack/Moritz, Kommentar zum TierschutzG, § Rdn.)
Hoppe, Werner	Das Spannungsverhältnis von Bergwerkseigentum und Oberflächeneigentum im Lichte des Verfassungsrechts, Berlin, New York 1991 (zit.: Hoppe, S.)

Jarass, Hans D.	Charta der Grundrechte der Europäischen Union, Kommentar, 4. Auflage, München 2021 (zit.: Jarass, Charta der Grundrechte der EU, Rdn.)
Jarass, Hans D.; Pieroth, Bodo	Kommentar zum GG, 3. Auflage, München 1995 (zit.: Jarass/Pieroth, Kommentar zum GG, Art., Rdn.)
Kalchreuther, Heribert	Die Sache mit der Jagd, 5. Auflage, Stuttgart 2003 (zit.: Kalchreuther, S.)
Keim, Elisabeth	Dissertationen Philosophische Reihe, Band 19: Das Eigentum in der Naturrechtslehre Luigi Taparelli d'Azeglios, München 1997 (zit.: Keim, S.)
Kirchhof, Gregor	Kumulative Belastung durch unterschiedliche staatliche Maßnahmen, in: NJW, 2006, S. 732–736 (zit.: Kirchhof, NJW 2006, S. 732)
Kloepfer, Michael	Umwelt-, Naturschutz- und Jagdrecht – Eine kompetenzrechtliche Betrachtung im Lichte der Föderalismusdebatte, in: NuR 2006, S. 1–7 (zit.: Kloepfer, NuR 2006, S. 1)
Kloepfer, Michael	Umweltrecht, Berlin 2004 (zit.: Kloepfer, Umweltrecht, § Rdn.)
Kotulla, Michael	Umweltschutzgesetzgebung und Föderalismusreform, in: NVwZ 2007, S. 489–495 (zit.: Kotulla, NVwZ 2007, S. 489)

Köck, Wolfgang; Kuchta, Lisa	Wolfsmanagement in Deutschland, in: NuR 2017, S. 509–517 (zit.: Köck/Kuchta, NuR 2017, S. 509)
Köck, Wolfgang	Der Wolf als jagdbare Art? Zur Abgrenzung der Gesetzgebungskompetenzen für die Sachmaterien Naturschutz/Landschaftspflege und Jagdwesen, in: ZUR, 2015, S. 589–597 (zit.: Köck, ZUR 2015, S.)
Köck, Wolfgang; Wolf, Rainer	Grenzen der Abweichungsgesetzgebung im Naturschutz – Sind Eingriffsregelungen und Landschaftsplanung allgemeine Grundsätze des Naturschutzes?, in: NVwZ 2008, S. 353–360 (zit.: Köck/Wolf, NVwZ 2008, S. 353)
Köpf, Ernst Ulrich	Forstpolitik, Stuttgart 2002 (zit.: Köpf, S.)
Kreuter-Kirchhof, Charlotte	Verfassungsrechtliche Schranken kumulativer Inhalts- und Schrankenbestimmungen, in: NVwZ 2019, S. 1791–1797 (zit.: Kreuter-Kirchhof, NVwZ 2019, S.)
Kube, Hanno	Schriften zum Umweltrecht, Band 91: Eigentum an Naturgütern, Zuordnung und Unverfügbarkeit, Berlin 1999 (zit. Kube, S.)
Landmann, Robert von; Rohmer, Gustav	Kommentar zum Umweltrecht, Band IV, Kommentar zum BNatschG, 93. EL August 2020 (zit.: Bearbeit., in: Landmann/Rohmer, Kommentar zum BNatschG, § , Rdn.)

Larenz, Karl; Canaris, Wilhelm	Methodenlehre der Rechtswissenschaft, 3. Auflage, Berlin, Heidelberg, New York, Barcelona, Hong Kong, London, Mailand, Paris 1995 (zit.: Larenz/Canaris, S.)
Leisner, Walter	Aufopferungsentschädigung für nicht realisierte Nutzungen in der Marktwirtschaft, in: BB 1992, S. 72 ff. (zit.: Leisner, BB 1992, S. 72)
Leisner, Walter	Sozialbindung des Eigentums, Berlin 1972 (zit.: Leisner, S.)
Linnenkohl, Karl	Kommentar zum Bundesjagdgesetz, 11. Auflage, Morscha/Heina 1991 (zit.: Linnenkohl, §)
Liste, Georg	Das Wesen der Jagdberechtigung nach preußischem Landesrecht, Diss. Berlin 1911 (zit.: Liste, S.)
Lorz, Albert	Die Rechtsordnung und das Töten von Tieren, in: NuR 1982, S. 401–407 (zit.: Lorz, NuR 1982, S. 401)
Lorz, Albert; Metzger, Ernst; Stöckel, Heinz (Hrsg.)	Kommentar zum Bundesjagdgesetz, 3. Auflage, München 1998 (zit.: Bearb., in: Lorz/Metzger/Stöckel, Kommentar zum BJagdG, § , Rdn.)
Lorz, Albert; Konrad, Christian; Mühlbauer, Herrman Müller-Walter, Markus H.; Stöckel, Heinz	Kommentar zum BNatschG, 3. Auflage, München 2013 (zit.: Bearbeit., in: Lorz/Konrad/Mühlbauer/Müller-Walter/ Stöckel, Kommentar zum BNatschG, § , Rdn.)

Louis, Hans Walter	Die Gesetzgebung für Naturschutz und Landschaftspflege nach dem Gesetzentwurf zur Föderalismusreform, in: ZUR 2006, S. 340-344 (zit.: Louis, ZUR 2006, S. 340)
Lööck, Carmen	Das Tierschutzstrafrecht nach Einfügung der Staatszielbestimmung „Tierschutz" in das Grundgesetz (Art. 20a GG), Hamburg 2016 (zit.: Lööck, S.)
Mansdörfer, Marco; Miebach, Klaus (Bandredakteure)	Münchener Kommentar zum StGB, Band 6, Nebenstrafrecht 1, 3. Auflage, München 2018 (zit.: Bearb., in. Münchener Kommentar zum StGB, § Gesetz, Rdn.)
Massow, Friedrich v.	Das Urteil des Europäischen Gerichtshofes für Menschenrechte vom 20. Januar 2011 zur flächendeckenden Bejagung und der Pflichtmitgliedschaft in Jagdgenossenschaften, in: AgrarR 2011, S. 337-348 (zit.: v. Massow, AgrarR 2011, S. 337)
Maunz, Theodor; August Dürig, Günter (Hrsg.)	Kommentar zum Grundgesetz, 92 EL, 2020 (zit.: Bearb., in: Maunz/Dürig, Kommentar zu GG, Art., Rdn.)
Maurer, Hartmut	Allgemeines Verwaltungsrecht, 20. Aufl. München 2020 (zit.: Maurer, § , Rdn.)
Maylein, Klaus	Die Jagd – Bedeutung und Ziele, Marburg 2010 (zit.: Maylein, S.)

Meißner, Marcus; Schütz, Stefan; Herzog, Sven (Hrsg.)	Vom Wald ins Offenland – Der Rothirsch auf dem Truppenübungsplatz Grafenwöhr, 2. Auflage, Ahnatal 2013 (zit.: Bearb., in: Vom Wald ins Offenland, S.)
Merten, Detlef; Papier, Hans-Jürgen	Handbuch der Grundrechte, Band II, Heidelberg 2006 (zit.: Bearb., in: Merten/Papier, Hdb der Grundrechte Bd. II, §, Rdn.)
Meyer-Ravenstein, Dietrich	Entschädigung des Grundeigentümers für die Angliederung seiner Flächen, in: AUR 2012, S. 7–9 (zit.: Meyer-Ravenstein, AUR 2012, S. 7)
Meyer-Ravenstein, Dietrich; Louis, Hans Walter	Übernahme des Wolfes in das sächsische Jagdrecht, Rechtsgutachten 2009, (https://www.natur.sachsen.de/download/PE_08_07_2011_09_45_18.pdf) (zit.: Meyer-Ravenstein/Louis, Übernahme des Wolfes in das sächsische Jagdrecht, S.)
Meyer-Ravenstein, Dietrich	Die landesgesetzliche Kompetenz, Tierarten zu Wild zu erklären, und die Bedeutung der Unberührtheitsklausel des § 20 Abs. 2 des Bundesnaturschutzgesetzes, in: NuR 2000, S. 277–285 (zit.: Meyer-Ravenstein, NuR 2000, S. 277)
Meyer-Ravenstein, Dietrich	Rabenvögel als landesrechtliches Wild, in: AgrarRecht 1995, S. 197–198 (zit.: Meyer-Ravenstein, AgrarR 1995, S. 197)
Meynen, Walter	Der Schutz des Jagdpächters nach preußischem Recht, Diss. Bonn 1912 (zit.: Meynen, S.)

Moog, Martin	Wild-Schadensersatz oder Wildschaden-Ersatz? Wie weit geht der Anspruch auf Wildschadenersatz?, in: AUR, 2011, S: 300–303 (zit.: Moog, AUR 2011, S. 300)
Möckel, Stefan; Köck, Wolfgang (Hrsg.)	Naturschutz und Biologische Vielfalt, Heft 143, Bundesamt für Naturschutz, Naturschutz- und Jagdrecht nach der Föderalismusreform, Bonn 2015 (zit.: Möckel/Köck, S.)
Michael, Lothar; Morlok, Martin	Grundrechte, 7. Auflage, Baden-Baden 2019 (zit.: Michael/Morlok, Grundrechte, Rdn.)
Munte, Benjamin	Jagd und staatliche Schutzpflicht, in: NuR 2009, S. 536–543 (zit.: Munte, NuR 2009, S. 536)
Munte, Benjamin	Die Pflicht des Grundeigentümers zur Duldung der Jagdausübung auf seinem Grundstück, Diss., Hamburg 2008 (zit.: Munte, S.)
Müller, Paul	Unter Räubern, 1. Auflage, 2010. (zit.: Müller, Unter Räubern, S.)
Müller, Hans Joachim	Der Jagdpachtvertrag als Überlassung des Jagdrechts und der Jagdnutzung am Grundstück, Köln 1937 (zit.: Müller, S.)
Müller-Schallenberg, Ralph	Die Zwangsmitgliedschaft in Jagdgenossenschaften – Rechtsfragen im Spannungsfeld zwischen deutschem Verfassungsrecht und europäischem Gemeinschaftsrecht, in: AUR 2009, S. 106–108 (zit.: Müller-Schallenberg, AUR 2009, S. 106)

338 LITERATURÜBERSICHT

Müller-Schallenberg, Ralph	Das Verhältnis von Jagd und Tierschutz – Einheit oder Widerspruch, in: NuR 2007, S. 161-16 (zit.: Müller-Schallenberg, NuR 2007, S. 161)
Münchner Kommentar	Kommentar zum BGB, 7. Auflage München 2017, (zit.: Bearb., in: Münchner Kommentar zum BGB, § , Rdn.)
Münch, Ingo von; Kunig, Philip (Begr.); Kämmerer, Jörn Axel; Kotzur, Markus (Hrsg.)	Kommentar zum Grundgesetz, Band 1, 7. Auflage 2021 (zit.: Bearb., in: Münch/Kunig, Kommentar zum GG, Art. Rdn.)
Münzenrieder, Georg	Deutsches Revierprinzip und Europäische Menschenrechtskonvention – Überlegungen aus Anlass des Urteils des Europäischen Gerichtshofs für Menschenrechte in der Rechtssache Herrmann gegen Deutschland, AUR, 2012, S. 449-453 (zit.: Münzenrieder, AUR 2012, S. 449)
Nick, Thomas	Die Bedeutung des Naßauskiesungsbeschlusses des Bundesverfassungsgerichts für die Landwirtschaft, in: AgrarR 1984, S. 297-306 (zit.: Nick, AgrarR 1984, S. 297)
Nüßgen, Karl; Boujong; Karlheinz	Eigentum, Sozialbindung, Enteignung, München 1987 (zit.: Nüßgen/Boujong, Rdn.)
Okamara, Henryk; Herzog, Sven	Handbuch Wolf, Stuttgart 2019 (zit.: Okamara/Herzog, S.)

Ossenbühl, Fritz; Cornils, Matthias	Staatshaftungsrecht, 6. Auflage,München 2013 (zit.: Ossenbühl/Cornils, S.)
Palandt, Otto (Begr.)	Kommentar zum BGB, 80. Auflage, München 2021 (zit: Bearb., in: Palandt, § Rdn.)
Petrikowsky, Richard v.	Besitz und Eigentum an jagdbaren Tieren unter Berücksichtigung des sächsischen und preußischen Rechts, Diss., Leipzig 1904 (zit.: Petrikowsky, S.)
Petschulat, Alexander; Weghake, David; Dallmann, Felix; Schoen, Hendrik; Grotefels, Susan	Abweichungsgesetzgebung im Naturschutzrecht, Abschlussbericht des Zentralinstituts für Raumplanung der Universität Münster, Münster 2012, www.bmu.de, abgerufen am 19.03.2021 (zit.: Bearb., in: Petschulat/Weghake/Dallmann/Schoen/Grotefels, S.)
Perron, Walter	Vermögensstrafe und Erweiterter Verfall, in: JZ 1993, S. 918–925 (zit.: Perron, JZ 1993, S. 918)
Pfannenstiel, Hans-Dieter	Heute noch jagen? Das Waidwerk – geliebt und geächtet, Stuttgart 2017 (zit.: Pfannenstiel, S.)
Pfenningsdorf, Friedrich	Das Jagdrecht und der Eigentumserwerb an jagdbaren Tieren nach gemeinem Recht, Diss, Rostock 1900 (zit.: Pfenningsdorf, S.)
Proudhon, Pierre-Joseph	Was ist Eigentum, 2. Aufl., Münster 2013 (zit.: Proudhon, S.)

Pückler, Mark G.; Benjamin, Munte	Das Luxemburg-Urteil und das deutsche Reviersystem, in: AUR, 2009, S. 205-216 (zit.: v. Pückler/Munte, AUR 2009, S. 205)
Pückler, Mark G. v.	Der Jäger und sein Recht, 5. Auflage, Singhofen, 2002 (zit.: v. Pückler, Der Jäger und sein Recht, S.)
Pückler, Mark G. v.	Zur Klagebefugnis des Grundeigentümers (Jagdgenossen) gegen einen Abschussplan (1), in: AUR, 1995, S. 193-198 (zit.: v. Pückler, AUR, 1995, S. 193)
Pückler, Mark G. v.	Pflichtmitgliedschaft in Jagdgenossenschaften – Machtwort aus Karlsruhe, in WuH, 2007, S. 110-113 (zit.: v. Pückler, WuH 2007, S. 113)
Pückler, Mark G. v.	Deutsches Jagdrecht und Europäische Menschenkonvention, in: AgrarR 2001, S. 72-76 (zit.: v. Pückler, AGR 2001, S. 72)
Reiterer, Monika Elisabeth	Ärgernis Jagd: Ursachen, Vorurteile, Fakten, Graz, Stuttgart, 2001 (zit.: Reiterer, S.)
Rösner, Werner	Die Geschichte der Jagd, Düsseldorf und Zürich, 2004 (zit.: Rösner, S.)
Ruschemeier, Hannah	Der additive Grundrechtseingriff, Berlin 2019 (zit.: Ruschemeier, S.)

Sachs, Michael	Grundrechte: Zulässigkeit von Eigentumsbeschränkungen, in: JuS 2017, S. 569–572 (zit.: Sachs, JuS 2017, S. 569)
Sachs, Michael (Hrsg.)	Kommentar zum Grundgesetz, 7. Auflage, München 2014 (zit.: Bearbeiter, in: Sachs, Kommentar zum GG, Art. Rdn.)
Sailer, Christian	Blattschuss aus Karlsruhe, in: NuR 2007, S. 186–189 (zit.: Sailer, NuR 2007, S. 186)
Scherping, Ulrich; Vollbach, Adolf	Kommentar zum Reichsjagdgesetz, 4. Auflage, Berlin 1938 (zit.: Scherping/Vollbach, Kommentar zum RJagdG, §, Ziff.)
Schoch, Florian; Schneider, Jens-Peter; Bier, Wolfgang (Hrsg.)	Kommentar zur VwGO, 37. EL 2019 (zit.: Bearb., in: Schoch/Schneider/Bier, Kommentar zur VwGO, §, Rdn.)
Schoenchen, Walther	Taschenbuch der in Deutschland geschützten Tiere, Gießen 1938 (zit.: Schoenchen, S.)
Schönke, Adolf; Schröder, Horst (Hrsg.)	Kommentar zum Strafgesetzbuch, 30. Auflage, München 2019. (zit.: Bearb., in: Schönke/Schröder, Kommentar zum StGB, §, Rdn.)
Schröder, Ulrich Jan	Der Schutzbereich der Grundrechte, in: JA 2016, S. 614–647 (zit.: Schröder, JA 2016, S. 641)

Schuck, Marcus (Hrsg.)	Kommentar zum Bundesjagdgesetz, 2. Auflage, München 2015 (zit.: Bearb., in: Schuck, Kommentar zum BJagdG, § , Rdn.)
Schulte am Hülse, Ulrich	Grundeigentum zwischen Privatautonomie und öffentlich-rechtlichen Eigentumsschranken, Marburg 2013 (zit.: Schulte am Hülse, S.)
Schuppert, Gunnar Folke	Eigentum neu denken – Ein Rechtsinstitut zwischen Wandel und Resilienz, 1. Auflage, Baden-Baden 2019 (zit.: Schuppert, S.)
Schwab, Alexander	Wie bedroht ist die Jagd, in: Jäger 2014, S. 30 (zit.: Schwab, Jäger 2014 S. 30)
Schwappach, Adam	Forst- und Jagdgeschichte Deutschlands, 2. Auflage, Verlag von Julius Springer: Berlin 1982; Norderstedt 2014 (zit.: Schwappach, S.)
Sellmann, Christian	Nutzungsbeschränkungen zugunsten der Umwelt und eigentumsrechtlich gebotener Ausgleich, Umweltrecht und Umweltpolitik, Band 9, Baden-Baden 2002 (zit.: Sellmann, S.)
Sodan, Helge	Kontinuität und Wandel im Verfassungsrecht Zum 60-jährigen Jubiläum des Grundgesetzes für die Bundesrepublik Deutschland, in NVwZ 2009, S. 545 – 551 (zit. Sodan, NVwZ 2009, S. 545,)

Stubbe, Michael
(Hrsg.)

Beiträge zur Jagd- und Wildforschung,
Band 39: Erkenntnisse der Wildbiologie
und deren Umsetzung in Jagd, Jagdge-
setzgebung und Jagdpolitik,
Halle/Saale 2013
(zit.: Bearb., in: Stubbe, Beiträge zur
Jagd- und Wildforschung, Bd. 40, Titel,
S.)

Stubbe, Michael
(Hrsg.)

Beiträge zur Jagd- und Wildforschung,
Band 39: Erkenntnisse der Wildbiologie
und deren Umsetzung in Jagd, Jagdge-
setzgebung und Jagdpolitik,
Halle/Saale 2013
(zit.: Bearb., in: Stubbe, Beiträge zur
Jagd- und Wildforschung, Bd. 39, Titel,
S.)

Stubbe, Michael
(Hrsg.)

Beiträge zur Jagd- und Wildforschung,
Band 38: Wildtiere in urbanen und sub-
urbanen Lebensraum, Halle/Saale 2013
(zit.: Bearb., in: Stubbe, Beiträge zur
Jagd- und Wildforschung, Bd. 38, Titel,
S.)

Stegmann, Florian

Artenschutzstrafrecht, Konstanz 2000
(zit.: Stegmann, S.)

Uhde, C.

Eigentum am Wild, Diss., Jena 1904
(zit.: Uhde, S.)

Voßkuhle, Thomas

Der Wandel der Verfassung und seine
Grenzen, in JuS 2019, S 417 – 423
(zit.: Voßkuhle, JuS 2019, S. 417,)

Voßkuhle, Thomas

Umweltschutz und Grundgesetz, in:
NVwZ 2013, S. 1–8
(zit.: Voßkuhle, NVwZ 2013, S. 1)

Voßkuhle, Thomas; Kaiser, Bettina	Der Grundrechtseingriff, in: JuS 2009, S. 313–315 (zit.: Voßkuhle/Kaiser, JuS 2009, S. 313)
Weinrich, Maximilian	Weidgerechtigkeit – Über einen historischen Rechtsbegriff und seine zeitgemäße Anwendung, in: NuR 2019, S. 314–321 (zit.: Weinrich, NuR 2019, S. 314)
Westhoff, Franz Xaver	Das preussische Jagdrecht und die nach Reichsrecht strafbare Jagdausübung, Diss., Erlangen 1918. (zit: Westhoff, S.)
Westphal, Simone	Art. 20a – Staatsziel „Umweltschutz", JuS 2000, S. 339 ff. (zit.: Westphal, JuS 2000, S. 339)
Wetzel, Henning	Grenzen landesrechtlicher Kompetenz zur Aufhebung von Jagdzeiten, in: AUR 2008, S. 397–400 (zit.: Wetzel, AUR 2008, S. 397)
Wetzel, Henning	Die Rechte des Jagdpächters im Verwaltungsprozess – Unter Berücksichtigung der dinglichen Rechtsnatur des verpachteten Jagdausübungsrechts, Diss., Hamburg 2008 (zit.: Wetzel, S)
Weyreuther, Felix	Die Situationsgebundenheit des GrundeigentumS. Naturschutz – Eigentumsschutz – Bestandsschutz, Köln, Berlin, Bonn, München 1983 (zit.: Weyreuther, S.)
Winkler, Daniela	Der „additive Grundrechtseingriff": Eine adäquate Beschreibung kumulierender Belastungen?, in: JA 2014, S. 881–887 (zit.: Winkler, JA 2014, S. 881)

Wolf, Rainer	Der Wolf als streng geschützte Art und möglicher Gegenstand des Jagdrechts, in: ZUR 2012, S. 331–338 (zit.: Wolf, ZUR 2012, S. 331)
Ziebarth, Wolfgang	Jagdduldungsverweigerung aus Gewissensgründen, in: NuR 2012, S. 693–696 (zit.: Ziebarth, NuR 2012, S. 693)

***ibidem**.eu*